湖南蓝皮书
BLUE BOOK OF HUNAN

湖南城乡一体化发展报告（2014~2015）

ANNUAL REPORT ON URBAN-RURAL INTEGRATION OF HUNAN (2014-2015)

陈文胜　刘祚祥　邝奕轩 等 / 编著

社会科学文献出版社
SOCIAL SCIENCES ACADEMIC PRESS (CHINA)

图书在版编目（CIP）数据

湖南城乡一体化发展报告. 2014～2015/陈文胜等编著. —北京：社会科学文献出版社，2015. 7
（湖南蓝皮书）
ISBN 978-7-5097-7715-2

Ⅰ. ①湖… Ⅱ. ①陈… Ⅲ. ①城乡一体化-发展-研究报告-湖南省-2014～2015 Ⅳ. ①F299. 276. 4

中国版本图书馆 CIP 数据核字（2015）第 138580 号

湖南蓝皮书
湖南城乡一体化发展报告（2014～2015）

编　　著／陈文胜　刘祚祥　邝奕轩 等

出 版 人／谢寿光
项目统筹／桂　芳
责任编辑／张　媛　桂　芳

出　　版／社会科学文献出版社·皮书出版分社（010）59367127
地址：北京市北三环中路甲 29 号院华龙大厦　邮编：100029
网址：www. ssap. com. cn
发　　行／市场营销中心（010）59367081　59367090
读者服务中心（010）59367028
印　　装／北京季蜂印刷有限公司

规　　格／开　本：787mm × 1092mm　1/16
印　张：21. 25　字　数：314 千字
版　　次／2015 年 7 月第 1 版　2015 年 7 月第 1 次印刷
书　　号／ISBN 978-7-5097-7715-2
定　　价／89. 00 元

皮书序列号／B-2015-448

湖南省农村发展研究院简介

湖南省农村发展研究院是以当好农村发展的智囊团和思想库为己任，集农村理论研究、决策咨询、成果运用于一体的新型智库。研究院从县域城乡一体化实践入手，侧重县域城乡一体化的问题和对策研究，以提供决策服务的方式，相继在相关县市建立城乡一体化研究基地，已经进行连续五年的跟踪调研和持续观察，总结基地县市城乡一体化的做法和经验，从而形成对湖南省城乡一体化的基本判断和趋势预测。

主要编纂者简介

陈文胜 湖南省社会科学院研究员，武汉大学博士，华东理工大学兼职教授。湖南省农村发展研究院首席专家，湖南省“为改革攻坚献策”重大决策咨询智囊团专家，湖南省新农村建设研究基地首席专家，湖南省城乡一体化研究基地首席专家，湖南省扶贫领导小组专家咨询委员，中国乡村发现网创办人，《中国乡村发现》执行主编，香港中文大学访问学者，入选湖南省“五个一批”人才。著有《乡村债务的危机管理》《乡镇视角下的三农》《新农村建设的热点难点着力点》《粮食安全国家责任与地方目标的博弈》《湖南省城乡一体化发展研究报告》《湖南省县域发展研究报告》等，主编《新型农民能力培养》《农民十万个怎么做》等。在《政治学研究》《中国农村经济》《中国农村观察》《人民日报》《光明日报》等报刊发表论文 80 余篇，10 多篇论文被《中国社会科学文摘》、人大复印资料全文转载。

刘祚祥 长沙理工大学经济与管理学院金融系教授，硕士研究生导师。主要从事金融发展创新、股权投资、农村金融以及城乡区域发展等方面的研究。现主持国家社会科学基金等课题 3 项，主持完成国家教育部人文社会科学规划项目等省部级课题 5 项，主持完成长沙市政府招标课题 10 余项；在《经济评论》《中国农村经济》等期刊发表论文 40 多篇，出版专著和教材各 1 部。在金融发展的知识累积与信息结构演变等方面具有原创性学术贡献。

邝奕轩 中国社会科学院研究生院管理学博士，湖南省社会科学院研究员，中国生态经济学学会理事。著有《湖泊湿地资源利用与经济发展》，在《人民日报》《城市问题》《环境保护》等报刊发表学术论文 60 余篇，主持国家社会科学基金项目等多项课题。

摘　要

《湖南城乡一体化发展报告（2014～2015）》分总报告、分报告和专题报告三大部分，探索了湖南以城乡资源要素优化配置为关键、以县域为主战场的城乡一体化路径。其中，总报告对当前湖南城乡一体化的基本状况和趋向进行了定性分析和描述，对湖南 14 个市州城乡一体化水平做了测度和聚类评价，并选择典型模式为研究样本，总结了湖南城乡一体化进程中的农业组织创新实践，对湖南城乡一体化进程中面临的问题提出了相关对策建议；分报告选择衡山县、资兴市、湘潭县、嘉禾县、汉寿县等全省城乡一体化典型县域展开研究，系统分析这些县市在城乡一体化实践中的创新做法、主要成效、存在的问题，在把握新特征、研判新形势、探索新思路的基础上，形成了加快推进县域城乡一体化的对策建议；专题报告是对湖南典型县域城乡一体化的某一特色方面进行的研究，分别从典型县域的新型农业经营主体、农业经营模式、社会建设、土地制度改革等方面进行了探讨，为推进具有地方特色的城乡一体化提供借鉴与启示。

Abstract

Annual Report on Urban – Rural Integration of Hunan from 2014 to 2015 had three major components: general report; classified report; and theme report. The report explored the current path of urban-rural integration of Hunan province which cited optimal allocation of urban and rural resources elements as a key factor and regarded county as main battlefield. The general report qualitatively described and analysed the basic situation and tendency of urban-rural integration of Hunan province, made the measurement and clustering evaluation on the development level of urban-rural integration of 14 cities and states in Hunan province, summarized the practice of innovation of agriculture organization by choosing typical model as research sample, and put forward countermeasure and suggestion on the problems in the process of urban-rural integration of Hunan province. The classified report launched studies on the typical county such as Hengshan county, Zixing county, Xiangtan county, Jiahe county, Hanshou county and so on, systematically analysed the innovative approach, main results and existing problems in the process of urban-rural integration of these typical Counties, and formed the countermeasure and suggestion on racing ahead with urban-rural integration in county based on grasping the new development features, investigating the new conditions and exploring new ideas. The theme report launched studies on a certain characteristic aspect of urban-rural integration of typical county in Hunan province, respectively discussed new agricultural business entities, agricultural business model, social construction and land system reform of typical counties, and then provided reference and inspiration for advancing urban-rural integration with local characteristics.

目 录

𝔹 Ⅰ 总报告

𝔹 Ⅱ 分报告

𝔹Ⅲ 专题报告

CONTENTS

BLUE BOOK

𝔹 I General Report

𝔹 II Sub–reports

BⅢ Theme Reports

总 报 告

General Report

BLUE BOOK

B.1

2014～2015年湖南省城乡一体化发展报告

摘 要： 本报告对湖南城乡一体化的基本状况进行了定性分析，设计评价体系，对湖南14个市州城乡一体化水平进行了测度和聚类评价。研究结果表明，湖南城乡一体化发展态势总体良好，城乡一体化度量指标呈现非均衡发展态势，城乡一体化的地域和空间差异显著。进而基于农业生产组织现代化在城乡一体化发展中的重要作用，选择嘉禾普满模式、沅江草尾模式、衡阳安邦农业模式、资兴永发模式、望城光明模式、湘西德农模式、湘潭县家庭农场模式和土地承包经营权流转抵押贷款的资兴模式为研究样本，分析了湖南城乡一体化进程中的农业组织创新实践与经验。研究发现，家庭经营与规模经济、现代生产组织并行不悖，其行为逻辑与现代经济组织是兼容的，家庭农场、农业外包服务、农业产业化、农业合作组织等对于促进一、二、三产业融合发展，加快推进城乡一体化进程具有积极的贡献。同时，分析了湖南城乡一体化发展面临的问题，得出了湖南城乡资源要素配置失衡现象仍然明显、城乡二元经济结构仍然突出、公共服务城乡差距仍然较大、城乡生态环境形势仍然严峻、城乡一体化区域差距明显等分析结论。在此基础上，提出了推进湖南城乡一体化的对策建议，认为湖南需要推进县域从竞争到协作的一体化发展转变，着重在城乡资源配置的市场化改革、城乡产业对接的环境一体化、城镇基础设施建设向农村延伸、城乡生态一体化、区域城乡一体化发展的行政体制改革等方面做出努力。

关键词： 湖南省　城乡一体化　农业组织创新

城乡一体化发展是指工业化与城镇化发展到一定阶段之后，在保持城乡特色和功能分工的前提下，在打破城乡分割旧格局、建立城乡互动发展新机制的基础上，从经济、政治、社会、文化等方面推进城乡协调发展与融合的过程。该过程是一个长期的历史过程，其关键是促进公共资源在城乡之间的均衡配置，实现生产要素在城乡之间的自由流动，推动城乡经济社会的发展融合。城乡一体化发展不仅具有阶段性，而且具有区域性。国内不同省份、省内不同区县，发展的条件不同、历史传统不同、资源禀赋不同，导致城乡一体化发展的模式不同，发展的路径也存在差异。随着湖南省工业化与城镇化的不断推进，湖南农村的经济社会组织将发生根本性转变，其中最重要的变化是在平均地权基础上的农户生产已经越来越不适应现代市场经济的发展。因此，农业经济组织的规模化演变以及分工与专业化发展，成为湖南城乡一体化的重要内容。

一　城乡一体化的基本状况与评价

湖南省委、省政府抓住国家支持中西部地区发展等重大机遇，深入实施“四化两型”战略，深化改革开放，推进城乡统筹发展，促进发展成果更多更公平地惠及全体人民，当前，湖南省城乡一体化发展取得新成就。

（一）城乡一体化发展水平定性分析

1. 城乡经济稳步发展

近年来，面对国际经济环境的不确定性、全球金融危机的冲击以及国内经济增长结构性减速等多重挑战，湖南省委、省政府领导带领全省人民，认真贯彻落实国家关于稳增长的一系列政策措施，大力促进“三量齐升”、全面推进“四化两型”。2013 年，湖南实现地区生产总值 24501.67 亿元，较 2009 年的 13059.69 亿元翻了近一番，年均增长达到 17.04%，连续 6 年稳居全国前十位，连续 10 年保持两位数增长；人均地区生产总值达到 36763 元，年均增长达到 15.82%，连续 13 年保持两位数增长（见图 1）。城乡产业结构稳步优化（见图 2），第一产业增加值占地区生产总值的比重由 2009 年的 15.1%降低至 2013 年的 12.2%，第一产业对地区生产总值增长的贡献由 2009 年的 4.7%降低至 2013 年的 3.3%；第二产业占比由 2009 年的 43.5%提高至 2013 年的 47.0%，第二产业对地区生产总值增长的贡献由 2009 年的 58.9%降低至 2013 年的 51.9%；第三产业占比由 2009 年的 41.4%降低至 2013 年的 40.8%，第三产业对地区生产总值增长的贡献由 2009 年的 36.4%提高至 2013 年的 44.8%。其中，金融、科学研究和技术服务、卫生和社会工作是增长最快的三大服务行业，同期分别增长 17.4%、16.5%和 15.7%。[①] 数据表明，湖南省城乡经济发展稳中有升。

① 韩建芳：《2013 年湖南服务业规模直逼万亿大关》，《决策咨询》2014 年第 26 期。

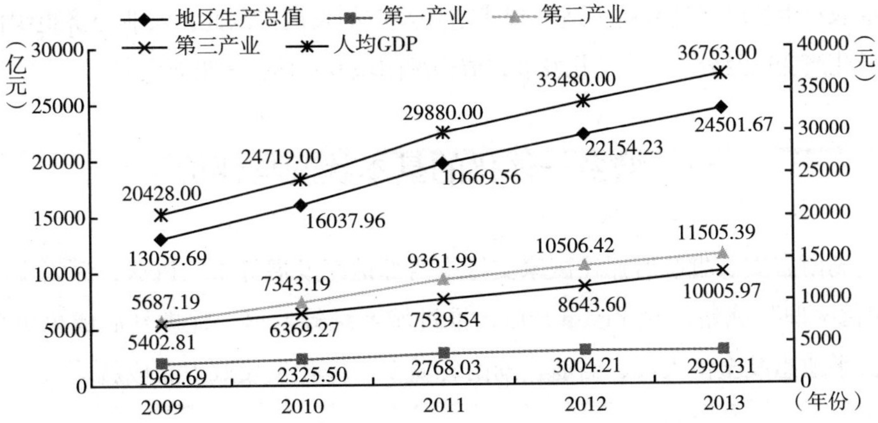

图 1　2009 ~ 2013 年湖南国民经济核算主要指标变化情况

资料来源：《湖南统计年鉴 2014》，中国统计出版社，2014。

2. 城乡产业良性互动

城乡产业互动发展持续推进。随着湖南城乡一体化发展进程的加快，资源要素在城乡之间合理流动的屏障逐步被打破，城乡产业协调发展的势头良好。

一是加快发展的新型工业化有力地推进农业现代化进程。以新型农业经营体系、规模化经营和产业化蓬勃发展为主要特征的现代农业建设取得长足进步。在新型农业经营体系方面，在湖南省财政补助、贷款贴息等多种方式的支持下，农民合作社发展到 2.3 万个，家庭农场发展到 2.9 万个，[①] 创建农民专业合作社省级示范社 127 个，[②] 以家庭农场、农民专业合作社等为代表的新型农业经营主体正成为现代农业发展的主角。在规模化经营方面，全省耕地流转面积达 1320 万亩，比 2010 年增长了 1.2 倍，占耕地面积的 22.3%。流转的土地种类从耕地为主扩大到林地、果园和滩涂等整个农用土地，耕地流转范围从丘陵、平原扩展到整个农村。[③] 在农业产业化方面，湖南农产品加工业实现销售收入 5740 亿元，同比增长 19.6%。其中，畜禽加

① 杜家毫：《在省委农村工作会议上的讲话》，《湖南农村》2014 年第 6 期。

② 《为民办实事目标任务全部完成》，《湖南日报》2014 年 1 月 28 日。

③ 湖南省统计局：《湖南农村流转土地占耕地面积超 2 成》，《潇湘晨报》2014 年 12 月 14 日。

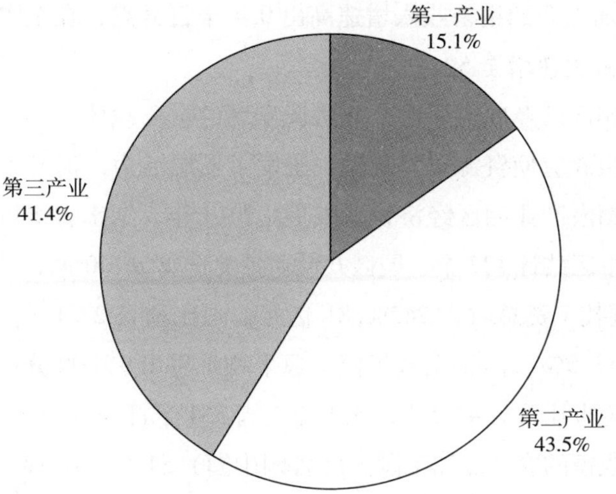

图2-A 2009年湖南产业结构变化

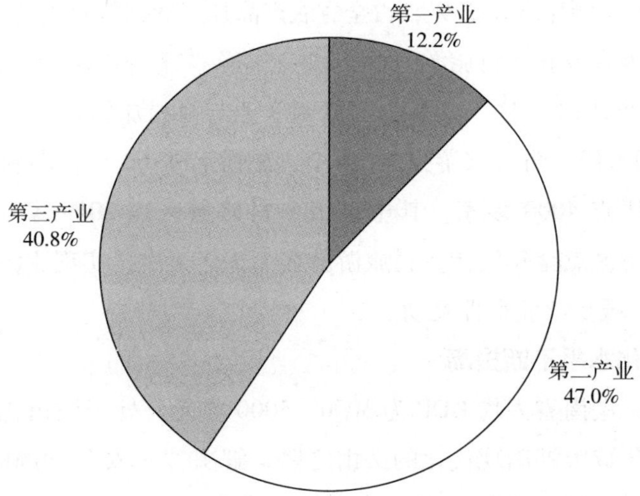

图2-B 2013年湖南产业结构变化

图2 2009年与2013年湖南产业结构变化

资料来源：《湖南统计年鉴2014》，中国统计出版社，2014。

工业实现销售收入760亿元，同比增长20.6%；粮食加工业实现销售收入1240亿元，同比增长21.6%。农业产业化“龙头”的支撑作用增强，湖南429家省级以上龙头企业共计实现销售收入3410亿元，同比增长20%，相比全省农产品加工业的销售收入增速高出 0.4 个百分点，在全省农产品加工业销售收入中占比递增至 59.4%。[①]

二是产业园区已经成为三次产业协调发展的重要载体。产业园区的产业集聚功能和外溢效应使资源要素集聚，激发了发展活力，提升了规模经济效益。近年来，湖南产业园区经济快速发展。2013 年，湖南省级以上园区、开发区和工业集中区共计 127 个，园区共设立各类企业 26140 家，其中工业企业 12593 家，实现技工贸总收入 24280.81 亿元，同比增长 27.1%；园区规模工业增加值增长 13.5%，高于全省规模工业平均水平 1.9 个百分点；园区规模工业增加值占全省比重为 47.5%，比上年提高 3.4 个百分点。[②] 与此同时，湖南共建有较大规模的农产品加工园区（含园中园）54 个，1050 家规模以上农产品加工企业入驻园区，同比增加 65 家；园区农产品加工企业共计实现销售收入 980 亿元，同比增长 22%，占全省农产品加工业销售收入的 17.1%。

三是休闲农业和乡村旅游行业接“二”连“三”，向特色化和精品化方向发展。截至 2013 年底，共有全国休闲农业与乡村旅游示范县 7 个，示范点 14 个；国家级、省级旅游强县 34 个，旅游名镇 60 个，名村 195 个，乡村休闲旅游区点 4000 多家，其中星级乡村旅游区点 2019 家、五星级 214 家。乡村旅游区点全年接待乡村旅游游客 1.2 亿人次，实现旅游收入 190 亿元。[③] 可见，城乡产业良性互动。

3. 城镇化水平不断提高

近年来，湖南省人均 GDP 为 3000～5000 美元，处于城镇化加快发展的阶段，城镇化成为湖南现代化的必由之路、解决“三农”问题的重要途径。湖南积极推进城镇化发展，促进经济社会提质升级。2013 年，湖南城镇化率达到 47.96%，相比全国平均水平仅低 5.77 个百分点，但是 1990～2013 年，湖南城镇化率提升了 30.41 个百分点，相比全国城镇化率的增长水平高出 3.09 个百分点（见图 3）。

---

① 《农产品加工业增长近两成》，《湖南日报》2014 年 2 月 16 日。

② 吕燕、陈慧：《湖南产业园区发展现状及对策研究》，《决策咨询》2014 年第 31 期。

③ 《湖南评选最美乡村旅游地》，《湖南日报》2014 年 8 月 26 日。

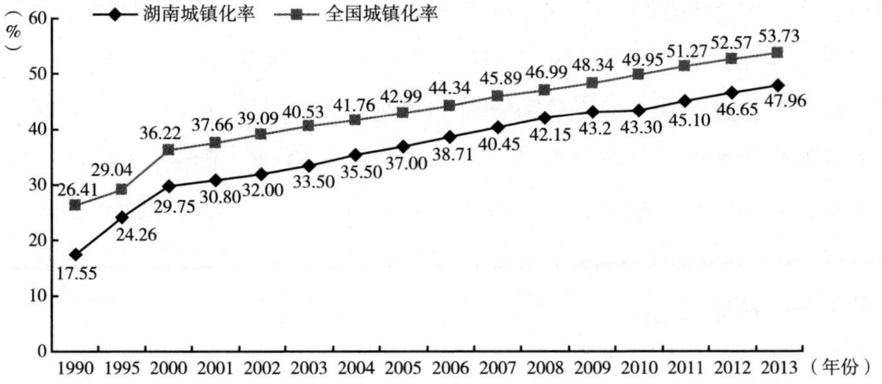

图3　历年全国和湖南城镇化率增长趋势

资料来源：根据《中国统计年鉴2014》（中国统计出版社，2014）和《湖南统计年鉴2014》（中国统计出版社，2014）有关数据统计分析得出。

（1）城市群增长核地位日益凸显。在湖南城镇化的发展过程中，获批全国“两型社会”建设综合配套改革试验区的长株潭城市群加快推进城镇化建设步伐，引领湖南人口城镇化发展。2013年，长株潭城市群城镇化率高达64.54%，相比全省47.96%的平均水平高出16.58个百分点，相比全国53.73%的平均水平高出10.81个百分点。其中，省会城市长沙的城镇化率为70.60%，湘潭市和株洲市的城镇化率分别为55.10%和60.12%，这三市城镇化率均超出全国平均水平。[①] 城镇化不仅是人口的集聚，而且对资源的高效配置与创新具有内在的支撑功能，[②] 长株潭城市群经济总量占了全省的41.27%，对全省经济发展的带动作用增强。长株潭城市群通过经济带动其他方面的发展，而又通过城镇化、交通一体化、制度改革来促进经济的发展，形成一个良性循环。

（2）城镇综合实力显著增强。2013年，湖南完成城镇固定资产投资17230.14亿元，相比2009年增长150%，城镇基础设施建设成就显著。2013年底，湖南城市用水和用气普及率分别达96.9%和92%，比2009年分

① 邓艳：《湖南区域经济发展中人口要素的分析》，《决策咨询》2014年第25期。

② 国家统计局：《湖南统计年鉴2014》，中国统计出版社，2014。

别增长2.21个和6.97个百分点；[①] 人均拥有道路由2009年的12.6平方米增至2013年的13.8平方米[②]。城镇化具有高度的聚集性，是区域人口、资源、技术、信息、经济等要素和活动集中地，城镇化的快速发展，有利于生产要素的优化配置，并将产生发展"红利"。2013年，湖南13个市级城区实现生产总值11465亿元，占全省生产总值的比重由2005年的40.9%上升到46.79%，[③] 增加了5.89个百分点，市级城区经济总量提升对周边区域可产生积极的外溢效应。

4. 城乡生活水平同步提升

随着湖南经济稳中有升的发展，湖南城乡民生福祉得到显著提升。

（1）湖南城乡居民收入水平得到提升。2013年，城镇居民人均可支配收入为23414元，较2009年增长55.22%，农村居民人均纯收入为8372元，较2009年增长70.51%，高出同期城镇居民人均可支配收入增长幅度15.29个百分点；城乡居民收入比连续4年下降，由2009年的3.07下降到2013年的2.79（见图4），农村居民的福祉得到大幅改善。

（2）湖南城乡居民消费水平提高。随着城乡居民收入水平的提高，城乡居民消费能力得到增强。2013年，城镇居民人均消费支出为15887元，比2009年增长46.72%；农村居民人均消费支出为6609元，较2009年增长64.37%，高出城镇居民消费增长幅度17.65个百分点（见图5）。从2009～2013年的整体消费水平来看，湖南城乡消费差距显著缩小，城乡居民消费结构得到优化，尤其是农村居民恩格尔系数由2009年的49%降至2013年的38.4%，降低了10.6个百分点。湖南农村居民恩格尔系数下降幅度比同期全国农村居民恩格尔系数下降幅度高出7.3个百分点，[④] 城乡居民的消费结构得到改善，农村居民消费结构改善幅度相对更大些。

---

① 国家统计局：《湖南统计年鉴2014》，中国统计出版社，2014。

② 国家统计局：《湖南统计年鉴2014》，中国统计出版社，2014。

③ 湖南省农村发展研究院：《湖南省城乡发展一体化研究报告（2013）》，湖南师范大学出版社，2013。

④ 根据《中国统计年鉴2014》（中国统计出版社，2014）和《湖南统计年鉴2014》（中国统计出版社，2014）有关数据统计分析得出。

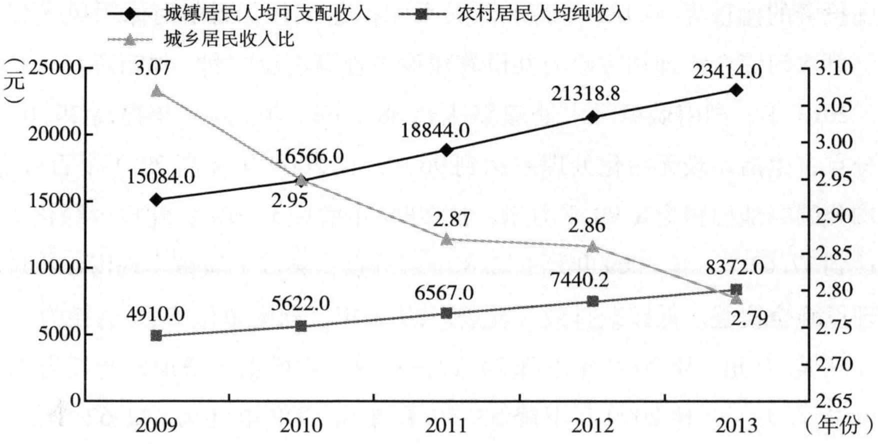

图 4　2009～2013 年湖南省城乡居民收入比较

资料来源：根据《湖南统计年鉴 2014》（中国统计出版社，2014）和《湖南统计年鉴 2010》（中国统计出版社，2010）有关数据统计分析得出。

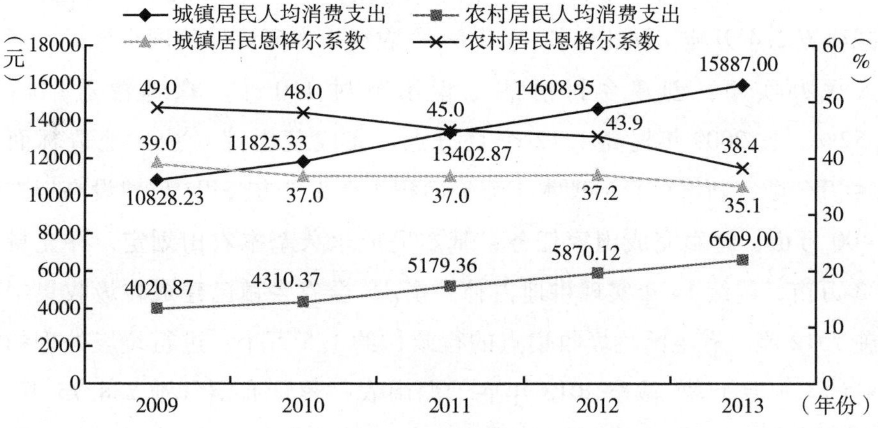

图 5　2009～2013 年湖南省城乡消费水平比较

资料来源：《湖南统计年鉴》（2010～2014 年），中国统计出版社。

5. 城乡环境同治初见成效

湖南在推进“四化两型”建设过程中，加速推进新型城镇化，将加强城乡环境同治放在重要的位置。城乡公共环境投入增大。2013 年，湖南完成水利环境和公共设施管理业投资 2099.6 亿元，同比增长 40.2%，占基础设施投资的比重为50.6%，潇水涔天水库扩建工程、浏阳河休闲风光带建设、舞水河综合治理和市政公共设施建设工程等进展顺利。城市环境得到优化。2013年，湖南城镇污水处理率达到88.36%，比2009年提高29.16个百分点；生活垃圾无害化处理率达到96%，比2009年提高29.4个百分点；人均公园绿地面积为8.99平方米，比2009年增长5.76%；建成区绿化覆盖率达到37.63%，比2009年增长2.8个百分点；县以上城镇实现污水、垃圾处理设施全覆盖。低碳减排效果显著。2013年，湖南单位GDP能耗为0.79吨标准煤/万元，比2009年下降34.17%；单位规模工业增加值能耗为0.73吨标准煤/万元，比2009年下降53.5%；单位GDP电耗为642.62千瓦时/万元，比2009年下降29.46%。[①] 2014年1~4月，湖南137座污水处理厂累计处理污水6亿立方米，同比增长6.3%；运行平均负荷率达91.65%，同比增长5个百分点。[②] 2013年，湖南污水处理厂共削减化学需氧量（COD）30万吨，同比增长8.1%；平均削减COD浓度达到173毫克/升；削减氨氮2.4万吨，同比增长16.2%。[③] 农村生态环境保护同步推进，通过为人民办实事，创建乡村清洁工程示范村110个。森林覆盖率达到57.52%，比2009年提高1.12个百分点。完成荒山荒（沙）地造林面积40.4万公顷，新增综合治理水土流失面积430.3平方公里。[④] 建设高标准农田400万亩，超额完成国家任务，基本完成永久基本农田划定，补充耕地12.3万亩，连续14年实现耕地占补平衡。[⑤] 全省乡镇已建成垃圾收集中转设施7512座，有生活垃圾收集点的行政村约1.5万个，进行垃圾处理的行政村约1.1万个。[⑥] 截至2013年底，湖南农村累计有沼气池238.75万个，同比增长2.0%，其中，农村正常使用沼气池213.33万个，沼气池使用率

① 国家统计局：《湖南统计年鉴2014》，中国统计出版社，2014。

② 《湖南省18座污水处理厂化学需氧量削减效率偏低》，《湖南日报》2014年5月21日。

③ 《湖南14座污水处理厂化学需氧量削减浓度不足100毫克每升》，《潇湘晨报》2014年2月17日。

④ 湖南省统计局：《湖南省2013年国民经济和社会发展统计公报》。

⑤ 《湖南去年建成高标准农田四百万亩》，《中国国土资源报》2014年2月21日。

⑥ 《村庄垃圾治理换挡加速》，《湖南日报》2014年12月6日。

达到89.4%；各类沼气工程19130个，比2012年增长12.7%；生活污水净化沼气池2045个（年处理污水量达到930.82万吨）、秸秆发酵沼气池18100个，同比分别增长0.9%和5.8%。2013年，湖南农村生产优质沼气能源91290.51万立方米，秸秆发酵沼气、气化煤气820.79万立方米，户均产沼气428立方米，间接节约燃煤0.3吨标准煤以上，相当于节约0.8吨左右薪柴，折合每年近3亩薪柴炭林生长量。[①] 城乡环境同治质量的提高，为城乡居民创造了更加美好的宜居生活环境。

6. 城乡公共资源均衡配置取得进展

近年来，湖南省委、省政府着力推进城乡统筹发展，公共资源在城乡之间逐步实现均衡配置，为湖南全省实现城乡同步提升、同步发展做出贡献。

（1）城乡基础设施建设力度增大。2013年，湖南着力打造适度超前、功能完善、配套协调、高效可靠的基础设施支撑体系，完成固定资产投资（不含农户）18381.4亿元，其中，城镇投资16211.1亿元，同比增长22.8%。[②] 湖南水利防洪、城乡电网改造、高速公路、城市建设等基础设施投资累计完成4147.24亿元，同比增长25.6%，增速比上年提高9.7个百分点。[③] 与此同时，农村固定资产投资实现快速增长。2013年，湖南农村完成固定资产投资2170.3亿元，同比增长57.9%，其中，水利工程投入资金240亿元，同比增长20%。完成土石方工程8.01亿立方米，同比增长23%；完成2000多座重点病险水库除险加固；新增农田有效灌溉面积1.74万公顷，同比增长21%；新建、改造农村公路8000多公里。[④] 农村电网改造与省内主干电网建设同步推进，初步建成“纵穿南北、横贯东西”的500千伏主网架结构，并完成行政村配电网改造2000个。自来水受益村达到2.23万个，比2009年增加21.19%，解决了372.56万农村人口饮水不安全问题，完成2013年度为民办实事目标任务的103.5%。完成农村危房改造12.66万

---

① 杨耒：《2013年湖南农村可再生能源建设成效显著》，《决策咨询》2014年第36期。

② 湖南省统计局：《湖南省2013年国民经济和社会发展统计公报》。

③ 《2013年湖南固定资产投资规模位居全国11位》，《潇湘晨报》2014年2月25日。

④ 《为民办实事目标任务全部完成》，《湖南日报》2014年1月28日。

户，完成农村公办幼儿园建设 200 所。[①] 城乡居民住房条件得到改善。2009~2013 年，湖南城镇保障房开工建设 158.33 万套，竣工 115.23 万套，实施农村危房改造 64.36 万户，累计完成投资 1646.48 亿元，为 223.33 万户城乡家庭解决了住房困难问题。其中，2013 年，建成城镇保障房 22 万套，新增廉租住房租赁补贴 5850 户；农村危房改造完成 125665 户。[②] 农业生产条件明显改善。2013 年，湖南农业机械总动力为 5435.93 万千瓦，较 2009 年增长 24.89%；有效灌溉面积为 2768.12 千公顷，较 2009 年增长 1.74%；农村用电量达到 118.58 亿千瓦时，较 2009 年增长 26.76%（见表 1）。2013 年，湖南全省城乡基础设施建设成效是显著的，为全省城乡一体化发展奠定了坚实的物质基础。

表 1　2009~2013 年湖南农村生产条件变化情况

年份	2009	2010	2011	2012	2013	2013 年相比 2009 年增长(%)
农业机械总动力(万千瓦)	4352.64	4651.55	4935.59	5189.24	5435.93	24.89
有效灌溉面积(千公顷)	2720.68	2726.66	2762.41	3070.84	2768.12	1.74
农村用电量(亿千瓦时)	93.55	98.63	106.03	110.23	118.58	26.76

资料来源：根据《湖南统计年鉴 2014》（中国统计出版社，2014）和《湖南统计年鉴 2010》（中国统计出版社，2010）有关数据统计分析得出。

（2）城乡教育均衡发展持续推进。2013 年，湖南学龄儿童入学率和小学升学率分别达到 99.96% 和 99.48%，分别超过全国平均水平 0.26 个百分点和 1.18 个百分点；高中阶段毛入学率达到 88.2%，超出全国平均水平 2.2 个百分点。[③] 农村教育投入增大，教育条件显著改善。2013 年，湖南省累计投入农村义务教育经费保障机制改革资金 60.11 亿元，其中，安排农村义务教育阶段学校公用经费 36.01 亿元，37 个集中连片特困县获得资金

① 《2014 年湖南政府工作报告》，《湖南日报》2014 年 2 月 19 日。

② 《湖南大力推进保障性安居工程建设》，《中国建设报》2013 年 12 月 31 日。

③ 根据《湖南统计年鉴 2014》（中国统计出版社，2014）和《中国统计年鉴 2014》（中国统计出版社，2014）有关数据统计分析得出。

23.3 亿元。[1] 建设义务教育合格学校 500 所、农村公办幼儿园 200 所，为农村寄宿制学校添置学生床位 42 万张。[2] 在武陵山片区和罗霄山片区这两个国家连片特困地区建立农村基层教育人才津贴制，累计下达财政资金 2.8 亿元，惠及两个片区共计 9 万余名农村中小学教师；此外，湖南累计投入 2.9 亿元专项资金为农村免费定向培养 20634 名师范生，一定程度上缓解了农村教师引进难、人才流失多等难题。[3] 2013 年底，启动了湘西土家族苗族自治州 36 所无校舍村片小及教学点校舍建设项目。[4] 湖南省全力推进农村教育发展，大大缩短了城乡教育差距。

（3）城乡医疗卫生条件逐步改善。2013 年，湖南共有卫生机构 17364 个，卫生机构拥有床位 31.7 万张，卫生技术人员为 32.34 万人，分别比 2009 年增加 20.8%、49.53% 和 30.35%；每万人口拥有床位和医生分别为 47.4 张和 19.1 人，分别比 2009 年增长 54.25% 和 30.82%（见表 2）。

表 2　2009 ~2013 年湖南卫生事业发展情况

年份	卫生机构（个）	卫生机构床位（万张）	卫生技术人员（万人）	每万人口床位（张）	每万人口医生（人）
2009	14374	21.2	24.81	30.73	14.6
2010	14175	23.33	26.26	32.9	14.7
2011	14266	26.14	27.55	39.6	16.1
2012	14225	29.44	29.71	44.3	17.6
2013	17364	31.70	32.34	47.4	19.1

注：2002 年及以后卫生机构数为登记注册数，医生系执业（助理）医师数，机构数不含村卫生室。

资料来源：根据《湖南统计年鉴》（2010 ~2014 年）整理得出。

① 《湖南教育扶贫让农村下一代掌握更多知识和技能》，《光明日报》2014 年 1 月 9 日。
② 《为民办实事目标任务全部完成》，《湖南日报》2014 年 1 月 28 日。
③ 《国家连片特困地区教师获人才津贴》，《长沙晚报》2013 年 12 月 30 日。
④ 《湖南教育扶贫让农村下一代掌握更多知识和技能》，《光明日报》2014 年 1 月 9 日。

农村基层医疗卫生条件取得明显改善。2013 年，湖南建有乡镇卫生院 2302 个，比 2009 年减少 15 个；建有村卫生室 44929 个，比 2009 年增加 4103 个，却比 2010 年减少 253 个（见图 6）。

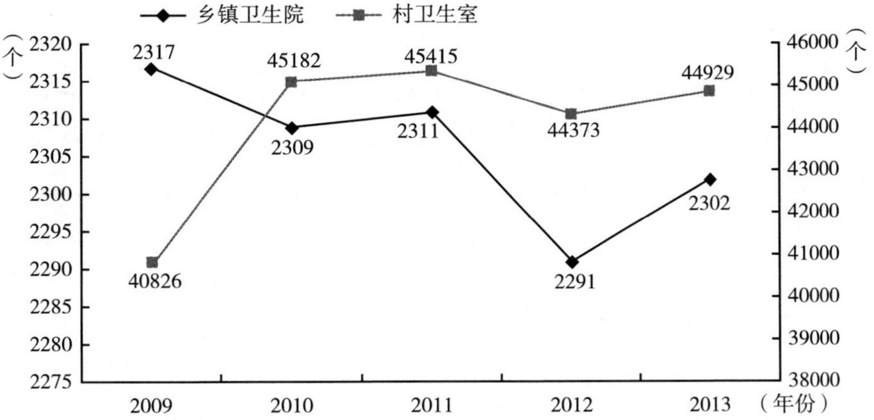

图 6　2009 ~ 2013 年湖南乡镇卫生院、村卫生室发展情况

资料来源：《湖南统计年鉴 2014》，中国统计出版社，2014。

乡镇卫生院医疗硬件条件得到改善。2013 年，湖南乡镇卫生院床位为 7.73 万张，比 2009 年增长 29.48%；每千农业人口乡镇卫生院床位为 2.22 张，比 2009 年增长 46.05%（见图 7）。乡镇、村卫生工作人员增长较快，2013 年每千农业人口乡镇卫生院人员为 2.22 人，比 2009 年增加 22.65%；每千农业人口村卫生室人员为 1.63 人，比 2009 年增加 39.32%（见图 8）。可见，农村基层医疗卫生事业维持良性发展态势。①

（4）城乡就业和社会保障事业快速发展。城乡就业方面，2013 年，全省从业人员总量达到 4036.45 万人，较 2009 年增加了 101.24 万人，三次产业从业人员比例由 2009 年的 43∶22.8∶34.2 调整为 2013 年的 41∶23.9∶35.1（见图 9）。新增城镇就业 80 万人，同比增加 7.7 万人，失业人员再就业 34.7 万人，就业困难人员再就业 12.35 万人，城镇登记失业率控制在

① 根据湖南省卫生厅《湖南省卫生事业发展统计情况》（2009 ~ 2013 年）统计分析得出。

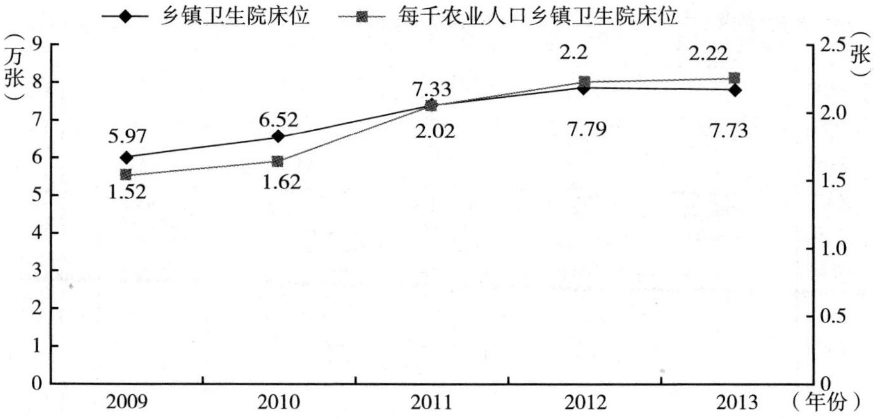

图7　2009～2013年湖南乡镇卫生院床位总数及均量发展情况

资料来源：《湖南统计年鉴2014》，中国统计出版社，2014。

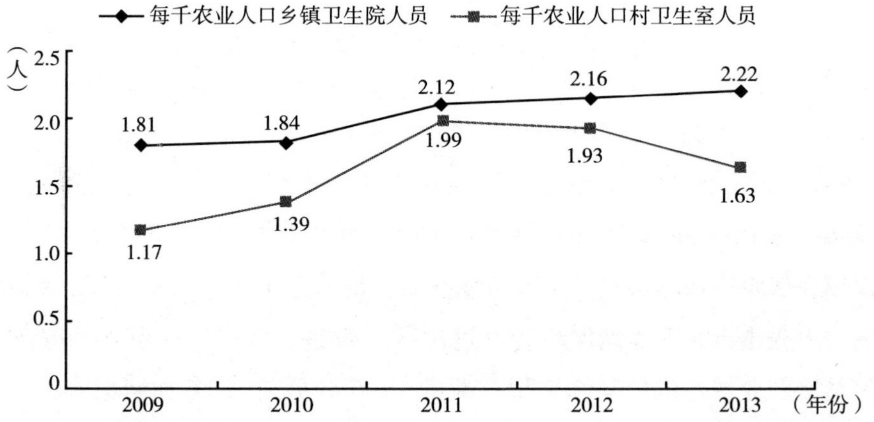

图8　2009～2013年湖南每千农业人口乡镇卫生院、村卫生室人员

资料来源：《湖南统计年鉴2014》，中国统计出版社，2014。

4.2%，农村劳动力转移就业74万人，城镇零就业家庭和纯农户家庭高校毕业生就业保持动态清零。[①] 城乡就业保障总体上是有效率的。

---

① 《2014年湖南政府工作报告》，《湖南日报》2014年2月19日。

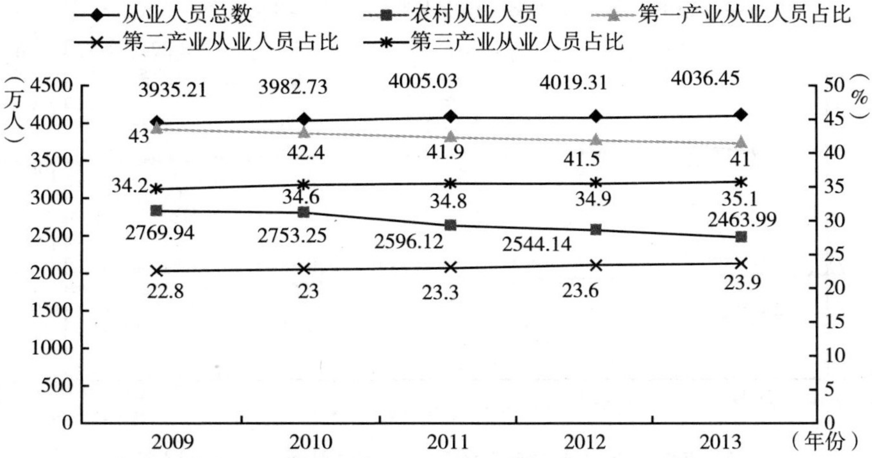

图 9　2009～2013 年湖南就业情况

资料来源：根据《湖南统计年鉴》（2010 年、2014 年）有关数据整理得出。

社会保障方面，城乡社保覆盖范围不断扩大。2013 年，湖南社保制度框架基本建成，参加全省城镇基本养老保险、基本医疗保险、工伤保险、生育保险和失业保险人数分别达到 1091.7 万人、2316.2 万人、731.0 万人、535.8 万人和 461.7 万人，比 2009 年分别增长 24.17%、26.65%、54.85%、6.72% 和 17.78%，连续 9 年提高企业退休人员基本养老金。① 在全国率先调整企业参保职工供养对象抚恤金待遇办法，惠及 835 万企业参保人员；率先出台企业养老保险费率过渡试点政策，减轻企业负担，惠及 50 多家承接产业转移的劳动密集型企业的 15 万名员工。② 参加新型农村合作医疗人数达 4729.0 万人（不含长沙），参合率达 98.98%，较 2009 年提高了 7.76 个百分点。低保制度城乡覆盖面持续拓宽。2013 年，湖南城市低保月均保障 143 万人，月人均救助 271 元，完成 2013 年度为民办实事目标任务的 102.3%，比 2012 年增长 8.4 个百分点；农村低保月均保障 278 万人，月人均救助 119 元，完成 2013 年度为民办实事目标任务的 103.5%，比

① 湖南省统计局：《湖南省 2013 年国民经济和社会发展统计公报》。
② 《湖南连续 9 年提高企业退休人员基本养老金标准》，《湖南日报》2013 年 12 月 25 日。

2012 年增长 14.4 个百分点。农村五保供养水平得到提升，农村五保集中和分散供养标准分别达到5028 元和2511 元，均超过2013 年度为民办实事考核指标。[①] 改扩建农村敬老院205 所，完成2013 年度为民办实事目标任务的102.5%。[②] 城乡医疗救助建制以来，城乡医疗救助不断加码，全省累计救助城乡困难群众2800 余万人次，其中直接救助（住院、门诊救助）600 余万人次、资助参保参合2200 余万人次，发放近50 亿元医疗救助金。[③] 其中，2013 年，救助城乡困难群众520 余万人次，其中直接救助（住院、门诊救助）90 余万人次、资助参保参合430 余万人次。[④] 完成对3230 名贫困残疾儿童实施抢救性康复项目，托养救助服务2.17 万名智力、精神残疾人。[⑤] 有效地解决了困难群众看病难、看病贵和因病致贫返贫的问题。

（5）城乡文化建设统筹发展。2013 年，湖南省有艺术表演团体223 个，比2009 年增加102.72%；公共图书馆134 个，博物馆、纪念馆96 个，比2009 年分别增加14 个和29 个；有线电视用户840.1 万户，比2009 年增加38.54%；全省广播综合人口覆盖率达93.32%，电视综合人口覆盖率达97.40%，分别比2009 年提高1.66 个百分点和1.29 个百分点。农村公共文化服务有效供给增加。截至目前，湖南省按照国家建设标准已投入资金近9 亿元建成43888 个农家书屋，普及湖南省每个行政村。2013 年，湖南省新闻出版广电局联合相关部门为长沙、湘潭、岳阳、益阳、常德、娄底6 市14050 个农家书屋补充更新出版物。[⑥] 广播电视“村村通”解决50 万户广播电视盲村用户的广播电视接收问题；广播“村村响”在24 个县建成300 多个乡镇广播站、2684 个村广播室，安装高音喇叭近3 万只；在全省农村放

---

① 《湖南城市低保月人均救助水平271 元同比增22.3 元》，《长沙晚报》2014 年1 月28 日。
② 《为民办实事目标任务全部完成》，《湖南日报》2014 年1 月28 日。
③ 《社会救助宣传周活动启动》，《湖南日报》2013 年10 月22 日。
④ 《2013 年城乡低保补助水平分别增长8.4%和14.4%》，《湖南日报》2014 年1 月12 日。
⑤ 《为民办实事目标任务全部完成》，《湖南日报》2014 年1 月28 日。
⑥ 《湖南省政协召开专题协商会议 加强农家书屋科学管理利用》，《湖南日报》2014 年10 月31 日。

映51万余场数字化电影，完成送戏下乡近1.2万场。[①] 电话和宽带"村通工程"顺利实施，完成通宽带行政村1352个，新增通电话自然村552个。[②] 文化是区域发展的软实力，湖南城乡文化建设同步推进有助于提升湖南城乡一体化发展质量。

7. 城乡发展一体化体制机制正在健全

中共十八大明确提出要推动城乡发展一体化，形成以工促农、以城带乡、工农互惠、城乡一体的新型工农城乡关系。国家层面加大破除制约城乡发展一体化的城乡二元结构的改革攻坚力度，将释放巨大的政策红利。湖南省委、省政府紧紧抓住全面深化改革的政策红利，充分运用财政杠杆，推动资源要素向农村倾斜，优化城乡资源要素综合配置，成效显著。2013年湖南财政支出中，农林水事务和城乡社区事务支出分别达到500.3亿元和355.4亿元，较2012年分别增长11.7%和17.6%，在公共财政支出中的占比分别为10.79%和7.67%，较2012年占比分别增加0.16个和0.92个百分点，不断增加的投入改善了农村生产生活条件，缩小了城乡社区的差别。[③] 2013年起，湖南省委、省政府以制度创新为抓手，大力推进湖南城乡一体化发展，为赋予农民更多财产权利、推动城乡要素平等交换，湖南省委、省政府出台了《关于进一步夯实农业基础增强农村发展活力的意见》《关于开展粮食稳定增产行动的意见》《关于进一步规范农村土地流转切实维护农民合法权益的通知》《关于加快发展农民合作社的意见》《关于加快农村金融发展的意见》《关于金融支持经济结构调整和转型升级的实施意见》，明确推进土地制度改革和经营体制创新，构建农村要素市场体系，支持培育新型农业经营主体，鼓励多形式推进农村土地有序流转，积极发展适度规模经营；为构建满足农村消费需求的县乡流通格局，湖南省政府出台了《关于印发〈湖南省百城千镇县乡流通再造工程实施方案〉的

---

① 《文化湖南　精彩纷呈——2013年湖南文化发展综述》，《湖南日报》2014年1月16日。

② 《为民办实事目标任务全部完成》，《湖南日报》2014年1月28日。

③ 根据《湖南统计年鉴2010》（中国统计出版社，2010）和《湖南统计年鉴2014》（中国统计出版社，2014）有关数据统计分析得出。

通知》，推动县乡流通再造，构建布局合理、结构优化、功能齐备的县乡流通体系，逐步形成连锁化、规模化与品牌化的县乡流通格局；为推进城乡公共服务供给均等化，湖南省政府下发了《关于落实〈国家基本公共服务体系“十二五”规划〉的实施意见》，着力于创新体制机制，不断深化收入分配制度改革，努力提高基本公共服务水平和均等化程度，加快建立健全符合省情、比较完整、覆盖城乡、可持续的基本公共服务体系，保障城乡居民生存发展的基本需求，并就武陵山贫困片区专门出台了《关于对武陵山片区农村基层教育卫生人才发展提供重点支持的若干意见》，积极推动片区农村基层教育卫生人才发展，帮助片区破解发展“瓶颈”、增强发展后劲、形成后发优势；为破除体制机制障碍，进一步激发市场活力，湖南省出台了《湖南省2013年深化经济体制改革重点工作意见》，从城乡基本公共服务均等化、农村土地管理制度和户籍制度等层面，积极推进城镇化机制体制改革。

在湖南省委、省政府出台的一系列推进城乡一体化发展的政策措施的激励下，全省各地紧密结合本地实际，以实干推动政策红利转化为发展成果。郴州市完成了所有重点建制镇总体规划的编制，有序引导村民建房向中心村和小城镇集中，启动建设260个农民小康新村示范点，共计节约2000余亩土地，带动26亿元直接投资；积极推进“清洁家园”、“清洁水源”和“清洁田园”行动，已经取得良好成果；新型农业经营主体培育工作取得显著进展，土地流转收入增长一倍以上；全力推进北湖小康社会建设“五朵金花”等十大示范工程，有效发挥统筹发展的引领作用。其中，郴州的资兴市城乡一体化发展更为迅猛。资兴市把推进新型城镇化作为重要抓手，把工作重点落在“十镇百村”的示范建设上，全力推进“六个城乡一体化建设”和“三项制度改革”①，并建立“十镇百村”推进机制、三项改革推进机制、多元资金保障机制、结对共建帮扶机制以推进城乡一

① “六个城乡一体化建设”是指城乡规划建设一体化、城乡产业发展一体化、城乡生态环境一体化、城乡公共服务一体化、城乡创业就业一体化、城乡社会管理一体化。“三项制度改革”是指城乡户籍改革、农村产权制度改革和生态资源权利置换改革。

体化的发展。现已在户籍改革、农村宅基地制度和城镇化投融资体制完善等方面取得显著成效，“十镇百村”项目建设有序推进，住宅地集约化模式雏形初步形成，各乡镇成立了土地流转服务中心，开展土地确权工作，强化对农村耕地、林地等各类土地承包经营权的物权保护，为农村土地承包经营权流转和相关产权制度改革创造条件。以兰市乡为试点乡镇，推进农村产权改革试点工作，农民资产正逐步稳健地资本化。当前，资兴市是湖南省唯一一个跻身全国62个新型城镇化综合试点的单位，资兴市城镇化率达到60.3%，高出全省、全国平均水平，已处于城镇化中后期阶段。① 益阳市积极推进“三集中”、“六一体”和“四基础”的城乡统筹发展，② 并明确了城乡统一规划、农村清洁工程、农民承包土地流转、农村确权颁证、农民集中居住区建设、村级治理机制改革、涉农资金改革和农村金融改革八项重点工作。迄今为止，益阳市实现了46.4%的耕地流转率，为全省最高水平，流转耕地达到184.41万亩。③ 常德市汉寿县深入推进实施“工业强县、城镇兴县、旅游活县、幸福汉寿”的区域发展战略，城乡交通基础设施建设高速推进，城乡信息化建设步伐加快，城乡生态环境协同治理成果显著，城乡金融一体化加速推进，城乡劳动力市场一体化进展良好，城乡商品市场一体化进展顺利，城乡建设用地市场一体化建设取得进展，在全省率先推出农村土地经营权抵押贷款，城乡社会保障水平不断提高。嘉禾在推进城乡一体化的过程中，坚持协调发展、齐头并进、整体推动，注重空间、经济、社会、生态环境等方面的综合发展，并着力在城乡信息一体化建设方面实现突破。2013年，成功申报为“国家智慧城市”试点县，全县城乡视讯网络基本实现全覆盖，212个行政村已经实现家家通

---

① 《资兴成为国家新型城镇化综合试点城市》，《湖南日报》2015年1月8日。

② “三集中”是指工业向集中发展区集中、农民向城镇和新型社区集中、土地向适度规模经营集中；“六一体”是指城乡规划一体化、城乡产业发展一体化、城乡市场体制一体化、城乡基础设施一体化、城乡公共服务一体化、城乡管理体制一体化；“四基础”是指农村产权制度改革、农村新型基层治理机制建设、村级公共服务和社会管理改革、农村土地综合整治。

③ 益阳市统计局：《四大举措助推益阳农地流转》。

有线电视、通网络、通宽带，通信信号覆盖率达 100%，100% 的农村社区实现网络视讯。①

（二）城乡一体化发展水平定量分析

从二元经济理论的视角来判断，湖南处于城乡一体化的融合进程中。鉴于城乡一体化是一个渐进的过程，每个发展阶段都有各自的特征，各市州又存在地域差异，湖南的城乡融合呈现比较复杂的局面，要科学地评价湖南各市州的城乡一体化水平，才有助于各部门制定相关应对政策。为了更精准地评价湖南省全域城乡一体化发展水平，本研究设计评价体系对湖南城乡一体化发展展开定量分析，在对湖南省 14 个市州城乡一体化水平进行测度的基础上，按照结果进行聚类分析，以此定量判定全省各个地域城乡一体化发展态势，从而使人们能够客观地认识全省的城乡一体化水平，并对全省的城乡融合进程做出准确的判断。

1. 城乡一体化指标体系和评价模型

（1）城乡一体化评价指标体系的构建。城乡一体化指标体系的构建应该遵循六个原则：全面性、科学性、可比性、区域性、导向性、可操作性。力求指标体系能够全面、客观地反映客观事实，同时对比出城乡一体化的速度，清晰地体现全省城乡一体化所处的发展阶段。由于城乡一体化是一个区域概念，其不仅要反映城乡的对比程度，还应该反映一个区域的发展水平。因此，在选取数据时，应当选择来源稳定、真实性强的数据，而不选择无稳定来源、无法计算的指标体系。本报告构建的评价体系包括三级指标，由四组相互关联又独立的指标因子构成。从内容来看，这套评价指标体系包括城乡空间一体化、城乡经济一体化、城乡社会一体化、城乡生态环境一体化四个二级指标，城镇化水平、交通网密度等 17 个三级指标（见表 3）。从功能来看，此体系既可以反映城镇与乡村在空间、社会、经济和生态发展过程中的相互作用，又可以描述城乡互动发展在任一时间、各个方面的现状。

① 资料来源：湖南省农村发展研究院 2014 年对全省试点县市的调查。

表 3　城乡一体化评价指标体系结构

一级指标	二级指标	三级指标	属性	算法	含义
城乡一体化指数	城乡空间一体化	X_1 城镇化水平	正向	—	空间结构变化
		X_2 交通网密度	正向	公路里程/区域面积	交通运输发展程度
		X_3 限额以上批发个数	正向	—	每万人限额以上批发零售企业个数,反映农产品流通程度,影响农产品价格
	城乡经济一体化	X_4 人均 GDP	正向	—	反映经济运行以及居民收入等情况
		X_5 非农产值与农业产值比	正向	第二、三产业 GDP/第一产业 GDP	反映城乡经济总量差距
		X_6 二元对比系数	正向	(第一产业 GDP/第一产业从业人员)/(非第一产业 GDP/非第一产业从业人员)	城乡生产效率差异
		X_7 财政支农比	正向	财政用于农业支出/财政总支出	财政对于农业的支持
		X_8 全社会非农业人员比重与农业从业人员比重比	正向	第二、三产业从业人员比重/第一产业从业人员比重	城乡就业结构
		X_9 农村从业人员非农比	正向	农村从业人员中从事非农业人数/农村从业人员	农业剩余劳动力转移情况
		X_{10} 城乡人均收入比	正向	城镇居民可支配收入/农村居民可支配收入	城乡居民收入水平协调性
		X_{11} 机耕面积	正向	机械耕作面积	农业产业化和现代化程度
	城乡社会一体化	X_{12} 社会保障支出	正向	社会保障支出/总人口	社会保障资源分配
		X_{13} 邮电业务量	正向	邮电业务量/总人口	区域信息流通程度

续表

一级指标	二级指标	三级指标	属性	算法	含义
城乡一体化指数	城乡生态环境一体化	X_{14}万元 GDP 能耗	逆向	—	经济活动对能源的利用程度和效率
		X_{15}环境产业项目数	正向	环境产业项目数/总人口	反映政府在保护生态环境、治理环境方面的投资力度
		X_{16}绿化率	正向	绿地面积/总面积	这是考察城市生态环境的一个重要指标，值越大，城乡生态环境一体化程度越高
		X_{17}城乡安全饮用水普及率比	正向	—	侧面反映城乡居民生存环境的状况及差距

注：指标属性为正向，说明指标值越大，一体化程度越高；指标属性为逆向，说明指标值越小，一体化程度越高。

资料来源：《湖南统计年鉴2014》，中国统计出版社，2014。

（2）城乡一体化评价的方法与模型。城乡之间的经济社会结构及其演变的测度一直是发展经济学的难点。目前，已有文献对城乡一体化的评价主要采用相对指数法、专家打分法等。这些方法存在一定的缺陷，要么使指标之间存在高度的相关性，要么就是主观性过强。本报告采用两步主成分分析法，侧重于信息贡献影响力的综合评价。其权重是根据自身的特征确定，强调客观事实。其优点是：降维却不降低信息量，成分指标能充分反映总体特征；避免多重共线性和权重确定的人为性，评价更客观合理。两步主成分分析法主要分为两个步骤：第一，将城乡空间一体化、城乡经济一体化、城乡社会一体化、城乡生态环境一体化四个二级指标下的三级指标的均值化数据作为协方差矩阵输入，确定各分项指标的权重以合成维度指数，得到各个分项的指数。第二，以城乡空间一体化、城乡经济一体化、城乡社会一体化、城乡生态环境一体化四个二级指标的得分作为协方差矩阵输入，得到城乡一体化的总指数。

主成分分析法通过原有变量的线性组合以及各个主成分的求解来实现降

维，在保证信息损失尽可能少的前提下，对原有变量进行浓缩，对原有变量中的信息重叠部分提取合成因子。在方程组：

$F_1 = A_{11} \times X_{11} + A_{22} \times X_{21} + \cdots A_{n1} \times X_p$

$F_2 = A_{12} \times X_{12} + A_{22} \times X_{22} + \cdots A_{n1} \times X_p$

…

$F_p = A_{1m} \times X_{11} + A_{2m} \times X_{22} + \cdots A_{pm} \times X_p$ 中，方差 VAR（F）越大，包含的信息量就越多。因此，在所有的线性组合中 F_1 应该是方差最大的。如果第一主成分不足以代表原来 P 个信息，再考虑选取第二个线性组合。具体的计算步骤如下：

第一步，指标无量纲化处理，本报告采用无均值化处理，即处理数据 $Y_{ij} = X_{ij} / \overline{x_{ij}}$，$\overline{x_{ij}} = 1/p \sum_{i=1}^{p} X_{ij}$；

第二步，计算系数矩阵；

第三步，计算特征值及累计率；

第四步，计算各指标权重；

第五步，计算各指标得分。

2. 湖南省城乡一体化发展的总体评价

各指标的统计特征及各项指标测度结果通过计算得到表 4 数据。

表 4　各级指标统计特征

单位：%

维度	成分	方差贡献率	累计方差贡献率
城乡空间一体化	1	0.6791	0.6791
城乡经济一体化	1	0.5763	0.5763
	2	0.2476	0.8239
城乡社会一体化	1	0.6035	0.6035
城乡生态环境一体化	1	0.401	0.401
城乡一体化	1	0.7101	0.7101

资料来源：根据《湖南统计年鉴 2014》相关数据计算得出。

由表4可以看出，城乡空间一体化、城乡社会一体化、城乡生态环境一体化、城乡一体化用一个主成分即可以涵盖大部分的信息量；而城乡经济一体化则需要两个主成分才能充分体现下级指标所拥有的大部分信息量。各市州城乡一体化总指标与各个指标相对得分如表5所示。指标权重见表6。

表5　各市州城乡一体化总指标与各个指标相对得分

单位：分

城　市	城乡空间一体化	城乡经济一体化	城乡社会一体化	城乡生态环境一体化	城乡一体化	排名
长沙市	4.370211	2.701989	-1.10295	1.820143	5.080263	1
株洲市	2.61254	1.352257	-0.05544	1.91607	2.759992	2
湘潭市	1.418293	1.155829	-0.01588	1.95849	1.947794	6
衡阳市	1.81188	0.978056	0.111192	1.713365	1.947856	5
邵阳市	1.234888	0.430636	0.160703	1.761184	1.288436	10
岳阳市	2.201992	1.229836	0.103325	1.954808	2.377528	3
常德市	1.387183	1.086789	0.163063	1.762862	1.748421	7
张家界市	0.907941	0.275046	-0.0935	1.662311	1.12405	12
益阳市	1.478521	0.780543	0.166596	1.662349	1.6014	9
郴州市	1.855453	1.096065	0.070455	2.096455	2.152592	4
永州市	1.016676	0.593011	0.232014	1.725437	1.208092	11
怀化市	0.941861	0.325763	0.139004	1.722057	1.062038	13
娄底市	1.451069	0.527828	-0.08808	2.208089	1.707547	8
湘西州	0.893645	0.148888	0.216206	1.516469	0.843646	14

数据来源：根据《湖南统计年鉴2014》相关数据计算得出。

表6　城乡一体化各个指标权重

招标	城乡空间一体化	城乡经济一体化	城乡社会一体化	城乡生态环境一体化
权重	0.568368	0.577268	-0.53574	0.236721

（1）湖南省城乡一体化发展度量指标呈现非均衡发展态势。由表6可知，城乡空间一体化、城乡经济一体化、城乡社会一体化、城乡生态环境一体化的权重分别为：0.568368、0.577268、-0.53574、0.236721。

在全省的城乡一体化中，城乡经济一体化的权重相对最高，为0.577268，体现了城乡一体化的基础是城乡的经济融合，城乡一体化的过程就是城乡二元经济逐渐收敛的过程。2013 年，湖南人均 GDP 增加 9.8%，意味着经济保持了较高的发展速度；而第三产业的贡献率增加 2.4 个百分点，说明经济发展的质量有较大提升，经济结构调整取得较好的成效；第二产业与第三产业的发展为第一产业的劳动剩余找到了出口，从而促进了湖南的城乡一体化。消除城乡二元结构的重要手段是推动经济发展，城乡经济一体化权重在城乡一体化评价中处于主导地位，同时也印证了湖南正处于由城乡分割的二元社会走向城乡融合的发展阶段，这符合城乡一体化的发展规律。

城乡生态环境一体化的权重为 0.236721，充分体现了湖南城乡经济发展的“两型”理念。可见，发展城乡经济，绝不能以牺牲生态环境为代价，实现城市生态环境发展绝不以牺牲农村生态环境为代价。

城乡空间一体化的权重为 0.568368，意味着全省城乡空间融合程度正在深化。近年来，湖南交通运输实现了跨越式发展。2013 年，全省的城镇化率由 2012 年的 46.65% 增加到 47.96%，提高了 1.31 个百分点。空间的便利带来的是交易效率的提高，这为湖南今后的经济发展奠定了坚实的地理基础。

城乡社会一体化的权重为 -0.53574，说明湖南城乡一体化发展中城乡社会一体化部分在过去一年里制约了城乡一体化的发展。城乡社会一体化要取得长足进步，首先，在接下来的发展过程中湖南省应当更加致力于制度改革，因为城乡社会一体化是城乡一体化的重要组成部分，城乡社会一体化涉及社会制度，如户籍制度、土地流转制度，社会制度是交易效率软条件中的主要部分。其次，在改革过程中更应该注意资源分配的公平性，使农村能更加公平地享受改革果实才能实现真正的城乡一体化，因为城乡社会一体化关乎一个社会的资源分配。

当然，在城乡一体化过程中各方面的工作是相辅相成的，如城乡空间一体化、城乡生态环境一体化的推进可以降低交易成本、促进分工，对城乡经济一体化起促进作用，而经济发展必将加快城乡空间一体化、城乡生态环境一体化的进程。因此，这四项是互相牵制的，只能有重点，不能抛弃其中的某个方面。湖南省 2013 年的城乡一体化发展是以城乡经济一体化为主体，统筹城乡空间一体化、城乡生态环境一体化等其他方面的过程。

（2）湖南全省城乡一体化进程地域差异显著。图10显示湖南省14个市州的城乡一体化相对得分为0.84～5.08，并给出各个市州的排名趋势。这说明，湖南省城乡一体化水平存在着明显的地区差异。长株潭经济圈的总体得分明显优于其他地区，长沙得分5.08，排第1位，株洲得分2.76，排名第2位，湘潭得分1.95，排名第6位。其中，长沙城乡一体化的排名最高，其城乡发展收敛程度远优于其他城市。就数据来看，其得分超出排第2位的株洲84.1%，是湘西州的6倍多。其他城市与长沙的发展差距较大，说明长沙是全省城乡一体化的带动城市，具有较强的引领作用，处于湖南城乡一体化的第一梯队。而长株潭外围城市，受其经济的辐射作用，也呈现较好的城乡一体化发展趋势。如岳阳相对得分为2.38，排名第3位。湘南地区处于产业承接地段，加上便利的交通优势，其城乡一体化发展具有自身的特色。如衡阳相对得分为1.95，排名第5位；郴州相对得分2.15，排名第4位，这些城市属于第二梯队。而湘西地区的地理位置不优越，远离长沙等大城市，加上本身的经济基础薄弱，处于城乡发展一体化的第三梯队，如湘西州得分为0.84，排名第14位等。全省城乡一体化相对得分总体呈现由长沙依次向外围递减的趋势。

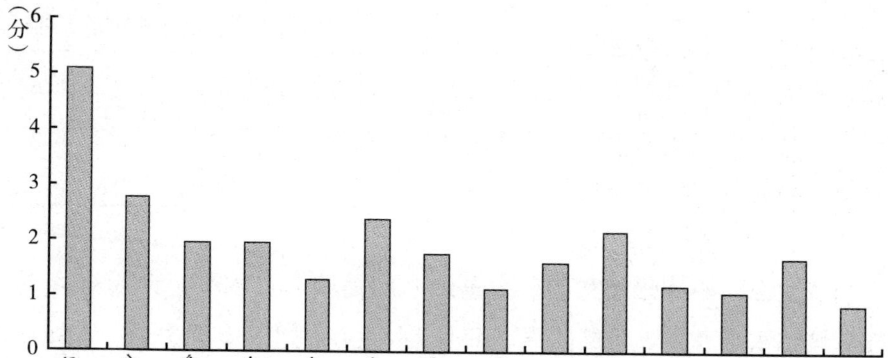

图10　湖南省各市州城乡一体化得分排名

（3）湖南全省城乡一体化进程空间差异明显。从权重来看，湖南省城镇化水平、交通网密度、限额以上批发个数权重分别为0.6691、0.3727、0.6425。数据表明，全省城乡一体化发展趋势在城镇化、交通一体化、市场流通上呈现全面发展的趋势而没有特别的弱项。但是，地区差异仍然非常明显，长沙的城乡空间一体化得分约是湘西州的5倍；株洲的得分是怀化的2倍多。这说明，在空间上湘北比湘西、湘南地区有绝对优势。而空间资源的配置效率是度量一个地区市场交易效率的重要条件，决定一个地区的分工、贸易流通等经济发展水平。所以，提升空间内部融合及空间与外部的融合是湘西与湘南地区在接下来的发展过程中应该注重的问题，构建便利的交通网络，提高全省空间融合程度，应该成为全省城乡一体化战略中的重要策略。具体数据如表7、表8、图11、图12所示。

表7　城乡空间一体化系数向量与权重

基础指标	第一主成分系数	指标权重
城镇化水平	0.669126	0.669126
交通网密度	0.372749	0.372749
限额以上批发个数	0.642501	0.642501

表8　湖南省各市州城乡空间一体化得分

单位：分

市州	长沙市	株洲市	湘潭市	衡阳市	邵阳市	岳阳市	常德市
城乡空间一体化得分	4.370	2.612	1.418	1.811	1.234	2.201	1.387
市州	张家界市	益阳市	郴州市	永州市	怀化市	娄底市	湘西州
城乡空间一体化得分	0.907	1.478	1.855	1.016	0.941	1.451	0.893

在城乡空间一体化测算中，权重最高的是城镇化水平，说明全省2013年的城镇化水平有了长足的发展，而且是14个市州的协调发展。在城镇化水平这个指标上，湘西州排名倒数第一，湖南落后地区已经认识到城镇化在区域发展中的作用。区域发展中城镇化水平的提高必定促进一个地区的贸易与分工发展，从而促进一个地区的经济发展，最终促进城乡一体化融合。

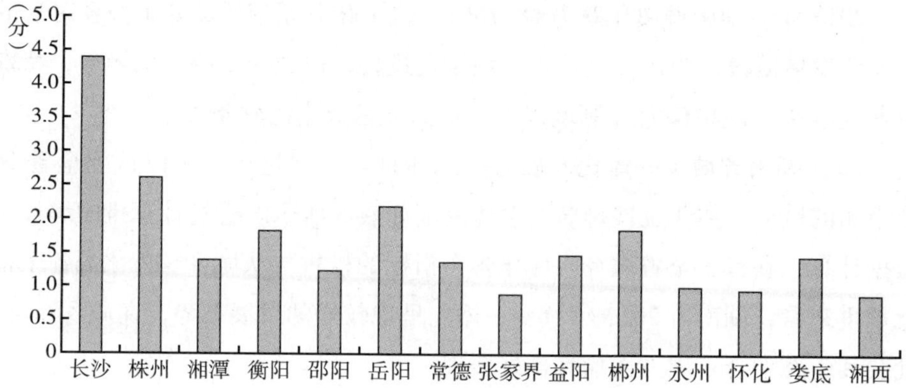

图 11 各市州城乡空间一体化得分

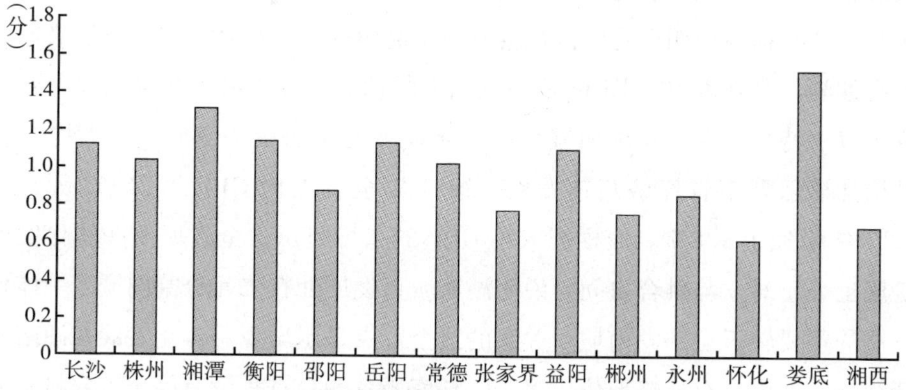

图 12 湖南省各市州交通网密度得分

在城乡一体化过程中，城镇化是十分重要的指标。城乡一体化具体表现为城镇化、农村人口向城镇转移，第一产业剩余劳动力向第二、第三产业转移就是城乡一体化的具体过程。“钱纳里模型”认为城镇化率与城乡关系呈现如表 9 所示的关系。

表 9 城乡一体化发展阶段与城镇化率关系

城乡关系	合一	分离	对立	交融	一体化
城镇化率	≤10%	10%～30%（含）	30%～50%（含）	50%～70%	≥70%

资料来源：H·钱纳里：《工业化与经济增长的比较研究》，吴奇等译，上海三联书店，1989。

2013 年，湖南城镇化率为 48.76%，这意味着湖南依然处于城乡对立的二元化发展阶段。为此，应该加快城镇化进程，以避免更突出的矛盾，特别应着重改革“城市偏向”制度以优化提高交易效率的软条件。

（4）湖南省城乡一体化发展态势总体良好。通过计算可以得到全省 14 个市州的城乡一体化发展排名，总体测度如表 5 所示。通过计算机的编程与数据计算，获得了全省城乡一体化各个指标的权重。从城乡一体化的各个指标权重来看，湖南省 2013 年城乡一体化呈现较好的发展态势，在城乡经济、社会和生态融合发展方面均有良好表现。

一是城乡经济互动不断加快。从权重来看，湖南省城乡经济一体化态势发展较好。除财政支农比、城乡人均收入比为负数外，其余指标的权重皆为正数。这些指标说明全省经济社会发展是健康的，在城乡一体化发展诸方面没有偏颇。纵观表 10、图 13 所透视出来的信息，湖南城乡融合发展主要显现了以下特征：第一，湖南城乡一体化发展处于历史关键时期。人均 GDP 的增加显示湖南省经济高速发展，2013 年全省人均 GDP 为 36763 元，较 2012 年增加了 9.8%。而根据人均 GDP 的指标显示，全省城乡一体化发展阶段也处于对立与融合之间，说明湖南城乡发展处在二元分割向城乡一体化发展的重要转折点。湖南城乡关系的这个特点显示城乡一体化发展在湖南经济社会发展中具有战略地位。第二，湖南城乡融合进程没有停止。农村从业人员非农比及全社会非农业人员比重与农业从业人员比重比的权重较高，说明 2013 年全省的农村就业结构发生了重大改变。农村劳动力不断流向城市，第一产业劳动力不断流向其他产业。劳动力的非农转移以及农村劳动力向城镇转移的过程，既是城镇化的过程，也是城乡融合的过程。2013 年，全省第一产业就业人口比 2012 年少了将近 13 万人，说明湖南城镇化发展仍在继续，城乡融合仍在进行。第三，城乡经济一体化已经初露端倪。二元对比系数权衡的是城乡的二元经济结构，其对城乡一体化起着促进作用。二元对比系数的权重为 0.037，表明虽然湖南省的二元经济结构仍然存在，但全省的城乡经济一体化已经开始加速。第四，农业生产中资本对劳动力的替代空间仍然很大。与农业劳动力不断减少相对应的就是第一产业机械化的过程。但是，在各项指标中机耕面积的权重为0.207，意味着湖南农业生产中资本对劳动力的替代空间还很大。数据显示，2013年全省农业机械总动力较上年增加了4.75%，说明湖南的农业机械化与集约化速度还比较快。湖南应该更加注重农业发展，通过机械化提高农业的劳动力生产效率；同时，财政支农比的权重是负数，暗示着全省应进一步加大对农业的投资力度，增加农田改造经费，以降低农业规模化与机械化生产的组织成本，促进传统农业向现代农业迈进。

表10　城乡经济一体化系数向量与权重

基础指标	第一主成分系数	第二主成分系数	指标权重
人均GDP	0.454054	-0.00782	0.315259
非农产值与农业产值比	0.441014	-0.16625	0.258525
二元对比系数	-0.18674	0.558445	0.037191
财政支农比	-0.36883	0.206042	-0.19608
全社会非农业人员比重与农业从业人员比重比	0.44148	0.04334	0.321836
农村从业人员非农比	0.379076	0.17478	0.317684
城乡人均收入比	-0.29665	-0.49166	-0.35525
机耕面积	0.043775	0.586154	0.206764

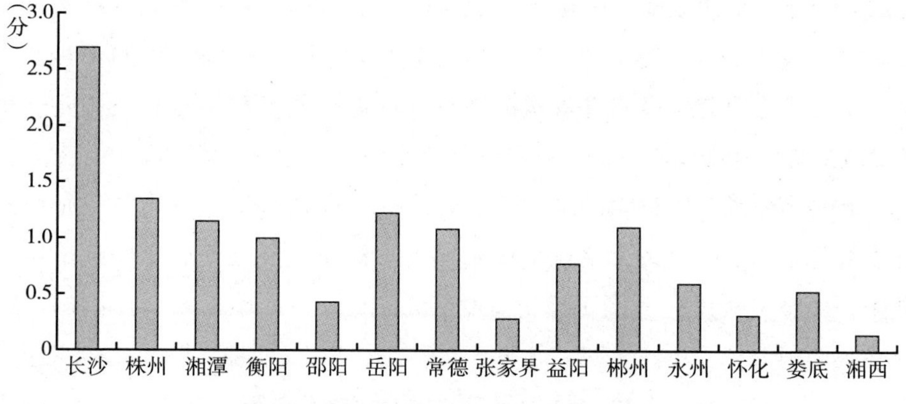

图13　各市州城乡经济一体化得分

从相对得分排名来看，尽管全省城乡经济一体化趋势与城乡一体化发展趋势较为吻合，但仍然存在一些地区性差异。长株潭经济圈的融合优势相对其他的地区更明显，其中长沙排名第 1、株洲排名第 2、湘潭排名第 4 位；湘南地区由于其地理优势以及可以承接广东沿海地区产业转移的优势，经济发展显示了自身的特色；而湘西地区则远落后于其他地区。所以，湖南省在城乡一体化过程中，既要注重发挥长株潭经济的带动作用，也应该着重改善湘西地区的交通、制度、信息、知识等要素演变的条件，通过提高湘西地区的交易效率促进该地区的分工与该地区的生产效率。

二是城乡社会融合逐渐提速。如表 11 所示，湖南省 2013 年城乡社会一体化中社会保障支出、邮电业务量的权重分别为 0.707、-0.707。从权重来看，社会保障支出的权重和邮电业务量的权重绝对值一样，只是邮电业务量取负值。在城乡社会一体化中，由于国家对离退休年龄上限的上调以及社会对农村投资力度的加大和投资规模的扩大，相当比例的农村居民不仅实现了就地就业，而且收入水平也较之于单纯的务农收入有所增加。因此，城乡社会保障支出的适配人群数量出现了大面积的减少，这恰巧是城乡社会一体化稳步推进的有力佐证。邮电业务量这一指标主要受到来自现代快速物流业和电子手持终端信号覆盖的冲击。传统的邮电业务主要涵盖的是信件的传递收发，随着快递业覆盖面积的逐步扩大以及移动电话的普及和信号的全面覆盖，邮电业务量正在全面缩水，快递的服务网点已经由一线大城市的成熟区逐步向小城市乃至农村拓宽，快递业的迅捷、方便，使得快递成为许多物件发送的首选。同时，随着移动电话的普及，信息交流的后电子网络时代正一步一步地取代邮电业一家独大的时代。因此，邮电业务量市场份额的减少，正好印证了现代快递业和电子通信行业的城乡一体化发展势头，这也是城乡社会一体化发展处于转型时期的特色现状。数据详见表 11、图 14。

表 11　城乡社会一体化系数向量与权重

基础指标	第一主成分系数	权重
社会保障支出	0.707241	0.707241
邮电业务量	-0.70724	-0.70724

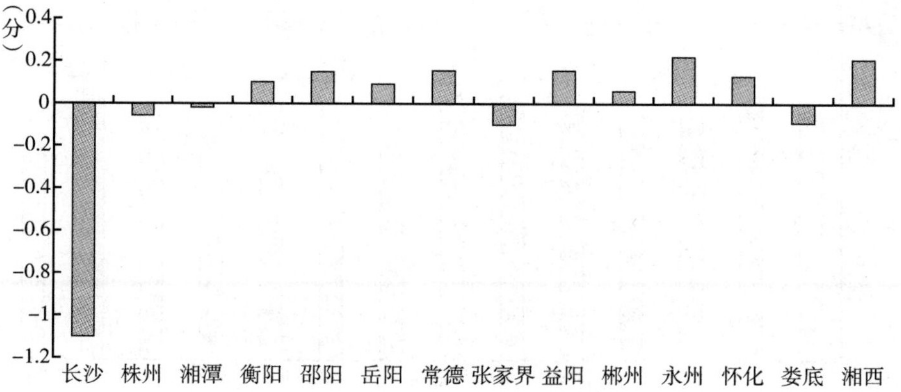

图14　各市州城乡社会一体化得分

三是城乡生态环境一体化有序推进。湖南省城乡生态环境一体化存在度量指标以及区域方面的差异（见表12和图15）。如表12所示，湖南省2013年城乡生态环境一体化中万元GDP能耗、环境产业项目数、绿化率、城乡安全饮用水普及率比的权重分别为0.384、0.149、0.616、0.671。数据表明，2013年全省在城乡生态环境一体化各方面成绩显著，彰显了湖南力求经济发展过程中绝不以牺牲环境为代价的绿色发展理念。

表12　城乡生态环境一体化系数向量与权重

基础指标	第一主分系数	权重
万元GDP能耗	0.383737	0.383737
环境产业项目数	0.149231	0.149231
绿化率	0.615875	0.615875
城乡安全饮用水普及率比	0.671146	0.671146

从相对得分排名来看，娄底的城乡生态环境一体化得分最高，郴州其次。城乡生态环境一体化的排名没有出现一贯的地域差异。健康、高效、环保的经济发展道路是保护生态环境的唯一出路。虽然全省范围内的地区经济有待进一步发展，但绿色资源为今后走可持续发展的经济道路储蓄了能量，就其发展的内在理念而言，城乡一体化发展能够避免单一的以投资为导向的传统发展模式。

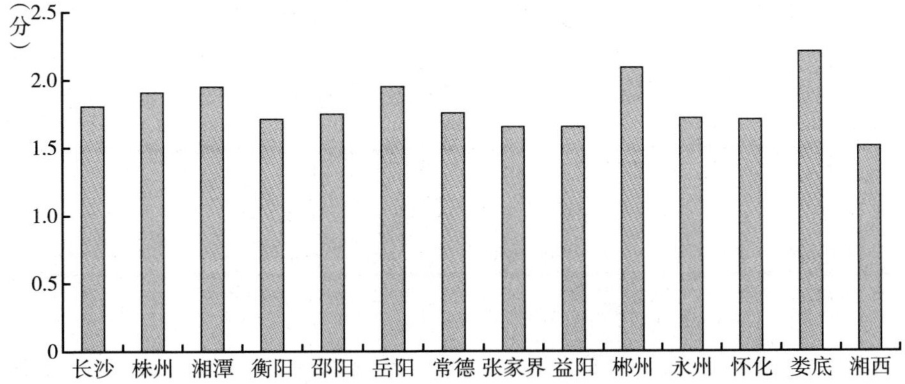

图 15　各市州城乡生态环境一体化得分

二　城乡一体化进程中的农业组织创新实践与典型经验

转变农业发展方式，把高技术、新业态、新商业模式引入农业，促进农业与第二、第三产业的融合发展，是未来农业发展的方向，也是城乡一体化的主要组成部分。现代农业是集种养、加工销售及周边服务于一体的综合产业，通过基地生产、企业加工、市场销售以及金融等社会专业化服务，将城乡紧密联结起来，农业的综合产业化在城乡一体化发展过程中具有基础作用与催化剂作用。而构建其基础的是农业生产组织的现代化，是规模农业与集约农业。湖南在城乡一体化发展过程中，出现了许多具有典型意义的农业组织发展模式，这些组织方式利用不同的合约对各种生产要素进行重新组合，并形成新的生产能力和新的农业组织经验。

1. 嘉禾普满模式：以营运土地为目的的土地股份合作社

嘉禾县普满乡石角塘村在 2003 年开始试行以“反租倒包”的方式流转农业用地，以此实现烟草种植的规模化，开创了嘉禾成建制土地流转的先河，是嘉禾现代生态农业普满模式的发源地。石角塘村共 7 个村民小组 400 多户人家 1400 人，可耕地面积为 759 亩，在 2003 年前被细分为 2000 多块。

20 世纪末与 21 世纪初，随着工业化与城镇化的快速发展，非农产业中的劳动力价格远远高于农业的回报，许多村民弃耕进城务工，于是在石角塘村抛荒的田地逐渐多起来，而在家从事种植业的农户在细碎化的土地上无论从事哪种农产品种植，其成本均很高。特别是种植烟草，由于分散种植、不能连片，烟草的种植与管理成本以及相互之间的协调成本非常高昂。因此，通过自发的流转可以达到一定的土地规模，但如果不能连片经营，那么依然难以将烟草种好，农民在种植过程中的劳动力效率低下，农业生产积极性将继续下降，土地抛荒会越发严重。

石角塘村的农民从事烟草种植有多年历史，有过人民公社时期连片种植烟草的经历，对于连片种植能够降低管理及协调成本已经形成共识。因此，当 2003 年有一个小组试点“反租倒包”时，90% 以上的农户都愿意将土地转给村集体，然后再进行切割分包，从而出现了连片承包的种烟大户。普满乡烟民逐步认识到，烟草种植的规模效益存在一个临界点，种植20～30 亩烟田，就能够解决家庭的日常开支、小孩的学费并略有积蓄。也就是说，20 亩的种植面积是连片规模种植烟草的临界点。石角塘村通过土地股份合作社以“反租倒包”的形式实现了土地耕种权的流转，提高了土地与劳动力的生产效率，村集体也因此获得一个比较稳定的资产收益。

“反包倒租”的基本做法是由集体经济组织出面，将农户的承包地租过来，然后再出租给外来公司、大户，或者在进行一定投资后将其“倒包”给本村的部分农户或者其他的农业经营者。但是，如果农村劳动力与土地的结构没有发生改变，土地集中与规模化生产可能在农民失地之后引发失业；同时，还会产生以村集体为代表的代理人利用权力强制返租、通过合谋“倒包”压低农户土地租金的现象。由此可见，农户应该保持自己的土地承包权，只需将其经营权让渡出去就行。那么，如何细分农户的土地承包权与经营权呢？这需要农户承包权利的确权，并对其经营权的运营模式进行创新。在还没有得到国家正式确权的条件下，嘉禾县普满乡石角塘村在村支两委的带领下，通过市县农经部门的指导，先后在 7 个组召开户主大会，在农户自愿签字认可的前提下，将农户的承包地折成股份，集中起来由村民小组统一发包，集中连片公开、公平招标承包者，收取租金。这里的关键是通过农户与集体谈判，缔结了承包权的股份化合约，承包权股份化的实质就是农户土地的使用权或者经营权可以流转到与土地承包权不一致的人手中，即产权结构发生了新的演变，不同的产权拥有者具有了与土地相对应的权利。

农户让渡承包地的经营权，是因为市场上存在经营土地的企业家，通过要素组织创新、引进新的商业模式或者生产新的农产品等企业家活动，追求获利机会和开辟新的利润空间。但问题是，如何才能将土地与资本和企业家结合？石角塘村集体改变原来土地散乱分布状况和管理不方便的弊端，将土地以每块3～10亩规模的连片土地公开招标，实现了土地向种植大户的流转、集中，土地使用效率明显提高，推进了规模经营。从而使村集体扮演了以土地招商的企业家角色。村集体不是法人组织，本质上不具备与市场主体签订合约的法律能力。因此，2010年以来，石角塘村按照合作社法的要求组建了农村土地股份合作社，使之成为土地投资运营的市场主体。石角塘土地股份合作社约定，合作社收益的80%按股份分红，20%作为集体公共资金，用于水利设施维修、田间机耕道建设、电排统一灌溉电费等公益支出。在没有国家财政投资的情况下，从2010年起普满石角塘村用于公益事业的投入达到300多万元（见表13）。

表13　嘉禾县普满乡石角塘土地股份合作社收支情况

单位：元

年份	土地发包总收入	其他收入	土地分红支出	村卫生、村亮化	电排水支出	其他支出
2010	510011	163722	411960	18377	47396	192582.8
2011	485465	52875	417650	15764	102741	83044.3
2012	364200	175245	291360	17825	47507	125402

资料来源：根据石角塘土地股份合作社公开账目统计得出。

普满乡以村为单位组建土地股份合作社，以此为载体实现土地的成建制流转与土地资本运营，为新的历史条件下农村土地流转提供了新经验。普满石角塘土地股份合作社于2010年3月20日成立，现有成员424户，耕地面积759亩，成员全部是本村享有土地承包经营权的农户。合作社以向成员统一出租、发包耕地为主要经营方式，耕地出租和发包一年一定，成员承包耕地主要用于种植烤烟和水稻。2012年，合作社实现土地经营收入364200元，80%分红返利给农户成员，共计分红返利291360元，成员户均分红687元，20%留存合作社，用于本村公益事业开支。2012年95户成员即完成了全部耕地的承包，最多连片承包经营30亩，年纯收入达120000元。没有承包耕地的农户成员，外出务工也享有年终返利分红，收入也非常可观，全社成员户均收入32860元，全村人均收入达10600元。可见，土地流转使承包户在规模经营中增加了收入，转出经营权的农户既能得到土地流转收益，也能通过其他劳动获得收入。

土地股份合作社促进了土地集约化经营。通过土地流转把零星的土地从单个的农户手中集中连片，整合土地资源，进行适度规模经营，提高了土地的经济效益和社会效益。以前，石角塘村农户的承包地如棋子般散乱分布，管理不方便，品种也不统一。如今，通过大面积的连片耕作消除了分散经营的诸多弊端；通过烟水配套工程建设，达到"田成方、路相通、渠相连、旱能灌、涝能排"的标准，农户可以直接开着摩托、拖拉机到田边做事。良好的生产条件，吸引了一批掌握先进耕作技术和经营管理经验的"职业农民"在家安心耕作，农业规模经营得到较快发展。

土地集约化经营提高了劳动生产率。由于连片经营，农业机械化水平显著提高，全村拥有大型起垄机（价值5.8万元）3台、电排3座（价值22万元）、中型起垄机9台、小型的耕田机100余台，还有2台大型收割机。2012年，石角塘村农户拥有的农机价值达到150余万元，是2003年的10倍。石角塘村过去一个劳动力只能种2~3亩烤烟田，还很累，现在种10亩左右的烟田，感觉也没有以前那样辛苦。劳动生产率大幅提高，劳动强度大幅降低。

土地成为投资者发展现代农业的要素，需要进行新的投资改造，普满乡的土地平整、灌溉网络以及电力线路铺设等基础设施是由各级政府共同投资完成的。普满乡的烟田灌溉主要水源是江里水库，通过对水库的坝体进行除险加固，江里水库总库容达到380万立方米，灌溉面积可达1.2万亩。在对水库进行修葺的同时，对其干渠进行整修，拆除了7座固定坝，通过降低坝顶、安装活动闸门，使其与附近的4座小二型水库、188口山塘及小型河坝、小型提灌站、三条干渠，以及那些密麻分布的排灌渠，共同构成了园区的灌溉系统，形成了以江里水库为龙头，其余小型水库为骨干，塘、坝、站、渠相结合的灌溉网，为其精准用水提供了条件。由此可见，在由小农业向现代规模农业与集约农业等发展方式转变的过程中，政府的投资行为不能缺失，但必须投放到改善基础设施等方面，而不是撒胡椒般给予农户福利性补贴。

土地股份合作社是农民在既有约束条件下进行选择的结果，是在已有的需求与外在环境共同作用下形成的博弈均衡，能够为区域经济发展带来积极效益，让农民重新获得更多的土地收入，因此，可以作为新时期农村土地经营制度发展的方向。土地股份合作社的成功依赖一定的条件：科学的运行机制，懂得管理和经营的合作社、企业家以及积极的政策支持等。因而在人才高度缺乏、地方经济水平较低、相关法律缺失且社会保障不健全的地区还需慎重推广，其仍然需要多方的努力，创造适合合作社发展的条件。因此，发展土地股份合作社，需要加强农民的组织化程度，落实自身的知情权、参与权，追求合理的利益，更有效地参与谈判，在畅通的利益表达体系中加强与其他主体的交流，从而保证土地流入合作社后的各方面利益协调；建立风险保证金以及农业保险制度，应对可能出现的自然灾害风险以及法律法规和政策变动风险；规范合同管理制度与财务监督监察制度，使用统一规范的流转合同文本，并进行备案登记，防止经营管理中的合同风险、市场风险等。

2. 沅江草尾模式：土地信托公司

土地信托公司由政府全资注册成立，是独立的法人，具有完全的市场主体资格。政府是公司的全资股东，对公司进行监管。公司的主要职能有：土地信息的收集和发布；接受农民土地委托，与农户签订信托流转合同；做好产业规划，筛选农业经营公司，向外发包土地，对农业经营公司的经营进行监管，确保农民委托给信托公司经营的土地集体所有制性质不变、农民承包权不变、农用地属性不变；整合涉农资金，实施有关项目，可以通过投资－土地增值－获得收益－再投资的模式形成良性循环。在这种模式中，基层政府通过掌控农村土地级差地租以及由其带来的收益使政府收入合理化；帮助土地经营业主与金融部门对接；探索土地信托收益用于农民社保、建设农村公共服务设施的做法。

草尾镇群众自发的土地转租、承包等流转形式，大约在20世纪90年代就已出现，但出于流转规模小、流转不规范等原因，一直未能形成气候。2010年，草尾镇作为益阳市城乡一体化发展的实验先行镇，开始探索以土地信托为内容的农地流转方式，从而使土地流转走上规范化、规模化的道路。其主要做法是：在保证集体土地所有权和农民土地承包权性质不变的前提下，由政府出资设立专门的信托机构（沅江市草尾镇土地信托公司），按照农民自愿的原则，将农民的承包地按一定的市场价格规范收集、整理，然后通过招商引资，将成片的土地流转给农业企业或大户。土地信托公司成为农业公司与农户的连接中介，从而改变了过去农业企业或大户直接从千万个农户手里转租或承包土地的做法，降低了土地流转的信息成本，提高了土地流转与配置的效率。

沅江市农业规模化探索的草尾模式的操作可细分为13个步骤（见图16）。①建立机构，专人负责。明确出资人，沅江市人民政府注资200万元，草尾镇人民政府承接并成为注册出资人，组建土地信托公司；成立董事会和监事会；建立公司经营班子，设总经理、副总经理。其中，党委副书记、副镇长任董事长，分管农业的副镇长任副董事长兼总经理，纪委书记任监事长。土地信托公司下设八个部：企业策划部、土地储备部、市场信息部、项目产业部、财务部、社会服务部、纠纷调处部、城乡统筹部。②宣传发动，农民参与。公司人员到村、组召开群众代表会议，广泛宣传土地信托流转的目的、意义、好处、流转方法及流转后的权利和义务，使农民自愿地参与土地信托流转工作。③农户申请，组长登记。凡自愿参与土地信托流转的农户，需要递交流转申请书，明确流转面积和流转土地的坐落方位，以组为单位，由组长收集、统计后上报到村或公司。④申请托管，公司受托。凡流转面积达到80%以上的组，由组长到公司申请公司托管，公司办理受托手续。⑤实地评估，签订储备协议。公司到托管的村、组进行实地考察评估，根据土地属性、地理位置、耕作条件确定租赁价格，同农户签订流转意向。⑥发布信息，引进受地人。公司将受托土地情况通过网络、信息发布平台、宣传栏等形式向外发布，引进受地人。⑦公司验资，预交押金。公司对受地人经营规划、耕作技术、资金情况进行考证，同时受地人向公司预交一定的受地押金。⑧实地考察，商议事项。公司带受地人到托管的村、组进行土地的实地考察，商议租赁合同事项。⑨签订合同，公证合同。在受地人愿意受地后，公司首先与农户签订土地信托流转合同，然后同受地人签订土地租赁合同，再到公证单位进行合同公证、公示。⑩交付土地，履行合同。合同签订后，让地方（农户）将土地交付给受托方（公司），受托方按合同要求付给让地方租金，受托方再将土地交付给受地方（受地人），受地方按合同要求付给受托方租赁金。⑪防范风险。受地方在履行合同时，第一年必须向受托方交纳200元/亩的保证金，保证金可作最后一年的租金，但受地方政府中止合同时，合同保证金不退。⑫资料归档。公司用专柜并指派专人负责合同等资料的保管。⑬跟踪服务。公司指派专人和农业技术专家对受地方的产、供、销等方面进行指导和服务。

在土地的信托流转过程中，要处理好乡镇、村级、组级与农户之间的关系，规范乡镇、村组行为。在乡镇层面，主要进行规划、管理、监督。镇政府建立土地流转信息网站、信息发布平台、宣传窗口等，定期发布土地流转信息，做好招商引资工作；制定土地信托流转规划和产业发展规划；协调处理土地信托流转中各类矛盾，特别是协调好大户与村组、大户与部门之间的关系，为土地信托流转提供人力、物力、财力保障；对信托公司进行监督。在村组层面，关键是进行流转土地集中、土地流转登记、信息反馈。村文书、组长担任村组土地信托流转专职信息员，定期或不定期地传递土地信托流转信息，并协助做好基地老板的服务工作，优化投资环境；在村组层面起到上传下达、宣传、协调作用，协助投资者做好基地管理工作，协调投资者与农户之间的各类事务等。

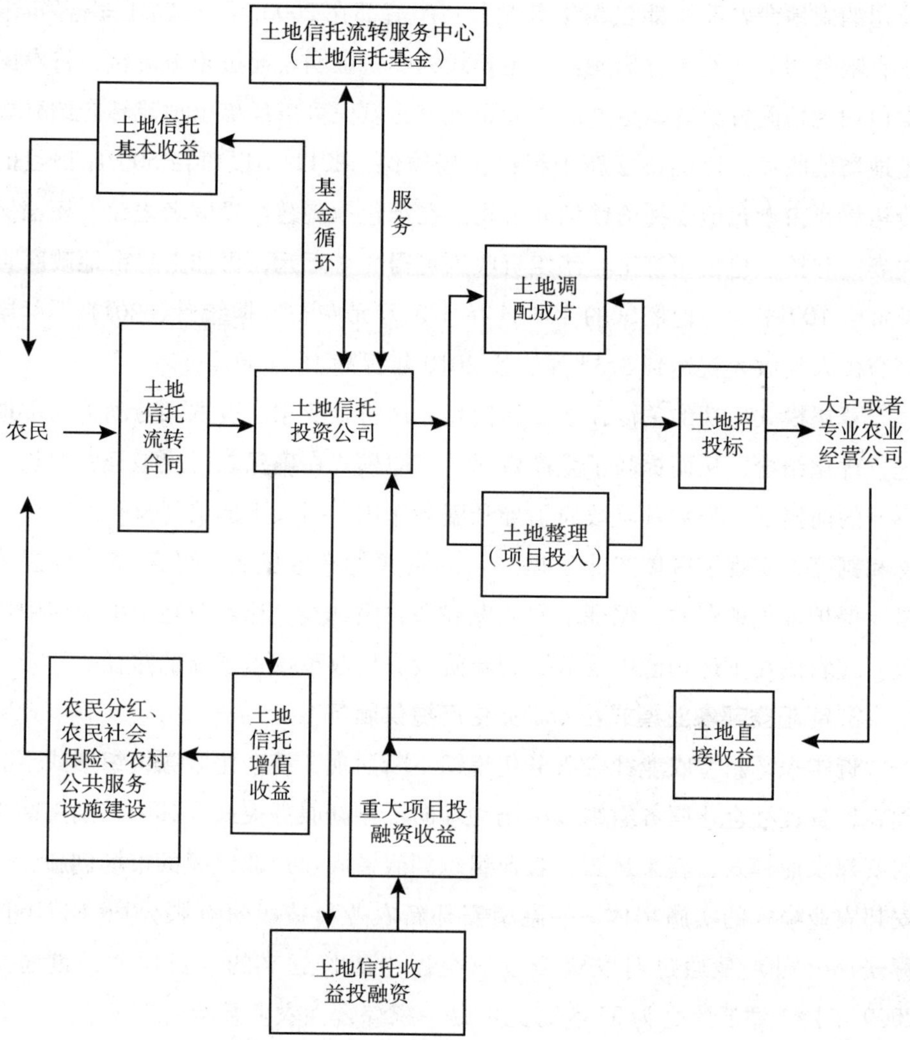

图16　沅江市草尾镇土地信托流转的整体框架

经过两年多的实践，草尾镇土地信托流转制度不断规范、服务不断完善、功能不断拓展，草尾模式蓬勃的生命力充分显现。到2012年末，草尾镇土地信托流转面积达38600亩，全镇经营100亩以上的企业或大户有380多家，经营500亩以上的企业或大户有23家。益阳蔬菜坊食品有限公司、浪拔湖蔬菜产销专业合作社、湖南大地农业发展有限公司、卢青年米业有限公司的土地流转面积都在500亩以上，产值都在2000万元以上，卢青年米业有限公司的产值超过亿元。草尾模式的实践证明，通过土地流转，将农民承包的土地配置给效率更高的农业企业家，农民可以凭借土地流转合约分享土地增值收益。草尾镇立新十组村民杨德保，2011年以每亩500斤稻谷的价格将8亩承包地委托给镇信托公司。在承包地流转给投资者之后，杨德保夫妻一起给承包公司打工，年工资收入可得3.6万元，再加上每亩地政府直补资金100多元，他们家的年收入在4.3万元左右。据统计，2011年草尾镇农民人均收入就达到8735元，比2010年提高1875元。

草尾模式成功的关键在于土地信托公司将企业家、资本、劳动力与土地进行优化组合，从而提高了生产效率。草尾模式在确保农民土地经营权长久不变的前提下，强化基层政府引导和服务作用，引入土地信托流转的市场理念和制度，实现了区域产业发展、公共资源的有效配置，统筹城乡发展战略，保护了土地资源，保证了农业发展和农民利益，让农业在土地流转中增效，让农民在土地增值中受益，为新阶段农村改革探索了新的路径。

3. 衡阳安邦农业模式：为农业生产提供服务

近年来，新型农业社会服务化组织不断涌现，社会化服务组织形式不断创新，各类社会化服务组织以市场为导向，创新服务模式。其中，湖南衡阳的安邦农业模式，就是从服务农业组织到服务农业产业组织的市场创新，而安邦农业模式的实施主体——湖南安邦新农业科技股份有限公司（以下简称安邦公司）是通过对农资企业改组逐步成长起来的。安邦公司创建于2009年初，注册资金为3758万元，是一家综合性农业社会化服务公司。公司拥有60万吨的测土配方肥生产线、一个日烘干量500吨的谷物烘干系统，拥有安邦农业航空和湘田农机两家专业子公司、十几家县级子公司、100多家乡镇农业服务中心。此外，公司发起创办了农机、优质稻、有害生物专业化防治三个专业化合作社。

2014年4月，湖南安邦农资连锁有限公司发起成立安邦联盟。该联盟是按照“平等自愿、合作共赢”原则组成的非营利性民间社团组织，由安邦农资联盟、安邦种植联盟、安邦农产品加工联盟、安邦农产品流通联盟、安邦农业装备联盟、安邦金融合作联盟、安邦农业工程技术中心七个子机构组成。

安邦联盟是一个以现代农业产业链为服务对象的经济组织，从其市场定位来看，该联盟是为实现产业发展过程中资源、信息共享而构建的服务平台。成员可以共享联盟内部的资源、信息，以此进一步优化成员之间的资源配置。按照章程，联盟的成员可以享受如下服务：①土地流转服务，包括土地供应信息发布、土地需求信息发布与撮合等服务内容；②免费代理采购优质农业生产资料，包括肥料、农药与种子等；③农产品订单服务；④农业金融服务，包括授信贷款、小额贷款及其他金融服务；⑤现代农业装备团购与农机作业服务；⑥谷物烘干与农副产品收购；⑦种植套餐服务，包括大套餐、种肥套餐、农药套餐等；⑧农业专利技术、专有技术转让与服务，包括水稻机插秧全套技术、有机绿色水稻种植全套技术等；⑨种植大户、各类农业合作社、农业设备生产与服务企业、农业有志之士等均可在该平台网站免费注册会员与发布信息。

衡阳安邦农业模式的功能主要在于克服、解决“小规模、分散化”家庭经营的弊端和小生产、大市场的矛盾，促进现代农业的发展。2009 年 2 月，衡阳县在台源镇开展农业合作模式试点。同年 3 月，安邦公司在台源镇流转土地 3050 亩，公司对流转过来的土地采取现代化管理模式，对不同工种实施专业化分工，聘请当地农户作为耕作户，负责日常的田间管理（每一个耕作户管理的面积为 100 ~ 150 亩），安邦公司负责种植技术方案的制订，品种选定，测土配方施肥，有害生物专业化防治及机耕、机插、机收的机械化作业等套餐服务。通过提高组织化程度，初步摸索出一种可复制的规模化、集约化种植模式。

在初步探索的基础上，安邦公司不断完善制度、扩大规模，逐步确立了“以现代农业服务改变传统种植模式，以现代农业科学技术不断促进农业生产力发展”的思想，并采取了“把复杂的问题简单化，把简单的问题标准化，把标准的问题制度化，把制度的问题信息化”的“四化”现代企业管理理念，形成一套新农业服务模式：①直接从农民手中流转土地，采取

“代种代管”模式，由代管户负责日常的田间管理，公司负责提供从供种、测土配方施肥、有害生物专业化防治到机耕、机插、机收、谷物烘干的专业化套餐服务；②发起设立种植专业合作社，把一些种植规模为20～30亩的种植大户组织起来，帮助他们把面积扩大到200～1000亩的规模，再提供全套餐服务，实行规模化、集约化种植的套餐服务；③对不愿意进行土地流转的农户，在不改变原有经营权的情况下由村干部统一组织，采取合作社的模式，由公司提供全套餐服务，实行规模种植；④为农户直接提供优质稻种子及栽培技术、测土配方施肥、有害生物专业化防治、各种机械等“单项服务”。经过实践，基本实现了让不懂种田的人实行规模种植，让不懂农业技术的人从事农业技术工作的发展目标。

安邦农业模式是在我国经济跨越了刘易斯转折点之后，农业生产领域基于生产要素结构变化而内生出来的组织创新。随着工业化与城镇化的进一步发展，农村劳动力纷纷进入非农生产领域，农村“空心化”问题越来越严重，农户的生产功能退化速度递增。据初步调查，衡阳市现有农村劳动力的平均年龄达59岁，劳动力短缺的矛盾加剧。此外，土地复种指数逐年降低，抛荒或季节性抛荒现象还在增加。安邦农业模式通过把复杂的农业种植简单化，从而降低农户从事规模化、集约化种植的难度，将农村劳动力从烦琐的体力劳动中脱离出来，解决了当前农村无人种田的难题。农户购买套餐服务后，犁田、插播、杀虫、收割、脱粒、烘干等各个环节都由公司提供一条龙服务，农户只需要做好田间管理，通过将农业生产的各个环节外包，一家农户可以种植管理200亩左右的水稻田。安邦农业模式成功的秘诀在于通过规模化、专业化组织，降低服务成本，提高服务效率。例如，稻谷烘干是安邦公司提供的套餐服务的最后一项，即使是一台中型烘干机，每8小时也能烘干20吨稻谷，是传统的一家一户借助阳光自然晒干的几千倍。

城乡一体化发展不是在农村建设工厂，也不是将农村变成城市。在人类生存空间不断分割与融合的过程中，逆城镇化是农村社会发展一个非常重要的机遇。抓住这个机遇的关键一环是促进农业基本要素合理流动，形成规模效益。党的十八届三中全会以来，各地在探索土地流转的过程中，发现有许多因素制约土地流转，其中一个主要因素就是劳动力成本居高不下。据湖南省农业厅粮油处的调研，在湖南粮食产区，土地流转在60亩左右时效益最大，如果进一步扩大规模，则劳动力成本快速增加，挤压利润空间。因此，安邦农业模式是对农村自发土地流转的一种延伸和补充。它可以使粮食种植者在主要生产环节通过购买套餐服务顺利地生产，并能获得相应的利润，强化了农户的生产经营功能。安邦公司的统防统治不仅能有效控制病虫害，还能减少农药剂量，降低防治成本，无人机规模作业能达到每小时80～100亩，其效率要比常规喷洒至少高出100倍。无人机喷洒技术采用喷雾喷洒方式可以节约50%的农药使用量，节约90%的用水量，从而降低资源成本。此外，安邦公司在每个乡镇设立综合性农业服务连锁机构，将农户购买农资产品和销售农产品的流通环节缩短到一个环节，从而提高流通效率。

4. 资兴永发模式：农业专业合作联社

2007年国家颁布施行了《中华人民共和国农民专业合作社法》，标志着我国农民专业合作社发展进入法制化轨道。党的十八大和2013年中央“一号文件”又进一步提出，鼓励农民兴办专业合作、股份合作等多元化和多类型合作社。发展农民专业合作社的目的是缓解“小农户”进入“大市场”的难题。相对于单一的农户而言，合作经营可以帮助农户提高其在市场中的谈判地位，解决单家独户解决不了、办不好、办起来不划算的问题。目前，湖南省重点在农资购买、产品销售和农业作业、农业植保等生产性服务领域培育农民合作社和专业化服务组织。但从市场运行情况来看，单个合作社依然势单力薄，需要通过再联合来解决单个合作社解决不了、解决不好的问题。在新的历史时期，农民专业合作联社在整合农业产业链、使农业从传统的生产型组织转变为经营型组织等方面具有非常重要的作用。建立城乡统一的商品市场与生产要素市场，重点就是要实现农业由传统的生产组织到经营组织的转变，以充分调动农民的企业家行为积极性，从而使农业成为新的历史条件下的经济增长点。

资兴市永发蔬果农民专业合作社联合社是一家集科技、生产、加工、配送于一体的民营专业合作社联合社，在整合资源、规范运作、联合经营、协调服务等方面进行了有益的尝试，并取得初步成效。资兴市永发蔬果农民专业合作社联合社于2013年3月由蔬菜、水果、优质稻、绿茶、药材等8家合作社组建成立，注册资金1600万元、社员1200户、生产培植18000亩种植基地。在这18000亩种植基地中，蔬菜基地4500亩、优质稻种植基地2000亩、水果基地8500亩、中药材基地2000亩、绿茶种植基地1000亩。2014年，该联合社与深圳长青发公司签订了长期购销合同，在汤溪山塘村建设1000亩高山萝卜示范基地，从而为合作社找到订单农业的发展模式。资兴市永发蔬果农民专业合作社联合社有效解决了原来单个合作社由于势单力薄而产生的拿不下、办不了、办不好市场订单的问题，不但提高了满足市场需求的能力，而且提升了抵御市场风险的能力。

资兴市永发蔬果农民专业合作社联合社（以下简称永发合作联社）组织机构健全，内设生产技术部、检测部、市场营销部、财务室和日常事务办公室，岗位责任制度、财务管理制度、现金管理制度、财务开支审批制度等内部管理规范机制完善。从内部机构来看，永发合作联社的科层组织分工比较细化，协调也比较到位，具有了一定的规模。永发合作联社力求成员在生产过程中能够实施标准化管理，按照无公害要求制定无公害生产技术规程、质量管理制度，指导菜农实施标准化生产、确保农产品质量安全。为此，永发合作联社着力实现“五个统一”以提升服务能力，即统一商标、统一包装、统一生产技术管理、统一产品质量标准、统一销售，这使广大成员得到最大的经济实惠。2013年，实现销售收入1800万元，共带动社员和周边农户实现经营收入2000万元，有力地带动了农民增收。相对于单一合作社，联社模式能够将一些日常性的事务专业化、科层化、标准化，有利于市场的缔约与品牌打造，有利于农产品的质量保证。

资兴市永发合作联社，把“菜篮子”工程作为为民办实事的重要大事来抓，充分利用兴宁镇区域优势和境内土地肥沃、环境优美、气候适宜、无任何污染的生态条件，大力发展蔬菜基地，拟定三年内建设5000亩标准化蔬菜种植基地（现已有兴宁镇石盈村、大铺村、枫枧村、杭溪村标准示范基地1000亩），组织引导农民专业合作社与超市对接，加快形成流通成本低、运行效率高的农产品营销网络，通过积极引导农产品的“农超对接”增加农民收入。致力于打造蔬菜、水果直销平台，为市民提供有机、新鲜、生态、安全、实惠的时令蔬菜、水果。永发合作联社率先在郴州开设“资兴市兴宁蔬菜直销店”，不仅价格低于市场价，而且能让市民在第一时间吃到新鲜、安全的兴宁蔬菜。

资兴市永发合作联社积极开展专业培训。2013年，组织开展大小培训20多场次，其中举办蔬菜种植科技讲座5次、水果种植专业技术培训课8次，共培训成员2300多人次；统一供应农资肥料1200吨，全年销售收入1803万元，生产成本1667万元，实现利润126.8万元，实现二次返利（社员分红）120.46万元。资兴市永发合作联社在蔬菜收购过程中，不压级、不压价，凡本社成员均以每公斤高于市场时价0.2元的价格收购其蔬菜，为成员的每亩地增收2000元左右。永发合作联社通过典型带动，进一步调动起合作社社员的积极性，生产适应市场的蔬菜，实现蔬菜产业的规模发展，培育其主导产业地位，为合作社社员带来更高的经济效益和良好的社会效益。在永发合作联社带领下，兴宁镇种植业的发展规模由小规模会聚成大规模，农户的订单由小订单会聚成大订单，有效形成产业化生产和规模化经营，进一步提高兴宁镇农副产品交易业的发展活力，实现了农民增收、农业增效、农村提质的效果。

资兴市永发合作联社的发展经验表明，合作联社不能是农民专业合作社的简单组合，而是在整合各成员社资源的基础上，以各成员社需求和市场需求为导向，开拓新的服务项目，同时利用规模化的有利条件，形成新的农业经济组织，从而掌握市场主动权，并最终达到成员增收的目的。当前，农民专业合作社及其联合社尽管有国家相关法律对其行为做了规范，但是，目前湖南省林林总总冠以农民专业合作社之名的合作组织，其实并不都是真正意义上的农民专业合作社，其中有些是农业公司，有些是合伙人企业。冠以农民合作社之名，是为了享受国家对农民专业合作社的各项优惠政策以及各种资金支持。事实上，农民专业合作社与其他农业经济组织在农业生产与运营过程中并没有特殊的差异，对农民的支持与补助不应该体现在不同的组织上，这会导致市场组织的政府歧视。在农业生产组织中，基于意识形态的惯性，合作社历来被视为弱小群体通过互助合作来弥补弱小、分散等弱点的有效方式。然而，一方面，由于农业生产的特性，合作社的制度成本极其高昂，包括劳动质量监督、产品质量考核以及事后机会主义行为等问题；另一方面，小规模的农业合作社也难以适应不断市场化与国际化的竞争环境，合作联社的组织方式，也并不能从根本上解决这个问题，反而进一步增加组织成本。因此，应该取消农业组织的歧视政策，支持农民的企业家行为，发展农业现代企业。

5. 望城光明模式：标准的土地股份合作社

在湖南人口比较密集、耕地面积比较狭小的区域，要开展规模化与集约化的现代农业生产，必须解决土地细碎化这个难题。因此，在既要关注农民的生存底线又要提高生产效率的情况下，农户一般不会轻易将土地承包权转让，而只愿意将土地耕种权转让出去。为此，土地承包权所有者、土地需求者以及乡镇和村组之间产生了形式多样的合约，其中股权合约最具有代表性。土地股权合作很好地解决了土地分散经营与农业现代化、分户经营与产业化、小生产与大市场之间的矛盾。“土地股份合作、生产专业承包”的经营体制创新通过土地、农机和劳务合作实现规模经营，通过专业承包、明确责任、绩效考核等现代管理方式解决了农业生产中的监督和激励问题。其实，土地股份合作并非全新的土地流转方式或农地制度创新，其保留了家庭联产承包责任制的内核，克服了土地转包、出租等行政调整的局限。农村土地股份合作强调农户以土地承包经营权为股份进行入股合作，通过成立土地股份合作社这一形式，以市场的手段将土地经营权由实物形态转变为价值形态，实行股权量化、按股分红机制，实现土地规模经营、集中开发，其是对家庭联产承包责任制中承包权和经营权分离的新发展，是农业经营体制的一种创新和发展。

湖南省光明农地股份合作社位于长沙市望城区白箬铺镇光明村，距长沙市中心 22 公里，全村土地总面积 9.4 平方公里，耕地面积 3482.5 亩、山林

5000余亩、水面1200多亩、旱土2000亩，有村民小组42个、农户940多户、人口3400多人，是省、市社会主义新农村建设示范村。2008年12月，由望城区光明村的斑竹塘、易家屋场、竹围子、易家坡、汤家园、芦冲子、陈家湾等居民组发起成立全省首家进行工商注册登记的土地专业合作社，通过以农户的土地经营权入股、企业合作开发等形式对土地实行集中流转，坚持“民办、民管、民受益”原则，并实行自主经营、民主管理、入社自愿、退社自由的制度，至2011年底，农地股份合作社有水田、山地、水面、旱地共8149亩。

光明农地股份合作社作为一种土地经营制度创新，对该村的农业经营产生了一系列经济社会效益：①农民在光明农地股份合作社内既可以是股东也可以是合作社的雇员，既能够分享农地股份分红，又可以获得务工收入，为农户提供更加广阔的发展空间，2013年光明村人均收入是2008年的2.5倍，约1.5万元。②农地股份合作社将光明村的农地集中起来，实现了农地、资本与劳动力的要素合作，有效地激活了要素市场，并为农业机械化、产业化、规模化创造了条件，农业产出效益大幅提高。③农地股份合作社的成员多，经营更加规范、科学，因而具有更强的经济实力，在农产品市场中的谈判能力也增强，提高了光明村农业的整体竞争能力。④光明农地股份合作社将农户分散经营的土地流转过来，形成可供投资的规模土地，商家只需与合作社达成协议就可落户，免去了与千家万户协商的麻烦，降低了交易费用与其他相关成本，为企业商家搭建了良好的平台。⑤合作社需要具有一定市场经营管理能力的企业家，促进了本地人才的培养、回流，也能够吸引一部分外来人才，丰富农村人才结构，在当地农民中起到示范作用，促进了农民思想和意识的进步。⑥与合作社的合作吸引了一批项目落户光明村，通过项目的形式为村镇发展筹措资金。目前有330多亩葡萄基地，如怀化葡萄、天露葡萄等，还有万荷园以及狮子山生态农庄、清逸园、黑茶基地、农家乐等现代农业和休闲项目，带动了光明村农业接“二”连“三”的发展。

农民土地承包经营权入股建社，必须按国家《土地管理法》《农村土地承包法》等法律法规和规章，民主协商，制定章程，按章办事。农村推行农村土地股份合作社制度，让农民享有更充分的话语权，让农民更充分地分享土地规模经营后的收益，同时引导农村土地股份合作社提高应对市场风险的能力，分享经济发展的成果。光明农地股份合作社的具体运行机制如下：①股权设置。入股方式包括稻田入股、水面入股、山地入股、旱土入股，然后按亩数计算其所占股份，每亩稻田为 1 股，其他土地按流转定价折算入股，也可以货币出资，还可以其他实物、知识产权等能够用货币估价并可以依法转让的非货币财产作价出资。②组织构架。实行一人（户）一票制，成员享有均等的表决权、选举权和被选举权，设立合作社成员大会、理事会、监事会，成员大会是最高权力机构，理事会为合作社的执行机构，职位任期为 3 年，定期进行换届选举。③财务制度。实行独立核算，严格按财政部制定的农民专业合作社财务会计制度进行核算，按月向主管部门上交报表，并依据成员名册，为每个成员设立个人财产账户，记载成员股金和折股量化为成员名下的个人财产份额。④经营模式。提交土地承包经营权入股申请书，以土地承包经营权量化为货币作为成员出资，自愿填写申请书入社，合作社可以采取出租经营等方式，将入股土地出租给农业企业、种养大户或其他经济组织从事农业生产经营。⑤收益分配。入股农户可以获得土地租金和分红，或到引入项目上工作获得务工收入，当年盈余中的 2% 提取为公积金，用于扩大再生产、弥补亏损或者转为成员出资，流转农地实行保底价格，每年每亩水田 700 斤稻谷、每亩水面 120 元、每亩旱土 200 元、每亩山地 100 元。

农村土地股份合作社是促进土地流转、加快转变农村发展方式的实现形式，是完善家庭承包经营制度、加快现代农业发展的迫切需要，也是着眼于解决当前农村土地流转不够顺畅、管理不够规范问题的重要措施。经济较发达地区农村基础条件较好，可以自主实践农村土地股份合作社，但要保护好农民利益。经济欠发达地区农村基础条件较差，可以结合实际适时实践农村土地股份合作社，调动农民的积极性。

6. 湘西德农模式：“公司＋牧场＋农户”组织

在市场竞争激烈的情况下，农业生产与运营的组织效率非常重要。尽管许多地方政府将各种农民合作社作为解决农民与市场冲突的方法，但是事实证明其高昂的组织成本很难是最优的选择。“公司＋农户”的“订单农业”，基本能够适应我国“小规模、分散化”的家庭经营格局。而其中的创新型组织“公司＋公司农场＋家庭农场”具有强大的生命力，一方面，其经营规模普遍较大，生产环节联接紧密，具有规模经济效益；另一方面，公司农场与家庭农场能够实现专业化与标准化生产，更容易采用新技术与新设备，从而有利于提高技术效率和经济效率。

湖南德农牧业科技有限公司地处中国武陵山腹地的湘西土家族苗族自治州，注册资金1.8亿元，公司致力于地方优良品种“湘西黄牛”的保护与开发，该项目由湖南省发改委批准立项，总投资12.72亿元，是国家实施的武陵山片区区域发展与扶贫攻坚战略计划重点项目，也是湖南省“三个一”重点工程之一。湖南德农牧业科技有限公司是中国西南部地区集优良种牛繁育和优质配套服务于一体、高标准、高起点、大规模、现代化的国家级畜牧业健康养殖示范基地，国家级湘西黄牛地方优良品种原种场，中国科学院、湖南农业大学、湖南省畜牧兽医研究所产学研基地，也是湖南省民营科技农业现代化龙头企业。

企业是收集、加工并出售信息的一种特殊的市场制度。例如，雇主可以提供相关信息使劳动力和资本配置于最佳用途，找到最佳的结合方式。“小生产”与“大市场”这一小农经济的基本矛盾，主要缘于农户缺乏企业家才能和信息收集、处理与反馈能力，或者是由于农民的企业家才能难以转化为企业家行为。因此，农户不了解产品需求信息，也不知道技术进展，只好将生产规模停留在“满足自用、略有结余”的较低水平。湖南德农牧业科技有限公司通过“公司＋合作社＋农户”的产业化经营模式，在湘西州建立400个省级湘西黄牛健康养殖基地，加大寻求企业发展与农民效益的最佳联结，发展并带动武陵山区百万农户从事养牛业，实现长期稳定增收、互利共赢。德农牧业科技有限公司与农户的结合可以理解为处于信息劣势的农户将劳动力与资本信托给公司，由公司确定其最佳用途。由此可见，湖南德农牧业科技有限公司通过“公司＋合作社＋农户”的产业化经营模式的初始交易属于一种特殊的信托投资。

从公司现有资产来看，湖南德农牧业科技有限公司通过投资，实现了人工种植优质牧草5万亩，改良天然草场17万亩，年产鲜牧草66万吨；每年改良黄牛42万头（胚胎6万枚），年产细管冻精96万支；存栏良种能繁母牛13.5万头，年出栏良种肉牛12万头，公司年清真屠宰优质湘西黄牛12万头，生产牛肉系列产品5万吨；生产生物制品7种共500吨，生物有机肥8万吨。通过资产组合与运营，“公司+农场”形成的黄牛养殖已成为中西部地区最大规模的黄牛养殖基地，并建设成为中国科学院、湖南农业大学、湖南省畜牧兽医研究所的产学研基地，2013年公司实现总产值1.52亿元、利润5280万元。

湖南德农牧业科技有限公司把以商品合约为基础，辅以要素合约所形成的混合合约作为组织构架。农业产业化可以通过商品合约来组织生产，也可以通过要素合约来组织生产，合约的选择取决于既有约束条件下的成本最小化原则。在德农牧业科技有限公司的产业组织中，公司、合作社和农户定位十分明确，公司只做公司擅长的事，不替代农户，主要负责基地示范、母牛繁殖、养殖保险、防疫防控、选育配种、技术服务、提供贷款担保资金、标准育肥、屠宰加工、制定标准对接市场、订单回收和协调技术部门对养殖户进行培训、管理、监管及科技创新；合作社负责完成公司布置的培训、服务、发展农户任务和配种防疫治病等工作；养殖户负责提供放养条件，按规定标准养牛，农户只需要全身心地投入养殖的具体事务中。

湖南德农牧业科技有限公司形成“六统一”运行机制。按照“六个统一”（统一检疫防控、统一科学选育配种、统一培训标准养殖技术、统一养殖保险、统一订单回购销售、统一实行可追溯标识管理）的标准管理，首创“德农家庭牧场养殖模式”，即公司将自有能繁母牛委托给农户养殖，统一饲养标准，提供统一贷款担保和受孕的能繁母牛，免费建设统一标准的牛舍，且提供必要的住宿等生活条件，提供统一配种防疫等技术服务，统一为母牛购买保险，统一偿还贷款的本金和利息。农户按照公司要求提供场地、以家庭劳力为主组织开展黄牛养殖。目前，该模式有两种合作形式：一是家庭牧场代养模式。公司根据农户意愿，签订3～5年委托代养合同，公司将配好种的母牛交给农户代养，公司投入近10万元统一给农户建设好牛舍和农户宿舍，免费提供防疫、保险、配种、回收和培训等服务。农户投入劳力、土地和荒山，每户代养规模一般在30头，以放养为主，每头母牛代养费4000元，费用按月拨付；生下的牛仔也给农户代养，牛犊饲养到8～12个月时由公司回收，每头牛仔代养费2000元，农户代养没有任何风险。二是家庭牧场自养模式。与代养户一样，母牛、牛舍及技术都由公司提供，区别在于没有代养费，所生牛仔归农户所有，饲养到8～12个月后，由公司以高于市价的价格从农户手中回购，相较于代养户，自养农户投入较大，但效益较高。

湖南德农牧业科技有限公司实行“精细化”考评奖励办法。公司通过合作社对家庭牧场实行分片到户包干管理制，实现包选址、包生产、包支持、包服务、包监管、包成效。公司对合作社在发展家庭牧场数量、黄牛存活率和回收率三个方面进行考核。公司为合作社提供经费保障和必需的工作条件，对合作社下达年度发展家庭牧场120多家、黄牛存活率达到95%、回收率达到100%的目标任务。对不能完成任务的，扣减保底工资和奖金。合作社对家庭牧场进行具体考评，按三个标准分三类进行评比：一类，受孕率95%以上、产仔率93%以上、成活率90%以上；二类，受孕率90%～95%、产仔率87%～93%、成活率85%～90%；三类，受孕率80%以下、产仔率78%以下、成活率75%以下。年终，合作社对一、二类予以奖励。

德农模式的主要成效有以下三点：①带动了农户脱贫致富。公司坚持服务于民、让利于民的原则，带领农民养殖黄牛，真正使湘西黄牛产业成为湘西地区农民脱贫致富产业。目前，公司代养农户已有101家，公司共投放3000多头能繁母牛，预计每年能帮助农户增收1300万元。如德农牧业麻栗场镇生态养殖农场二分场场主龙文超是代养户，他和媳妇两人承包2亩地，从公司免费领取牧草种子种牧草，不到一年的时间，母牛就下了30头牛仔，意外死亡2条，现有牛犊28头。除去买肥料、兽药和季节性请工等成本6万多元，这家农户的年收入可达12万元以上。②有利于企业做大做强。

"德农家庭牧场养殖模式"既联结了市场又保存了家庭农业的优势，在有效保障公司牛源的同时，还帮助企业增效。目前，公司自己培育的基地一年可育肥7000多头黄牛，委托农户代养、自养1.5万多头黄牛，并实现了滚动式发展。2012年公司基地存栏能繁母牛4286头，2013年发展到8428头，如保持这种发展速度，2015年预计公司生产总值可达5亿元。除了依靠自身发展获利外，家庭牧场也是公司创收的主要来源。一家家庭牧场一年代养30头母牛，按两年内生牛仔25头计算，小牛交公司后，一般育肥3个月就可以出栏，育肥成本大概为1350元，加上一头母牛和牛仔的代养费6000元，共7350元，一头牛折合300斤肉，按58元/斤计算，收益为1.74万元，扣除育肥和其他成本约1.12万元，平均一头牛可创利6200元，一个普通的家庭牧场可为公司创利35万元以上。同时，农户放养的黄牛品质好且繁殖率高，分散养殖模式降低了公司风险，一旦出现疫情，不会影响整个产业。③推进了农业产业化经营。德农模式定位精准、分工合理、管理科学，做到将农户养殖、社会服务、企业加工融为一体，延伸了黄牛产业链条。随着德农模式利益联结机制的逐步完善，其既确保公司有稳定的牛源基地，又让农民分享到肉牛加工销售环节的增值收益，调动了农民养殖黄牛的积极性，有效地推进了农业产业化经营的健康发展。通过该模式的带动发展，当地湘西黄牛的饲养数量不断增加。据统计，在全省肉牛存栏量下滑的情况下，2013年花垣县湘西黄牛的发展数量达到4.12万头，增长5%。

7.湘潭县家庭农场模式

尽管湖南农村地区一些农户的生产功能正在退化，但是家庭生产的组织效率却依然存在，家庭在组织农业生产中的激励机制、低成本的监管等是其他经济组织不可比拟的。因此，通过家庭组织农业生产，仍然是广大农村地区的重要生产方式。家庭农场是以家庭成员为主要劳动力，从事农业规模化、集约化、商品化生产经营，并以农业收入为家庭主要收入来源的新型农业经营主体。家庭农场是在家庭经营进行专业化分工与协作生产的基础上演化出来的新型农业经济组织，在家庭经营的基础上适度扩大经营规模并实行农业企业化经营，原来的农户就演变为家庭农场。由此可见，家庭农场与小农户最大的区别在于家庭农场需要进行企业化管理，其经营的目的不是维持家庭的生存，而是作为市场法人主体追求利益的最大化，家庭农场的核心是经营决策的市场导向，而不是生产导向。

家庭农场作为农业的经营生产组织，本来是市场演变的结果，与其他市场经济组织没有区别，但是中国的经济政策与意识形态偏好以及在此基础上形成的政策歧视，激励了农民的机会主义行为，一些对政策敏感的农民或者与农民有关的其他人员，利用农业组织形式的名称来套取政策红利。这种对政策红利的套取也体现在目前家庭农场的注册、组建等方面，截至 2014 年 5 月，湘潭县在工商部门注册的家庭农场有 25 家。农民为什么要注册家庭农场？通过对湘潭县 25 位农场主的调查发现，注册家庭农场的农业经营者主要动机有三种类型：①合作社带动型。农场主原本就牵头领办或加入农民专业合作社，在合作社的引导带动下进行注册登记，这种情况约占 70%。②“追求名分”型。农场主原本是种养殖承包大户，他们捕捉农业政策信息的敏感度较高，注册家庭农场的积极性也较高，正苦于不是市场主体，在市场竞争中没有合适“名分”，看到家庭农场适应了这一需求，就主动申请注册，这种情况约占 20%。③享受政策型。农场主原来只是普通农户，在获知国家鼓励发展家庭农场的政策信息后，新近流转土地，以家庭成员为主扩大生产规模，并及时进行注册登记，这种情况占 10% 左右。

家庭农场作为农业的经营生产组织，其经营主体是新型职业农民。这种新型职业农民既不是农业工人，也不是农业企业的管理者与农业投资者，而是农业的生产经营者，是市场主体，一般具有较大的经营规模和较高的收入；其农业经营具有稳定性，人力资本的专用性投资较高，具有长期从事农业生产经营的能力与毅力。因此，家庭农场主要是以农业生产领域的经营为主，也可以涉及非生产领域。从 2013 年对湘潭县家庭农场的调研情况来看，其 25 家家庭农场主要分布在以下几个领域：①种植业，主要生产经营涉及水稻、湘莲、油茶、蔬菜、果品、药材、苗木等产业，全县种植业家庭农场有 12 家，占总数的 48%。②养殖业，主要生产经营涉及生猪、肉牛、家禽、水产等产业，全县养殖业家庭农场有 5 家，占总数的 20%。③种养结合农业，主要生产形式为粮食+生猪、水产+生猪、苗木+生猪等，种植与养殖相结合，既降低能耗，又减少排放，全县种养结合的家庭农场有6家，占总数的24%。④休闲观光农业，以农家乐为主要形式的特色餐饮以及休闲农业、观光农业，全县休闲观光农业的家庭农场有2家，占总数的8%。

从其外部组织来看，湘潭县的家庭农场业主大多数参与了农民专业合作社，多以“合作社+家庭农场”的形式联合经营，并通过集约和规模经营，提高了资源配置效益，节约了生产经营成本，创造了较好的经济效益。初步估计，除生猪养殖等个别受价格波动影响的农场外，水稻、油茶等大部分种植业家庭农场的投入产出比，比普通农户高出2倍以上，其他药材、苗木、水产等特色种养殖农场效益则更加明显。

培育与发展家庭农场，要以适度集约化与规模化为基础，这需要一个有效、健康的土地流转制度，使已经脱离农业和农村的人口的承包地能够低成本流转给愿意经营农业的人，这是发展家庭农场的前提。如何促进承包地流转？目前，湘潭的主要制度是在确权的基础上，组建土地流转中心，通过竞价形成市场价格，将土地使用权配置到能够较好地利用土地的农民手中。初步统计，全县25家家庭农场共流转土地近6000亩，流转规模比较大的主要是种植业家庭农场。全县流转土地超过500亩的有3家，占12%；流转100~500亩的有6家，占24%；50~100亩的有7家，占28%；50亩以下的有9家，占36%。同时，土地流转价格因地类、地域和地质不同而不一，区位优势较好的水田流转价格约为400~500元/亩，山地流转价格约为50~100元/亩。国家粮食直补、综合补贴等政策性补助资金一般由原土地承包经营农户享受。

从家庭农场的类型来看，理想的家庭农场是综合性农场，不但应该种养相结合，甚至还应该充分发挥农业的多功能作用，将农业生产与观光旅游相结合，从而体现出农业的综合价值。综合以上信息可以看出，湘潭县的家庭农场还处于起步发展阶段，其登记主体并不一定具备发展家庭农场的潜质，有些甚至存在套取政策红利的机会主义行为，比如有的农场不以家庭成员为组成，或不从事农业生产经营，却自称家庭农场。

8. 土地承包经营权流转抵押贷款的资兴模式

2014年8月，中国人民银行长沙中心支行与湖南省农口部门联合出台《湖南省农村土地承包经营权抵押贷款试点方案》（以下简称《试点方案》），在湘乡市、岳阳县、桃江县、汉寿县、澧县、双峰县、沅陵县、永兴县、资兴市和新田县共10个县（市）开展农村土地承包经营权抵押贷款试点，力图通过1年的试点，创新推出一批以农村土地承包经营权为核心抵押物的涉农信贷产品，完善土地承包经营权抵押贷款管理机制，建立健全涵盖土地承包经营权确权颁证、抵押登记、评估流转、风险处置等环节的融资配套政策与服务体系。根据《试点方案》，资兴市现已制定了农村土地承包经营权抵押贷款操作细则，细化贷款对象、贷款流程、贷款额度、贷款期限、利率及风险处置机制等内容。资兴市农村合作金融机构和浦发村镇银行在市农村工作部的指导下，选择确权颁证基础扎实、评估抵押登记配套完善和农村金融生态环境较好的乡（镇）或村开展试点，缔结了基于土地承包经营权抵押贷款的金融合约，为进一步降低融资成本提供了样本与案例。

抵押（借贷）当事人按照土地承包经营权的市场评估价值或抵押当事人认可的价值签订抵押合同和贷款合同后，共同持有效材料到市农经管理部门办理抵押登记和他项权证手续，金融机构依程序办理贷款发放手续。从工作流程来看，资兴市农村土地经营权抵押贷款业务创新包括以下6个程序：①建立农村产权价值评估机制。市国土资源部门牵头制定并公布全市农村集体建设用地使用权基准地价和最低保护价；市农经部门牵头制定全市辖区内农村土地承包经营权及其附着物上的基准价格；市物价、房产等部门联合制定全市辖区内农村房屋基准价值；同时，大力发展农村产权价值评估、法律咨询等中介组织，为农村产权流转和抵押融资提供服务。②完善农村产权流转体系。市国土资源、房产、农经等部门进一步完善农村产权交易服务平台，为农村产权的流转办理变更登记手续。③建立农村产权抵押融资风险补偿机制。市财政设立涉农贷款风险补偿基金，对金融机构当年发放的涉农贷款发生的损失给予一定比例的补偿；采取风险补偿、政府资源配置等方式引导商业保险机构开发面向农户的小额信贷保证保险产品，并与银行共同制定合理的风险分摊机制；建立健全农村产权流转担保服务体系，开发符合农业产业化发展的涉农担保新产品，拓宽农村产权抵押融资的风险覆盖面，合理分散金融风险。④健全农村金融服务体系。加快农村信用社改组资兴农村商业银行步伐，最大限度地发挥其农村产权抵押融资服务的主导作用；积极引导其他涉农金融机构加大农村产权抵押融资试点业务，开发更多适应“三农”发展的信贷产品。激发民间资本探索组建涉农中小银行、农业担保公司、小额贷款公司等新型金融服务机构，扩大农村金融服务阵地。⑤逐步扩大政策性农业保险服务范围。在继续搞好水稻、油菜、森林（公益林、商品林）和农村住房等政策性农业保险的基础上，探索开发特色水果、蔬菜、苗木等新型农业保险产品，积极扶持种养殖大户和庄园经济发展，增强其抗风险能力。⑥坚持创新农村金融服务与减轻农民负担相结合。涉农银行机构要最大限度地降低农村产权抵押融资贷款利息，切实减轻农民负担，办理抵押融资过程中要尽量降低担保费和评估费，减少农民办理融资手续的费用。相关部门和金融机构要深入农村基层，主动服务，进一步简化抵押融资办理手续，提高服务效率。

通过农地确权流转等市场行为，农村土地的权利边界基本清晰，具备了排他性、可分割性以及可转让性等产权特性，从而为农村土地经营权抵押贷款业务创新提供了制度前提。与其他不动产抵押贷款相似，土地抵押贷款的风险主要包括抵押品拍卖变现问题，并由此引致抵押品处置风险、担保机制不健全可能引发的信贷风险等，从而导致金融机构因为农业经济组织不能履约而发生风险。在调研过程中，通过与信用合作社的信贷员、浦发村镇银行的负责人以及资兴市农村工作部的负责人详细交谈，课题组发现在农村开展土地承包经营权抵押贷款业务创新，尽管具有很大潜力，但是无论金融组织还是农户均认为开展土地承包经营权抵押贷款存在较大的阻力。通过对调查问卷与访谈记录的整理，课题组认为农村开展土地承包经营权抵押贷款业务创新的主要障碍来自土地作为抵押品的权能、价值及其土地保障功能替代等。

为了降低评估土地经营权价值的成本，资兴市统筹办与农村工作部制定了一个有关旱地、水田以及水产养殖场所的年租金指导价格。该价格在农村经营主体与银行缔结信贷合约的时候，具有参考价值，能够降低缔约成本。资兴市用于种植经济作物的旱地分为三类，其划分的类别以城区距离与土壤质量为依据。城区周边与省道边的地划分为一类，而土质优良且生产设施完善的地块则为一等地，其价格为800～1000元/亩。同理，一类二等指导价为500～800元/亩，一类三等则为300～500元/亩。最便宜的是处于边缘地区土质一般的三类三等，其指导价为100～200元/亩。这种分类指导价格有利于降低土地流转与土地资本化过程中的缔约成本，但却并不能反映土地的真实价值。级差地租理论是在交通不发达而且企业家能力不予考虑的条件下形成的，以此作为现代社会土地承包权流转定价的理论基础并不合适。例如，在边缘山区的兰市乡，土地用于种植无污染的绿色蔬菜，其价值要远远高于城区周边的一等一类地。

对于以信贷为主要业务的金融机构而言，贷款的安全性是信贷员最关心的事情，之所以需要借款人提供抵押品，是由于信贷机构在借款人的还款能力与还款意愿方面存在信息不对称，抵押品是平衡信息不对称程度的重要工具。在以银行为主的传统金融体系中，农户之所以处于金融的边缘，难以得到金融服务，关键是由于农户缺乏能够达到银行贷款要求的抵押品。农户不是没有资产，而是其资产的权能效力欠缺。在赋予农地承包经营权抵押功能之后，农地经营权的抵押功能如何？课题组就“农地市场价值”“农地产权稳定性”“购买寻求成本”“农地权利赎回的难度”等展开调查。[①] 绝大多数信贷员认为“农地产权稳定性”在抵押过程中最为重要，其次是“农地市场价值”，再次是“农地权利赎回的难度”，最后才是“购买寻求成本”即所谓的市场信息成本。由此可见，金融机构在做信贷决策时，产权明晰而稳定、市场价值较高的农村土地更有可能成为抵押品，其在市场上出让、出售、流转的缔约成本与履约成本会更低。因此，不具备流动性的资产，银行的变现成本高，是银行不愿意接受农地抵押的重要原因。事实上，从资兴市农地承包经营权抵押贷款业务的开展来看，其主要动力是政策性目标与政治

① 资料来源于资兴市农村工作部。

任务，浦发村镇银行与农村信用合作社主动向农户提供贷款的积极性比较低。

湖南农业经济组织的演变案例说明，家庭经营与规模经济、现代生产组织并行不悖，其行为逻辑与现代经济组织是兼容的。农业的家庭经营可以通过扩大土地规模来改善农业组织的土地规模问题，在家庭农场的组织框架内实现农业生产者与生产组织的激励相融；也可以通过农业生产性服务（如衡阳安邦农业模式的菜单式服务）的纵向分工与外包来实现“服务规模经济性”，将分工与专业化纳入农业经济组织中，从而促进农村经济的内生增长。因此，家庭农场、农业外包服务、农业产业化、农业合作组织等经济组织对于促进一、二、三产业融合发展，加快推进城乡一体化发展具有积极的作用。

三　城乡一体化面临的问题

当前，我国全面进入经济“新常态”，维持经济增长的传统要素与经济结构均发生变异。在此宏观背景下，湖南省要在全国战略格局中成为国家战略支点，就要培育新的经济增长要素，区域差异将为经济发展提供巨大空间。因此，推动城乡一体化快速发展是新常态下的新亮点。然而，现阶段湖南省城乡一体化发展依然存在亟待解决的诸多矛盾和问题。

1. 城乡资源要素配置失衡现象仍然明显

现阶段，湖南省城乡资源要素配置失衡主要表现为以下几个方面。一是农村资金大量流出，农业农村的财政投资力度不够。从金融资本来看，由于缺乏对农村投资及资本逐利行为的正确引导，农村的大量剩余资金通过储蓄等形式流入金融机构，被金融机构更多地投向城镇，金融资本对农村的投入严重不足，由此形成对农村的“抽血”。对全省典型县市的调查显示，2013年29个县市金融机构存贷比达到2.2∶1，远远超出全省1.48∶1的水平。①

① 资料来源于湖南省农村发展研究院2013年对全省32个典范县市的调查，其中该项数据有3个县缺失。

其中，双峰县、通道县、新田县、蓝山县、嘉禾县、临武县和安化县的金融机构存贷比甚至超过3.0:1，表明县市基层存款在本地未得到有效利用，更多地流向了大中城市。同时，2013年全省农林水事务支出500.2亿元，同比增长11.7%，但占全省公共财政预算支出的比重仅为10.66%，较2012年下降了0.21个百分点，[①] 这于全省庞大的农业农村发展需求来说，可谓是杯水车薪。另外，在上文的分析中，财政对农业的投资权重为负数，也说明财政对农业的投入力度还应该有大幅度的增加。在传统农业向现代化大规模作业转变的过程中，土地整理、机械化、农业共性技术、新种子的培植、农产品流通、农业品牌、农产品加工基地建设等，均需要政府加大财政扶持力度。二是城乡劳动力与技术要素配置不均，城乡生产技术水平差距过大。表现为农村优质劳动力大量流出，农村空心化现象突出，“谁来种田、谁来养猪”成为农业农村发展的紧迫问题，而受户籍等多种因素的制约，城市优质人力资源难以进入农村，迁移成本太高，由此影响到科技在农业农村的推广与应用，进而导致农业生产效率偏低。从上文的分析来看，二元对比系数即农业生产效率与工业生产效率的对比，长沙的二元对比系数为0.709，其他市州的二元对比效率也比较高。由此可见，加快劳动力与科技要素的合理配置，提高农业效率是湖南城乡融合发展的关键。三是城乡土地要素流向单一。农村土地要素向城市集中，在城市增值，带给农村的仅仅是有限的征地补偿，农村农民得到的收益甚少，加剧了城乡的发展差距。毋庸置疑，当前湖南省城乡资源要素配置客观存在的诸多矛盾抑致了城乡一体化的健康发展。

2. 城乡二元经济结构仍然突出

从城乡产业来看，城乡产业分割现象仍然明显，突出表现为农业现代化水平比较低，与快速发展的工业化不协调，农业结构仍然是粮猪型单一结构，且产业化经营水平较低，市场竞争力较弱。2013年，全省年产值过亿

---

① 根据中华人民共和国财政部《关于湖南省2013年预算执行情况与2014年预算草案的报告》有关数据整理得出。

元的农产品加工企业只有405家（湖北省达到2000多家），[①] 产值超过10亿元的农产品加工企业仅有4家（河南省达到60多家），产值过百亿元的农产品加工企业仅有1家（河南省4家）。从农产品加工产值与农业产值的比来看，湖南省仅为1.1∶1，远低于山东省、河南省、安徽省等农业大省，山东省农产品加工产值与农业产值的比达到1.8∶1以上。[②] 湖南省农产品加工多为初级加工，精深加工和资源综合利用率比较低，一般品牌很多，核心品牌很少。同时，城乡就业结构演进与产业结构演进不协调，城乡就业结构转换缓慢。2013年，第一产业增加值占地区生产总值的比重下降到12.2%，但第一产业从业人员占从业人员的比重仍高达41%。[③] 这其中的一个重要原因是城镇化水平较低，城镇化与工业化不协调，导致城镇对农村的辐射带动能力不足，特别是对农村劳动力的吸纳能力不足。从城乡居民收入来看，尽管城乡居民收入差距呈缩小趋势，但仍处于2.80∶1的高位，排在全国第17位，这与GDP排在全国第10位的地位很不相称。全省14个地市州中还有3个市州超过2.80∶1，湘西州城乡收入比高达4∶1。同时，城乡工资收入差别大，2013年农林牧渔行业职工年均工资为23441元，是所有行业中最低的，仅为所有行业平均水平的53.4%，完善城乡居民收入分配机制仍然十分重要。[④] 从城乡消费来看，差距仍然较大，2013年湖南全社会消费品零售总额中，90.47%来自城镇，仅9.53%来自农村，这从较大程度上表明城乡消费能力的差距还非常大。[⑤] 客观存在的城乡二元经济结构阻碍了城乡经济一体化新格局的发展进程。

---

① 《回眸2013年湖南经济：农产品加工业增长近两成》，《湖南日报》2014年2月17日；湖北省农业厅：《加强政策支持引导　推动农产品加工业快速发展》，《农业工程技术（农产品加工业）》2014年第3期。

② 《湖南农产品业重新洗牌》，《湖南日报》2014年3月1日。

③ 湖南省统计局：《湖南统计年鉴2014》，中国统计出版社，2014。

④ 根据国家统计局《中国统计年鉴2013》（中国统计出版社）、湖南省统计局《湖南统计年鉴2013》（中国统计出版社）有关数据整理得出。

⑤ 根据湖南省统计局2012年、2013年、2014年《湖南统计年鉴》（中国统计出版社）有关数据整理得出。

3. 公共服务城乡差距仍然较大

从教育来看，优质教育资源还在不断向城市集中，县域以下的学校不断减少。2013 年，全省县域以下小学为 9270 所，较 2012 年减少 8.8%，与 2003 年的 23751 所相比，已经不到一半，县域普通中学近 10 年也不断减少，2013 年较 2003 年减少了 735 所，减少 18.1%；[①] 农村普通小学大专以上学历教师比重为 75.6%，相比城区水平低 20.1 个百分点；农村每百人教学用计算机台数和普通小学生均教学仪器设备资产值分别为 3.24 台和 394.02 元，分别仅相当于城市水平的 57.45% 和 50%。[②] 这虽然与农村空心化有关联，但优质教育资源不断向城市集中更是其中的重要原因。从医疗卫生状况来看，2013 年，全省农村卫生总费用为 373.09 亿元，城市则为 696.45 亿元，两者相差近一倍，农村人均卫生费用为 642 元，而城市达到 847.64 元；[③] 全省每千人口医疗机构床位数和每千人口执业（助理）医师分别为 4.74 张和 1.90 人，而同期每千农业人口乡镇卫生院床位数和每千农业人口乡镇卫生院卫生人员数分别为 2.22 张和 0.84 人，乡镇人均卫生资源明显低于全省平均水平。[④] 长沙市每千人口（常住人口）床位数达到 8.02 张，远超其他地区，最少的娄底市只有 3.66 张，长沙市每万人口有卫生技术人员 85 人，最少的邵阳市只有 34 人。[⑤] 这表明医疗资源更多地集聚在大城市，农村人口享受优质医疗资源的成本很高。同时，农村基础设施建设投入仍然不足。2013 年，全省固定资产投资 18381.4 亿元，其中，城镇投资 16211.1 亿元，占 88.19%，农村投资 2170.3 亿元，仅占 11.81%，城镇投资是农村投资的 7.5 倍，[⑥] 农村仍有大量的公共基础设施建设缺乏保障。从社会保障水平来看，2013 年全省城市和农村的低保对象月人均补助分别为

① 数据由湖南省教育厅提供。

② 湖南省统计局社会和科技统计处：《湖南社会事业发展对内需拉动影响力分析》，《决策咨询》2014 年第 56 期。

③ 数据由湖南省卫生厅提供。

④ 湖南省卫生厅：《2013 年湖南省卫生事业发展统计情况》。

⑤ 根据湖南省统计局《湖南统计年鉴 2014》（中国统计出版社，2014）有关数据整理得出。

⑥ 根据湖南省统计局《湖南统计年鉴 2014》（中国统计出版社，2014）有关数据整理得出。

271元和119元，农村低保对象月人均补助水平仅相当于城市水平的43.9%，城乡社会保障差距依然存在。[①] 城乡公共服务依然存在的较大差距影响了内需拉动，不利于城乡经济和社会协调发展。

4. 城乡生态环境形势仍然严峻

近年来，在“两型社会”建设的推动下，湖南的资源环境保护工作取得明显成效。但是，城乡一体化发展中的资源环境压力仍然很大，整体环境状况好转，部分指标还在恶化，特别是农村环境整治刚刚起步，农业面源污染形势依然严峻。全省农业面源污染定位检测数据表明，全省农田灌溉水样品超标率为31.48%，CODr超标率为16.67%，总磷超标率为20.37%。[②] 土壤重金属污染尤其明显，湖南省土壤中重金属底值本就偏高，多年来经济结构对重化工业的偏好导致大量工业“三废”排放，更是加剧了土壤重金属污染。空气污染形势紧迫。2013年，全省14个市州政府所在地城市酸雨频率为68.5%，14个城市降水PH年均值为4.65。[③] 2013年10月21日全国大城市空气质量排行榜首发，在此后的一周时间里，长沙市连续7天上榜空气质量最差十大城市，成为当周全国空气质量最差10个城市中的首位，这从一定程度上表明湖南城市空气污染日益严重。从污染的源头来看，工业污染治理成效显著，但城镇生活污染却未得到有效遏制。2013年全省城镇生活污水排放量较2012年增加了7829.76万吨，城镇生活污水中氨氮排放量增加了755.5吨，城镇生活SO_2排放量增加了1009吨，机动车和城镇生活氮氧化物排放量分别增加了7784吨和96.5吨。[④] 城乡依然严峻的生态环境形势制约了民生福祉的改善。

5. 城乡一体化区域差距明显

从湖南省14个市州城乡一体化水平定量分析的总体得分来看，长沙城乡一体化水平是最后一名湘西州得分的6倍多。就城镇化率来说，长沙、株

① 湖南省统计局：《湖南省2013年国民经济和社会发展统计公报》。

② 刘宗林：《加快湖南农业生态文明建设》，《新湘评论》2014年第10期。

③《湖南46家企业被亮环保“红牌”》，《长沙晚报》2013年6月6日。

④ 根据湖南省统计局《湖南统计年鉴2014》（中国统计出版社，2014）有关数据整理得出。

洲、湘潭三市分别达到70.6%、60.1%、55.1%，而湘西仅有38.75%，怀化与娄底也只有40.44%和40.96%，[①] 差距很大。这意味着，长沙已经进入城乡融合阶段，而湘西州等地区还处于城乡对立阶段。湘西州等地区城乡一体化进程滞后的主要因素是：经济基础薄弱，二元经济结构突出，2013年长沙人均GDP按常住人口计算达到99570元，约为湘西州的6.2倍，[②] 湘西州缺乏主导工业支撑，第三产业发展滞后，传统农业主导地位明显，这是湘西等地区发展滞后的主要原因；城乡融合度很低，城市对周围地区的集聚作用十分有限，而长沙等较发达城市对湘西等欠发达地区的辐射影响很弱；自然禀赋条件差，交通网十分落后，信息通信等系统落后，农村地区的交易效率难以提高，阻碍了社会分工与市场流通。

四　加快推进湖南城乡一体化的政策建议

以县域为中心节点的城乡一体化是湖南城乡一体化发展的重要特点。在过去30多年的经济发展中，县域竞争模式是中国经济发展的动力机制，行政指令与市场推进成为动员县域内资源的主要方式，“行政权利+市场激励”的发展模式，能够在一定时间内组织各类要素，推进经济超常规增长。但是，县域竞争模式所带来的弊端也非常明显。因此，县域之间需要从竞争到协作的一体化发展转变，通过县域之间的优势互补与内在激励促进区域一体化，形成新的区域发展格局。

1. 推进城乡资源配置的市场化改革步伐

湖南城乡一体化应以市场为导向，引导城乡资源优化配置和生产要素合理流动，通过价格杠杆调整供求关系，实现资源的有效利用，从而促进经济增长。因此，降低资源的交易成本，加快湖南城乡资源配置的市场化改革，是推进湖南城乡一体化的重要手段。

---

① 湖南省统计局：《湖南统计年鉴2014》，中国统计出版社，2014。

② 湖南省统计局：《湖南统计年鉴2014》，中国统计出版社，2014。

（1）整合政府公共资源交易机构，建设统一规范的公共资源交易市场。由政府投资和使用国有资金在法定限额以上的工程项目建设、政府采购、国有产权交易、国有土地使用权出让等一律进入公共资源交易中心交易；逐步将特许经营、经营权、使用权、冠名权等城市公共资源项目与公权罚没资产招标和拍卖等交易纳入公共资源交易中心统一交易。

（2）建立城乡统一的土地要素市场，盘活城乡各类低效或者无效的土地资源。实施整治复垦政策，破解规划空间制约，打通市、县、乡建设用地增减挂钩交易通道，实行市场化运作，推进城乡土地要素平等交换和公共资源均衡配置；建立多规融合机制，合理布局、有效整合空间资源，完善城镇低效用地开发、地下空间利用、高标准厂房建设等政策，促进土地资源节约集约利用，释放土地要素最大效益；完善以确权登记为基础、以赋权活权为重点的农村土地承包经营权流转市场建设，深化农村土地流转风险保障机制和农村土地流转社会保障机制改革创新。

（3）整合城乡金融资源，形成城乡统一的多层次金融市场。推动各银行业金融机构实施没有城乡差别的信贷政策；支持符合条件的企业发行公司债、企业债、中小企业集合债、私募债、中期票据和短期融资券，提高城乡企业的直接融资比重；探索农村土地承包经营权、宅基地使用权、农村集体经济股权和农房抵押贷款，以及农业保险保单、大型农机具等农村抵质押贷款，实现城乡资产金融功能同质化；完善股权投资基金体系，推进政府与银行、保险、担保机构合作，构建多层次的金融风险分担机制，引导金融机构加强金融产品和服务创新。

（4）构建各类要素交易市场，规范资源要素交易行为。推进土地、能源使用量、排污权、产权等生产要素在全省要素交易中心交易；建立健全农村产权交易市场，实施农村集体资产产权公开交易，探索农村集体资产股权流转新模式，赋予农民更多财产权利，推进城乡要素平等交换；建立产业转型升级排污总量控制激励制度，构建排污总量指标分配与区域排污目标完成情况相挂钩的排污权交易体系，创新环境资源要素市场化工作体制与机制。

2. 推进城乡产业对接的一体化进程

湖南省要破解长期以来形成的城乡二元分割局面，需要进一步实施城乡产业对接，拉动农业的商品化和市场化进程，确立农民的市场交换主体地位。激励农户进入农业的“产前”和“产后”领域，使其与工、商及其他经济组织和服务组织构建统一的市场。

（1）加快产业集聚步伐，构建产业发展的大平台。坚持“工业向集中发展区集中、土地向业主集中、农民向城镇集中”的原则，通过市场机制形成产业集聚，延伸产业链条，形成产业规模和市场优势；以工业突破和园区建设为先导，按照“一产划圈层、二产进园区、三产分功能”的原则，产业向优势区域布局，构筑以“圈层”为梯度、以“园区”为载体、以“轴带”为脉络的产业布局一体化体系。

（2）积极构建促进城乡产业结合的组织形式。遵循专业化分工协作的原则，依据现代产业的发展趋势，以资产、商业信誉为联系纽带，形成城乡结合、融为一体的产业组织形式，淡化城乡产业边界；以公司或集团企业为主导，以农产品加工、运销企业为龙头，围绕农产品的生产、加工、销售与农户实行有机联合，引导农村企业参与城市大中型企业的专业分工、劳务协作以及加工配套；用市场带龙头、龙头带基地、基地带农户，形成“公司＋合作社（协会）＋农户（现代家庭农场）”等产业化经营的发展模式，增强农户抵御市场经济风险的能力；按照“扩面、拓展、规范、提升、扶持”的总体要求，提升农村“三大合作”组织（农民专业合作社、社区股份合作社、土地股份合作社）发展水平，并健全符合组织发展需要的农业科研和技术推广转化新机制；打造农产品精深加工中心、农产品信息物流中心、农业博览会展中心和农业科技研发推广中心四大涉农中心，形成带动全省、面向全国的涉农物流体系和交易中心。

（3）以农副产品加工业发展为契机，推进农业产业化经营。以发展原料性农业促进一、二产业的互动，积极发展农副产品生产，实现以原料性农业生产为主的结构转换，形成接“二”连“三”的农业新业态；遵循区域比较优势原则，协调农业的全程产业化，使农业生产链条不断向加工、销售、服务一体化方向延伸；推进农业生产向特色化、优质化、设施化、生态化、园林式、观光性和产业型方向发展；加速转型为集绿色产品、生态建设、休闲旅游、文化教育、示范辐射等功能于一体的现代农业，促进第一产业与第三产业的融合发展。

（4）建立城乡产业互动的协调机制，理顺城乡经济组织的利益关系。改进农业产业化链条中各参与主体之间的利益分配机制，通过利益、风险机制重构，使产业化链条中的各个环节、各个经营主体结成利益均沾、风险共担的经济共同体，形成统一的利益分配格局；出台鼓励企业落户农村、带动农民创业的政策体系，改变传统的资源配置方式，增加农民财产性收益；创新畅通的人口流动机制，使城乡人力资源互补，推动城乡产业之间协调发展。

3. 推进城镇基础设施建设向农村延伸

农村基础设施是农业、农村发展不可或缺的基础性条件。统筹城乡基础设施建设，加快基础设施向农村延伸，强化城乡基础设施连接，推动水电路气等基础设施城乡联网、共建共享。加快公共服务向农村覆盖，推进公共就业服务网络向县以下延伸，对于加快湖南城乡发展一体化的步伐、促进农业生产发展、提高农民生活水平、缩小城乡居民收入差距具有十分重要的意义。

（1）加快农村饮水安全工程建设。因地制宜地采取集中供水、分散供水和城镇供水管网向农村延伸，实现城乡供水一体化，确保农村饮用水供水安全；在新建、改建、扩建铁路、公路、电力、电信等公共设施时，如果造成了农村饮用水水源、供水设施等方面的损害，应当采取补救措施并予以补偿；建立县级农村饮用水供水水质监测中心，建立健全水质检测网络，对县域内农村饮用水供水工程的原水、出厂水、管网末梢水等定期进行水质检测，切实保障农村饮用水供水水质安全。

（2）实施农村电网改造升级工程，实现城乡用电同网同价。农村电网是农村重要的基础设施，是坚强智能电网的重要组成部分，关系农民生活、农业生产和农村繁荣。基于此，全省要继续完成农村电网改造，提高户表改造率；对存在变压器重载、过载的变电站或配电变压器进行扩建或增容改造，对主干线、主要分支线更换大截面导线，解决长期以来变压器容量紧张、供电能力严重不足的问题，以增强湖南农村区域的供电能力，确保供电质量；开展低电压整治，解决供电瓶颈、电压质量、供电可靠性、农村居民生活用电与城市居民用电同网同价等问题，让广大农村用户不但能够“用上电”“用好电”，还能“用得起电”，为农民放心购买和使用家用电器提供有力的电力保证。

（3）联通城乡公路网络，实现行政村通班车。改造农村公路网络，加宽路基路面，使之达到客车行驶的质量要求；在农村公路网上新建错车台，使之满足道路错车需求，新建示警桩、减速板、波形钢护栏、标志标牌等安保设施；设立省级财政交通专项资金，通过“以奖代补”的形式用于农村客运车辆购置、承运人责任保险、车辆监控装置使用费用定额补助，以及培路肩、修错车台、安保工程、农村客运站点建设补助，构建农村客运“开得通、留得住”的长效机制；鼓励规模化、集约化、信誉好的道路客运企业、公交客运企业开拓农村客运市场，支持农村客运经营者通过规范的公司化改造，以收购、兼并或入股等形式，扩大经营规模；在城乡路网联通的基础上，实施新农村现代流通网络工程，培育面向农村的大型流通企业，增加农村商品零售、餐饮及其他生活服务网点。

（4）加强农村宽带网络建设，加快广电农网多元化发展。根据湖南省不同地区地理条件和经济水平的差异，分阶段规划宽带网络建设；在基础设施建设上，对农村地区宽带网络建设予以政策倾斜，实施宽带“村村通”工程和信息服务平台的服务内容；因地制宜地采用光纤、铜线、同轴电缆、3G/LTE、微波、卫星等多种手段加快宽带网络从乡镇向行政村延伸，重点做好山区移民搬迁安置点的宽带网络建设和涉农信息资源的深度开发，提高农村信息化平台服务水平；增加网站接入带宽，加强互联网网间监测；强化通信机房、网络中心，特别是农村铁塔、基站设备的建设和维护能力，提高可靠性和抗毁性；大力发展数字电视、高清互动、多媒体信息服务以及互联网宽带业务，加大农村网络数字化、双向化建设力度，不断提升网络全业务支撑能力，完成联网乡镇的数字化转换工作，加强未联网乡镇、村寨的联网建设工作，进一步扩大有线、无线覆盖范围。

4. 推进城乡生态环境一体化

城乡生态环境一体化建设是个系统工程，需要全省各地结合区域实践，在理念塑造、产业转型、项目建设、资源要素调配、机制创新等层面全面推进，才能真正实现城乡生态环境一体化发展。

（1）加快城乡产业的生态循环化发展。着力推动全省农、林、牧、渔、副业生产构建良性循环系统，从根本上改变湖南省农村资源浪费、废物污染、环境恶化的发展现状，重点构建种植业、养殖业协调发展的生态农业产业循环体系，推广种养结合、循环利用的生态健康种养生产方式，实现区域种养业、加工业之间的农业大循环，注重发展农作物秸秆还田等废物综合利用型生态农业模式，养鸡、养鱼等养殖型生态农业模式，以牧养农、以牧促农型生态农业模式以及大棚种养型等生态农业模式；科学合理地制定养殖业发展规划，推进规模化养殖场建设，推广发酵床生态养殖，建立持续、高效、生态平衡的规模化畜禽养殖生产体系；大力推广秸秆机械化全量还田，增加土壤肥力，积极开展秸秆饲料、秸秆发电、秸秆造纸、秸秆沼气、秸秆食用菌等多渠道综合利用秸秆试点示范与推广，提高秸秆资源综合利用率；推动现有工业企业强化技术生态改造，向生态工业建设要效益。

（2）加快推进城乡发展一体化的生态体系建设。着力保护和发展全省现有各类自然保护区，加大具有生态资源和景观的生态工程项目建设力度，实现城乡生态资产的保值乃至增值，建设以水源涵养和生态休闲为主的自然资源生态经济圈；推广应用乡土树种、珍贵树种造林，加快构建“绿色通道、绿色水廊、绿色基地、绿色村庄”，形成“点”“线”“面”相结合的村庄绿化格局，构筑绿色生态屏障；实施“村（居）收集、镇（街道）运输、县市（域）处理”的垃圾处理长效机制，在经济条件好的规划布点村庄建设生活垃圾与生活污水处理设施，提高农村生活垃圾和生活污水处理率。

（3）全域推进城乡生态环境综合整治。全面推进以洞庭湖为省域中心，以东江湖为区域中心，以武陵—雪峰、南岭、罗霄—幕阜山脉为构架，以湘、资、沅、澧水系为脉络的“两湖三山四水”生态安全屏障建设和环境保护，充分并有效发挥其维系生态系统稳定、维护生态平衡的重要作用；推进湘江流域重金属污染治理向纵深发展，实现污染企业搬迁和企业产业生态化再造并举，尽量减少重金属污染排放；全面开展系统的重金属污染土壤修复标准研究，加大重金属污染土壤修复力度；开展小河流域治理，支持各地将小河流域治理纳入城乡统筹发展战略规划，实现小河治理与基本农田水利建设、人畜用水的解决和改善工程的整合，着力推动建立农村河道定期轮浚机制，实施拆坝建桥，打通断头河浜，改造束水河段和束水建筑物，畅通水系，加快河道轮浚和水系调整步伐，提高河道自然功能；加快推进农田环境系统监测网络建设，全面推广测土配方施肥，大力扩种绿肥与推广应用商品有机肥，实施农药化肥减量工程，着力提高化肥农药利用率；加快建立农药集中配送体系，实行农药统一配送、统一标识、统一价格及统一差率，杜绝高毒高残留和假冒伪劣农药流入市场，从源头上控制农业面源污染。

（4）构建城乡一体化发展的生态文化。树立尊重自然、保护自然的生态文明理念，培育环保的现代生态文化；激发社区居民主人翁意识，建立独具湖湘特色的生态道德文化体系，大力提倡正确的生态文明观念及舆论导向；发挥网络、广播等多元媒体的传播作用，全面、深度开展生态文明宣传教育；着力培养资源节约、环境友好的城乡生态消费方式，综合运用媒体舆论、行政监督等多元手段，在城乡传播生态消费价值理念；深入开展创建绿色政府、绿色企业、绿色社区、绿色村庄和绿色家庭等活动，形成推动城乡生态环境一体化建设的氛围；倡导文明、环保的生活模式，开展生态文化示范区建设，引领城乡绿色生活。

（5）创新城乡生态环境一体化发展机制。积极推进农村自然资源产权及用途管制制度创新，明确农村地区自然资源、资产的国家和集体所有权以及这些资产的使用权、收益权、开发、租赁、转让和抵押等权限；通过价格信号、治污成本等市场信号，实现城乡土地资源、水资源、森林资源以及碳排放的合理布局；借助排污权交易、生态补偿等市场办法，实现各类企业和农户的生态环境污染外部性的内部化，降低环境污染的“外部效应”；结合湖南实际情况，建立健全农村生态环境保护的法律法规，抓紧研究起草土壤污染防治法、畜禽养殖污染防治条例、农村环境监测和评价的标准和方法；创新社区公众参与城乡生态环境建设的机制，确保农村社区居民平等参与城乡生态环境保护；积极创新技术机制，在实现城市区域生态建设中生态环境保护和改良技术的充分、有效运用的同时，加大生态环境保护和改良技术向广大农村地区扩散，推进环境技术产业化发展，支持城乡生态环境一体化发展。

5. 推进区域城乡一体化战略新格局

区域城乡一体化在空间结构上表现为城市的功能辐射与延伸，并通过城市的功能辐射与延伸，使城市之间的农村与城镇形成统一的市场体系与公共服务体系，从而实现区域城乡一体化发展。区域城乡一体化发展的内在机理不同于在同一个县域经济中的城乡一体化发展，区域城乡经济发展包括生产制造、市场需求、金融服务、交通物流等各类经济活动，涉及资金、信息、技术、人才等生产要素的合理流动和企业区位选择、产业转移等多层次的区域之间与区域内部各经济活动主体之间的交互作用及动态变化的复杂性网络体系。因此，经济发展的内在动力由区域协调取代县域竞争的模式，是中国经济发展方式转变的主要内容，也是中国经济未来发展的主要模式。

（1）健全完善规划体系，形成区域城乡一体化规划先导机制。创新规划思路，完善规划体系，强化区域城乡规划的综合引导作用，促进区域城乡空间合理布局、公共设施集约建设、资源要素优化配置，形成区域城乡规划先导机制；根据湖南区域发展特点与资源禀赋结构，将湖南划分为环洞庭湖区域、长株潭区域、湘南区域、衡邵走廊区域以及湘西区域；加快建立五大区域城乡规划“一套图”制度，形成包含城镇体系规划、城市群规划、城市总体规划、县（市）域总体规划、镇乡规划、村庄规划等覆盖全域的城乡规划体系，培育长株潭城市群、岳阳长江新区、津澧新城、郴州“大十字”城市群、大衡山特色城镇带、邵阳东部城市群、永州冷零祁城镇带、怀化鹤中芷城镇带以及娄底城镇带等城镇体系；加强区域城乡规划与经济社会发展规划、土地利用总体规划、主体功能区规划等的有机衔接；重视城市中心区、城市新区和城市综合体、大型公共建筑的规划设计，打造具有地域特色的建筑精品，带动区域内城乡一体化发展；创新和健全城乡规划实施管理体制，进一步加强城乡规划机构和队伍建设，全面实施“阳光规划”，推进规划民主决策、科学决策。

（2）建立超越地方利益的区域协调机制，实现区域产业协调发展。建立科学合理的协同发展机制和制度框架，以实施跨区域协调操作，制定对各区域经济发展方向、规模与结构等进行科学引导和有效约束的科学合理的区域协同发展政策；促进各区域协调互动，建立区域经济协同发展的信息沟通平台和高效的物流网络系统；打破市场分割，建立生产要素自由流动的区域大市场，实现各区域之间的资源流动与优化配置；淡化各区域的行政区划界限，培育联系密切的区域空间协同关系，加速生产要素自由流动，促进区域间的优势互补，推动各区域走协同发展的道路，实现全省经济的整体优势最大化；优化各类开发区（园区）布局，积极促进乡镇工业功能区整合提升，形成产城融合的新态势；促进各个区域的产业实现良性互动，建立完善的区域产业转移机制，促进各区域之间的要素流动和产业协调发展；加快发展金融保险、休闲旅游、现代商贸、文化创意、物流配送、电子商务等现代服务业，推动城市现代服务业向广大农村延伸辐射，实现其在区域内的城乡之间优化配置。

（3）建立跨行政区的点轴开发与增长体系，形成跨区域的基础设施共享机制。充分发挥中心城市、空港等具有较强的跨区域带动辐射能力的经济增长“点”，健全由铁路、高速公路、普通公路、航空运输、江河航运干线等“轴”连接起来的“点轴经济体系”，形成湘江流域、资水流域、澧水流域以及沅江流域的跨区域联动机制，冲破区域合作中的市场分割与地方保护主义；统筹跨区域的城乡交通、能源、水利、通信、减灾等基础设施建设，形成结构合理、层次分明、绿色低碳的综合交通运输网络；加快长沙、株洲、湘潭城市轨道交通建设，抓紧实施“三＋五”城市群轨道交通网络规划与设计；优化区域内城乡能源供应结构，提高能源综合利用效率；统筹区域内城乡水利建设，完善区域城乡消防安全体系，增强城乡综合防灾减灾能力；合理开发利用城市地下浅层空间，发展地下停车、地下交通、地下商业、地下仓储等设施；推进电信网、广播电视网、互联网“三网融合”，提升城乡信息化发展水平。

（4）加大改革创新力度，形成要素配置的一体化机制。深化户籍管理制度改革，加快建立区域内城乡统一的户籍管理制度，促进城乡人口合理有序流动，使劳动力得以优化配置；保障进城落户农民工以及跨境承包土地的农户享有与所在工作区域居民同等的就业、社会保障、教育培训、医疗卫生和文化体育等公共服务权益；深化土地管理制度改革，完善征地补偿机制，推进区域内城乡建设用地增减挂钩试点、低丘缓坡荒滩综合开发利用和低效利用国有建设用地“二次开发”工程，推动农村集体建设用地使用权流转，建立全省统一的土地交易市场与城乡资产交易市场；优化投资环境，吸引来自发达地区和跨国公司的资本参与区域内城乡建设，鼓励引导民间资本进入市政设施建设和公共服务领域，建立无所有制差别的工程承包招投标体制；健全城乡社会保障制度，完善城乡一体的就业促进工作机制和协调机制。

（5）发挥区域特色优势，构建区域城乡一体化发展战略支撑。在湖南的区域发展中，已经基本形成“洞庭湖经济圈”“长株潭经济圈”“大湘西经济圈”等经济一体化区域的雏形。但是就全省版图而言，湘南地区缺乏区域一体化的战略构建，从而阻碍了湘江流域的一体化发展进程，影响到全省区域发展的协调推进和城乡一体化的整体推进。因此，应该立足湖南的整体发展战略，以南岳衡山旅游资源为战略支撑，发挥南岳衡山的世界品牌效应与辐射带动力，推进大衡山区域发展一体化，形成以“大衡山增长极”为核心的“大湘南经济圈”，带动整个大湘南的开发和发展，从而有力推进《湘江流域科学发展总体规划》的实施和实现湖南区域全面协调发展，成为湖南新的经济增长极。①

① 刘建武、陈文胜：《将推进大衡山区域一体化作为湖南新的经济增长极》，《湖南日报》2015年1月13日。

6. 推进区域城乡一体化发展的行政体制改革

区域城乡一体化是区域内各地利益互相博弈的结果。随着区域城乡一体化发展的推进，一方面各地之间的经济联系增强，另一方面阻碍市场主体经济自由联合、统一市场形成的现象时有发生，从而产生了区域之间协调发展的公共问题，例如行政区经济、基本公共服务不均等、区域规划、产业调整、基础设施统筹等问题。解决这些超越原有行政区划范围的公共问题，对于推进区域城乡一体化发展具有非常重要的意义。因此，需要形成超越以某一个地方政府为应对主体的传统思维与体制，构建以区域协作为目标，多层级、多主体共同参与的跨区域行政体制。一方面，通过区划调整等行政手段解决由人口大量聚集而导致的城市空间狭窄、地方政府治理权限过小等问题；另一方面，借助"扩权强县""省直管县""镇改市"等行政改革设计推进区域城乡一体化发展。

（1）设立专门处理区域公共问题的联合机构，制定有约束力的区域协作规则。针对区域城乡一体化发展存在的区域规划、产业布局、应急处置、流域管理、生态协作、基础设施等领域联通不畅的问题，成立相应的特定机构，并赋予这类机构相应的约束力，制定能妥善平衡各方利益的行政、财政规则；设立由区域一体化发展的相关方共同参与的工作团队，分别负责各阶段的执行、检查、评估、改善等，以保证问题的切实解决与长期稳定的需要；推动产、学、研、政合作，支持致力于解决区域公共合作和利益平衡问题的技术模型、成本分析、信息分享等技术工具研究以创新区域利益平衡机制；建立区域城乡一体化发展的公共财政体制，形成解决区域公共问题所需资金的成本分摊机制以及区域协作利益分享机制；加快构建政府、市场、公众的多元参与机制，推进政府、市场与社会组织的多元协作。

（2）推进行政体制改革设计，降低区域城乡一体化的制度成本。推进"郊县改区"等配套改革，发挥中心城市在工业集聚、交通畅达等方面的优势，以发挥增长极在经济发展中的辐射带动作用；全力推进"省—市—县"三级行政管理关系向"省—市（县）"二级行政管理体制的变革，以实现省级在县级层面上人事、财政、行政等方面的垂直管理；推进"扩权强县"

的步伐，实现县（市）拥有对省级的直接上报权、财政审计直接管理权、税收部分管理权、项目直接上报权、用地直接报批权、资质直接认证权、部分价格管理权和统计直接监测发布权等权限，建立市县事权与财权对等、权责利基本一致的县域经济管理体制，促进县域经济实力与活力不断提高。

（3）科学规划省直管县体制改革，分步推进改革步伐。调整现行行政区划，借此扩大市的腹地范围，减少县的数目；进一步理顺“省—县”财政制度，确定省对县直接编制预算的权力范围，在收入划分上由省直接对县进行划分，并将转移支付、专项资金补助、资金调度和债务管理等经济权限下放到县；将地级市的经济管理权适当下放给县，实现地级市和县分治，加强农村建设、农村公共服务和社会保障方面的职能，建立省直管县体制的雏形；选择县域经济实力较强、有支柱产业和特色产业的县域开展“省—县”制度试点，争取县级项目审批和建设用地指标权限，并分阶段逐步推广“省—县”制度。

（4）稳步推进“镇改市”改革试点，探索“镇改市”的内容与方法。按照城市发展的内在要求赋予县级管理权限，整合县镇各类机构，改革现有社区设置，以最终决策权为依据理顺行政管理构架、办事流程和管理机制；建立人口转移与集聚的城镇化资金来源与分摊机制，科学划分中央政府、县（市）政府、镇级市、企业以及居民的分摊比例，合理利用土地财政和地方债等财政手段，探索建立基础设施银行，为城镇化融资提供条件；出台降低“镇改市”成本的指导意见和相关政策，通过制度创新解决权力下放不彻底和事权财权不对等的问题，实现人口集聚规模、公共服务程度和财权决策权限的相互匹配。

分 报 告

Sub-reports

B.2

2014年大衡山区域城镇带一体化研究报告

摘 要：本报告从中国新型城镇化趋势和湖南城镇化现状出发探讨了大衡山城镇带一体化发展的重要意义，分析了大衡山城镇化发展中区域条块分割、区域各自为政、工业化水平低、可利用土地分布不均等问题，研究了以市场化为路径、以泛旅游产业为引导推进大衡山特色城镇带一体化发展的基本思路，提出了打造旅游产业集群、促进消费聚集、促进城镇景区化、开发旅游综合体、促进城乡融合、加快户籍改革、优化区域环境、建立全方位合作机制等推进大衡山区域城镇带一体化发展的具体路径，并科学规划了大衡山旅游产业的吸引核体系和城镇带产业体系及城、镇、村产业互动整合的空间结构，提出了推进大衡山区域城镇带一体化发展的保障措施。

关键词：大衡山　新型城镇化　一体化

一　研究背景

城镇化是伴随工业化发展，非农产业在城镇集聚、农村人口向城镇集中的自然历史过程，是人类社会发展的客观趋势，是国家现代化的重要标志。1980～2013年的33年时间里，我国的城镇化率由19.39%提高到53.7%。这一阶段城镇化的主要动力是工业化，但城镇化滞后于工业化，“土地城镇化”是其重要特征。该阶段的城镇化为我国经济社会发展做出了巨大贡献，但也留下了一些后遗症，成为我国经济社会发展的新瓶颈。推进大衡山“南岳—开云—新塘”城镇带一体化，是新形势下对国家新型城镇化战略的有益探索，对于发挥南岳衡山的世界品牌效应、打造湖南新的经济增长点、带动整个大湘南的开发和发展、推进区域全面协调发展具有深远的现实意义。

（一）我国经济发展新阶段与新型城镇化

城镇化与工业化、信息化和农业现代化同步发展，是我国现代化建设的核心内容，彼此相辅相成。工业化处于主导地位，是发展的动力；农业现代化是重要基础，是发展的根基；信息化具有后发优势，为发展注入新的活力；城镇化是载体和平台，承载工业化和信息化的发展空间，带动农业现代化加快发展并发挥着不可替代的融合作用。

改革开放以来，我国工业化快速发展，到2009年，各类工业产品均稳居世界前列，赢得了毫无争议的“世界工厂”称号。在这一阶段，我国经济发展的根本动力来源于工业化，其外在表现为经济增长主要依赖出口和投资，低门槛的产业模仿与企业复制，导致了产能严重过剩，而过剩的产能则更依赖于出口与投资；以工业化推动的城镇化，表现为房地产的造城运动与工业园区的圈地运动，未能实现产城融合和“人口城镇化”。这种以投资、出口为导向的工业化虽然为我国经济社会发展做出了巨大贡献，但已经难以为继：第一，低廉劳动力已经不可持续，劳动者收入高速增长已经成为新的趋势；第二，以污染为代价的中小企业和重化工业受到制约，付出巨大成本进行污染治理的同时，大量企业可能要关停改造；第三，资源价格、能源价格、劳动力成本上升，使资本密集型、劳动密集型产业受到阻碍，影响就业与财富聚集；第四，汽车等大宗消费已经到了污染与交通无法承载的阶段；第五，房价高涨已经成为重大的社会问题与经济问题。

1980～2013年，我国用了33年的时间将城镇化率由19.39%提高到53.7%，这一阶段，城镇化的主要动力是工业化。从全国的情况来看，城镇化为第二、三产业发展创造了内需，从而促进了非农产业就业增长。然而，在以工业化推动的城镇化过程中，非农产业就业增长却没有让转移出来的人口真正实现城镇化，从而导致城镇化滞后于第二、三产业的发展，产业的高强度聚集与人口集聚规模不相匹配。由表1可知，2013年，我国工业产值在三大产业结构中占比37.3%，非农产业占比90.37%，按照钱纳里标准，与该产业结构对应的城镇化率应该在65.8%以上，处于城镇化的第9个层级，但事实上2013年我国的城镇化率仅为53.7%，处于城镇化的第6个层级。由此可见，我国城镇化还有较大的发展空间。

表1　历年中国城镇化与产业结构变动趋势

单位：%

年份	产业结构		就业结构		城镇化率	钱纳里标准级次
	工业	非农产业	工业	非农产业		
1980	43.9	69.8	13.1	31.3	19.39	1
1985	38.3	71.6	13.2	37.6	23.71	2
1990	36.7	72.9	11.7	39.9	26.41	2

续表

年份	产业结构		就业结构		城镇化率	钱纳里标准级次
	工业	非农产业	工业	非农产业		
1995	41.0	80.0	12.1	47.8	29.04	2
2000	40.4	84.9	7.5	49.4	36.22	3
2005	41.8	87.9	9.1	54.4	42.99	3
2006	42.2	88.9	9.6	56.6	44.34	4
2007	41.6	89.2	10.3	59.0	45.89	4
2008	41.5	89.3	11.5	59.6	46.99	4
2009	39.7	89.7	22.5	61.0	48.34	4
2010	40.1	89.9	22.6	62.8	49.95	5
2011	39.8	90.0	28.50	65.20	51.27	5
2012	38.5	89.9	29.29	66.39	52.57	5
2013	37.3	90.37	—	—	53.7	6

注：城镇化与产业结构变动的钱纳里标准级次共分为9级，城镇化率≥12.8%、22.0%、36.2%、43.9%、49.0%、52.7%、60.1%、63.4%、65.8%分别为1、2、3、4、5、6、7、8、9级。

基于对工业化推动型的城镇化模式带来的种种不良后果的反思，2012年12月的中央经济工作会议提出：积极稳妥推进城镇化，着力提高城镇化质量，构建科学合理的城市格局。2014年3月16日，中共中央、国务院印发《国家新型城镇化规划（2014－2020年）》，明确了今后我国城镇化的方向与方式。新型城镇化的实质是：直接关注经济发展的本来目的，将发展重点放在生产—消费链条的后端，从而更贴近民众的终极消费，提高民众的生活水平和生活质量。新型城镇化的发展将极大地释放民众潜在的消费能力，推动我国经济增长模式从投资驱动型向内需驱动型转变。新型城镇化的提出，意味着我国城镇化的主要动力已经转向以旅游业为代表的消费型产业的发展。这一转变是我国经济发展模式转型的要求，代表了我国城镇化的发展方向。

表 2　2006～2013 年我国居民国内旅游消费占总消费的比重

单位：万亿元，%

年份	居民消费支出	同比增长率	居民国内旅游消费	同比增长率	旅游消费所占比重	GDP 增长率
2013	21.22	11.33	2.63	15.86	12.39	7.70
2012	19.06	12.78	2.27	17.62	11.91	7.80
2011	16.90	20.03	1.93	53.17	11.42	9.30
2010	14.08	13.92	1.26	23.53	8.95	10.50
2009	12.36	10.65	1.02	17.24	8.25	9.20
2008	11.17	15.99	0.87	11.54	7.79	9.60
2007	9.63	16.59	0.78	25.81	8.10	14.20
2006	8.26	—	0.62	—	—	12.70

资料来源：国家统计局及国家旅游局网站。

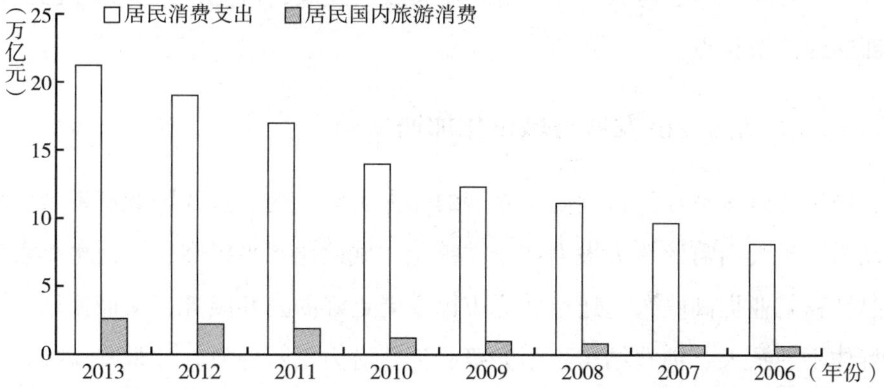

图 1　2006～2013 年我国居民消费支出与旅游支出增长情况

由表 2、图 1、图 2 可以发现两个明显的趋势：第一，我国居民消费支出增长率显著地高于 GDP 增长率；第二，旅游消费占消费支出比重从 2008 年开始逐年提高。二者反映了我国经济发展模式的转变。尽管 2008 年以来国内外经济下行压力加大，但我国旅游服务业却保持了较快的增长态势。2013 年，我国全年实现旅游总收入 29475 亿元，比 2012 年增长 14%；国内旅游人数达 32.62 亿人次，增长 10.3%，实现旅游收入 26276 亿元，增长

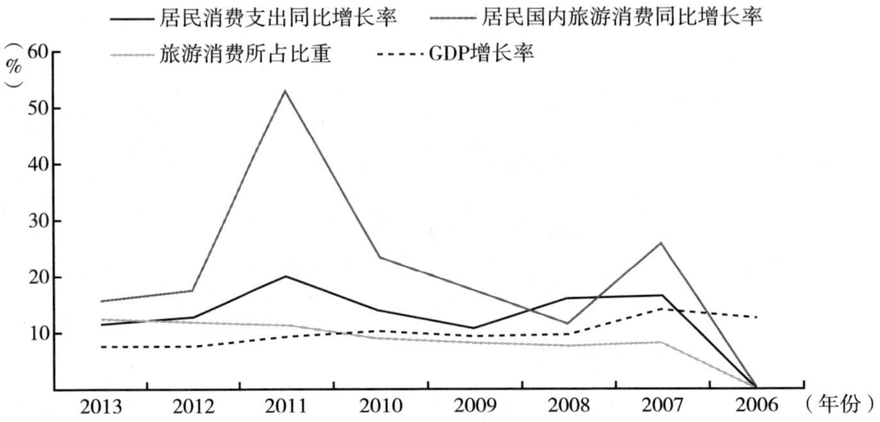

图2　2006～2013我国居民消费增长率、居民国内旅游消费增长率、GDP增长率与旅游消费所占比重关系比较

15.7%。此外，酒店与旅游地产等均获得较快发展，可见，旅游产业已经成为新的经济增长点。

（二）湖南经济发展与城镇化加速

城镇化是保持经济持续健康发展的强大引擎。内需是我国经济发展的根本动力，扩大内需的最大潜力在于城镇化。城镇化水平提高，会使更多农民通过转移就业提高收入，通过转为市民享受更好的公共服务，从而使城镇消费群体不断扩大、消费结构不断升级、消费潜力不断释放，并带来城市基础设施、公共服务设施和住宅建设等巨大投资需求，为经济发展提供持续的动力。

但是自1950年以来，湖南的城镇化进展就相对缓慢，不但落后于国际城镇化的平均速度，而且也落后于国内城镇化的平均发展水平，成为经济发展缓慢的内在根源。1950～1980年，世界城市人口比重由28.4%上升到41.3%，上升了12.9个百分点；中国由11.18%上升到19.39%，上升了8.21个百分点；而湖南则由8.0%上升到12.7%，仅上升了4.7个百分点。1978年以来，湖南的城镇化步伐逐步加快，城镇化率由1978年的11.5%上升到 2013 年的 47.96%，上升了 36.46 个百分点，平均每年上升 1.04 个百分点，比改革开放前的 0.15 个百分点高出了 5.9 倍。与此同时，湖南的城镇数量增长也比较快，由 1978 年的 154 个上升到 2012 年的 1131 个，县级市则由 1978 年的 7 个上升到 2012 年的 16 个，地级市由 1978 年的 3 个上升到 2013 年的 13 个。但是，与沿海发达地区相比，湖南区域性城市明显较少，以区域城镇为增长极拉动经济发展的能力明显不足。

湖南城镇化进入加速期，需要培育新的增长点。从国际城镇化发展规律来看，城镇化水平在 30% 以下为初期阶段，30% ~70% 为中期阶段，也是城镇化加速阶段。湖南 2001 年进入城镇化加速期，此后城镇化率以每年超过 1 个百分点的速度提高，虽然 2013 年城镇化率达到 47.96%，但仍低于全国城镇化率 5.74 个百分点，城镇化发展潜力还很大。这也体现在湖南的产业结构上，2013 年湖南的产业结构为 12.7∶47.0∶40.3。很显然，服务业还有较大发展空间，即城镇化水平有待进一步提高，挖掘城镇化的发展潜力，其将成为湖南新的经济增长点。

大衡山特色城镇带的发展将打造一个大南岳衡山经济圈；以此为支撑，湘南经济将成为湖南经济发展新的增长极。湖南省提出“一点一线”开发战略，即以长株潭市为核心、以京广线为主要发展轴的地区开发模式，衡阳市在这“一线”上有着极为重要的地位。衡阳市是湖南省与珠江三角洲经济区联系的重要纽带，是湖南省向东南沿海和香港特区开放的桥梁；同时，也是湖南省进入大西南，特别是广西壮族自治区的重要通道。大衡山特色城镇带与长株潭城市群毗邻，特色城镇带的发展对省域“一点一线”开发战略的实施具有举足轻重的作用。借助衡阳优越的交通区位条件，它将大大扩展长株潭核心区的辐射空间，使之与周边地区的经济发展产生良好的协调互动作用。

（三）湖南城市群实践与大衡山特色城镇带建设

20 多年来，湖南的城镇化发展呈现以城市群推进城镇化发展的主体形态。城市群是实现区域非均衡发展、效率优先的主要空间载体。改革开放以来，我国东部沿海地区率先开放发展，形成了京津冀、长江三角洲、珠江三角洲等一批城市群，有力推动了东部地区的快速发展，成为国民经济重要的增长极。

湖南的长株潭城市群建设、“3 +5” 城市群的实践，为湖南通过城镇带带动城镇化积累了丰富的经验，提供了可资借鉴的样板。长株潭城市群是湖南区域经济发展的增长引擎，统计数据表明，2013 年长株潭城市群以占 20.86% 的常住人口，创造了湖南省 43.01% 的 GDP、52.46% 的工业增加值、43.18% 的社会消费品零售总额。由此可见，长株潭城市群已经成为引领湖南经济增长的引擎。

在湖南经济发展总体布局中，衡阳是湘南的第一重镇，其重要性历来高于郴州、永州。然而近十年以来，衡阳经济发展却不尽如人意。2013 年，衡阳市人均 GDP 为 30030 元，而郴州市达到 36256 元，超出衡阳市 20.7% 。从全国经济发展宏观形势来看，来自工业的经济增长推动力正逐步减弱。衡阳市经济发展对工业的依赖程度很高，2013 年衡阳市三次产业比为 15.6∶47.9∶36.5，工业增加值占 GDP 比重为 42.1% ，对经济增长的贡献率达 46.1% ，拉动 GDP 增长 4.7 个百分点，这为衡阳未来的发展带来了隐患，迫切需要利用变化了的经济条件，寻找新的经济增长点。我国宏观经济环境最大的变化是前 30 年驱动经济增长的以廉价劳动力为代表的“人口红利” 正在逐步丧失，而由 13 亿人口大比例跨入中等收入阶层引发的消费增长，却创造了我国经济发展的“消费红利”。以旅游休闲为代表的消费驱动，将成为我国经济增长的内在动力。因此，衡阳市要转变经济发展方式，就必须推进以消费型产业引导的新型城镇化。推进大衡山特色城镇带一体化发展是衡阳市在新的历史条件下的战略选择。

第一，大衡山特色城镇带建设将加强衡阳市在国内的交通枢纽地位。衡阳市拥有优越的交通区位条件，然而，当前这种有利条件并没有得到充分发挥并转化为经济发展的优势，这反过来削弱了衡阳市作为中国重要的交通枢纽的地位。大衡山特色城镇带建设就是要利用这种交通区位优势，将其转化为经济增长潜力，从而加强衡阳市的交通枢纽地位。

第二，大衡山特色城镇带建设将有利于衡阳市产业结构调整和城镇化水平的提升。大衡山特色城镇带建设顺应了中国城镇化模式从工业化驱动型向消费产业驱动型转变的发展趋势。而大衡山地区无论是在人口规模还是在区域面积上，都在衡阳市占有很大比重。因此，它将极大地带动衡阳市产业结构调整和城镇化水平的提升。

第三，大衡山特色城镇带建设将提升衡阳市的战略地位。衡阳市历来有“南北要冲、两广咽喉”之称，同时也是连接东西的重要节点城市。然而，经济发展的滞后导致其在湖南乃至全国的地位日益下降。大衡山特色城镇带建设将开辟新的经济增长点，大大提高衡阳市的经济竞争力，从而提升并恢复衡阳市在湖南甚至全国的应有地位。

以南岳为中心的大衡山地区拥有丰富的旅游资源，同时又具备极为优越的交通区位条件。大衡山地区的旅游资源主要包括南岳山脉、湘江沿江风光以及丰富的历史文化遗产。我国的五岳暗合传统文化中的阴阳五行，这决定了五岳中的任何一岳都是不可替代的。五岳中唯有南岳位于长江以南，而我国的经济重心在东南，这使得南岳极具客源优势。流经大衡山地区的湘江生态环境保护较好，水质上乘，沿岸风景优美。大源渡航电枢纽所形成的人工湖，是长沙及其近邻地区少有的开阔水面，是极为稀缺的旅游资源。近代以来，衡阳地区是人文荟萃之地，曾国藩、罗荣桓等能人辈出，大衡山地区具有深厚的历史文化积淀。比较国内外许多著名旅游城市，例如张家界、河北的张家口、贵阳朱昌等，无论是在旅游资源的知名度、多样性还是在丰富程度上，大衡山地区均能远远胜出。

但整体来说，当前大衡山地区旅游资源的开发程度非常低。南岳景区仅仅是南岳七十二峰一小部分，大南岳的历史文化遗产也远没有充分开发利用。十多年来，南岳旅游业产值在全省旅游业产值的占比日趋下降。有关数据显示，1991 年南岳区旅游总收入占全省旅游总收入的 8.7%，2007 年南岳旅游收入占全省的比重为2.46%，到2013 年仅占1.86%；1994 年武陵源区旅游总收入仅为南岳区的 53.5%，到 2013 年南岳区却逆转为武陵源区的 59.5%。南岳在湖南旅游统计的业绩图形上，呈现直线下降的趋势（见表 3、图 3）。

大衡山地区得天独厚的条件与落后的现状恰恰说明它蕴藏了巨大的经济增长潜力。南岳景区是整个大衡山地区旅游资源的核心，但是目前并没有起到龙头作用。由于相邻的衡山县境内旅游开发的滞后，目前南岳景区的游客大多为一日游。如能整合开发大衡山地区的旅游资源，延伸旅游产业链，游客的滞留时间将延长，其活动空间则会扩散到整个大衡山区域，促使大衡山区的旅游业发展发生质的飞跃，带动整个产业的巨大提升。

表3 2007~2013年南岳风景区旅游收入及其占省旅游收入的比重

单位：亿元，%

年份	南岳旅游收入	同比增长率	湖南省旅游收入	同比增长率	南岳旅游收入占全省旅游收入比重
2013	49.77	17.99	2681.90	20.00	1.86
2012	42.18	—	2234.10	25.10	1.89
2011	—	—	1785.78	25.30	—
2010	27.75	15.05	1425.80	29.70	1.95
2009	24.12	12.13	1099.47	29.10	2.19
2008	21.51	19.37	851.75	16.30	2.53
2007	18.02	—	732.71	24.50	2.46

资料来源：湖南省旅游局。

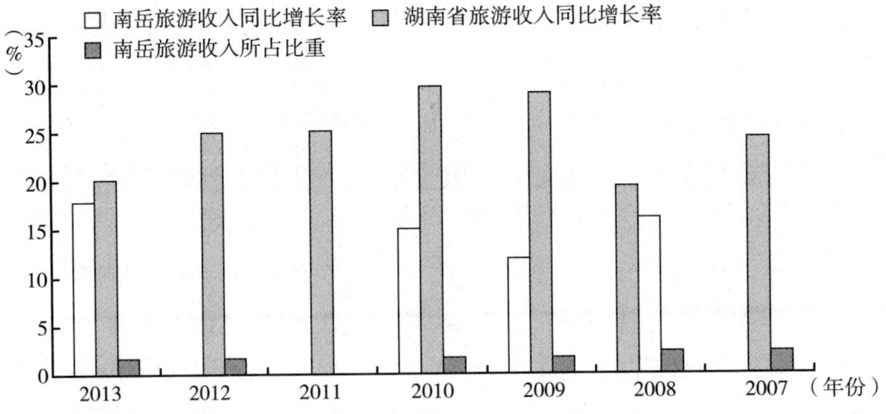

图3 2007~2013年南岳风景区旅游收入及其占省旅游收入的比重变化情况

以“新塘—开云—南岳”三镇为主体的大衡山特色城镇带将成为湘南新的增长极，不但可以直接拉动该区域的发展，而且将辐射推动衡东县的经济发展。第一，从衡东县的交通区位来看，高铁、湘江水运和京珠高速等重要的交通干道均集中于衡东县西侧的特色城镇带内。这意味着大衡山特色城镇带的发展将对衡东县的经济产生极强的辐射带动作用。反之，衡东县的经济发展对特色城镇带发展的带动作用则比较小。因此，二者的经济发展更多的是衡东县依赖大衡山特色城镇带，而不是相反。第二，衡东县是农业大县，大衡山特色城镇带的发展将为衡东县农业开辟巨大的市场，从而有力地带动其农业产业规模与效益的提升。第三，大衡山特色城镇带的发展必然导致区域内工业布局的重新调整，衡东县可以借此机会优化其工业产业结构。并且特色城镇带的房地产、建筑和相关服务业的发展将为相邻的衡东县工业和服务业带来巨大的需求，从而拉动其相关产业的发展。第四，特色城镇带的发展将带动衡东县（尤其是县城至新塘镇一线）的基础设施建设，从而提升其城镇化水平。尽管特色城镇带的发展将降低衡东县城在大衡山区域内的相对地位，但是，衡东县城作为与特色城镇带最近的城镇，其绝对地位却会大大提升。

（四）大衡山城镇带一体化发展的必然趋势

随着我国农业富余劳动力减少和人口老龄化程度提高，主要依靠劳动力廉价供给推动城镇化快速发展的模式不可持续；随着资源环境瓶颈制约日益加剧，主要依靠土地等资源粗放消耗推动城镇化快速发展的模式不可持续；随着户籍人口与外来人口公共服务差距造成的城市内部二元结构矛盾日益凸显，主要依靠非均等化基本公共服务压低成本推动城镇化快速发展的模式不可持续。由此可见，探索大衡山城镇带一体化发展路径，打造湘南地区新的经济增长极，具有十分重要的意义。

（1）有利于克服区域经济发展的行政体制障碍，发挥市场在资源配置中的决定性作用。经济基础不仅决定上层建筑，它同样也影响人们在各个层面上的行为选择。表面上，大衡山区域上述问题的部分原因是人为的障碍；

但从另一个角度来看，也可以解释为没有足够的利益驱动。而产生这种利益驱动的基础在于区域经济一体化程度的提升。从长远来看，大衡山城镇带一体化发展对于南岳区、衡山县和衡东县都是有利的。当一体化发展到一定程度后，各方均可以从中看到现实的利益，从而采取合作的态度。因此，区域经济一体化发展本身会打破行政体制障碍，创新合作机制，从而发挥市场在资源配置中的决定性作用，而这反过来又会促进区域经济一体化的进一步发展，增强一体化发展的活力，二者是相辅相成、互相促进的。

（2）有利于产业链的整合，提高区域经济的竞争力与效率。大衡山城镇带一体化发展符合产业发展的空间聚集和扩散规律。在政府有意识的规划与引导下，可以依靠市场机制驱动区域内产业发展的空间聚集和扩散。产业聚集是区域内各地区根据各自的资源和比较优势进行组合，而产业扩散则是产业链的延伸。这一过程最终体现为产业链的整合，它同时也是产业发展的分工细化和资源优化配置的过程。产业分工的细化和资源配置的优化意味着经济效率的提升。因此，大衡山城镇带一体化发展将极大地增强区域经济的竞争力和提高区域经济效率，加快区域经济的发展。

（3）有利于旅游引导的新型城镇化建设，提升新型城镇化质量与水平。大衡山区域最大的资源优势是旅游资源，经济发展的最佳选择在于发展旅游产业，即以核心旅游产业的发展带动相关延伸产业和配套产业的发展，形成泛旅游产业集群。包括旅游地产在内的泛旅游产业集群的形成和发展会促进生态环境的改善、基础设施的完善以及城乡差距的缩小，最终达成新型城镇化建设的目标。然而，旅游业有着不同于其他产业的发展规律。旅游业必须由政府统一规划和主导开发，以市场方式进行经营运作。大衡山区旅游业的发展也必须进行统一规划和开发。分布在三地的泛旅游产业链以及产业集群紧密联系、不可分割，这种产业发展的特征要求三地必须推进一体化建设和发展。因此，大衡山城镇带一体化发展是新型城镇化建设的必然要求。

二　现状分析

衡山县的开云镇、南岳区的南岳镇、衡东县的新塘镇自公元 290 年以来，就同属衡山县，是一个密不可分的旅游经济整体，相互之间关系紧密。只是到了20世纪60年代与80年代，才被人为地划分为三个各自为政的行政区域。很显然，“南岳—开云—新塘”三镇的一体化发展有其内在的必然性，从区位条件、产业发展、土地资源互补等方面也有其现实依据。

（一）交通区位与客流量预测

以“南岳—开云—新塘”为核心区域的大衡山地区交通区位条件十分优越。武广高速铁路纵贯南北，在衡山县境内设有衡山西站；而南中国高铁枢纽站——衡阳东站距衡山县城也仅仅40公里。衡岳高速公路从南岳往南经衡山县的店门、萱洲镇约半个小时的车程至衡阳市；向东则经衡山县的贺家、永和跨湘江直通京港澳高速公路。京港澳高速公路经新塘镇，与衡山隔江相望；京港澳高速公路复线则途经衡山县的长青、白果、贯塘、江东、新桥、马迹等乡镇，北接湘潭，南连衡阳。

107国道自北向南依次经长江镇、开云镇、南岳区和店门镇。湘江水路自南向北沿衡山县边界流过，衡山千吨级码头落成及运营，极大地改善了水路的客货运条件。东西方向则有314省道从衡东县新塘镇跨衡山大桥经开云、沙泉、福田、岭坡、白果、贯塘、新桥至娄底双峰县，贯穿衡山县全境。京广铁路几乎与衡山县东部边界平行，并在新塘镇设有衡山站。此外，衡山县城距衡阳市南岳机场也仅有45公里，距离永州机场不过100公里，距离黄花机场仅180公里。这些共同构成了南岳衡山纵横交错的交通网络，使得该区域的区位优势愈发明显，成为南北旅游体系的中转站与重要枢纽。

新塘镇位于衡东县西北部，通过衡山大桥跨湘江与衡山县县城相接，具有得天独厚的交通区位优势。衡山火车站坐落境内，京广铁路和京珠高速纵贯其间，G107、S314线在此相接，距长沙、株洲、湘潭、衡阳均在1小时车程内，被誉为长株潭的后花园。洣水在此与湘江口相汇，历来被人们称作“南北通衢、湘东咽喉”。新塘镇不仅是衡东、衡山、南岳以及湘东诸县物资集散的中转站，也是大多数南岳游客旅游观光的必经之地，在大衡山和大湘南地区占据重要地位。

大衡山区域向北紧邻长株潭城市群，往南则与粤港澳相呼应，前者是湖南的经济中心，后者则是中国的两大经济重心之一，这两个地方的文化价值取向与南岳的宗教文化、民俗文化存在较大程度的心理契合。因此，南岳对粤港澳地区与长株潭地区的居民有较大的吸引力。加上便利的交通条件，这些地方的居民成为南岳的主要游客，据统计该区域的游客占南岳游客的78%。

表4　南岳与长株潭以及粤港澳地区的空间距离

地名	铁路里程	高铁时程	自驾里程/时间
长沙	111.3公里	30分钟	约170.6公里/1小时42分钟
株洲	75.9公里	19分钟	约117.3公里/1小时10分钟
湘潭	68.6公里	—	121.8公里/1小时20分钟
广州	460.4公里	2小时11分钟	约580.9公里/5小时40分钟
佛山	471.3公里	2小时25分钟	约605.6公里/5小时50分钟
深圳	541.3公里	2小时52分钟	约678.9公里/6小时40分钟
香港	568.9公里	到深圳转高铁	约720.1公里/7小时10分钟
澳门	568.1公里	—	约713.9公里/6小时55分钟

资料来源：根据相关资料整理。

从表4可以看出，长沙与南岳相距约110公里，乘坐高铁只需半个小时，自驾游也仅需要1个多小时，株洲、湘潭则更近，自驾汽车仅需要70~80分钟就可以到达旅游目的地；而粤港澳经济区与南岳相距最远的是香港，也就560多公里，乘飞机、坐列车或者自驾汽车等，均不需要多少时间，广州与南岳仅相距460公里，乘坐高铁仅需2个多小时。可见该区域与长株潭、粤港澳两个地区的地理空间临近，而且交通非常发达。

便利的交通条件为南岳旅游发展提供了重要条件，降低了游客观光游玩的时间成本与通勤成本，由于南岳不能整合衡山县境内的旅游资源，目前南岳景区的游客大多为一日游。如能整合开发大衡山地区的旅游资源，延伸旅游产业链，游客的滞留时间将延长，其活动空间则会扩散到整个大衡山区域，使大衡山区的旅游业发展发生质的飞跃。表5是在假设条件下对未来游客总量的预测。

表5　2014～2020年大衡山地区游客总量预测

单位：万人/日

预测年份	40/72%假设下预测的游客总量			50/90%假设下预测的游客总量		
	南岳区游客量（一日游）	大衡山区游客总量	南岳区以外的大衡山区游客总量	南岳区游客量（一日游）	大衡山区游客总量	南岳区以外的大衡山区游客总量
2013	389.15	—	—	389.15	—	—
2014	447.52	769.74	322.22	447.52	850.29	402.77
2015	514.65	885.20	370.55	514.65	977.84	463.19
2016	591.85	1017.98	426.13	591.85	1124.52	532.67
2017	680.63	1170.68	490.05	680.63	1293.20	612.57
2018	782.72	1346.28	563.56	782.72	1487.17	704.45
2019	900.13	1548.22	648.09	900.13	1710.25	810.12
2020	1035.15	1780.45	745.31	1035.15	1966.79	931.64

注：①表中数据为预测的年度游客人数乘以游客滞留时间（以天为单位）得到的总量，其单位为万人/日。②以2013年为基期，该年度南岳区三大景点总游客人数为648.59万人次。假设重复计算比率为40%，估算出南岳区一日游的游客总人数为648.59×60%＝389.15万人。另，假设游客增长率为15%/年。③40/72%假设，假设滞留二日的游客比例为40%，总滞留系数为72%。以南岳区一日游游客人数为基数，假设该基数中有40%的游客会多滞留一日（即滞留二日）；而滞留二日的游客中又有35%会再多滞留一日（即滞留三日）；依此类推。由此可推算出大衡山区游客总量：南岳区一日游游客人数×1.4×（1＋0.4×0.35）×……＝大衡山区游客总量。为简单起见，假定上式中的总系数为1.72，即大衡山区游客总量＝1.72×南岳区游客人数。④50/90%假设，假设滞留二日的游客比例为50%，总滞留系数为90%。⑤南岳景区游客的滞留地点必然是相邻地区。因此，"大衡山区游客总量"减去"南岳区一日游游客量"＝"南岳区以外的大衡山区游客总量"。

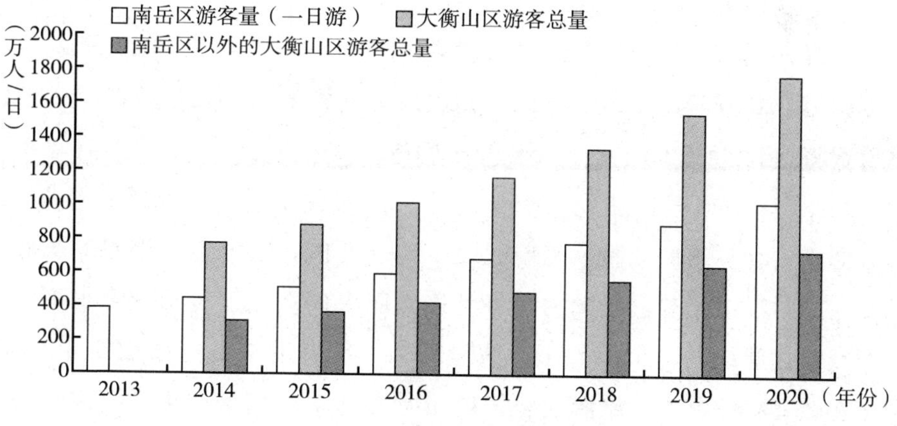

图4　40/72%假设下预测的游客总量

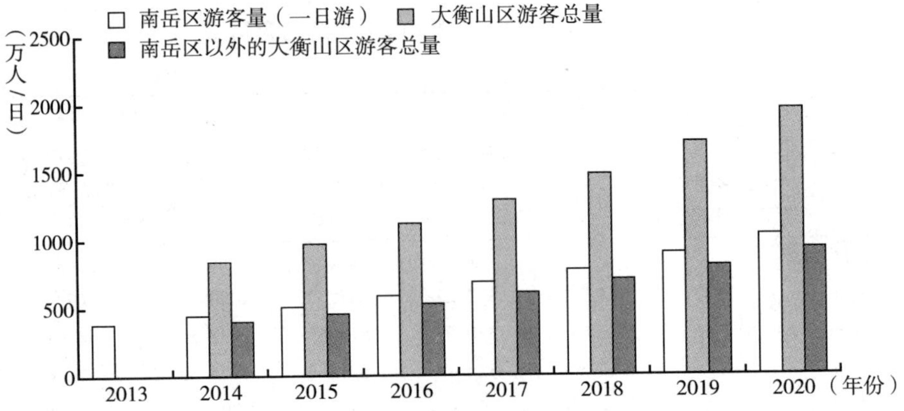

图5　50/90%假设下预测的游客总量

根据表5中2020年游客总量预测值，假设每位游客每滞留一日的消费为600元，可估算出大衡山地区游客总消费（见表6）。

表6　2020年大衡山地区游客总消费预测值

单位：万元

预测的假设条件	南岳区游客总消费	南岳区以外的大衡山地区游客总消费	大衡山地区游客总消费
40/72%假设下	621090	447186	1068270
50/90%假设下	621090	558984	1180074

由表6可知，如果滞留二日的游客比例达到40%（总滞留系数72%），则2020年南岳区以外的大衡山地区（即衡山县和新塘镇）的游客总消费将达到44.72亿元；如果该比例进一步提升到50%（总滞留系数90%），则这一数据将达到55.90亿元。这仅仅是游客带来的直接消费，再考虑它带动本地的消费、基础建设、地产升值、物流金融等服务产业的发展，它对经济增长的推动力量将是极其巨大的。参照货币乘数水平，在新型城镇化建设的约束条件下，假设外来一元钱的消费能增加6元GDP，则在40/72%假设下，旅游业将为衡山县和新塘镇增加产出268.31亿元，加上其他产业的经济产出，其GDP将达到445.6亿元；而在50/90%假设

下，这一数据为335.39亿元，加上其他产业的经济产出，其GDP将达到512.7亿元（见表7）。

表7　2020年大衡山地区GDP及经济增长率预测值

单位：万元，%

预测的假设条件	南岳区		衡山县+新塘镇		大衡山地区	
	GDP	经济增长率	GDP	经济增长率	GDP	经济增长率
40/72%假设下	621090	15	4456043	19	5077133	18.28
50/90%假设下	621090	15	5126831	21	5747921	20.1

注：①在两种假设条件下，南岳区以外的大衡山地区由外来游客消费拉动而新增加的GDP分别为268.31亿元和335.39亿元。②以衡山县与新塘镇2013年度GDP总量扣除旅游业产出之后的部分为基数，按6%的增长率增长，至2020年其预测值为177.29亿元。③上述两部分之和即衡山县+新塘镇2020年度GDP总量的预测值。

由表7可以得出如下结论：第一，随着大衡山特色城镇带一体化建设的加速，南岳区的游客量与经济将会有一个新的更高的增长速度；第二，随着大衡山特色城镇带一体化建设的加速，游客滞留比例将逐步上升。而总滞留系数的高低决定了衡山县和新塘镇地区的经济增长速度，当该系数达到72%或90%时，年经济增长率分别为19%和21%。

因此，挖掘、释放大衡山地区经济增长潜力的现实途径是：以新型城镇化建设为契机，整合、开发大衡山地区的旅游资源，通过产业链延伸和聚集形成泛旅游产业集群，从而带动生态文明型城镇化建设，实现大衡山特色城镇带一体化发展。大衡山特色城镇带的辐射效应可以极大地推动衡阳地区乃至整个湘南地区的经济发展。假以时日，大衡山地区必将成为湘南地区新的经济增长极。

（二）旅游资源优势与旅游产业发展状况

1.“南岳—开云—新塘”旅游资源分析

大衡山地区的旅游资源大致可分为三大类：大衡山山景、湘江水景和历史文化遗产。其中，大衡山山景包括了衡山七十二峰及相关的地质地貌、生态景观；湘江水景包括湘江水系、水库及相关的生态景观；历史文化遗产则包括有形的文物与遗址和无形的历史记载、传说等（见表8）。

表8　大衡山旅游资源

大类	小类	景点
大衡山山景	天景	观赏日出
		雾凇
	地景	紫巾山森林公园
		祝融峰、紫盖峰、镭钵峰
		九龙峡、黄垅大峡谷、老龙潭峡谷
		水帘洞、神仙洞、锡岩仙洞、白果穿岩
		岭坡丹霞地质公园
		南天门、望日台
	生态景观	野莓谷、贯塘茶场、衡山竹海、长寿养生谷、白合谷、白果葡萄园生态农庄
湘江水景		湘江沿江风光
		大源渡、观湘洲、万源湖、洣河
		九观湖风景区、衡东水库群、新桥水库
		萱洲湿地公园
历史文化遗产	有形文物与遗址	萱洲古镇、唐群英故居、文立正故居、罗荣桓故居、曾国藩故居、岳北农工会、赵恒锡故居
		禹王碑、衡山文庙、南岳大庙、康王庙、南岳忠烈祠、南岳行宫、书院遗址、马王庙遗址、开云楼、岭坡部队营房遗址、防空洞
		磨镜台、舍利塔、藏经殿、方广寺、欧阳海烈士墓、毛泽建烈士墓
	无形的历史、特色物产、风俗	衡东土菜、衡山陶瓷、衡山皮影、岳北民歌、竹书
		衡山与禅宗的历史渊源、历史名人记载、历史传说、华夏姓氏园

资料来源：根据相关资料整理。

南岳衡山风景名胜区的自然、人文景观，主要指南岳衡山风景名胜区的风景游览区域，具体包括祝融峰、磨镜台、忠烈祠、藏经殿、禹王城、五岳溪、水帘洞、卧虎潭、方广寺、止观溪和古镇11个景区。该区土地面积

4084公顷，占全区土地总面积的22.80%，主要分布在南岳林场、南岳镇、龙凤乡。区内土地主要用于南岳衡山风景名胜区自然和人文景观的保护以及旅游、休闲及相关文化产业开发。该区域土地使用需要符合风景旅游区规划，风景区的建设应突出资源保护，景区景点开发建设应注重与自然人文环境相协调、动植物资源的保护和生态平衡；区内影响景观保护和游览的土地用途，应调整为适宜的用途；允许使用区内土地进行不破坏景观资源的农业生产活动和适度的旅游设施建设；严禁占用区内土地进行破坏景观、污染环境的生产建设活动。

自然与文化遗产保护区，主要包括南岳衡山自然保护区核心区部分区域和广济寺、方广寺、藏经殿、龙池、上封寺、水口山、常在庵7处原始次生林涵盖的自然遗产保护区；忠烈祠、穿岩石林、半山亭、玄都观、财富山庄、邺侯书院、铁佛寺、湘南寺、祖师殿、芙蓉峰、皇帝岩、会仙桥、祝融峰等重要景点涵盖的文化遗产保护区。该区土地面积3284公顷，占全区土地总面积的18.33%，主要分布在南岳林场、南岳镇、树木园、龙凤乡。区内土地主要用于保护我国同纬度地区唯一独特的孤山（中山）地貌自然生态系统、华东—华中植物区系过渡的原生性森林植被及绒毛皂荚、南方红豆杉、伯乐树、篦子三尖杉、黄腹角雉、穿山甲、大鲵等国家重点保护野生生物资源以及彰显朝圣、寿文化、书院文化的古建筑、古遗址、石雕石刻等文化遗产。区内土地使用需要符合经批准的保护区规划；影响景观保护的土地，应调整为适宜的用途；不得占用保护区核心区的土地进行新的生产建设活动，原有的各种生产、开发活动应逐步退出；严禁占用区内土地进行破坏景观、污染环境的开发建设活动。

2. 南岳衡山的品牌地位

南岳是宗教圣地。南岳宗教文化博大精深，既是佛教圣地，也是道教名山。佛教文化历史悠久，开山祖师慧思大师创立中国佛教宗派天台宗，成为佛教中国化的重要标志；南岳禅宗开派临济宗、沩仰宗、曹洞宗、云门宗、法眼宗，被誉为“一花五叶”“五叶流芳”，传入东南亚国家，传承千年长盛不衰。今天的南岳佛教香火鼎盛，人才辈出，祝圣寺、福严寺、南台寺、上封寺等被国务院公布为汉传地区佛教全国重点寺院，既是重要的弘法利生场所，也是著名的人文景观。衡山自古就是道教圣地，西周时期，道教就在南岳衡山出现，至唐代呈现“十大丛林”“八百茅庵”之盛况。《南岳志》载，从东汉至明清，在衡山隐居修炼、传道授业的名羽高道达109人之多，是我国宝贵的人文资源。而最具特色的是佛教、道教两种不同的宗教文化，共存一山、同居一庙且共尊共荣、和平共处，堪称中国乃至世界名山一绝。

南岳是中华寿岳。作为中国五岳之寿山，南岳历来为祈福、求寿之圣地，福寿文化源远流长。人类人文始祖、南岳主神祝融氏生息于南岳衡山，是主管人间福、禄、寿之神。关于南岳为寿岳的历史记载颇丰，《春秋元命苞》《开元占经》《春秋感精符》《费直周易》《唐书天文志》等许多古代典籍，都有将南岳称为寿岳的记载。《辞源》释“寿岳”为南岳。汉之《星经》载：南岳衡山对应星度28宿之轸星，轸星主管人间苍生之寿命，故南岳又称“寿岳”。南岳福严寺有一幅名联：“福严为南山第一古刹，般若是老祖不二法门”，说明南山即南岳衡山，“寿比南山”即“寿比南岳衡山”。自宋徽宗在南岳金简峰留下“寿岳”石刻后，“寿岳”之名更著称于世。康熙四十七年（1708年）《御制重修南岳庙碑记》第一句便是：“南岳为天南巨镇，上应北斗玉衡，变名寿岳。至灵长于禄位，锦福祚于子孙，载在星位，由来尚己。”雍正十年（1732年）上谕“南岳为皇上主寿之山”。唐代诗仙李白诗云：“衡山苍苍入紫冥，下看南极老人星”，“南极老人星”即寿星。可见，几千年来，南岳衡山被炎黄子孙视为“长寿、昌荣”的象征。南岳衡山寿文化历史悠久，氛围浓郁。用“寿”字命名的比比皆是，如万寿宫、寿宁宫、寿涧桥、寿涧溪、百寿亭、延寿亭、延寿村、寿佛殿等寿文化遗迹无处不在，成为南岳最引人注目的独特景观。

南岳是五岳独秀。南岳被称为寿岳，还有一个重要原因，那就是南岳衡山拥有适合人们养生健身、益寿延年的自然条件。南岳自然景色十分秀丽，衡山七十二群峰，层峦叠嶂、气势磅礴；河溪众多，为湘江水系的组成部分，孕育了64条长度大于2公里的山溪河川，悬谷瀑布无处不在；气候条件优于其他四岳，处处是茂林修竹，终年翠绿；奇花异草，四时飘香，森林覆盖率达80%以上，植物1400多种，盛产益寿延年的灵芝、黄精、何首乌等珍品，空气负氧离子达26000个/立方厘米，堪称“天然氧吧”，极益健康，拥有适合人们养生健身、益寿延年的自然条件。因而寿星颇多，《南岳志》载：晋代司马祯活了89岁，妙应逝世时130多岁，明代晚年退隐南岳讲学的湛若水活了96岁。现居于山上的人，高寿者更多，4万人左右的南岳镇，过百岁的老人有4人，过90岁的老人多达几百人。如今，南岳仍保留着“二月初八朝寿佛”的民间习俗。

南岳衡山作为五岳名山之一享誉海内外，2006年入选首批国家自然与文化双遗产名录，2007年成为全国首批5A级风景名胜区，经国务院批准列为国家级自然保护区。从表9显示的相关信息可见，与周边旅游景点比较，南岳衡山的知名度、美誉度以及历史人文资源等有其优势与特点。自然景观、人文景观以及福寿文化、宗教文化等均具有不可替代性。特别是其福寿文化与养生理念非常契合后工业社会人们对养生的消费需求，这种独特的旅游资源在旅游大发展的后工业时代弥足珍贵。很显然，南岳的人文景观、风景名胜以及环境资源为发展养老养生产业、旅游文化产业提供了非常重要的条件。

表9　南岳衡山周边名山风景名胜区对比

序号	名称	地位	名山渊源	资源特色与优势
1	南岳	福寿文化源远流长、宗教文化博大精深、自然景观为“五岳独秀”	中国“五岳”的南岳，有“宗教圣地”“中华寿岳”之誉。入选国家自然与文化双遗产名录，是5A级风景名胜区、国家级自然保护区	集自然景观、人文景观、福寿文化、宗教文化于一体，其旅游资源具有独特性和不可替代性
2	武陵源	“山峻、峰奇、水秀、峡幽、洞美”而列入“世界自然遗产”	大画家吴冠中偶然到此，为这里的山水所倾倒，发出“明珠遗落深山”的感叹	特色是自然景观。其石英砂岩峰林属国内外罕见。原始生态体系的砂岩、峰林、峡谷地貌，构成了溪水潺潺、奇峰耸立、怪石峥嵘的独特自然景观

续表

序号	名称	地位	名山渊源	资源特色与优势
3	韶山	毛泽东同志诞生地	传说舜曾在这里演奏过“韶乐”，因而得名	特色是名人故地。有保存完好的毛泽东青少年时期大求学、生活及从事革命活动的遗迹，此外有韶峰耸翠、仙女茅庵、石屋清风、陨石成门、胭脂古井、银河渡槽景物和许多珍贵的古树名木
4	岳麓山	中国传统文化的圣地	南岳衡山七十二峰之一	特色是名胜古迹与自然景色。风物景色随着气候和季节的转换，呈现千变万化的姿态。有众多的文物古迹为世人瞩目，历史悠久的佛寺名塔——舍利塔，有我国四大名亭之一的爱晚亭等
5	三清山	“江南第一线峰，天下无双福地”	进入“世界自然遗产预备名录”	特色是自然景观。三清山东险西奇、南绝北秀，奇峰异石、云雾佛光、苍松古树、峡谷溶洞、溪泉飞瀑、古代建筑、石雕石刻、高空栈道各具特色
6	龙虎山	“中国道都”，道教四大名山	东汉中叶，第一代天师张道陵在此炼九天神丹，“丹成而龙虎见，山因以名”	特色是道教文化。也有独具特色的丹山碧水、千古未解的春秋崖墓等自然风景
7	井冈山	“中国革命摇篮”	是进行革命传统教育和爱国主义教育的重要基地，誉为“红色摇篮、绿色宝库”	特色是红色文化旅游资源。这里有保存完好的井冈山革命旧址遗迹100多处，其中21处为全国重点文物保护单位。红色资源、绿色生态相互辉映
8	庐山	“不识庐山真面目，只缘身在此山中”	以雄、奇、险、秀闻名	特色是自然景观。以飞瀑和山间弥漫云雾闻名，集国际别墅建筑典范于一体；文化景观资源也较丰富
9	武功山	国家自然遗产	曾与衡山、庐山齐名，并称江南三大名山，被冠以“衡首庐尾武功中”	特色是自然景观。云间的高山草甸、红岩谷瀑布群、金顶古祭坛群堪称江南三大绝景

资料来源：根据相关资料整理。

相比其他山岳景区的发展情况，南岳衡山的品牌优势十分明显，其年游客人数约为389.15万人，仅次于东岳泰山的497.57万人，远高于中岳嵩山、西岳华山与北岳恒山的312万、200万以及88万游客的规模。但是，比较游客的滞留期与消费量，南岳衡山的游客以香客为主的格局没有得到根本改变，滞留期较短，其他四岳游客的滞留期比较长；就投资规模而言，其他四岳近几年规划的投资项目、资金用量均比南岳增长得快。在南岳存在发展瓶颈的情况下，其他四岳因为不受空间资源的约束而进入新的发展期。

3. “南岳—开云—新塘”旅游产业发展状况

南岳的旅游资源为其产业的发展奠定了基础，大衡山地区的旅游产业主要集中于南岳区。2013年，南岳区全区累计接待境内外游客648.59万人次，同比增长6.6%，其中团队游客65.81万人次，同比增长20.5%；实现旅游总收入49.77亿元，同比增长18.0%；实现门票收入2.77亿元，同比增长15.3%。衡山县与新塘镇的旅游总收入合计约为10.83亿元，占大衡山地区的旅游总收入不到1/5。同时，南岳风景区在湖南省旅游业中的地位亦逐年下降，其旅游总收入占湖南旅游产业总产出之比呈现逐年下降的趋势（见表3）。

大衡山地区游客的旅游目的地集中于南岳区，且绝大部分游客可分为两类：一类是游览南岳的游客，另一类是前往南岳大庙烧香祈福的香客。南岳景区一天可参观完毕，而香客的逗留时间更短，因此绝大部分游客在大衡山区的滞留时间不会超过一天。滞留时间短意味着游客的消费能力没能有效挖掘，因而对当地经济发展的拉动力量较弱。另外，邻近的衡山县境内旅游开发的滞后反过来也抑制了南岳景区旅游业的增长潜力。

（三）工业发展现状与市场竞争力

大衡山地区的工业主要集中于衡山县，南岳区没有工业，而新塘镇的工业产出并不多。新塘工业用地仅为41.2公顷，主要工业企业包括金浩油厂、春昌冶金厂、湘瑞鞋厂、东健阿胶、京湘藤茶等化工、矿业、食品加工业等低端产业。

2013 年，衡山县规模以上工业企业实现产值 100.43 亿元，工业园区产值达 44.68 亿元，规模以上工业占整个工业的比重达 85.9%，园区工业占规模工业的比重达 44.5%。工业对经济发展贡献较大，全部工业占 GDP 的比重达 30.1%。全年净增规模以上工业企业 3 家，92 家规模工业企业全年实现利润（盈亏相抵）3.52 亿元，实现利税（盈亏相抵）4.29 亿元。

该区域的工业主要包括造纸业（特别是再生纸业）、机械制造、建材化工、陶瓷和农产品加工五大产业，这些产业均存在高能耗、高排放、高污染而低效益的问题，需要加大节能减排的治理力度，进行工业的生态化改造。此外，该区域还有汽车零部件制造企业，汽车零部件制造是很有价值的一项工业资源，但目前缺乏资金与市场，需要引进战略合作伙伴。

该区域最有比较优势的是高岭土、石膏、钾钠长石等非金属矿产资源，但目前这些资源的深加工程度很低，基本上处于出售原材料的市场地位。总体来看，该区域工业每年能够提供 100 亿元左右的产值，但缺乏市场竞争力。

（四）农业及其他第三产业基础

大衡山地区农业集中于衡山县和新塘镇。衡山县特色农业资源比较丰富，2013 年衡山县实现农林牧渔业总产值 263393 万元。其中，农业产值 35763 万元、林业产值 42249 万元、牧业产值 162603 万元、渔业产值 15614 万元、农林牧渔服务业产值 7164 万元。种植业和畜牧业是农业的最主要构成部分，其主要产品为优质稻、席草、西（香）瓜、名优小水果、无公害蔬菜、茶叶六大优势种植业，良种猪、草食动物和名优特水产养殖业。

2013 年，衡山县实现农林牧渔业增加值 238272 万元，全年粮食播种面积 30.88 千公顷，粮食总产量 204413 吨、油料 15497 吨、瓜果 31442 吨、茶叶 419 吨、水果 38297 吨、席草 7056 吨。全年生猪出栏 67 万头，家禽出笼 925 万羽，禽蛋产量 16816 吨，肉类总产量 67696 吨，水产品产量 11928 吨。农业装备不断增强，农业机械化保持较高水平，耕作机械化程度达 92%，运输机械化程度达 97%，机收化程度达 83%，机电排灌化程度达 100%。

“公司＋农户＋政府”的农业产业化经营方式目前在该区域有一定的发展，出现逢缘草艺、湘旗农牧、天水鸡业、春发食用菌等一批规模大、带动力强、经济效益好、信誉度高的龙头企业。经营上采取“龙头企业＋生产基地”“龙头企业＋专业经济组织＋农户”等多种形式，推进贸工农一体化、产供销一体化，形成农产品生产—加工—经营产业链。这为规模化、集约化农业的发展奠定了基础。

此外，该区域的开云镇周边以及店门、望峰、东湖等自然生态较好的乡镇，人们利用田园景观，结合农林牧渔生产经营、农村文化及农家生活，大力发展旅游观光、休闲、健身、体验型特色农业，促进农业向第三产业延伸，解决农村剩余劳动力就业问题，为该区域休闲农业的发展提供了经验。

物流、邮电、通信业保持较快发展。2013年末，衡山县全县拥有大小货车1977辆/8983吨，大小客车317辆/6756客位；年末固定电话用户总量36125户，移动电话用户遍及城乡各个角落，固定宽带网络用户达到18561户。商品市场销售活跃。2013年，全县实现社会消费品零售总额193748万元；其中城镇销售额162748万元、乡村销售额31000万元；按行业分，批发零售贸易业销售额170498万元、住宿餐饮业销售额23250万元。这些资源为大衡山泛旅游产业链建设奠定了较好的基础。

（五）“南岳—开云—新塘”的空间融合潜力

市场经济需要商品、要素的自由流动，这必然会带动周边区域内在要素的流动。衡山县的开云镇、新塘镇和南岳镇已连在一起，形成基本城区，城镇人口将达15万人。三镇之间空间间隔很短，从新塘镇的高速公路出口到南岳镇的牌坊，驾车以40多公里每小时的速度，只需要17分钟左右，而高铁站出口到南岳镇、衡山县城，所花的时间均只需要10多分钟。此外，南岳镇的发展离不开衡山县的水、土地与其他资源的支持；而衡山县的经济增长需要南岳的旅游品牌与游客；新塘镇的特色餐饮知名度较高，但如果没有南岳与衡山的客源，也是不可能做大做强的。

在基本城区10公里范围内还有个7小城镇，中心城区衡山县城距衡阳市中心 65 公里、湘潭市 70 公里、株洲市 80 公里，是三个大城市的金三角地带，距省会长沙也只有 100 公里，属省政府确定的“一点一线”发展战略的中心地带。发挥该区域的区位优势，需要“南岳—开云—新塘”形成一个整体来承接长株潭与粤港澳的经济资源，充分利用人流、物流、信息流快速聚集带来的活力，促进“南岳—开云—新塘”特色城镇带一体化发展。

三　主要问题

衡山县、南岳区和衡东县新塘镇这三个地区原本都属于衡山县，由于地理位置紧邻，有史以来，三地均操同样方言，其经济文化发展密不可分。1966 年经国务院 160 次常务会议决定，析衡山县湘江以东行政区域设置衡东县，1984 年衡山县又划出南岳镇，南岳乡及东湖、马迹、望峰三个乡镇的 10 个村，设立衡阳市南岳区，由此形成了今天三地行政区划分割的局面，导致以“南岳—开云—新塘”为核心的城镇带一体化发展一直进展缓慢，甚至在某些方面的隔阂与裂缝日益扩大，制约了该区域经济的整体发展水平。

（一）户籍制度的二元设计成为农民非农化的主要障碍

20 世纪 50 年代中期以来，我国一直实行城乡二元户籍制度：农村居民实行农业户口制度，城市居民实行非农业户口制度。户籍代表着不同的身份和权利，拥有城市非农业户口的居民可以享有一系列福利保障待遇甚至特权；农村居民不仅不能享有与城市居民同等的福利保障待遇，还需要承担比城市居民更重更多的负担。这种城乡二元的户籍制度阻碍着我国人口城镇化进程。

大量农业转移人口难以融入城镇社区，是以“南岳—开云—新塘”为核心的城镇带一体化进程缓慢的重要原因。从城镇化角度来看，该区域的城镇化速度一直比较缓慢。2001 年，衡山县户籍人口共有 40.46 万人，而城镇人口为 4.46 万人，城镇化率为 11.02%；2013 年，衡山县户籍人口共计

44.25 万人，城镇人口约为 12 万人，但是一部分城镇人口却依然是农民的身份。据统计，2013 年，该县在籍的总人口为 44.25 万人，其中非农业人口为 5.45 万人，如果从该口径来统计城镇化率，则只有 12.31%，比 12 年前仅提高 1.29 个百分点。从统计数据分析，衡山县城镇化速度非常缓慢。

2013 年，开云镇的城镇人口为 8.9 万人，其中约 4 万人因为户籍而没有统计为城镇居民，不能融入城镇。人口户籍的城镇化赶不上人口职业的城镇化，影响了生产要素的自由流动。这些居民不愿意签订将拥有的承包地长期出让的合约，导致农业集约化与规模化发展缓慢。

开云镇的 4 万多农业人口，从事的行业有工业、服务业；从职业属性来看，涉及小业主、大企业家、服务员以及制造业工人等职业。但是，出于户籍制度的原因，这些人不能享受城镇居民的所有待遇，未能在教育、就业、医疗、养老、保障性住房等方面享受城镇居民拥有的基本公共服务，导致城镇内部出现新的二元矛盾，给经济社会发展带来诸多风险隐患。

（二）城乡制度二元分割阻碍资源要素的合理配置

现行城乡分割的产权制度、土地管理制度、社会保障制度以及财税金融和行政管理等制度，固化了已经形成的城乡利益失衡格局，制约着农业转移人口市民化，是导致“南岳—开云—新塘”城镇带一体化难以发展的内在根源。

我国目前的城乡产权制度是不统一的，如城乡土地产权制度、住房产权制度、资金产权制度就不完全一致。具体表现在：城市土地属于国有，农村土地属于集体所有；城市居民住房多私有，可以市场交易，农民住房虽私有，但不能市场交易；市民的资金所有权能得到较好的保护，而农民的资金所有权常常受到侵犯。城乡不统一的产权制度使城乡之间人口和劳动力的自由流动面临巨大障碍。特别是在农民的土地权益和房产权益不能得到保障的情况下，农民向城镇迁移就成了代价高昂的选择。城乡的价格制度不一致、不自由，如存在工农业产品价格“剪刀差”，农产品价格被人为压低，工业品价格特别是农业生产资料价格则偏高；城市部分垄断行业存在垄断定价，农村部分农产品存在保护定价；农村土地不能市场定价，城市土地则可以市场定价；城乡金融机构实行不一致的利率标准等。这种价格制度扭曲了市场信号，不利于人口的城镇化。医疗、养老、住房、劳动保护等福利保障待遇主要面向非农村人口，国家对农村的教育投资大大少于对城市的教育投资，很多地方的农村教育主要靠农民集资。这种城乡不公平的福利保障和教育制度阻碍了城市对农村人口和劳动力的吸收。

除受到城乡二元分割的制度阻碍外，“南岳—开云—新塘”三镇处于同一经济区域却被不同的三个行政县区管辖，导致三镇的经济决策与发展规划服从于各自上一级规划，相互之间缺乏沟通与交流，增加了三地融合的成本。我国的改革开放基本上可以视为市场机制逐步完善并发挥主导作用的过程，在这一进程中，地方政府的影响是巨大的。而恰恰是由于行政区划的分割，三地政府各自为政阻碍了如土地、劳动力等生产要素的自由配置，使得三地的经济发展呈现某种程度的畸形状态，未能发挥各自拥有的交通区位和自然资源方面的优势，导致目前这种城镇空间分布和规模结构不合理、人口集聚与资源环境承载能力不匹配的现象。

（三）区域条块分割导致旅游资源未能有效利用

南岳区虽然拥有优质旅游资源，但受限于行政区划，一些项目开发困难或效益不佳，由此导致旅游产业链未能有效延伸，旅游资源未能充分利用；导致南岳衡山作为湖南旅游业的第一品牌，却于近二十年在湖南旅游业中的地位不断下降。

南岳区总面积181平方公里，其中受保护的景区有100平方公里，可用地仅80平方公里。由于用地紧张，南岳游客服务中心只能选择建于南岳大庙北后门——康家垅门票处区域。该处空间狭小、位置偏僻，对于非组团游客，尤其是自驾游的游客非常不便。这不仅与南岳作为国家5A级旅游景点的身份极不匹配，而且将制约景区旅游进一步发展的空间。用地紧张还导致南岳区城区拥挤、房价高昂，提高了旅游开发的运行成本。例如，南岳镇的房价在每平方米4000元以上，而毗邻的开云镇则只要3000元左右，新塘镇也就2000多元；神龙大酒店是此前南岳区最好的酒店，现在其周边挤满了旧房子，视线极不开阔。同样由于用地紧张，南岳一些独特的历史文化遗产没有得到充分的开发和利用，例如，南岳在佛教禅宗发展史及抗战历史上曾经处于非常重要的地位，这些资源却没有充分挖掘和利用。

由于区域条块分割，一些项目实施困难重重。如南岳区到高铁衡山西站的快速公路由于双方政府的扯皮而迟迟未能开通。南岳区水资源短缺，本来从衡山县引水成本低廉而且水源充足。然而，由于双方政府在历史上颇多龃龉，南岳区政府为了避免受制于人，耗资1.2亿元修建了自己的小水库，但在大旱年份，南岳区用水仍然不能得到完全保障。在双方合作的高尔夫项目上，由于双方用地性质不一样，拆迁补偿价格有着较大差距，从而导致拆迁工作陷入困境等。

南岳衡山七十二座山峰中包括核心景区在内的六十座分布在南岳区、衡山县、衡东县，由于主峰和主要景区划归了南岳区，属于衡山县、衡东县的剩余山峰就失去了依托，很难作为旅游资源开发，造成旅游资源的浪费。并且这种局面极不利于旅游资源的整体保护。例如，一些山峰的300米以上部分属于南岳区，而山脚下则属于衡山县，衡山县在山脚下挖高岭土等矿产，与南岳区对景区的保护要求产生严重冲突。

（四）发展各自为政制约旅游产业的优化整合

出于行政区划的原因，衡山县、衡东县、南岳区为发展各自的经济，已经编制或正在编制的旅游规划及城市规划互不衔接，致使该区域中的旅游景点不能进行连片、连线开发建设。南岳区虽然拥有得天独厚的旅游资源，却因为受制于空间、人力和水资源，难以形成一个完整的产业链。衡山、新塘也因体制的割裂，无法与旅游联系在一起，旅游业也无法成为三地的主导产业及龙头产业。

以南岳景区为龙头的旅游业未能有效延伸并形成产业链，直接拖累了衡山县与新塘镇的经济发展及其城镇化建设。大衡山地区最大的财富是旅游资源，而南岳景区是其中的核心部分。从泛旅游产业的视角来看，南岳景区应当发挥其龙头作用，带动其他旅游资源的开发；并以旅游业为基础，向相关的产业延伸，形成泛旅游产业集群，从而促进全区域经济的协调发展。然而出于种种原因，南岳景区的龙头作用未能发挥，其最大的受害者是衡山县与新塘镇，直接导致衡山县旅游产业发展的滞后，而衡山县旅游开发的滞后反过来使得南岳景区旅游缺乏纵深度，抑制了游客的增长，同时导致其游客大多为一日游，滞留时间短。

对于衡山县而言，失去南岳景区意味着其境内的诸多旅游资源缺少吸引核，开发难度大大增加，旅游产业链的延伸与泛旅游产业聚集也就无从谈起。区域内的高档酒店和娱乐设施多集中于南岳区，这一方面加剧了南岳区的用地紧张，另一方面也迟滞了衡山县的城镇建设。现实迫使衡山县转而发展工业。然而，现阶段我国工业中低端产业产能已经饱和，难有作为，而发展高端产业又缺乏技术和人才。更严重的问题是，衡山县引进的一些工业项目，例如造纸厂，产生严重的环境污染，对生态环境破坏很大。长远来看，工业的发展将导致衡山县的旅游资源贬值，从而损害其经济发展潜力。同时，衡山县与南岳区的旅游产业发展还存在恶性竞争和重复建设。如南岳区开建了名为“药师佛道场”的旅游项目，而衡山县则计划在高铁衡山西站附近建一座高数十米的大佛像。类似的恶性竞争和重复建设既破坏区域的协调发展，又造成资源浪费。

对于新塘镇而言，其命运与衡山县的经济发展休戚相关。新塘镇拥有极佳的交通区位条件，境内具备了高速公路、铁路和水运的交通节点优势，向西经衡山县 10 多分钟的车程即可到达高铁衡山西站。如果以南岳景区为核心的一系列旅游资源能充分开发，新塘镇则可以发展为大衡山旅游区的客流、物流集散枢纽，从而成为大衡山区域泛旅游产业链中的重要一环。同时，衡山县境内旅游资源的开发及其经济的发展必然带动湘江沿岸的开发，亦大大有利于新塘镇的发展。然而现实中，衡山县发展的滞后令新塘经济发展失去依托。而衡东县政府一方面担心新塘镇的发展会使衡东县城被边缘化（因为新塘的交通区位远胜衡东县城），另一方面也为了更多地支持衡东县城的建设，一直以来对于新塘镇的城镇建设并不热心。因此，新塘镇的城镇化建设极其落后，衡山火车站几十年来保持原貌未变，其改造工程的实施遥遥无期。

（五）工业化水平低影响城镇化发展

南岳因为发展旅游与保护自然景区以及人文景区等，在“十五”期间将已有的一些零散的旅游纪念制品企业以及日常生活品生产企业予以取缔；而新塘的工业企业在缺乏配套设施、环境保护压力等因素的情况下，也逐步实施了搬迁计划，大部分搬迁到开云镇边的工业园区。因此，“南岳—开云—新塘”城镇带一体化区域的工业主要集中在衡山县。

衡山县的工业发展存在如下三个问题：第一，工业对经济增长的拉动作用趋于下降。以衡山县的位置而言，其本身很难吸引高端产业和人才，招商引资主要是承接东南沿海产业的转移。这些低端产业产能已经饱和，而衡山县的工资水平并不低，在人力成本上并没有太多优势。因此，工业企业的利润率并不高，甚至曾经出现企业亏损后老板跑路的情况。

第二，工业盈利能力较差。尽管2013年衡山县规模以上工业企业实现产值100.43亿元，全年净增规模以上工业企业3家，92家规模工业企业全年实现利润（盈亏相抵）3.52亿元。但是，2013年全县的技改资金投入51.22亿元，技改资金的回报率尚没有达到6.9%，而2013年中国人民银行三年期贷款利率的基准为6.4%。考虑到企业的前期投资与技改资金的成本，可以看出，衡山县的工业企业整体亏损严重，工业不可能吸收大量的农村劳动力。

第三，该区域盈利状况比较好的工业企业恰恰是有严重污染的企业。所引进的造纸厂是衡山县的税收大户，然而环境污染非常严重。这将破坏衡山县旅游资源，损害其经济长期增长的潜力。很显然，衡山的工业发展与旅游产业的发展存在产业选择的冲突，解决的办法是对园区进行生态化改造，这需要政府的大量投入。

（六）可利用土地分布不均影响土地资源潜力释放

2012 年底，衡山县城建设用地为 10.26 平方公里。县城总人口由建成区内的非农业户籍人口、农业户籍人口和暂住人口三部分组成，2013 年县城总人口约 11 万人。“十二五”期间，按照工业项目向园区集聚的产业政策要求，衡山县经济开发区成为承接全县工业发展的重要平台。“南岳—开云—新塘”城镇带的工业用地主要集中于县城北侧的省级衡山经济开发区的工业大道与青山路两厢区域，工业用地总面积 169.14 公顷，占城市建设用地的 16.48%。2000 年以来，随着县城经济的快速发展、城市框架的不断拉大，城区的居住条件也有了长足的发展，不少新建居住区应运而生，居住环境得到改善。

从城镇建设看，目前，衡山县城镇化率仅为 31.6%，与全国平均城镇化率相差巨大。县城新增建设用地主要集中于三片区域：主城区的老城区片（老城区及衡山大道、两厢）、城北的金龙工业园（衡山经开区）和师古组团，但黄花新区、清凉港以北以及湘江以西的工业仓储区和大源渡组团相对发展建设缓慢，衡山大道红轴沿线发展明显，湘江风光带蓝轴发展缓慢。

由表 10、图 6、图 7 可以发现，南岳区到 2015 年的规划用地为 9.6 平方公里，目前已经用完，而且南岳镇已经没有农地进入规划；而开云镇、新塘镇的规划面积均比较充裕，三地的可利用土地分布极不均衡，从而导致三地的城镇化与产业链之间存在很大的内在依存度，需要通过统一的建设用地市场释放其中的增长潜力。

表 10 “南岳—开云—新塘”的建设用地与规划用地

单位：平方公里，万人

城镇名称	建设用地	规划用地	总人口	城镇人口
新塘镇	11.9	13.33	5.68	1.7
南岳区	6	9.6	6.05	4.11
开云镇	10.26	99.6	11.16	8.9

资料来源：《衡山县城总体规划（2004－2020 年）》（2013 年修改）、《衡东县新塘镇总体规划（2013－2030 年）》、《南岳区城市总体规划（1993－2015 年）》（修改版）。

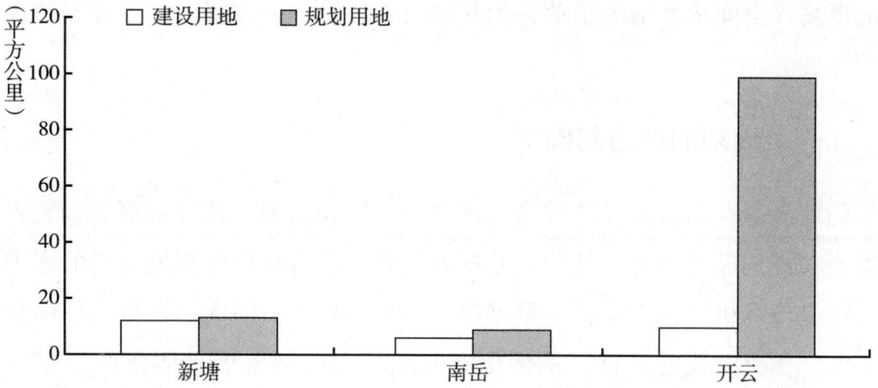

图 6　大衡山地区的建设用地和规划用地

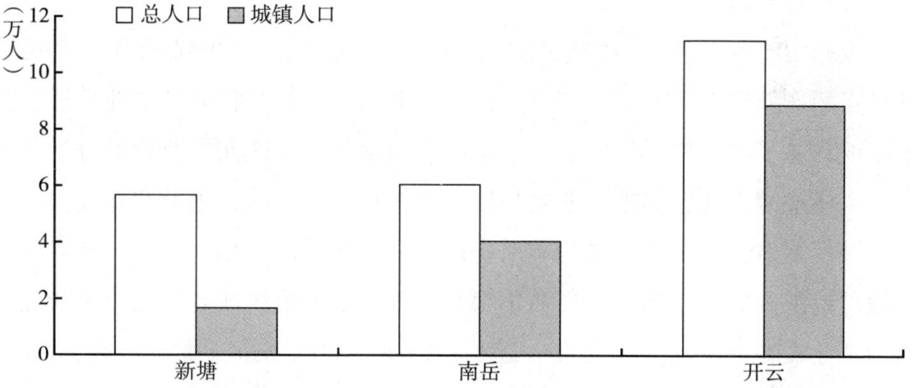

图 7　大衡山地区的城镇人口和总人口

四　总体思路

大衡山特色城镇带一体化是以市场化为路径、以泛旅游产业为引导的新型城镇化。根据经济全球化的时代新特征与我国经济社会发展新趋势，其需要从城乡居民的消费需求出发，通过整合南岳衡山的旅游资源，提高人们在南岳衡山旅游的满意程度，吸引中外游客集聚，促进游客在集聚地的消费，从而提高该空间承载地的价值，为基础设施建设、公共服务、产业发展提供经济基础。

（一）规划的理论基础

随着我国全面进入经济转型、社会转轨的新时期，从理论更新和完善的角度看，规划需要有坚实的理论基础做后盾，这既是具体规划自身的客观需要，也是市场机制对经济社会发展提出的根本要求。因此，根据大衡山特色城镇带一体化的战略设计，从优化资源配置和区域发展一体化两个层面出发，进行产业集群、空间集聚、泛旅游产业整合的理论框架建构，以期对大衡山特色城镇带一体化的正确发展有所指导。

1. 产业集群

大衡山特色城镇带一体化的产业基础是旅游产业。旅游业作为一种关联性极强的产业形态，是涵盖第一、第二和第三产业众多行业的产业群体，其本身就具备了产业集群的特征，而且产业内部各行业之间专业化的分工与协作，也使旅游产业较其他产业更易形成产业集群。目前，旅游产业在国内呈现集聚发展态势。产业聚集的本质是产业内或与该产业相关的生产要素在特定地理范围内的高度聚集。产业集聚客观上要求价值链或者物质流中相互关联的企业在特定空间上高密度、近距离的集聚，以创造资本、土地、劳动、基础设施等生产要素集聚的条件，进而吸引供应商、客商在同一空间集聚，客观主体因其区位优势而获得利益。活动空间越近，人们面对面地交流和“干中学”机制形成的概率越大，就越能促使正的溢出效应的发生和资源共享。

泛旅游产业集群是面向旅游消费者、符合旅游规律的产业整合的结果。泛旅游产业间通过整合，形成旅游产业新业态。首先，形成旅游消费吸引物，创新旅游产品，这需要企业进行以旅游产业聚集为目标的旅游文化资源开发；其次，旅游与传统产业的融合，实现以旅游目标为导向的传统产业的延伸；最后，依托产业融合，形成促进传统产业升级的契机与杠杆，从而使传统产业形成新的旅游业态。在旅游引导的区域性增长与新型城镇化发展过程中，旅游产业集聚的形成与发展模式可以分为旅游目的地集群化、休闲消费聚集地集群化、专业化集群、泛旅游带动的立体网络集群等。大衡山产业集群是以南岳的福寿文化、宗教文化与风景为旅游吸引物，通过旅游产业整合形成一系列产业集聚。

2. 空间集聚

根据国际经验，在城市居民人均GDP达到6000美元时，城市居民的旅游消费概率将会逐步增加，而处于传统农业生产组织中的农民，依然有积极性寻找新的发展机会，城乡居民流动的一个新的会集点既不可能是偏僻的农村，也不会是大都市，而是交通便利、风景秀丽与文化底蕴深厚的旅游景区。城市居民旅游休闲等消费偏好的改变，为一些传统的旅游目的地带来发展机遇，也为农村居民转变其经济组织形式与提升产业业态提供新的选择，从而引发旅游目的地产业结构与空间结构变化。

大衡山城镇带一体化从形式来看是一个城镇体系、一个城镇群。空间聚集理论认为，城镇体系或者城镇群内各城镇与乡村之间具有广泛的空间联系，并在此基础上形成特定的空间结构。城镇之间的空间联系首先表现为一种经济联系。在技术进步与要素禀赋变化的推动作用下，以产业区位重组为主要内容的区域空间组织变迁反映了经济增长的水平。而空间结构则泛指社会经济客体在空间中相互作用及所形成的空间集聚程度和集聚形态。城镇群经济增长在其空间结构演化上始终存在集聚与扩散两种不同的趋势，这两种趋势的此消彼长、相互作用导致经济空间不断扩大和产业的空间组合日趋多样化、复杂化，并使城镇体系在空间结构形式上具有阶段性特征。在城镇体系发展初期，凭借优越的区位条件与独特的资源禀赋发展起来的中心城市，作为区域经济发展的增长极，对周边地区与城镇的资源产生强大的吸引力，促使各种生产要素向中心会集，从而奠定中心城市的地位。因此，城镇群内的空间联系表现为中心指向型。而当中心城镇发展到一定规模时，过度集中与空间拥挤将引发地价高涨、交通堵塞、生态环境恶化等问题。随着经济活动过密和城镇空间有限性之间的矛盾日益突出，中心城镇会将调整自身产业结构和产业重新布局结合在一起，通过经济合作、技术扩散和企业搬迁等活动将一部分生产要素和经济活动向外疏散，从而启动城镇带一体化的进程。由此可见，南岳镇作为大衡山城镇带的中心城镇，在发展初期，独立发展存在一定的合理性，但是随着城镇空间日益拥挤、资源日益短缺，旅游经济活动及其产业必然需要向开云镇等城镇空间扩散，这是空间集聚与扩散相互作用的必然结果。

3. 泛旅游产业整合

我国的旅游开发已经与区域经济发展和城镇化进程全面结合，形成“旅游引导的区域综合开发模式”，其核心基础就是“泛旅游产业整合”。所谓整合，就是通过某种方式把一些零散的东西彼此衔接，从而实现信息系统的资源共享和协同工作。其主要精髓在于将零散的要素组合在一起，并最终形成一个有价值、有效率的整体。泛旅游产业整合就是以旅游产业为核心，利用整合手段，使旅游产业及其他相关产业通过某种方式彼此衔接，打破各自为政的状态，构建一个有价值、有效率的产业集群，实现产业联动，从而推动区域经济增长。

泛旅游产业整合理论，就是根据旅游促进区域经济发展的现实逻辑，在研究我国各地的旅游与区域经济运营实践后，形成一套行之有效的产业运营模式。泛旅游产业整合主要包括产业链延伸、产业融合、消费与产业聚集等实现路径。产业链延伸主要是通过整合旅游资源、塑造旅游品牌、开拓旅游市场、升级旅游产品、配套旅游服务，完善并延伸旅游产业链，促进旅游产业转型升级，并拉动产业链上其他产业的发展。产业融合是指不同产业或者同一产业内不同行业在技术融合的基础上相互交叉、相互渗透，逐渐融为一体，形成新的产业属性或者产业形态的动态发展过程。旅游产业融合就是旅游产业与其他不同行业之间相互渗透、关联，最后形成新的产业。例如，旅游产业与医疗产业融合为医疗养生产业等。消费与产业聚集是指以旅游为核心，通过泛旅游产业聚集形成产业聚集区。这一方面能带来良好的规模经济效应，另一方面能带动城镇化发展，推动城镇化进程，从而实现区域的综合发展。

（二）指导思想

以党的十八大和十八届三中全会精神为指针，坚持深化改革、产城一体化融合发展，通过泛旅游产业整合，实现旅游产品由“观光型”向“休闲度假复合型”转变的战略突破，形成产业集群，创新“南岳—开云—新塘”城镇带发展方式；坚持以人为核心的城镇化路径，有序推进农业转移人口市民化，形成城乡社会资源共享、共用态势，推动“南岳—开云—新塘”城镇带的城镇与乡村协调发展；以特色城镇体系综合承载能力建设为支撑，以体制机制创新为保障，通过改革释放城镇化发展潜力，走以人为本、生态文明、文化传承、旅游引导的新型城镇化道路，培育新的经济增长点，使“南岳—开云—新塘”特色城镇带发展成为湘南地区和湘江经济带的增长极。

推进大衡山特色城镇带一体化发展，需要坚持以下基本原则。

1. 以人为本，公平共享

以人的城镇化为核心，合理引导人口流动，逐步提高大衡山旅游区游客的数量，引导游客的理性消费，提供舒适的旅游环境，保护游客的合法权利；有序推进农业转移人口市民化，稳步推进城镇基本公共服务全覆盖，不断提高人口素质，促进人的全面发展和社会公平正义。

2. 旅游引导，统筹城乡

以旅游带动下的泛旅游产业集群为产业基础，推动信息化和旅游产业的深度融合，促进城镇发展与产业支撑、就业转移和人口集聚相统一，促进城乡要素平等交换和公共资源均衡配置，形成以旅促农、以城带乡、城乡一体的新型关系。

3. 优化布局，集约高效

根据资源环境承载能力构建合理的城镇化布局，以综合交通网络和信息网络为依托，科学规划大衡山特色城镇带发展，严格控制城镇建设用地规模，合理控制城镇开发边界，优化城镇、乡村内部的空间结构，提高土地空间利用效率。

4. 生态文明，绿色低碳

把生态文明理念全面融入旅游引导的大衡山特色城镇带一体化进程，着力推进绿色发展、循环发展、低碳发展，节约集约利用土地、水、能源等资源，强化环境保护，减少产城融合对自然的损害，形成绿色低碳的生产生活方式和城镇建设运营模式，实现其作为旅游目的地的可持续发展。

5. 文化传承，彰显特色

根据南岳衡山的自然资源与历史文化，进一步整合与挖掘福寿文化资源，以湖湘学派、佛道文化、抗战遗迹等文化资源为基础，发展有历史记忆、文化脉络、地域风貌、民族特点的生态城镇，形成具有地域特色、文化特色的城镇化发展模式。

6. 市场主导，政府引导

坚持市场在资源配置中的决定性作用，切实履行政府制定规划政策、提供公共服务和营造制度环境的重要职责；加快推进旅游领域政企分开、政事分开，切实发挥各类旅游行业协会作用，鼓励中介组织发展，以服务和管理的创新为基本保障，实施就地城镇化策略。

（三）规划目标

1. 经济发展目标

到2020年，旅游引导的大衡山特色城镇带的GDP达到450亿~550亿元，其年均经济增长率达到19%~22%，引领湘南经济快速增长；发展禅宗体验馆、竹林生态养生基地、萱州古镇、大源渡风景区度假村等有地方文化特色的旅游综合体，形成与旅游相适应的高规格旅游商业街、娱乐休闲街、酒店宾馆等，南岳衡山旅游辐射带动力全面提升，大衡山特色城镇带成为湘南新的经济增长极；2020年特色城镇带的三次产业结构为9:34:57，规模以上工业产值约为110亿元，旅游文化服务业产值约320亿元。

2. 城镇化目标

到2020年，由南岳镇、开云镇和新塘镇构成的一体化核心城区，其常住城镇人口将由2013年的14.71万人增加到31万人，其中南岳镇5.5万人、开云镇21万人，而新塘镇将达到4.5万人；中心城区外的建制镇与建制乡或者中心村之间的关系将更加紧密，形成一种紧密型城乡关系，构成田园式城镇体系。通过城乡路网结构的完善、产业的融合以及公共服务均等化等方式，实现城乡一体化发展；城镇带平常的日游客量维持在4.9万人左右。

3. 基本公共服务目标

到2020年，“南岳—开云—新塘”特色城镇带农民工随迁子女接受义务教育比例达到100%；城镇失业人员、农民工、新成长劳动力免费接受基本职业技能培训的覆盖率达到96%以上；城镇常住人口基本养老保险覆盖率达到97%以上，基本医疗保险覆盖率达到99%以上；公共卫生服务水平显著提高，每千人拥有医生数提高到2.5人、拥有病床数达到4张。

4. 基础设施目标

到2020年，“南岳—开云—新塘”特色城镇带实现公交一体化、出租车一体化管理，供水、通信、污水与垃圾处理一体化运行；城镇污水处理率达到98%以上，城镇生活垃圾无害化处理率达到95%以上，城镇宽带接入能力（Mbps）在60%以上，城镇社区综合服务设施覆盖率达到100%。

5. 资源环境目标

到2020年，“南岳—开云—新塘”特色城镇带人均城镇建设用地小于100平方米（包括游客人数）；城镇可再生能源消费比重达到13%，绿色节能建筑占新建筑比重达到50%；城市建成区绿化率达到80%以上，以园林化标准建设城镇小区与城镇设施，对工业园区企业进行生态化改造，力争空气质量100%达到国家标准。具体指标如表11所示。

6. 体制机制优化目标

形成区域多层次、多形式的合作机制，构建户籍管理、土地管理、社会保障、财税金融、行政管理、生态环境等区域内协调联动机制，区域一体化发展的体制机制障碍减少，一体化管理水平显著提高，一体化发展格局基本形成。

表 11　2020 年大衡山特色城镇带规划主要指标

类别	指标名称	2020 年规划目标值
经济发展指标	地区生产总值	450 亿～550 亿元
	三次产业结构	9∶34∶57
	经济增长率	19%～22%
	旅游文化服务业产值	320 亿元
城镇化指标	中心城镇人口	31 万人
	日游客量	4.9 万人
基本公共服务指标	随迁子女义务教育入学率	100%
	失业人员免费培训率	96% 以上
	基本养老保险覆盖率	97% 以上
	基本医疗保险覆盖率	99% 以上
	每千人拥有医生数	2.5 人
	每千人拥有病床数	4 张
基础设施指标	城镇污水处理率	98% 以上
	城镇生活垃圾无害化处理率	95% 以上
	城镇宽带接入能力	60% 以上
	城镇社区综合服务设施覆盖率	100%
资源环境指标	人均城镇建设用地	小于 100 平方米
	城镇可再生能源消费比重	13%
	绿色节能建筑占新建筑比重	50%
	城市建成区绿化率	80% 以上
	空气质量达到国家标准	100%

（四）实现路径

旅游引导的新型城镇化，就是以旅游带动下的泛旅游产业集群为产业基础，由旅游带来的消费集聚直接推动城镇化的过程，包括城镇的景区化与景区的城镇化两个方面，需要在整合旅游资源形成产业的同时，对原有的城镇进行景区化改造，完善基础设施和配套设施。

1. 打造旅游产业集群，实现产城一体化

旅游产业的集群化发展，是促进大衡山产业结构快速转型升级与引导大衡山特色城镇带一体化发展的理想途径。首先，依托旅游带动，形成旅游观

光与祭祀活动和养老养生、医疗卫生、文化艺术、创意产业、教育培训、会议会展、物流金融、生态农业、加工工业、高科技产业、建筑材料等产业之间的深度融合，实现泛旅游产业的整合发展。其次，以休闲聚集为核心，通过城镇休闲聚落、商务休闲聚集中心、夜间休闲聚集区、休闲小镇聚集中心等模式建设，打造以养生休闲吸引核为依托，以休闲消费聚集为主体的产业聚集化发展结构；以泛旅游产业中优势业态为基础，特别是依托南岳衡山特色资源优势，形成支持产业集群化发展的条件，建设高尔夫度假、休闲会议培训、书院文化交流、养老度假、养生度假、禅宗体验等产业集群。借助烧香拜佛、祈祷寿福、祭祀等具有深厚历史文化沉淀的有吸引力的旅游资源，形成一批特色旅游度假小镇、养生庄园、养老基地等旅游综合体，将旅游理念纳入建筑中，合理规划布局产业要素，推动大衡山特色旅游城镇带一体化发展。

2. 促进消费聚集，打造多层次、多样化的复合型旅游目的地

居民消费能力的持续发展，是促使居民外出旅游的前提条件，保持身心健康、满足文化心理预期是居民外出旅游的内在动力。在我国进入中等收入国家行列之后，居民的消费将从温饱型向小康型升级，并逐渐步入享受型，可支配收入中用于文化、休闲度假以及旅游的消费将会有较大比例的增加。南岳衡山将旅游观光、祈福祈寿等活动融为一体，吸引了大批游客，从而导致南岳的人口逐步聚集，空间资源日渐短缺，客观上要求作为旅游目的地的南岳衡山提质扩容，导致空间集聚向开云镇扩散，成为推进大衡山城镇带一体化的内在动力。旅游空间增加能够刺激游客在文化体验、娱乐活动、养老服务、养生理疗、运动康体、祈福祈寿和修学等方面的消费，凸显旅游在新的历史阶段的复合消费。为对接南岳溢出的游客等资源，满足游客的消费需求，开云镇需要建设停车场、宾馆酒店、休闲集聚中心等系列配套设施，需要开发旅游接待型新型农村社区、周末休闲的第二居所住宅区、避寒避暑和养生养老的住宅区等，从而直接带动开云镇及其周边的城镇建设。

3. 推进城镇景区化，建设旅游服务城镇带

与工业化推进的城镇化不同，旅游引导的新型城镇化，对住宅区的建设

要求较高，建设宜居生活区与宜居城市是旅游产业发展的内在要求。旅游引导下的城市建设，应坚持以人为本，在满足城市基本功能的基础上，注入旅游元素，带动城市的基础设施建设，促进服务环境、人文环境的改善，推动城市软硬件系统升级。根据对南岳衡山游客的测算，2020 年南岳的游客人数将是 2013 年的 2 倍，南岳区有限的空间承载不起如此大规模的客流量，在黄花新区兴建五星级宾馆是开云镇对接南岳旅游的突破点，并以此为契机展开新城建设与旧城改造，形成湘江岸边的滨河城镇、南岳衡山旅游的接待中心。在人口聚集的基础上，建设主题酒吧、历史文化创意产业区，挖掘开云镇紫巾峰的旅游文化资源，建成一个主题公园。将新塘镇的餐饮、开云镇的休闲、南岳镇的旅游以及周边景点的养生休闲点建设纳入统一的城区建设，并形成新的旅游目的地。

4. 开发旅游综合体，提升区域服务功能

旅游综合体，是指基于一定的旅游资源与土地基础，以旅游休闲为导向进行土地综合开发而形成的，以互动发展的旅游吸引核、休闲聚集区、旅游地产社区为核心功能构架，以相关配套设施与延伸产业为支撑保障，整体服务品质较高的旅游文化休闲聚集区。从城镇化的角度看，旅游综合体是一种特殊的新型城镇化形态，由旅游吸引核、休闲聚集区、居住发展带、社区配套网以及产业延伸环五个部分组成。旅游吸引核的关键功能是吸引人流、提升土地价值，一般由一个或者多个核心旅游休闲项目组成；休闲集聚区是旅游综合体的主体功能部分，一般包括主题酒店群、特色商业街、主题演艺、高尔夫球场、水上游乐项目、温泉 SPA 等；居住发展带构成城镇化的核心基础，包括原有城镇居民居住、农民城镇化居住、产业人口聚集居住、外来游客居住、休闲居住（二居所）、外来度假居住（三居所）等；社区配套网是一个旅游综合体必备的城镇化支撑功能，包括服务于旅游产业及其居民生活的金融、医疗、教育、商业等产城一体化的公共配套等；产业延伸环是带动区域综合发展的主要形式，包括观光与休闲农业、家庭菜园、泛旅游延伸的加工工业、郊野运动基地等。例如，建设白果葡萄采摘基地、沙泉白茶采摘体验基地、福田赏荷采莲基地、白泥和龙荫港垂钓基地等。

5. 推进城乡融合，构建新型城乡关系

在大衡山特色城镇带一体化发展过程中，大规模的村庄合并或者村改居城镇化方式是不合适的，这不但造成农民财富的巨大损失，大量漂亮的农村楼房被人为拆迁，而且导致农村的传统和地域边界遭到摧毁，造成城乡互惠关系的消解及“链合”网络的阻隔。因此，需要形成新的城乡互惠的市场纽带，通过社区支持农业的主要机制重建农户和市民消费者之间的信任与互惠关系；将城市社区管理和服务模式植入农村，打破公共服务产品供给方面的城乡二元体制，实现治理机制的超越与创新，通过城乡产业、空间、人口及其他城市要素的协调发展，重构政府、市场以及城乡社会关系的良性互动和有序衔接；突破农村合作社以村社为基本边界、在某个领域进行适度合作的组织边界，植入多元文化，实现最大限度的资源整合，从而更有利于畅通农民与市民的交流，促进经济和文化的互补，形成城乡的良性互动。

6. 加快户籍改革，健全城镇化体系

实行全域统一的户口登记和迁移制度，按照实际居住地登记户口，附加在户籍制度上的相关公共政策逐步按居民有无承包地配套衔接，新增落户城镇的农业转移人口，可以保留土地承包权、宅基地使用权和集体收益分配权；将外来务工人员与当地居民共同纳入社会公共服务体系，为外来流动人口创造一个公平竞争的工作、生活环境；对就业、教育、培训、计划生育、医疗、养老、住房等方面的现有各种与户口性质挂钩的政策进行全面清理，重新研究制定城乡统一的新标准，新出台的各项有关政策不再与城乡户籍挂钩，以此逐步消除依附在户籍制度上的城乡差别和政策限制，构建以身份证为核心凭证的社会管理模式，建立与身份证相对应，集居住、教育、婚育、就业、信用、社会保险等信息于一体的公民信息管理系统。

7. 优化区域环境，推进可持续发展

旅游目的地构建是个系统工程，涉及面广，必须坚持可持续发展原则，创造良好的发展环境，包括生态环境、社会环境、制度环境等综合环境。生态是旅游开发的基础与前提，所有的旅游活动必须以保护生态为第一原则。良好的社会环境是旅游目的地旅游资源的重要组成部分，较高的社区支持度、居民参与度，当地人的友善和热情是旅游者选择滞留的重要原因。要进一步提高旅游目的地整体管理的制度水平以及法律法规的执行能力，提高大衡山特色城镇带的管理力度，形成良好的社会、经济、消费秩序。

8. 加强统筹规划，建立全方位合作机制

在大衡山特色城镇带一体化过程中，政府应该发挥主导作用，成立大衡山区域发展一体化协调机构，统一研究区域发展一体化重大事宜，统一协调区域内地方政府的行政管理，推动形成区域多层次、多形式的合作机制；在微观层面建立综合性的旅游目的地开发管理机构，统一规划、统一管理、整体营销；引入市场化运作，放开搞活，培育旅游企业，做大做强旅游产业，并利用就业、福利、舆论等手段，提高社会支持度，形成上下一体、管产结合的产业运作结构；有效整合旅游目的地的旅游资源，提高其系统功能的有效性与持续发展能力，围绕市场需求形成完整的游憩与接待的要素配置与配套，使其成为可根据市场变化自动修正的自组织系统。

五　产业布局

旅游引导的新型城镇化是大衡山特色城镇带一体化发展的必然选择。以南岳核心旅游资源形成的南岳衡山泛旅游产业集群，是旅游引导的大衡山新型城镇化的基础。工业、农业以及旅游业之外的其他第三产业的发展必须围绕旅游业、服务于旅游业、与旅游业协调发展，形成泛旅游产业体系，即以旅游业为核心产业，向休闲、文化、养生养老、体育、会议会展等产业延伸发展，并带动交通物流、酒店、餐饮、娱乐等配套产业的发展，从而形成协调发展的产业体系（见图8）。大衡山泛旅游产业的整合需要统一规划并合理布局旅游产业、延伸产业和配套产业，使之协调发展，迅速形成产业聚集效应。

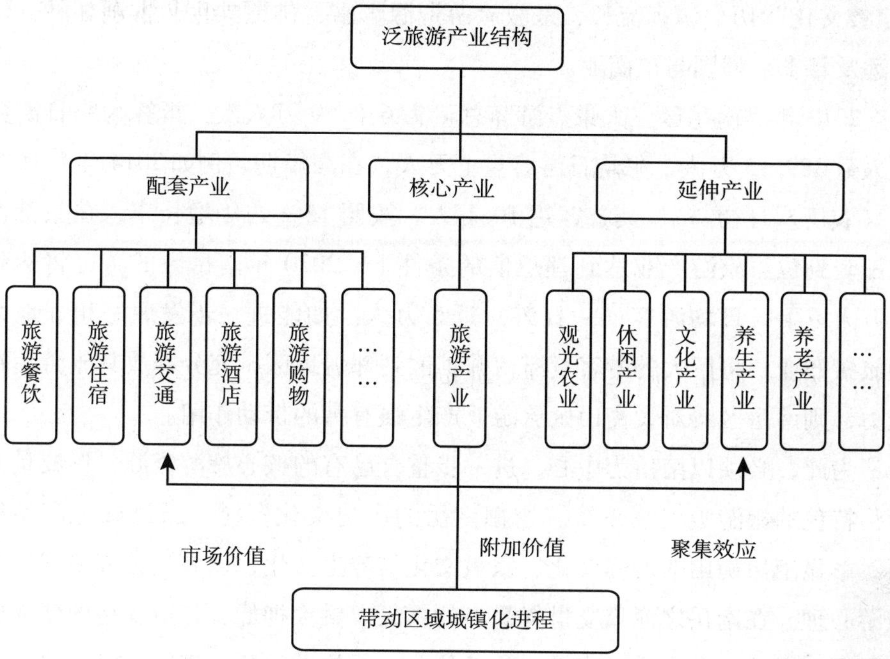

图 8　泛旅游产业集群结构

（一）旅游产业的吸引核规划

一个区域的旅游发展离不开旅游吸引核，所谓旅游吸引核是区域中最具知名度和吸引力的旅游资源或旅游产品，它是大多数游客旅游的直接目标所在。游客大多是奔旅游吸引核而来，但这并不意味着他们仅仅满足于游览该产品，因此可以以旅游吸引核为基础，打造多层次、多样化的旅游产业体系。旅游吸引核需要以附属旅游产品为支撑，增强其吸引力；附属旅游产品则需要依托吸引核进行营销，并依赖旅游吸引核所扩散和分流的游客作为其主要客源。二者有着互相支持、互相促进的作用。

大衡山旅游产业的吸引核当属南岳衡山。南岳衡山是中华五岳之一，是国家风景名胜区、国务院公布的5A级国家风景名胜区、全国文明风景旅游区示范点、中国旅游知名品牌；有“中华寿岳”之誉，其“寿文化”与

“宗教文化”历史源远流长，宗教旅游资源丰富，佛道共存，古刹如林，信徒远及日本、韩国与东南亚。

2013年，南岳区三大景点游客总量为648.59万人次，折算为一日游游客人数389.15万人，平均日游客量上万人，在高峰期，例如2014年8月25日（农历八月初一），其游客达10万人。按照15%的年增长率，在旅游设施配套到位、旅游产业达到理想值的条件下，2020年南岳区的游客将达到千万人以上，日均游客（一日游）近3万人。如能进一步发展好相邻地区的旅游产业，将巨大的游客量滞留并扩散到邻近地区，充分释放其旅游消费能力，则南岳区将对大衡山区旅游业产生强有力的带动作用。

为此，必须以南岳为中心，进一步整合已有的核心旅游资源，形成具有南岳特色的旅游吸引物系统。挖掘南岳的历史文化资源，通过旅游产品创新，彰显南岳衡山的寿福文化、宗教文化与养生文化，以满足游客多层次的旅游心理。在南岳之巅矗立世界最高的露天祝融火神像，打造南岳的新标志性景观，以此提升南岳的宗教文化地位及文化旅游品质；创新开发紫巾峰主题公园，形成具有时代特色的爱情婚庆主题公园；打造禅宗体验馆、衡山养生养老基地群，形成特色鲜明的养生产业。

1. 建设吸引核体系

依托南岳、湘江以及其他人文景区、度假区、养生基地、城镇、环衡山经济带等基础载体，通过对开云镇、新塘镇及其周边城镇的旅游化改造，形成吸引核体系。南岳闻名遐迩的旅游资源是八大景区（祝融峰景区、藏经殿景区、磨镜台景区、华严湖景区、古镇景区、方广寺景区、水帘洞景区、广济寺景区）与八大景观。八大景观包括了被称为“三海”的云海、花海、林海，被称为“四绝”的祝融峰之高、藏经殿之秀、方广寺之深、水帘洞之奇，以及南岳日出与南岳雪景等四大自然景观，香期、庙会、古迹、石刻四大人文景观。以此为基础，整合“南岳—开云—新塘”及其周边的旅游资源，开发紫巾峰主题公园等8个基于自然景观的核心旅游景区，岣嵝峰—禹王碑生态文化旅游区等10个基于人文景观的核心旅游景观，以及基于城镇化而形成的8个商业设施景观（见表12）。

表 12 大衡山创新核心旅游景观规划

类别	名称	内容
基于自然景观创新的核心旅游景观	紫巾峰主题公园	位于衡山县县城的主峰，现为湖南省级森林公园，开发建成“万花园”，成为婚纱拍照、节日婚庆等活动的主题公园
	湘江旅游风光带	发展游轮游艇、空中婚礼、热气球等旅游新业态，是特色城镇带休闲度假旅游产业的主要分布空间
	衡山竹海旅游风光带	竹种园，分珍奇竹园、温室、竹种繁育、竹类系统四个小区；竹科技文化馆；竹产品交易市场；白龙潭水库养生休闲基地；配套设施建设，如停车场、儿童游乐中心、旅游宾馆等
	衡山大源渡水上乐园	占地 800 亩，分三期工程建设；主要建设内容有高级球场、科普馆、宾馆、游乐园、晒浴场、购物中心等
	龙荫港乡村生态旅游开发	旅游度假村
	衡山岭坡丹霞地质公园	利用千峰林立、岩洞遍布、峡谷幽深、涧水清凉、奇珍异兽、奇花异草和名贵中药材等资源，开发建设一个 10 平方公里，核心景区约为 4 平方公里的丹霞景区，规划一个地质主题公园、一个度假村，通过现代声光设备与丹霞岩洞奇观结合，打造新型地底世界
	观湘洲生态休闲岛	利用湘江水域资源，挖掘旅游产品内涵，开发建设柏森林园、文峰书院、鸥沙休闲中心、文峰宝塔、百欢鸟谷、魅力不夜城等，将其打造成一个集休闲、旅游、娱乐、垂钓与避暑为一体的旅游综合体
	环衡山景点圈	整合岣嵝峰、观湘洲、水帘洞养生园、大源渡度假区、九观湖、萱洲古镇、龙荫港等周边景区（点），形成乡村民俗旅游、生态休闲度假、古镇休闲、文化观光体验等不同主题的环衡山生态文化旅游圈，形成一系列特色景观和文化遗产组团
基于人文景观创新的核心旅游景观	药师佛文化广场	结合卧虎潭景区暂未开发的原生态，建设药师佛道场是挖掘佛教文化内涵，打造集探险、参禅、养心、度假、休闲于一体的景区
	禅宗文化体验馆	依托东湖镇的万亩竹林资源，吸引游客静中冥想、洗涤心灵并且以打坐、听诵的方式体验禅宗文化和历史
	古韵衡山旅游区	该项目以逐步恢复“南岳朝圣文化”和传承衡山民俗风情为主导，以休闲、娱乐、购物为辅，游客到旅游区可参观渔鼓、器乐、豆腐、凉席、竹藤制品的制作流程，欣赏皮影、山歌等表演，亲手制作豆腐、凉席等物品，是人们旅游、休息、娱乐的理想场所
	九观湖国家级水利旅游风景区	以保护生态环境、回归自然为原则，依托山、水资源，突出绿色，拟建两区（九观湖坝区游览区、仙子湖游览区）、十六个景点
	衡山华夏姓氏园	建设地点位于开云镇，建设“中华姓氏鼎”“万福坛”“姓氏长廊”“中华始祖神像”“姓氏博物馆”“福寿文化博物馆”等及相关配套的旅游服务设施、生活设施项目

续表

类别	名称	内容
基于人文景观创新的核心旅游景观	禹王碑生态文化旅游区	以禹王碑遗址云峰村为中心，建设一个以文字、文化为主要内容的生态文化旅游中心，该中心通过联结祝融峰、紫盖峰、云密峰，整修两峰之间的隐真寺、隐真坪、云峰寺、禹王桥、禹溪等景点；修建文字博物馆、衡山文化展览馆等文化设施，使其融自然景观与人文景观于一体；建设禹王碑文化生态旅游度假村，将其打造为一个集旅游观光、避暑、疗养、假日娱乐休息、科普教育为一体的综合性旅游区
	衡山抗战纪念馆	南岳忠烈祠抗日战争纪念馆位于国家级风景名胜区南岳衡山核心景区内，现为全国重点文物保护单位、全国爱国主义教育示范基地、全国红色经典旅游景区。纪念馆新馆舍主要展示抗日战争中牺牲的所有烈士名录与其英勇事迹、抗战时期在南岳召开的四次军事会议及国共合作开办的南岳游干培训班等内容。将纪念馆建设成为全国宣传和展示抗战英烈事迹、弘扬爱国主义精神的重要基地
	书院博物馆	设立文定书院及大衡山区书院历史博物馆。其中书院下设禅宗文化研究所，为东湖镇禅宗文化体验馆提供人才和技术支持
	衡山传奇室外剧场	与南岳休闲购物街区和衡山旅游休闲街区对接，三者统一规划设计
	南岳国际户外休闲节	举办南岳国际休闲运动旅游节，发展户外营地、自行车赛、乡村旅游、户外音乐节等时尚休闲活动。建设环湘江“大南岳衡山”段国际自行车赛道和南岳衡山景区山地车赛道，打造著名自行车运动休闲度假胜地，提升区域旅游转型升级
基于娱乐休闲购物商业设施的旅游景观	南岳酒店	依托南岳游客资源，建设以养生体验为主题的共和酒店第二期，提升酒店的品质，彰显酒店的主题；该酒店将宗教文化、养生休闲与住宿统一，创新酒店经营理念、经营形式等。此外，新建1家五星级酒店、1家四星级酒店
	南岳商业街	南岳商业街为中式古典特色商业街，集旅游、购物、休闲于一体，灯光的设计体现街道性质，突出表现建筑、小品、绿化等构景元素景观表现力的同时，兼顾购物商业街的特性
	南岳休闲购物街区	与衡山传奇室外剧场和衡山旅游休闲街区对接，三者统一规划设计
	新塘美食街区	深入挖掘衡东饮食文化，进一步拓展衡东菜的知名度，打造衡东土菜饮食一条街
	衡山旅游休闲街区	依托衡山的旅游资源，以武广高铁旅客集散与南岳游客消费为契机，集宗教用品、土特产销售、民俗文化演出、休闲娱乐等于一体的旅游休闲一条街

续表

类别	名称	内容
基于娱乐休闲购物商业设施的旅游景观	金盛商业步行街	在现有基础上，改造街道两边的旧建筑物，打造集购物、休闲于一体的商业街。为满足游客与本地居民的购物需求，该步行街主要经营服装、饰品、小吃、餐饮等
	人民广场购物街区	经营业态涵盖特色餐饮、品牌专卖、购物中心、数码、影院、电子信息产品、电器产品、电玩城等，定位为集购物、休闲于一体的特色街区
	黄花新区休闲购物区	重点发展星级宾馆、中高档酒店、大型娱乐设施，成为大衡山旅游的第二个旅游接待中心。定位为商务、会议、宴请、休闲娱乐街区；此外，沿金龙大道路段主营服装、化妆品、百货等日用品

2. 以吸引核为基础，推动泛旅游产业延伸，扩大业态规模

基于吸引核所属业态的壮大与膨胀，辐射带动会议会展、旅游商贸、旅游组织、电子商务、咨询行业、旅游金融、服务培训、漂流、游泳等依附型业态的延伸发展，形成主次分明、底蕴夯实、业态丰富、规模较大的产业体系，包括休闲商业、休闲农业、文化产业以及旅游地产等。

3. 完善配套设施

在吸引核体系和产业体系构建的基础上，完善大量配套服务设施，包括交通服务（汽车租赁、公路休息站、汽车加油站、汽车维修站、汽车保险业、交通导航信息服务、汽车旅馆、自驾车、营地以及房产营地）、住宿接待（各类宾馆、酒店、饮食、主题酒店、度假村）、旅游集散、商品销售等。

4. 强化管理营销的助推

产业化、规模化的发展需要管理服务和营销推广的升级，目前南岳、衡山以及新塘镇最缺的就是统一的旅游营销服务，缺乏统一的旅游推广体系。因此，需要组建大衡山旅游公司，统一推广营销该区域的旅游产品与旅游服务，推动该区域一体化与旅游产业发展。

（二）产业体系规划及其目标

按城市规划和土地利用规划，“南岳—开云—新塘”特色城镇带一体

化格局形成之后，将从一个不发达的农业区域转变为以旅游、休闲、养生、商务（包括行政办公）、文化创意、生态农业以及新型工业为产业体系的新型旅游城镇。在接下来的6~10年，是该区域城镇化的高峰期，开发的重点区域是“南岳—开云—新塘”沿线，然后再重点转向黄花新区、湘江沿岸。

在城镇化高峰期，有大量建筑施工业务，势必带动本地建筑业进入一个快速发展时期。这种发展主要表现为原有建筑施工企业规模的扩大而非企业数量的增加。保守估计，特色城镇带区域建筑业的产值会翻两番，为100亿元左右的规模。该区域的新型城镇化完成之后，聚集约30万人，按人均每年1.5万元的消费能力，将形成45亿元的消费能力，加上游客近60亿元的消费能力，该区域将形成100多亿元的消费能力，将大大刺激该区域服务业的发展。到2020年，“南岳—开云—新塘”特色城镇带一体化格局形成之后，农业（包括生态农业、创意农业）的产值约为25亿元，工业与建筑业的产值约为190亿元，而以旅游业为主的第三产业产值约为310亿元（不包括旅游地产形成的资产价值），该区域的产业结构则为4.8∶36.2∶59.0。

整合已有的产业资源，在对经济形势的判断以及对2020年相关数据的预测基础上，对“南岳—开云—新塘”特色城镇带一体化过程中的产业体系规划如下（见表13）。

表13　大衡山特色城镇带产业发展目标（2014~2020年）

类别	项目	数量	产值或营业额(亿元)	备注
农业	农业生态产业园	120(个)	7	有机稻米、生态蔬菜、特色瓜果等园区经济
	林下经济	4000(户)	3.2	林禽、林畜、林草、林菌、林药、林蔬、森林旅游等林下经济
	农业主题公园、创意农业	100(个)	4	观光农业、高科技农业、田园风貌、磨坊体验、历史文化村落
	规模养殖业	6(家)	5	养鸡场、养猪基地、乳鸽养殖等

续表

类别	项目	数量	产值或营业额(亿元)	备注
工业、建筑与旅游地产	工业企业	65(家)	110	工业企业进入园区,减少对矿产业的依赖,设立公共平台、成立产业基金、创新创意孵化园等
	旅游建筑建材	16(家)	80	建筑公司、家装公司、安装公司、林木绿化等企业
	旅游地产业	5(家)	150	景区地产、商务地产、度假地产、住宅地产以及旅游地产服务
酒店和餐饮业	为社区提供服务的企业	800(家)	10	社区超市、杂货店、小旅馆、小型游乐室、小型OK厅、停车场、菜市场、小吃店、大排档、美容、理发等
	为辖区提供服务的产业	200(家)	40	大中型超市、星级宾馆、歌舞厅、影视城、休闲城、星级酒店等
	标志性服务区(综合性)	2(个)	60	会议、住宿、餐饮、购物、酒店、文化、艺术、娱乐、金融、休闲等
	为游客提供的服务性产业	50(家)	10	工艺品纪念品、地方特产、旅游装备、旅行社、导游服务公司、旅游俱乐部、旅游集散中心、电子商务、旅游营销策划、旅游金融、服务培训等
	养生养老服务	15(个)	15	2家康复疗养院,1家老年专科医院,一批水疗中心、SPA会所、森林氧吧、瑜伽会所、疗养别墅、疗养公寓、养生度假村、老年公寓等
物流与商贸流通产业	旅游商贸街	6(个)	20	南岳休闲购物街、衡山旅游休闲街区、金盛商业步行街、人民广场购物街区、黄花新区休闲购物区、新塘美食街区
	购物旅游一条街	12(条)	15	景区配套商业街区,出售本地特色旅游产品、民俗产品、景区文化衍生艺术品、工艺品等
	物流园区及中心	5(个)	150	衡山物流园区、新塘物流园区、青山物流中心、白果物流中心以及店门物流中心,1个供应链金融平台,1家第三方物流信息中心

注：旅游地产栏目中的数据为其年营业额收入，而没有计算旅游地产的价值。估计到2020年一体化城镇带的旅游地产价值在1500亿元以上。旅游地产与其他栏目中的项目存在重复计算，故没有加总到2020年的经济总量中。

1. 围绕旅游产业发展生态农业

（1）在土地流转的基础上，建设集约农业与规模农业，到2020年该区域建设120个左右的农业生态产业园，根据衡山气候、水土等有利条件，发展有机稻米、生态蔬菜、特色瓜果等，设计一些具有农业特色的旅游因素，使其产业链延伸到旅游产业，从而提高农业附加值，该产业板块年产值达到7亿元。

（2）发展以林禽、林畜、林草、林菌、林药、林蔬、森林旅游为主要模式的林下经济，带动农户4000余户，人均收入在2万元左右。其中，林鸡模式：林下饲养土鸡、贵妃鸡、黑凤乌鸡、七彩山鸡、绿壳蛋鸡等；林畜模式：在未郁闭的林地修建圈舍，饲养肉牛；林草模式：在林下种植紫花苜蓿、三叶草等优质饲草；林菌模式：在郁闭的林下种植双孢菇、鸡腿菇、平菇、香菇等食用菌，一年春、秋两季可生产两茬；林药模式：在未郁闭的林地内种植较耐阴的中药材，如金银花等；林蔬模式：林下种植蔬菜，主要分布于中心城区周边林区；森林旅游：在郁闭的林区发展森林休闲旅游产业。

（3）发展100个观光农业点，主要对象是观光农场、高新科技农业园、农业文化博物馆、田园风貌景区、创意农业等。农业主题公园是载体，通过对特定农业主题的整体设计，按照公园的经营思路，把农业生产场所、农产品消费场所和休闲旅游场所结合在一起，对农业主题文化进行充分挖掘展示，创造出特色鲜明的体验空间；将农耕文化、民俗风情融入传统节日或主题庆典中，通过农业节庆活动推动旅游、会展、贸易及文化等行业发展；利用现代科技手段对农业生产方式进行创新，改变传统农业在人们心目中的固有形象，例如植物工厂等。

（4）除农户发展林下经济养殖土鸡、肉牛、土猪、山羊以及水产之外，到2020年，该区域进一步发展培育现代化养鸡场2家、乳鸽场2家以及大型养猪场2家，年产值达5亿元以上，其粪便等排泄物将为有机肥料的制造提供原材料。

2. 依托工业园区发展新型工业

（1）整合零散企业，将新塘镇、衡山县、南岳区规模以上的工业企业搬迁到工业园，使园区聚集100家以上的规模企业，通过与信息产业的融合实现新型工业化，形成一个年产值达到100亿元的工业园区。

（2）以公共性投入、生产要素互享或者互补为主导的链接形式，探索工业园区产业之间的共性技术共享机制，搭建1个市场信息发布与1个资产交易方面的公共平台，提高资源运用效率；建立1个生态工业循环系统，统一处理工业园区的废弃物，以此实现工业园区的生态化改造。

（3）树立四方物流观念，建立2个四方物流平台，通过三网融合改造现有企业的生产流程，实现工业企业零部件的零存放，降低资金占压成本。

（4）建立1个创新创意孵化园区，为具有工业创意、文化创意、旅游创意的小微企业打造一个孵化平台，成为该区域的创意中心。

（5）成立1家产业引导基金，引导民间资金的有序流动，通过股权投资的形式，实现资金的高效使用。该产业基金采取“补偿基金+股权投资”的模式，由政府出资5000万元，大力吸收衡山、南岳、新塘以及其他地方的民间资本，募集资本不少于5亿元，为创新创意企业、项目提供资金支持，更重要的是为该区域引进现代服务业提供一个窗口。

3. 利用市场需求发展旅游地产业

（1）成立5家左右的旅游地产开发公司，重点发展分布在旅游风景区、旅游度假区以及湘江风光带的度假旅游地产，从事景区地产、商务地产、度假地产、住宅地产以及其他方面的旅游地产服务，为“南岳—开云—新塘”特色城镇带一体化奠定坚实的基础，到2020年特色城镇带的旅游地产价值达1500亿元以上。

（2）对该区域现有的10多家建筑企业进行改造提升，使其能够满足该区域房地产与旅游地产的发展需求，组建建材批发大市场，聚集16家左右的相关商业企业，提供建筑材料、非金属矿及其制品、各种新型非金属材料以及相关建材产品；引导成立10余家装潢设计公司、园林别墅绿化公司等。

4. 立足提升接待能力发展酒店与餐饮服务业

（1）发展800家左右的社区服务性企业，主要面向社区以及游客、香客、学生等，主要从事社区超市、杂货店、小旅馆、小型游乐室、小型OK厅、停车场、菜市场、小吃店、大排档、美容、理发等方面的服务，每年提供的服务价值约为10亿元。

（2）发展200家左右面向整个特色城镇带的服务企业，这些企业主要面向特色城镇带的消费性需求，也在一定程度上满足游客的需求，主要包括大中型超市、星级宾馆、歌舞厅、影视城、休闲城、星级酒店等，每年提供的服务价值约为40亿元。

（3）发展2个具有标志性的建筑群，作为该区域未来旅游产业的综合体，为国内外的高档客人提供服务，主要从事会议、咨询、金融、住宿、餐饮、购物、酒店、文化、艺术、娱乐、休闲、体育赛事等方面的服务，每年提供约为60亿元的服务价值。

（4）发展50家以上的旅游商贸服务公司，主要涉及工艺品纪念品、地方特产、旅游装备、旅行社、导游服务公司、旅游俱乐部、旅游集散中心、电子商务、旅游营销策划、旅游金融、服务培训等，每年提供10亿元以上的服务价值。

（5）创建15个左右的养老养生服务基地，建设2家康复疗养院，1家老年专科医院，一批水疗中心、SPA会所、森林氧吧、瑜伽会所、疗养别墅、疗养公寓、养生度假村、老年公寓等，每年提供约15亿元的服务价值。

5. 基于旅游业配套发展物流与商贸流通产业

（1）近期重点打造6个城市休闲饮食商业街区，包括南岳休闲购物街、衡山旅游休闲街区、金盛商业步行街、人民广场购物街区、黄花新区休闲购物区、新塘美食街区；远期则形成多类型商业业态组合和城市商业配套。

（2）与景区建设同步进行，形成每个景区拥有配套完整的商业业态，近期重点打造8～12条景区特色商业街，主要包括景区配套商业街区，出售本地特色旅游产品、民俗产品、景区文化衍生艺术品、工艺品等。

（3）根据建设“南岳—开云—新塘”特色城镇带一体化发展要求与产业布局，规划2个物流园区与3个物流中心，即衡山物流园区、新塘物流园区、青山物流中心、白果物流中心以及店门物流中心，并依据物流园区所提供的资源，成立供应链金融平台以及第三方物流信息中心，每年提供150亿元左右的服务价值。

六　空间集聚与空间结构

产业聚集与聚合，是区域经济发展的主体模式，随着后工业化时代的到来，现代服务业和高新技术产业的聚集与聚合已经成为区域经济升级的标志，依托现代服务业的城镇化代表了世界发展的潮流与方向。在我国，以旅游产业为引擎的泛旅游产业集群发展代表了未来城镇化的方向。

（一）旅游引导的新型城镇化设计

旅游引导的新型城镇化，包括城镇的景区化与景区的城镇化两个方面（见图9）。城镇的景区化是指在城镇建设过程中，各种基础设施、城镇环境以及建筑主体在统一的规划设计下，与当地的文化与旅游资源深度融合，成为游客重要的旅游目的地；而景区的城镇化是指随着旅游发展，景区基础设施、配套设施、休闲设施等建设，本身就是城镇化建设的一个有机组成部分。旅游引导的大衡山特色城镇带一体化的主要任务，就是在整合旅游资源形成产业的同时，对原有的城镇进行景区化改造，并加强景区基础设施、配套设施建设。此外，旅游与其他产业融合所形成的泛旅游产业，通过产业集聚形成旅游产业集群，从而为人口的集中、农民身份的转变提供产业契机；旅游产业集群不但需要完善旅游设施，还需要健全公共服务设施，以形成旅游综合体、旅游休闲小镇等，从而为农民的就地城镇化提供物质基础。

1. 以南岳景区为中心，构建“南岳—开云—新塘”特色城镇体系

城镇体系由城市体系和村镇体系构成。城镇体系是一个具有一定时空地域结构、相互联系的城镇网络有机整体；村镇体系是在一定地域范围内由村庄、集镇和建制镇共同组成的一个有机联系的整体。旅游产业引导下的大衡山城镇带开发，促成了城镇向田园城市的方向发展。随着游客的增加，南岳镇受空间资源制约，承载不了不断增加的游客，服务游客的接待任务将逐步向开云镇方向扩散，从而带动开云镇酒店、宾馆等设施的建设，并拉开了开云镇与新塘镇旅游化发展的序幕。开云镇与新塘镇旅游化发展，主要包括城

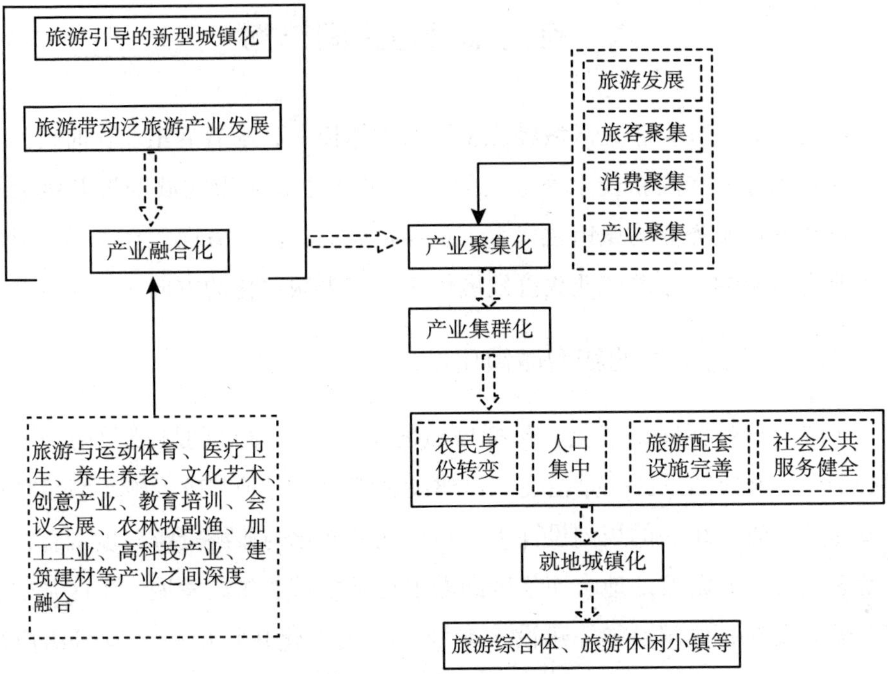

图9　旅游引导的新型城镇化架构

镇景区开发、新型城镇休闲中心建设、旧城改造休闲街区化发展、休闲卫星城组团化建设、环城游憩带城乡统筹开发等。

（1）以打造“四位一体”的交通枢纽城、旅游服务城、重点卫星城、山水宜居城为目标，加快拓展城区规模，提升城镇品位，科学、合理规划城区功能布局。实现行政、产业、商贸分区协调发展，基本形成老城区、工业园区、开云新城、黄花新区“四区”格局，实现“南岳—开云—新塘”城镇带一体化，树立经营城市理念，着力形成交通畅通有序、环境整洁优美、风尚文明进步的“文明奥区”。

（2）开发紫巾峰主题公园，建设开云新城的“古韵衡山”项目，对开云镇进行城镇景区开发。紫巾峰是衡山七十二峰之一，是位于衡山县县城的主峰，现为湖南省级森林公园，可开发建成“万花园”，成为婚纱拍照、节日婚庆等活动的主题公园；将“古韵衡山”打造为开云新城的核心景点，成为衡山旅游一个新的吸引核；建设一个集住宿、餐饮、休闲、娱乐为一体的五星级酒店，形成面向国内外游客的接待中心，成为开云镇一道亮丽的风景线。

（3）规划形成“南岳—开云—新塘”城镇带休闲商务区，提高城市品位与吸引力。在南岳四街的基础上，构建南岳商业街与南岳休闲购物街；在开云镇及其新区打造衡山旅游休闲街、金盛商业步行街、人民广场购物街以及黄花新区休闲街；在新塘镇主要是打造新塘美食一条街。

（4）在旧城改造、新城建设、城乡统筹、产城一体化的基础上，形成“南岳—开云—新塘”城镇带休闲中心、休闲街区、休闲卫星城、环城游憩带等系统发展的结构。旧城改造的休闲区、新城建设的休闲区，成为“花园式”城市的有机组成部分，通过交通设施的改善、城市与村镇之间的互动，实现城乡在人流、物流、资金流、信息流方面的自由流动，形成城乡发展的新格局，促进新型城镇化建设。

2. 发展旅游文化产业，通过产业扩散引导空间扩散

“南岳—开云—新塘”特色城镇带一体化要突破现有的发展瓶颈，除了扫除一些制度性、政策性因素外，必须站在区域经济及产业的角度，从旅游吸引物、游程、接待配套、管理、营销五大方面实现目的地系统构建。依托南岳寿福文化、八百里衡山、祝融峰、水帘洞、南岳大庙、中华万寿鼎、观湘洲度假村、竹海、民俗文化、特色农产品、水系等优势资源，形成旅游主导下的休闲产业、养生产业、养老产业、创意文化产业等泛旅游产业的整合发展，形成旅游产业集群；借助烧香拜佛、祈祷寿福、祭祀等具有深厚历史文化沉淀的有吸引力的旅游资源，形成一批特色旅游度假小镇、养生庄园、养老基地等旅游综合体，将旅游理念纳入建筑中。为打造“南岳—开云—新塘”完整的泛旅游产业体系，建设目的地系统，通过对该区域资源的整合，按近期与远期目标主要规划以下项目（见表14）。

表 14　大衡山特色城镇带重点旅游休闲商业项目规划

休闲商业项目形式	近期打造重点	发展目标
城镇休闲商业街	南岳休闲购物街、衡山旅游休闲街区、金盛商业步行街、人民广场购物街区、黄花新区休闲购物区、新塘美食街区	近期重点打造 6 个城市休闲饮食商业街区，远期则形成多类型商业业态组合和城市商业配套
景区购物商街	景区配套商业街区以出售本地特色旅游产品、民俗产品、景区文化衍生艺术品、工艺品等为主	与景区建设同步进行，形成每个景区拥有配套完整的商业业态，近期重点打造 8 ~ 12 条景区特色商业街
特色村镇休闲基地	选择环南岳风景区的 20 个村落，发展以农家游为内容的具有浓郁地方特色的村落文化、生态创意农业	近期打造 5 个古村落的特色休闲商街，远期打造 10 ~ 20 个特色古村落文化、商业街区
养生养老基地	依托大衡山优质的自然资源、浓郁的养老养生文化以及养生的实际经验，通过旅游地产建设养老养生基地	近期建设白龙潭水库养生休闲基地、湘江湿地公园养生基地以及龙荫河生态旅游度假村养生基地等，远期开发 5 个养老养生基地
南岳禅宗文化体验馆	依托东湖镇万亩竹林资源，打造南岳禅宗文化体验馆	将禅宗文化体验馆打造为国内外一流的禅宗文化体验、研究交流中心，形成具有禅宗理念的养生休闲中心
酒店宾馆集群	南岳五星级宾馆、衡山黄花政务饭店（五星级）、衡山四星级旅游宾馆等，鑫都宾馆改造、衡山宾馆装修改造、哥德堡大酒店装修改造等	近期开发建设 1 家五星级宾馆、3 家四星级宾馆以及 10 家三星级及以下级别的宾馆，远期可以再投资建设 2 家五星级宾馆、20 家左右的其他星级宾馆，形成一个完整的旅游住宿、接待体系
古韵衡山旅游区	该项目以逐步恢复“南岳朝圣文化”和传承衡山民俗风情为主导，以休闲、娱乐、购物为辅，游客可参观学习渔鼓、器乐、豆腐、凉席、竹藤制品的制作流程，欣赏皮影、山歌、歌舞等表演，亲手制作豆腐、凉席等物品	项目将以文化广场为载体，以民风民俗演出为内容。紧邻南岳衡山风景区，是人们旅游、休息、娱乐的理想场所

（1）利用南岳游客增加而接待能力难以胜任的契机，在开云镇投资建设一家五星级酒店，使其成为南岳旅游的一个重要的接待中心，通过停车场、购物休闲等方面的优质服务，吸引南岳游客入住开云镇，从而拉开“南岳—开云—新塘”特色城镇带一体化建设的序幕；远期可以再投资建设

2家五星级宾馆、20家左右的其他星级宾馆，形成一个完整的旅游住宿、接待体系。

（2）为满足游客购物、游玩的需求，特色城镇带重点打造6个城市休闲饮食商业街区、12条景区特色商业街。城镇休闲商业街的近期发展重点是改造与兴建南岳休闲购物街、衡山旅游休闲街区、金盛商业步行街、人民广场购物街区、黄花新区休闲购物区、新塘美食街区6个城市休闲饮食商业街区，为游客提供休闲、美食、娱乐等方面的服务；远期则通过产业融合形成多类型商业业态组合和城市商业配套。景区配套商业街区以出售本地特色旅游产品、民俗产品、景区文化衍生艺术品、工艺品等为主，与景区建设同步进行，使每个景区拥有配套完整的商业业态。

（3）打造特色村镇休闲基地。选择环南岳风景区的20个村落，发展以农家游为内容的具有浓郁地方特色的村落文化、生态创意农业。近期打造5个古村落的特色休闲商街，远期打造20个特色古村落文化、商业街区。

（4）依托大衡山优质的自然资源、浓郁的养老养生文化以及养生的实际经验，通过旅游地产建设养老养生基地。近期建设白龙潭水库养生休闲基地、湘江湿地公园养生基地以及龙荫河生态旅游度假村养生基地等，远期开发5个养老养生基地，建设与其配套的医疗设施，特别是老年专科医院、老年康复医院等，形成完整的产业配套体系。

（5）依托东湖镇万亩竹林资源，打造南岳禅宗文化体验馆。依托南岳源远流长的禅宗文化及其形成的禅宗养生实践，以东湖镇万亩竹林资源为背景，打造南岳禅宗文化体验馆。将禅宗文化体验馆打造为国内外一流的禅宗体验、研究交流中心，形成一个具有禅宗理念的养生休闲中心。

（6）依托南岳旅游资源，挖掘衡山民俗文化，打造古韵衡山旅游项目区。该项目以逐步恢复“南岳朝圣文化”和传承衡山民俗风情为主导，以休闲、娱乐、购物为辅，游客到旅游区可参观渔鼓、器乐、豆腐、凉席、竹藤制品的制作流程，欣赏皮影、山歌、歌舞等表演，亲手制作豆腐、凉席等物品，是人们旅游、休息、娱乐的理想场所。

3. 通过城乡“链合”，促进城乡良性互动

在大衡山特色城镇带一体化发展过程中，需要形成新的城乡互惠的市场纽带，其主要方式就是通过社区支持农业，重建农户和市民消费者之间的信任与互惠关系；将城市社区管理和服务模式植入农村，打破公共服务产品供给方面的城乡二元体制，促进城乡经济和文化互补，整合资源形成城乡的良性互动。

（1）因地制宜，提升农村社区的基础功能，为产城一体化奠定坚实的基础。依据“南岳—开云—新塘”特色城镇带的自然属性、人文特征、经济优势统筹规划城乡空间布局，在靠近开云镇的地域布局黄花新区，在交通节点、经济贸易较发达区域建特色小镇，突破行政村的界限规划中心村落，围绕中心村因地制宜地改造各个行政村与自然村，从而实现城乡空间一体化；以满足社区基本需求为出发点，注重开云镇、南岳镇以及新塘镇与其周边乡村之间空间功能的均衡与融合，在农村路网、电网、水网、气网、广播电视电话互联网、市场网等工程建设的推动下，完成各村镇之间的综合治理，延伸污水处理项目，彰显“观光旅游、生态农业、村落文化”三位一体的社区特色。

（2）完善城市社区管理体制，构建服务型社区治理结构，实现服务链整合。成立社区便民服务中心，并由驻村干部担任协调委员会成员，选派业务骨干充实中心工作队伍；规范服务机制，为农村居民在劳动保障、暂住人口管理、计生、信访、土管审批、家电下乡等方面提供“一站式办理”“全程代理”的农村公共服务。服务中心既承接政府公共服务的下移，又强化农村社区与市场以及社区内部资源的整合，是“链接”城乡的重要环节。

（3）促进土地效益最大化，推进社区利益均衡化，从而实现产业链整合。发展乡村特色生态旅游农业，通过土地平整、流转，吸引城市工商资本进入农业领域，从而实现城乡资源接轨。到2020年，该区域建设120个左右的生态农业园，根据衡山气候、水土等有利条件，发展有机稻米、生态蔬菜、特色瓜果生产，设计一些具有农业特色的旅游因素，使其产业链延伸到旅游产业，从而提高农业附加值。

（4）建设现代观光农业点。通过对特定农业主题的整体设计，按照公园的经营思路，把农业生产场所、农产品消费场所和休闲旅游场所结合在一起，对农业主题文化进行充分挖掘展示，创造出特色鲜明的体验空间；将农耕文化、民俗风情融入传统节日或主题庆典中，通过农业节庆活动推动旅游、会展、贸易及文化等行业发展；利用现代科技手段对农业生产方式进行创新。

4. 调整产业结构，为农村劳动力转移提供就业机会

“南岳—开云—新塘”一带，居民外出务工经商比较频繁，他们的回流资金形成了该区域消费结构的重要组成部分。以旅游产业为引导的“南岳—开云—新塘”特色城镇带一体化，其实质就是该区域的新型城镇化，将会成为未来湘南地区新的经济增长极，从而吸引劳动力回流该区域，促进该区域劳动力的就地城镇化。

（1）以泛旅游产业为龙头，优化城乡产业布局。“南岳—开云—新塘”特色城镇带未来产业调整的主要思路是：优先发展旅游产业，稳定并提升工业，改造与创新农业业态，形成以生态农业园区为载体，以设施农业、创意农业以及高科技农业为内容的新型农业体系，增加乡村旅游的吸引力，增加就业岗位。

（2）新增的25个旅游综合体项目，作为“南岳—开云—新塘”特色城镇带一体化的基础，吸收3万名左右的劳动力，从而带动6万以上的人口城镇化，其他旅游项目、地产与建筑产业、物流与其他服务产业分别吸收1万、2万、2.5万名劳动力，从而引导18万人口城镇化，加上原有的人口，该区域到2020年将聚集30万常住人口以及每天可能将要接待的5万名游客，该区域将聚集35万以上的人口。

（3）注重统筹新型工业化、农业现代化、现代服务业发展。促进信息化与工业化深度融合，增强新型工业化对农业现代化与现代服务业发展的带动能力；促进区域内工业企业向工业园区集聚，推进衡山金龙工业园的循环化改造，发展绿色、环保产业，建设生态工业园区。依托城镇化优势、先进科技及现代服务业平台，带动提升农业产业化、集约化经营水平。鼓励和引导现代服务业向农村延伸，发挥中心城区在金融、商贸、物流等现代服务产业上的领头作用，以小城镇为节点推进中介组织、专业服务公司向农村拓展，开发农村服务市场。

（4）加快完善城乡商品市场和生产要素市场。建设贯穿城乡的农产品流通体系、制造业物流体系、能源物流体系，鼓励商贸流通企业到农村发展综合性服务网点，加快培育和发展农村金融组织，扶持发展新型农民合作经济组织，推进城乡土地市场、资金市场和劳动力市场对接，实现物资流、资金流、人力流、信息流等在城乡产业间的正常循环，促进经济增长，提高劳动力就业水平。

5. 完善路网结构，实现三地一体化发展

大衡山特色城镇带一体化发展的动力来源于三地泛旅游产业的整合发展，而泛旅游产业的整合离不开区域内交通和物流设施的整合与完善。因此，需要根据三地泛旅游产业整合与发展的要求，完善路网结构，从而加速三城融合，实现三地的一体化发展。

目前，大衡山地区已经形成以高速公路、国道、省道为骨干，县乡公路为辅助的交通网络，区域内路网的可达性和密度能够满足一般经济发展的需要。但是，旅游业的发展提出了一些特别的要求，那就是要考虑主要旅游线路的游客在行程安排上的舒适性和便利性。据此，需要建设一条从南岳到紫巾峰的直达公路以及环衡山旅游专线；规划建设南岳—双峰线、衡山二大桥，开通店门—东湖—马迹公路，提质望峰—东湖、岭坡—福田—沙泉等县级干道，完善路网结构。

（二）功能区划与旅游综合体集聚

1. 功能分区

根据南岳区、衡山县以及衡东县的国家功能区划，结合该区域经济发展现状、发展格局和经济发展需要，特别是综合该区域三个县区的功能区划，确定该区域土地利用可以划为重点开发区、限制开发区、禁止开发区三类功能分区。

（1）重点开发区。范围包括衡山县城、衡山金龙工业园区（属省级经

济开发区)、武广客运专线新衡山站区、福田石材基地、东湖马迹工矿区、店门草席基地、新桥、萱洲古镇、新塘等。总面积约100平方公里，占该区域总面积的11.8%左右。这些地方是“南岳—开云—新塘”城镇带一体化的工业用地，是该区域GDP的主要贡献场所。随着旅游引导的特色城镇带一体化发展，规模以上工业企业将主要迁入工业园区，而重点开发区的土地主要用于房地产开发与旅游地产开发。

（2）禁止开发区。范围包括南岳区所属衡山的100平方公里景区，衡山县内的湘江和涓水沿岸地区，紫金山省级森林公园，九观、新桥两个中型水库库区，毛泽建烈士墓、岳北农工会旧址、唐群英故居等重点旅游风景名胜区，退耕还林地区，基本农田保护区。总面积约为350平方公里，占该区域总面积的41.4%。禁止开发区内含有一些重要的历史文物以及景点，可以作为风景区在保护的同时发挥经济作用。

（3）限制开发区。除重点开发区和禁止开发区外，该区域内的其余地区均为限制开发区，总面积约为395平方公里，约占总面积的46.7%。根据经济发展的需要，该区域可以进行旅游景点建设、旅游地产开发等，是城镇带一体化中最有发展潜力与资源挖掘潜力的地方，像养老养生、乡村旅游等旅游综合体以及一些重要的旅游项目就规划在这些区域中。

2. 旅游综合体集聚区划分

根据“南岳—开云—新塘”特色城镇带一体化的发展目标，将该区域的风景名胜区与旅游区划分为风景游享区、娱乐休闲区、休闲购物区、养老养生区以及乡村旅游区5个方面（见表15），从而实现“适度开发、综合利用”的目标。

（1）风景游享区。风景游享区是指风景集中的区域，其主要功能是满足游客游览观光的需求。对游客的吸引力主要来自风景游享区，因此，这一功能区要求有独特的风光风景、地质地貌或人文建筑。大衡山地区的南岳景区、紫巾峰主题公园、衡山竹海旅游风光带、衡山岭坡丹霞地质公园等项目均属于这一类功能区。

（2）娱乐休闲区。娱乐休闲区的主要功能是满足游客娱乐的需求，从而达到延长游客滞留时间的目的。游客在风景游享区饱览独特风光之余，大多会顺道在附近娱乐休闲区体验各种有趣的娱乐活动。这一功能区要求有优美（但不一定独特）的风景，并在这一环境中设置各种娱乐设施供游客游玩。湘江旅游风光带、衡山大源渡水上乐园、观湘洲生态休闲岛、古韵衡山旅游区、衡山传奇室外剧场、衡山非遗文化歌剧院、南岳国际户外休闲节、衡山旅游休闲街区等项目均属于这一类功能区。

（3）休闲购物区。休闲购物区的主要功能是满足游客及本地居民购物的需求。游客或居民在工作和游览的闲暇时间可以非常便利地购买所需用品。南岳商业街、南岳休闲购物街区、金盛商业步行街、人民广场购物街区、黄花新区休闲购物区等项目均属于这一类功能区。

表 15　旅游综合体集聚区规划

单位：平方公里

功能区划	布局	规划面积
风景游享区	南岳景区（南岳区）、紫巾峰主题公园（开云镇）、衡山竹海旅游风光带（福田铺乡、岭坡乡、望峰乡、东湖镇）、衡山岭坡丹霞地质公园（岭坡乡）	236
娱乐休闲区	湘江旅游风光带（从开云镇神冲到永和乡老林沿湘江 150 米以内）、衡山大源渡水上乐园（永和乡）、观湘洲生态休闲岛（开云镇）、古韵衡山旅游区（开云镇）、衡山传奇室外剧场（开云镇）、衡山非遗文化歌剧院（开云镇）、南岳国际户外休闲节（以沙泉乡为中心，涵盖福田铺乡、岭坡乡、望峰乡、东湖镇和沿江风光带）、衡山旅游休闲街区（开云镇）、新塘小吃一条街	3.023
休闲购物区	南岳商业街（南岳区）、南岳休闲购物街区（南岳区）、金盛商业步行街（开云镇）、人民广场购物街区（开云镇）、黄花新区休闲购物区（开云镇）	0.194
养老养生区	药师佛道场（南岳区）、禅宗文化体验馆（东湖镇）、衡山竹海旅游风光带（福田铺乡、岭坡乡、望峰乡、东湖镇）、禹王碑生态文化旅游区（福田铺乡）、书院博物馆（福田铺乡）	135.8
乡村旅游区	龙荫河乡村生态旅游开发（永和乡）、生态农业与创意农业（萱洲镇、永和乡、沙泉乡、福田铺乡、岭坡乡、望峰乡、东湖镇）	106.6
总　计		348.289

注：规划总面积为 348.289 平方公里，表中的“风景游享区”与“养老养生区”均计算了 20 万亩的竹海，故只计算一次。

(4) 养老养生区。养老养生区主要是针对有闲游客的需求而设计。这类游客有大量的空闲时间，能在旅游地做长时间的滞留。这类游客往往有较高的文化素养和品位，因而良好的生态环境、独特的文化氛围以及相关的生活娱乐文化设施三者结合，可以吸引这类游客做长时间的逗留。药师佛道场、禅宗文化体验馆、衡山竹海旅游风光带、禹王碑生态文化旅游区、书院博物馆等项目均属于这一类功能区。

(5) 乡村旅游区。乡村旅游区主要是让游客体验农村生活与农业生产，对于缺乏农村生活经历的游客有一定的吸引力。龙荫河乡村生态旅游开发、生态农业与创意农业项目均属于这一类功能区。

(三) 空间集聚与人口布局

本质上来看，产业集聚是以企业为载体的经济活动的一种空间集聚现象，也是产业资本要素在空间范围内不断会聚的过程。由旅游引导的“南岳—开云—新塘”特色城镇带一体化，实质上是由泛旅游产业作为核心动力而引发的新型城镇化。构成泛旅游产业集群的各种企业，将包括人在内的各种经济要素聚集在一个有限的空间里，从而产生了知识溢出效应，并因此成为创新与经济增长的源泉。

带动“南岳—开云—新塘”特色城镇带一体化的核心旅游景区，共分为三类：基于自然景观创新的核心旅游景区、基于人文景观创新的核心旅游景区、基于娱乐休闲购物商业设施的旅游景区。

1. 自然景观创新旅游景区的空间布局与人口聚集

基于自然景观创新的核心旅游景区，其集聚程度受自然资源空间分布的制约，但可以通过路网改变相互之间的区位，提高其集聚程度。建设一条环衡山的旅游专线，会提高该区域旅游景点的聚集程度，从而提高人口的聚集程度。

南岳旅游景区主要是指体现其自然、人文景观资源的南岳衡山风景名胜区的风景游览区域，具体包括祝融峰、磨镜台、忠烈祠、藏经殿、禹王城、五岳溪、水帘洞、卧虎潭、方广寺、止观溪和古镇 11 个景区。主要分布在南岳林场、南岳镇、龙凤乡。区内土地主要用于南岳衡山风景名胜区自然和人文景观的保护以及旅游、休闲及相关文化产业开发。

南岳衡山的自然与文化遗产保护区，主要包括南岳衡山自然保护区核心区部分区域和广济寺、方广寺、藏经殿、龙池、上封寺、水口山、常在庵7处原始次生林涵盖的自然遗产保护区；忠烈祠、穿岩石林、半山亭、玄都观、财富山庄、邺侯书院、铁佛寺、湘南寺、祖师殿、芙蓉峰、皇帝岩、会仙桥、祝融峰等重要景点涵盖的文化遗产保护区。

南岳的自然景区及其自然与文化保护区构成南岳旅游的主要吸引物，每年吸引游客约600万人次，成为南岳镇人口集聚的内在动力。但是，南岳镇狭窄的空间每天需要承载7万人左右，最多的时候可能需要承载15万~20万人，其短缺的空间资源因为过度集聚已经显得拥挤，需要获取新的空间来承载日益增长的旅游人数，从而出现了空间扩散。由于旅游资源的特殊性，其空间扩散方向与半径受其区位的影响，开云镇及其临近的新塘镇是主要的扩散方向。

基于自然景观，规划紫巾峰主题公园、湘江旅游风光带、衡山竹海旅游风光带、衡山大源渡水上乐园、龙荫港乡村生态旅游开发、衡山岭坡丹霞地质公园、环衡山景点圈和生态农业与创意农业等旅游项目，以承载南岳拥挤的游客资源，形成新的旅游吸引物，并将提供4000多个就业岗位，这些就业岗位主要是服务性质的，不需要高深的知识背景，通过培训完全可以从周边的居民中吸收，从而实现周边居民的就地城镇化（见表16）。

表16 大衡山自然景观创新旅游景区空间布局规划

单位：人，亩

类别	名称	就业人口	规划面积	地点	内容
基于自然景观创新的核心旅游景区	紫巾峰主题公园	300	约2600	开云镇	位于衡山县县城的主峰，现为湖南省级森林公园，开发建成“万花园”，成为婚纱拍照、节日婚庆等活动的主题公园
	湘江旅游风光带	1500	沿江150米以内	从开云镇神冲到永和乡老林	发展游轮游艇、空中婚礼、热气球等旅游新业态，是特色城镇带休闲度假旅游产业的主要分布空间

续表

类别	名称	就业人口	规划面积	地点	内容
基于自然景观创新的核心旅游景区	衡山竹海旅游风光带	350	近20万	开云镇、福田铺乡、岭坡乡、望峰乡、东湖镇	竹种园,分珍奇竹园、温室、竹种繁育、竹类系统四个小区;竹科技文化馆;竹产品交易市场;白龙潭水库养生休闲基地;配套设施建设,如停车场、儿童游乐中心、旅游宾馆等
	衡山大源渡水上乐园	300	800	永和乡	占地800亩,分三期工程建设;主要建设内容有高级球场、科普馆、宾馆、游乐园、晒浴场、购物中心等
	龙荫港乡村生态旅游开发	300	6000	永和乡	旅游区规划总面积近4千公顷,长30余里。以龙荫河沿河各景点和镇岳峰及湘江风光片等多处景点游览为核心,进行文化、生态观光、休闲度假等旅游活动
	衡山岭坡丹霞地质公园	100	2000	岭坡乡	该地质奇观总面积约为10平方公里,核心景区面积约为4平方公里。景区距衡山县城26公里,距潭衡西高速白果互通出口10公里。开发为丹霞景区和地质公园
	观湘洲生态休闲岛	150	约1000	开云镇	利用湘江水域资源,挖掘旅游产品内涵,开发建设柏森林园、文峰书院、鸥沙休闲中心、文峰宝塔、百欢鸟谷、魅力不夜城等,将其打造成一个集休闲、旅游、娱乐、垂钓与避暑为一体的旅游综合体
	环衡山景点圈	50	—	店门镇、开云镇、福田铺乡、沙泉乡、永和乡、望峰乡、岭坡乡、东湖镇、南岳区	整合岣嵝峰、观湘洲、水帘洞养生园、大源渡度假区、萱洲古镇、龙荫港、九观湖等周边景区(点),形成乡村民俗旅游、生态休闲度假、古镇休闲、文化观光体验等不同主题的环衡山生态文化旅游圈,形成一系列特色景观和文化遗产组团。建一条旅游专线,把以上景点圈起来
	生态农业与创意农业	1500	100000	新塘镇、开云镇、福田铺乡等9个乡镇	将新塘、福田铺等围绕"南岳—开云—新塘"的农业用地通过流转,建成生态农业园区、创意农业园区等现代农业形式,并在此基础上发展乡村旅游

2. 人文景观创新旅游景区的空间布局与人口聚集

南岳、衡山自古相连，其人文历史难以割断。深入挖掘“南岳—开云—新塘”一带的人文历史资源，可以创新出大量的人文旅游点，形成人文旅游景区。例如，药师佛道场的规划，就是对文化进一步挖掘的结果。南岳作为南禅的发源地，素有“宗教圣地”的美称，结合卧虎潭景区暂未开发的原生态，建设药师佛道场可以挖掘佛教文化内涵，打造集探险、参禅、养心、度假、休闲于一体的景区。

相似的规划还有禅宗文化体验馆、古韵衡山旅游区、禹王碑生态文化旅游区、衡山抗战纪念馆、书院博物馆、衡山传奇室外剧场、衡山非遗文化歌剧院与南岳国际户外休闲节等项目规划。这些项目规划主要布局在南岳以及围绕南岳的开云镇等区域，其目的是将南岳的人文景观及其景区扩散到开云镇等地，形成新的旅游吸引物。这些基于人文景观的旅游项目建成之后，不但可以将南岳的一部分游客分流、延滞停留，而且可以提供约 2500 个就业岗位（见表 17）。

表 17　大衡山人文景观创新旅游景区空间布局规划

单位：人，亩

类别	名称	就业人口	规划面积	地点	内容
基于人文景观创新的核心旅游景区	药师佛道场	290	500	南岳区	景区以奇峰峭壁、溪涧瀑布、山林野景、田园村舍为主要景区特色。南岳作为南禅的发源地，素有“宗教圣地”的美称，结合卧虎潭景区暂未开发的原生态，建设药师佛道场，挖掘佛教文化内涵，打造集探险、参禅、养心、度假、休闲于一体的景区
	禅宗文化体验馆	120	500	东湖镇	依托东湖镇的万亩竹林资源，吸引游客静中冥想、洗涤心灵并且以打坐和听诵的方式体验禅宗文化和历史。项目拟建怀让禅师、道一禅师和希迁禅师的塑像，陈列禅宗偈语书法。并为游客提供般若讲堂、素心斋、阿兰若禅居等活动场所与体验项目

续表

类别	名称	就业人口	规划面积	地点	内容
基于人文景观创新的核心旅游景区	古韵衡山旅游区	1000	300	开云镇	该项目以逐步恢复"南岳朝圣文化"和传承衡山民俗风情为主导，以休闲、娱乐、购物为辅，游客到旅游区可参观渔鼓、器乐、豆腐、凉席、竹藤制品的制作流程，欣赏皮影、山歌等表演，亲手制作豆腐、凉席等物品，是人们旅游、休息、娱乐的理想场所。项目紧邻南岳衡山风景区，可形成南岳旅游客源市场的分流，市场前景看好
	禹王碑生态文化旅游区	500	2500	福田铺乡	以禹王碑遗址云峰村为中心，建设一个以文字、文化为主要内容的生态文化旅游中心，该中心通过联结祝融峰、紫盖峰、云密峰，整修两峰之间的隐真寺、隐真坪，云峰寺、禹王桥、禹溪等景点；修建文字博物馆、衡山文化展览馆等文化设施，使其融自然景观与人文景观于一体；建设禹王碑文化生态旅游度假村，将其打造为一个集旅游观光、避暑、疗养、假日娱乐休息、科普教育为一体的综合性旅游区
	衡山抗战纪念馆	70	20	南岳区	南岳忠烈祠抗日战争纪念馆位于国家级风景名胜区南岳衡山核心景区内，现为全国重点文物保护单位、全国爱国主义教育示范基地、全国红色经典旅游景区。纪念馆新馆舍主要展示抗日战争中牺牲的所有烈士名录与其英勇事迹、抗战时期在南岳召开的四次军事会议及国共合作开办的南岳游干培训班等内容。将纪念馆建设成为全国宣传和展示抗战英烈事迹、弘扬爱国主义精神的重要基地
	书院博物馆	150	200	福田铺乡	设立文定书院及大衡山区书院历史博物馆。其中书院下设禅宗文化研究所，为东湖镇禅宗文化体验馆提供人才和技术支持
	衡山传奇室外剧场	180	50	开云镇	与南岳休闲购物街区和衡山旅游休闲街区对接，三者统一规划设计
	衡山非遗文化歌剧院	200	20	开云镇	以岳北山歌、衡山花鼓灯、衡山皮影戏等衡山非物质文化遗产内容，创作演出具有地方特色的歌舞节目

续表

类别	名称	就业人口	规划面积	地点	内容
基于人文景观创新的核心旅游景区	南岳国际户外休闲节	150	除沿江风光带以外的部分约50亩	以沙泉乡为中心，涵盖福田铺乡、岭坡乡、望峰乡、东湖镇和沿江风光带	举办南岳国际休闲运动旅游节，发展户外营地、自行车赛、乡村旅游、户外音乐节等时尚休闲活动。建设环湘江"大南岳衡山"段国际自行车赛道和南岳衡山景区山地车赛道，打造著名自行车运动休闲度假胜地，提升区域旅游转型升级

3. 商业游景区的空间布局与人口聚集

在所有的旅游创新项目中，商业性旅游项目最具有人口聚集能力，是新型城镇化最重要的抓手。在旅游的"吃、住、行、游、购、娱"六大要素中，与商业配套相关的占了四个方面。随着人们生活水平的提高，出外旅游的目的也在逐步改变，由以前纯粹的旅游观光到旅游休闲，这需要旅游目的地提供更好的接待与住宿条件，大衡山商业游景区空间布局规划如表 18 所示。

表 18　大衡山商业游景区空间布局规划

单位：人，亩

类别	名称	就业人口	规划面积	地点	内容
基于娱乐休闲购物商业设施的旅游景区	南岳酒店	1000	100	南岳区	依托南岳游客资源，建设以养生体验为主题的共和酒店第二期，提升酒店的品质，彰显酒店的主题；该酒店将宗教文化、养生休闲与住宿统一，创新酒店经营理念、经营形式等。此外，新建 1 家五星级酒店、1 家四星级酒店
	南岳商业街	1000	50	南岳区	南岳商业街为中式古典特色商业街，集旅游、购物、休闲为一体，灯光的设计体现街道性质，突出表现建筑、小品、绿化等构景元素景观表现力的同时，兼顾购物商业街的特性
	南岳休闲购物街区	800	20	南岳区	与衡山传奇室外剧场和衡山旅游休闲街区对接，三者统一规划设计

续表

类别	名称	就业人口	规划面积	地点	内容
基于娱乐休闲购物商业设施的旅游景区	衡山旅游休闲街区	1800	80	开云镇	依托衡山的旅游资源,以武广高铁旅客集散与南岳游客消费为契机,集宗教用品和土特产销售、民俗文化演出、休闲娱乐等于一体的旅游休闲一条街
	新塘美食街区	1200	120	新塘镇	深入挖掘衡东饮食文化,进一步拓展衡东菜的知名度,打造衡东土菜饮食一条街
	金盛商业步行街	1200	60	开云镇、衡山县城	在现有基础上,改造街道两边的旧建筑物,打造集购物、休闲于一体的商业街。为满足游客与本地居民的购物需求,该步行街主要经营服装、饰品、小吃、餐饮等
	人民广场购物街区	1200	80	开云镇、衡山县城	经营业态涵盖特色餐饮、品牌专卖、购物中心、数码、影院、电子信息产品、电器产品、电玩城等,定位为集购物、休闲为一体的特色街区
	黄花新区休闲购物区	1200	80	开云镇、黄花坪	重点发展星级宾馆、中高档酒店、大型娱乐设施,成为大衡山旅游的第二个旅游接待中心,定位为商务、会议、宴请、休闲娱乐街区;此外,沿金龙大道路段主营服装、化妆品、百货等日用品

（1）高档酒店与饭店是旅游目的地发展第三产业的首要选择。要在南岳与开云镇投资建设高档宾馆与酒店，以此为开云镇承接南岳游客外溢的首要举措。宾馆与酒店对劳动力的吸纳能力较强，属于典型的劳动力密集产业，可以为该区域提供1000个以上的就业岗位。

（2）投资开发建设有地方特色的饮食标志性区域，根据该区域饮食文化的知名度，拟在新塘镇建设以衡东土菜为主题的美食一条街。衡东土菜虽然属于湘菜系列，但有其独特的历史文化与地方风韵，始终保持绿色环保、乡间土味的优良品质，以香色俱佳、美味可口、营养保健而誉满三湘、蜚声湖广。新塘美食一条街规划占地约120亩，聚集220家左右的餐饮企业，并提供1200个左右的就业岗位（不包括自主就业）。

（3）在南岳镇、开云镇旧区、开云镇新区以及新塘镇开发建设旅游休闲购物街区。衡山休闲购物街区依托衡山的旅游资源，以武广高铁旅客集散与南岳游客消费为契机，是集宗教用品和土特产销售、民俗文化演出、休闲娱乐等于一体的旅游休闲一条街。黄花新区休闲购物区，重点发展星级宾馆、中高档酒店、大型娱乐设施，成为大衡山旅游的第二个旅游接待中心，定位为商务、会议、宴请、休闲娱乐街区。此外，沿金龙大道路段主营服装、化妆品、百货等日用品销售。南岳休闲购物街区与衡山传奇室外剧场和衡山旅游休闲街区对接，三者统一规划设计，使之逐步融合为一个比较完整的商业休闲购物体系，并成为该区域一个新的旅游吸引产品。这将会聚集约400家左右的企业，提供3800个左右的就业岗位。

（4）高规格地改造开云镇两个旧商业集聚场所：金盛商业步行街与人民广场购物街区。改造后的金盛商业步行街约占地60亩，在现有基础上，打造为集购物、休闲于一体的商业街。为满足游客与本地居民的购物需求，该步行街主要经营服装、饰品、小吃、餐饮等，该条商业街可以提供1200个左右的就业岗位。重建的人民广场购物街区，占地约80亩，该区域的经营业态涵盖特色餐饮、品牌专卖、购物中心、数码、影院、电子信息产品、电器产品、电玩城等，定位为集购物、休闲为一体的特色街区，可以提供1200个就业岗位。

4. “南岳—开云—新塘”特色城镇带的空间集聚与人口布局

“南岳—开云—新塘”特色城镇带一体化，是由泛旅游产业引导的新型城镇化，其主体包括衡山县县城开云镇、南岳区主体南岳镇以及衡东县的新塘镇；同时，拥有丰富旅游资源的店门镇、长江镇、东湖镇以及永和乡、福田铺乡、岭坡乡、望峰乡与沙泉乡，是新建旅游景点、规划旅游景区的主要场所。通过产业发展，该区域到2020年将新增就业人口8.5万左右，并将带动17.5万左右的人口实现城镇化，加上该区域目前的17.85万城镇人口，到2020年该区域的城镇人口将达到35.35万人，“南岳—开云—新塘”特色城镇带的城镇化水平将达到80%以上，成为湘南地区新型城镇化的主要推动力（见表19）。

表 19　特色城镇带一体化吸收的就业人口与城镇人口

单位：万人

	项目/行业	吸收就业人口	城镇化人口
新增就业/城镇化人口	26 个旅游规划项目	3	5.5
	其他旅游项目	1.5	2
	地产与建筑	1.5	4.0
	物流与其他服务业	2.5	6.0
	合　计	8.5	17.5
当前城镇人口	17.85		
2020 年规划城镇人口	35.35		

（四）一体化空间结构规划

泛旅游产业引导的新型城镇化，实质上是在已有的旅游吸引物等旅游资源的基础上，进一步挖掘自然、人文等旅游资源进行旅游综合体建设，通过吸引外来游客，并刺激其消费，拉动该区域的经济增长，使之成为新的经济增长极。为此，需要以城乡一体化为基础，城、镇、村产业互动整合，规划一个合理的空间结构。

1. 一体“两翼、五线、五区”的空间结构规划

“南岳—开云—新塘”特色城镇带现有人口 41.35 万人，但由于该区域产业特色尚不明显，传统产业没有改造完成，新兴产业还没有完全建立，城市经济职能等级规模不协调，加上城区与村镇之间以及村镇内部之间的交通联系不明显，对周边城镇的辐射和带动作用有待加强。根据旅游引导的“南岳—开云—新塘”特色城镇带一体化的发展思路，为提高该区域空间资源配置的有效性，在空间结构上将规划形成“一体、两翼、五线、五区”的空间格局。

（1）“一体”：“南岳—开云—新塘”特色城镇带，由南岳镇、开云镇以及新塘镇组成；而开云镇则由老城区、黄花新区、开云新城和工业园区组成。

（2）“两翼”：“南岳—开云—新塘”特色城镇带两边区域的乡镇构成

的两翼城镇带一体化，包括长江镇、店门镇与东湖镇三个建制镇，以及永和乡、福田铺乡、岭坡乡、望峰乡与沙泉乡五个建制乡。

（3）“五线”：京港澳高速公路复线、107 国道、314 省道、环南岳衡山旅游专线以及南岳到紫巾峰五条区域空间发展线；规划建设衡山二大桥，连接衡东石湾镇与衡山，缓解大衡山的交通压力；规划建设南岳—双峰线，开通店门—东湖—马迹公路，提质望峰—东湖、岭坡—福田—沙泉县级干道，完善该区域的交通网络。

（4）“五区”：产业规划中形成的旅游综合体聚集区域。风景游享区：布局南岳景区（南岳区）、紫巾峰主题公园（开云镇）、衡山竹海旅游风光带（福田铺乡、岭坡乡、望峰乡、东湖镇）、衡山岭坡丹霞地质公园（岭坡乡）。娱乐休闲区：包括湘江旅游风光带（从开云镇神冲到永和乡老林沿湘江 150 米以内）、衡山大源渡水上乐园（永和乡）、观湘洲生态休闲岛（开云镇）、古韵衡山旅游区（开云镇）、衡山传奇室外剧场（开云镇）、衡山非遗文化歌剧院（开云镇）、南岳国际户外休闲节（以沙泉乡为中心，涵盖福田铺乡、岭坡乡、望峰乡、东湖镇和沿江风光带）、衡山旅游休闲街区（开云镇）、新塘小吃一条街。休闲购物区：包括南岳商业街（南岳区）、南岳休闲购物街区（南岳区）、金盛商业步行街（开云镇）、人民广场购物街区（开云镇）、黄花新区休闲购物区（开云镇）。养老养生区：包括药师佛道场（南岳区）、禅宗文化体验馆（东湖镇）、衡山竹海旅游风光带（福田铺乡、岭坡乡、望峰乡、东湖镇）、禹王碑生态文化旅游区（福田铺乡）、书院博物馆（福田铺乡）。乡村旅游区：包括龙荫河乡村生态旅游开发（永和乡）、生态农业与创意农业（萱洲镇、永和乡、沙泉乡、福田铺乡、岭坡乡、望峰乡、东湖镇）。

2. 空间结构预测

至 2013 年底，南岳镇、开云镇以及新塘镇共有人口 23.33 万人，其中开云镇的城镇人口 8.9 万人、南岳镇的城镇人口 4.11 万人，而新塘镇的城镇人口仅为 1.7 万人。由于经济发展水平较低，发展速度缓慢，2003 年以来该区域的城镇化几乎处于停滞状态。通过承接南岳游客转移，并使其成为南岳游客的重要接待中心，可以打破南岳旅游发展的瓶颈，提高游客的消费能力，引导开云镇形成以旅游消费为内在动力的新型经济增长模式，“南岳—开云—新塘”特色城镇带一体化空间结构预测如表20所示。

表20 “南岳—开云—新塘”特色城镇带一体化空间结构预测

单位：万人，个

等级	2013年人口规模	城镇数量	城镇名称	城镇人口		
				2013年(非农业人口数)	2017年	2020年
中心城区（一体化核心区域）	23.33	3	开云镇	8.9	15	21
			南岳镇	4.11	4.9	5.50
			新塘镇	1.7	2.8	4.50
建制镇	8.49	3	长江镇	0.52	0.75	0.80
			店门镇	0.46	0.70	0.80
			东湖镇	0.39	0.75	0.80
建制乡	9.97	5	永和乡	0.33	0.33	0.50
			福田铺乡	0.18	0.28	0.38
			岭坡乡	0.17	0.25	0.38
			望峰乡	0.12	0.18	0.30
			沙泉乡	0.17	0.25	0.39
总计	41.35	3		17.85	26.19	35.35

（1）到2020年，由南岳镇、开云镇和新塘镇构成的一体化核心城区，其常住城镇人口将由2013年的14.71万人增加到31万人，其中南岳镇5.5万人、开云镇21万人，而新塘镇将达到4.5万人。该区域将打造湘南地区一个次中心城镇体系，成为湘南地区一个新的经济增长极。

（2）到2020年，中心城区外的建制镇与建制乡或者中心村之间的关系将更加紧密，形成一种紧密型城乡关系，构成田园式城镇体系。通过城乡路网结构的完善、产业融合以及公共服务均等化等方式，实现城乡一体化发展，其中建制镇、建制乡与中心村的部分农民将因为就业迁移到中心城区，而一部分农民将在当地的旅游综合体就地城镇化，还有部分农民依然从事农业生产，为宾馆、酒店以及特色商店提供本地产品与服务。

(3) 到2020年，该区域将形成三个层次的城镇结构体系。第一等级为中心城区，城镇人口为31万人；第二等级为3个一般建制镇，城镇人口为2.4万人，农业人口为3万人；第三等级为5个建制乡以及中心村，城镇人口为1.95万人，农业人口为4万人。

七 保障措施

以人为本的新型城镇化将着力点放在推进农民市民化或人口城镇化、让广大农民共享现代城市文明方面，其主要障碍是城乡差别权益制度。旅游引导的大衡山特色城镇带一体化，是新型城镇化的典范，通过泛旅游产业的发展，不但推进“南岳—开云—新塘”的城镇一体化，而且将推进特色城镇带一体化核心城区与其周边村镇的一体化。为此，需要创新一系列机制、制度以及相关政策，确保大衡山特色城镇带一体化得以顺利实施。

（一）机制保障

推进大衡山特色城镇带一体化发展的关键是打破区域发展各自为政的现状，形成整体发展的合力，这需要建立多层面的区域协作机制。

(1) 建立“南岳—开云—新塘”城镇带公交一体化协调机制，提高区域内游客的通勤效率。通过协议确定公共汽车的运行成本补偿机制，在衡山公共汽车公司的基础上，建立一体化公交汽车总站，统一服务一体化区域中的旅客；规划一个湘运服务中心，整合三县区的交通线路。

(2) 建立“南岳—开云—新塘”城镇带统一的供水系统，以实现该区域企业与居民的供水一体化。以衡山几个重要水库为基础，通过协议形成供水协调机制，建立完善的特色城镇带供水系统，从根本上解决南岳缺水的问题。

(3) 建立游客接待协调机制。首先，在衡山区域建立大型停车场，以解决游客在南岳镇停车难的困境；其次，在开云镇新建南岳旅游的第二个接待中心，通过公共汽车网络的配套，实现南岳、开云游客接待的一体化；最后，建立游客服务信息平台，以有效地分流客源，减少南岳游客接待压力。

（4）制定三镇统一的环境治理标准，建立环境治理一体化的协调机制。首先，加强宣传力度，在区域内形成环境治理与生态保护是大衡山发展基础的共识；其次，制定三镇城乡统一的环境治理标准，形成统一的环境治理协调机制，并引入第三方企业或者机构承包该区域的环境治理工作。

（5）形成城镇之间、城乡之间以市场为导向的要素流动机制。引导城乡资源优化配置和生产要素合理流动，在保持城镇与乡村各自特色和职能的同时，从经济、社会和空间等方面融合发展。建立三镇之间统一的资本要素市场、统一的劳动力要素市场，通过统一的平台发布劳动力需求信息，构建城乡统一的户籍制度，消除城乡之间人口流动的阻碍。

（二）政策保障

建立健全相关法律法规、标准体系。加强部门间政策制定和实施的协调配合，推动人口、土地、投融资、住房、生态环境等方面政策和改革举措形成合力、落到实处。简化和完善企业投资项目核准和备案管理制度，保护各类投资者合法权益。不断完善城建、交通、国资等政府投融资平台，稳步推行公共服务合同承包制、特许经营制和非经营性政府投资项目代建制，建立政府投资项目后评价和投资责任追究等制度。

（1）建立城乡统一的户籍制度，降低劳动力城乡迁移流动的成本，加大对旅游服务人才引进的力度，制定旅游人才引进条例，凡是有合法稳定住所（含租赁）的人员，本人及其共同居住生活的配偶、未成年子女、父母等，可以在当地申请登记常住户口；对于具有旅游开发、管理、营销以及养老养生等方面知识的专业人才，可以提供相关优惠条件，为大衡山旅游产业发展提供人才支撑。

（2）建立城乡统一的建设用地市场，降低旅游地产与商业地产之间的套利空间。要允许农村建设用地在该区域跨镇流动，以集约解决旅游产业用地瓶颈；要允许城乡建设用地同地、同价、同权，以形成统一的建设用地市场。

（3）赋予农户交易资产的权利，实现农民资产的资本化。在该区域内对农村集体土地所有权、土地承包经营权、集体建设用地使用权、房屋所有权、林权、小型水利工程产权等进行确权颁证，赋予农村产权商品属性，盘活农村资源；利用参资入股、经营权转让等产权经营方式，吸引其他投资主体参与到新型城镇化的投资建设中。

（4）完善城乡一体的民生保障政策。打破公共服务供给的城乡二元体制，构建以改善民生为重点的社会事业政策体系，完善区域内教育、文化、医疗卫生服务体系，促进城乡居民社会保障一体化；整合区域内劳动力就业服务平台，完善城乡一体的就业创业服务政策，引导农村剩余劳动力转移就业或自主创业。

（三）资金保障

大衡山特色城镇带一体化是一个系统工程，需要900亿元左右的资金投入，其中公共设施投入约需要100亿元。因此，必须坚持市场在资源配置中的决定性作用，转变和创新政府投资管理职能。进一步放宽非公有制经济市场准入限制，鼓励民营资本投资创业，大力支持民间资本进入市场化运作的基础产业、基础设施、社会事业等领域；进一步改善非公有制经济发展的法制环境和政务环境，着力解决市场准入、国民待遇、企业融资、企业家队伍建设等问题。

（1）建立中央、湖南省、衡阳市以及区县四级财政分担机制，成立“南岳—开云—新塘”特色城镇带一体化公共投资基金；采取积极措施大力保障总体规划编制经费、协调经费、宣传经费、项目前期包装经费、项目建设引导和奖励经费。

（2）创新投融资平台。积极构建多层次、全方位的新型公共投融资平台，充分发挥政府资金的引导作用，多渠道融资，满足城乡统筹建设对资金的需求。成立专业投融资公司，省、市、县财政资金按照一定比例出资，组建大衡山特色城镇带一体化投融资开发股份公司。

（3）加快金融创新。积极发展小额贷款公司、村镇银行、社区银行、股权投资基金等新型金融组织；积极推动保险公司、证券公司、融资租赁公司、基金以及其他金融组织落户南岳区、衡山县等；发行“南岳旅游债券”，成立“南岳衡山旅游产业基金”，开发南岳衡山旅游信托等新产品。

（4）引导民间资本投资。采取适当的优惠措施，通过财政补贴、完善相关风险保障机制、疏通民间资本进入城镇化建设渠道及探索公私合作关系（PPP）等，将更多的民间资本引入城镇带一体化建设中；进一步放宽民间资本投资领域，鼓励民间资本进入金融机构和公共投融资平台以及医疗卫生、污水处理、水利、农业设施建设等领域；大力推动民间资本投资向农村、农业以及旅游等领域倾斜。

（5）引入项目融资方式。将其应用于各项城镇发展的基础项目中。采取BOT、TOT等项目融资方式，有偿、有期限地转让城镇道路、桥梁、公园、公厕等公共基础设施的经营权，提前使用基础设施预期收益；通过将新型城镇化建设证券化，有偿转让供水、供气、公交等收费性较强的公用事业的部分股权，加大社会资金的筹集力度；对于环境卫生、绿化等公益性较强的基础设施类项目，要适当转让维护管理权，通过向社会招标等方式降低维护成本。

（四）用地保障

推进旅游引导的新型城镇化离不土地资源的保障，需要建立用地保障监管机制，保障旅游开发用地和解决重点旅游区的土地利用问题，优化土地资源配置，建立统一的建设用地市场，遵循节约集约用地的要求，加强对土地开发投资强度、产出密度的管理，引导项目用地，提高土地利用效率。

（1）建立完善的旅游土地利用评估体系。旅游地产开发商在旅游综合体的构架下，依靠旅游开发，提升土地价值，并通过地产开发获取土地增值收益，形成从传统住宅开发商向旅游休闲地产开发商的转变。政府应以旅游地产开发商对土地的价值提升能力来评估项目与土地利用的情况。

（2）制定保障各类旅游设施用地的政策。加强旅游设施用地开发策划，并提供概念性规划以供企业参考，确保企业用地安全，保障企业用地需求得到满足。旅游地产不同于城市地产，需要具体的上位规划指导，需要在项目实施前就在土地等方面拿出区域性战略规划，以确保旅游设施用地安全。

（3）建立统一的专业性土地交易市场。将土地整理中新增耕地指标与建设用地指标折抵挂钩，在“南岳—开云—新塘”特色城镇带一体化区域中共同交易；建立统一的宅基地指标异地交易市场，实现建设用地指标跨城乡、跨区域交易。

（4）建立土地流转交易市场。在土地承包权确权、股份化的基础上，规范流转程序、保障成员的权利，建立健全统一的股权交易市场，盘活城乡主要的资产要素，实现城乡资源的有序流动。

（五）组织保障

大衡山特色城镇带一体化是基于不同行政区域的资源整合与协作，需要强有力的组织体系来协调各方利益与行为，建立高效有力、责任明确的协调机制和工作机制，切实保障规划的顺利实施。

（1）成立大衡山特色城镇带一体化发展协调机构。在规划期间由市委、市政府领导挂帅，组建“大衡山特色城镇带协调委员会”作为工作机构，建立联席会议制度，统一研究区域发展一体化重大事宜，统一协调区域内地方政府的行政管理，及时解决一体化过程中出现的问题，推动形成区域多层次、多形式的合作机制；依据城镇发展需要适时推进行政区划的调整，拓展城镇带空间，提高行政管理效率。

（2）加强组织管理。各区域政府都要立足于将城镇带作为一个整体，在经济和社会发展计划、城市规划、土地利用、产业政策等方面体现和服从一体化的要求。依据本规划编制相关专项规划和实施方案，推进各区域其他规划与本规划的衔接协调。

（3）建立规划实施的监督考核机制，确保任务分解到位、责任落实到位，定期对规划的推进和完成情况进行监督评估，研究规划实施中出现的新情况、新问题，保障规划顺利实施。

B.3

2014~2015年资兴市城乡一体化发展报告

摘　要：本报告基于对湖南城乡一体化示范县市资兴市推进城乡一体化的现实调查，从城乡一体化改革、经济转型、基础设施建设、人居环境建设、民生保障等方面分析了资兴市城乡一体化的新态势，构建评价指标体系，从空间、经济、社会、生态环境等方面对资兴市城乡一体化的阶段与水平进行了评价，并针对资兴市城乡一体化面临的环境约束、工业园区产业关联性不足、市场化机制不完善、农业竞争能力较弱、改革配套政策不完善、城乡建设资金来源单一等问题，提出了深化权利置换制度改革、探索工业园区产业共性技术共享机制、推进劳动力与其他生产要素的重新组合、加快农村剩余劳动力转移、建设特色乡镇、发展特色农业产业、完善城乡金融体系等具体的对策措施。

关键词：资兴市　城乡一体化　制度改革

破解城乡二元结构、解决好“三农”问题，进而推进城乡一体化发展，关系党和国家事业发展的全局。作为新兴工业城市和旅游城市，资兴市近年来抢抓湖南推进以县域为节点的城乡一体化的机遇，本着“抓重点、破难点、树亮点”的原则，着力构建“以城带乡、以工促农、工农互惠、城乡一体”的新型工农、城乡关系，推动城乡一体化不断取得新成效。当前，国民经济发展进入新常态，把握由此带来的机遇与挑战，进一步分析资兴市城乡一体化的新态势，研究完善城乡一体化的实践模式，对于加快资兴市城乡一体化进程、挖掘新的经济增长点、实现经济社会新的跨越式发展具有重要意义。

一 资兴市城乡一体化新态势

2013 年以来，资兴把推进城乡一体化工作重点落在“十镇百村”的示范建设上，全力推进城乡规划建设一体化、城乡产业发展一体化、城乡生态环境一体化、城乡公共服务一体化、城乡创业就业一体化、城乡社会管理一体化“六个城乡一体化建设”和农村产权制度改革、城乡户籍制度改革、生态资源权利置换改革“三大改革”，计划用 3 年时间着重把 10 个乡镇、100 个村打造成城乡一体化示范点和示范带，以此带动全市 20 个乡镇街道、260 个行政村统筹协调发展。以此为抓手，不断加快新农村建设的步伐，完善现代城镇体系，逐步实现城乡基础设施、公共服务、劳动就业、社会保障协调发展，形成具有资兴特色的城乡一体化发展模式。2013 年以来，资兴市获批湖南唯一的国家新型城镇化综合试点县市、首批国家循环经济示范县市、全球网民推选的“最中国生态城市”；东江湖被纳入国家重点流域和水资源生态补偿试点，入选国家湖泊生态环境保护重点支持湖泊，成功创建国家首批生态旅游示范区，获得全国社会治安综合治理最高奖项——“长安杯”，实现了经济社会健康快速发展。

1. 城乡一体化改革稳步推进，“三大改革”取得初步成效

2013 年以来，资兴市积极探索农村产权制度改革、城乡户籍制度改革、生态资源权利置换改革“三大改革”，制订了总方案和 7 个试点方案，迈出了城乡一体化改革的新步伐。

（1）明晰产权，稳定了农村土地承包关系。以兰市乡为试点，积极推进了农村“四权”确权登记颁证工作；以东坪乡为试点，推进了农村集体

产权股份合作制改革，将集体资产和山林股份量化到户，变集体资源为股民资本；以东江街道为试点，推进土地流转创新，因地制宜地组建了7个土地股份合作社，并探索“以信托公司为中介促进土地流转”的新经验。已经完成1.43万亩农村土地承包经营权、5444宗农村宅基地、2000宗房屋产权的确权登记公示工作；解决了6.4万亩林地权属中存在的历史遗留问题；“兴农公司”“香农大地信托公司”等土地信托公司相继挂牌成立，已分别流转土地1100亩、3000亩；龙泉、文昌等村组建的土地股份合作社，发展社员2600多人，吸引6家企业投资，流转土地4000余亩。至2013年底，资兴市仅耕地流转面积达到3.62万亩，为现代农业发展与农民增收注入新的活力。

（2）创新农村产权抵押贷款融资，促进资源变资本。分类制定了林权、宅基地、土地承包经营权抵押贷款办法及操作细则，建立农村产权综合信息平台、农村产权评估中心、农村产权抵押担保中心、农村产权交易中心，农民按照“协商—评估—签订合同—办理登记—银行发放贷款—还款后注销”6个程序实现抵押贷款。在此基础上，坚持“产业扶持为方向”，鼓励新型农业经营主体以农村产权为抵押向金融部门申请贷款，已实现抵押贷款成功案例20宗，融资金额达到800多万元。

（3）推进城乡户籍制度和生态资源权利置换改革，加快农业转移人口市民化。在七里镇湘源村和唐洞街道田心社区试点推进生态移民和户籍改革综合试点，根据群众意愿，整合扶持政策，引导生态保护区和条件恶劣区的农民既可以将生态资源用益权、宅基地置换成城镇居住资源、社会保障与公共服务、就业岗位，成为真正的市民，也可以在转为城镇居民后，保留农村权益，共享城镇待遇。目前，这一改革也在抓紧推进中。

2. 经济转型步伐加快，综合实力居于全省前列

资兴市近年来大力推进经济发展方式转变，促进了经济持续、平稳、健康发展，核心竞争力不断增强。2013年，资兴市综合经济实力进入全省五强，全年完成GDP 247.4亿元，按可比价格计算，比上年增长11.6%，增幅分别高出湖南省、全国1.5个、3.9个百分点；财政总收入达28.53亿元，同比增长22.3%，增幅分别高出湖南省、全国9.7个、10.2个百分点。三次产业结构已由2012年的7.9∶70.1∶22.0调整为2013年的7.4∶69.8∶22.8。一、二、三次产业对经济增长的贡献率分别为1.9%、73.7%和24.4%，分别拉动GDP增长0.2个、8.6个和2.8个百分点。资兴工业化进程不断加快的同时，农业产业、工业产业衍生出的服务产业发展不断加快，市场不断扩大、市场结构不断优化，促进了经济由二元对立走向二元收敛。

（1）工业转型加快，总体态势较好。2013年，资兴规模以上工业中，轻工业增加值增长18.9%，重工业增加值增长11.0%。分类别看，六大高耗能行业增加值增长12.7%；高加工度工业增加值增长20.7%；高技术产业增加值增长26.4%；高加工度工业、高技术产业增加值占规模工业增加值的比重为20.9%和7.0%，分别比上年提高2.5个和1.2个百分点。工业园区产业结构不断优化，核心竞争力不断加强。2013年，资兴经济开发区完成技工贸总收入529.08亿元，增长36.03%；完成规模工业企业总产值398.08亿元，实现规模工业增加值132.16亿元，同比增长19.3%。工业园区引进了华信有色铋系统、展泰有色综合回收系统等5个传统产业转型升级项目和光轩玻璃、鑫京鸿、科创电子等10个战略性新兴产业项目。其中，丰越环保科技股份有限公司成功创建省级企业技术工程研究中心，实现了省级研发中心“零”的突破，鑫阁铝业有限公司新认定为高新技术企业，园区生产高新技术产品的企业达26家，高新技术产品产值占规模工业总产值的比重达到48%。园区已形成食品加工、新能源、金属材料、机械制造、电子信息等具有核心竞争力的产业链，集群效应已经初步显现。

（2）现代农业加速发展，家庭农场、合作经济组织逐步成为农业生产主体。2013年以来，资兴进一步优化农业产业布局，在促进农业产业标准化的基础上，大力实施湖南省“百企千社万户”的现代农业发展工程，突出“一村一品”，采取以奖代补的办法发展地方特色产业，按照有主体、有基地、有品牌、有展示、有文化、有加工的“六有”标准，重点扶持打造现代农庄或庄园经济，形成“两片三线十庄园”的现代庄园经济布局，推动农业规模化、产业化、特色化发展。2013 年，农业龙头企业实现销售收入 29.72 亿元，比上年增长 17.3%；目前，全市已发展休闲农业庄园 104 家，实现经营收入 1.1 亿元，同比增长 30%。在推进现代农业发展过程中，资兴市大力培育新型农业经营主体，通过增加农业补贴资金规模、引导农村土地承包经营权有序流转、实施奖励制度、加大培训力度等多种措施，支持家庭农场、专业合作经济组织发展，推进传统承包户小规模经营向家庭农场适度规模经营转变。2013 年，全市专业合作社达到 264 家，尤其是涌现了一批以“众兰香蔬菜专业合作社”为代表的服务能力强、管理规范的专业合作经济组织，促进了农业集约化、专业化、规模化、现代化经营。

（3）生态资源禀赋优势得到发挥，第三产业发展步伐加快。2013 年，资兴以东江湖旅游为品牌，发展旅游业，重点打造“一湖一江一湾”的旅游经济，积极发展农家休闲。全市全年接待旅游人数 599.64 万人次，比 2012 年增长 18.5%；实现旅游总收入 38.76 亿元，增长 19.5%。2013 年，资兴还先后成功举办首届东江湖国际民歌节、东江湖（白廊）桃花节、东江湖（清江）柑橘品鉴活动、东江湖（汤溪）神农温泉旅游文化节等一系列观光休闲度假旅游活动。旅游设施不断完善，东江湖创建国家 5A 级旅游景区工作已顺利通过全国 A 级景区评定委员会景观质量评价，进入了迎国检最后阶段。旅游经济已经成为资兴市经济发展的重要增长点，并带动现代物流、金融、信息等生产性服务业的快速发展。

3. 基础设施建设力度加大，人居环境建设全域覆盖

2013 年以来，资兴市城乡建设投资发展迅速，全市凝心聚力，在抓城市提质改造的同时大力推进美丽乡村建设，强化环境治理与生态保护，城乡环境面貌日新月异，基础设施逐步完善配套，人居环境质量显著提高。

（1）基础设施加快向农村延伸。资兴市在推进城乡一体化过程中，不断加大基础设施投入力度，促进城镇基础设施向农村延伸，农村路、水、电、通信等基础条件明显改善。如交通方面，经过近年来的努力，资兴市基本形成以郴州大道、S322 线、资五公路、郴永大道、S213 线为对外大通道，以市、乡、村道为支线的道路交通基本框架。2013 年，资兴市交通运输发

展投入资金87427.46万元，是上年同期的285%，全市公路总里程达2449.24公里，公路网密度达到90公里/百平方公里；桥梁总长达到297座/7959.3延米；农村公路达到1551.864公里，全市实现了100%的乡镇和99.3%的行政村通公路。在水利方面，2013年，资兴开工各类水利工程9800处，水利工程投入资金4.45亿元，水利工程完成土石方860万立方米，治理水土流失面积80平方公里，完成病险水库除险加固4座，解决1.81万农村居民的饮水不安全问题，新增农田有效灌溉面积387公顷，新增节水灌溉面积447公顷。

（2）美丽乡镇、美丽乡村不断涌现。资兴在推进城乡一体化过程中始终注重改善农村人居环境，以“一湖两线”沿线乡村和“十镇百村”为重点，努力打造美丽、宜居、生态新农村。一是严格规范农村建房。在完成全部乡镇（街道）总体规划和行政村村庄规划编制基础上，编印《资兴市农村村民建房图集》并发放到村、组、户，下放农村建设审批、监管、查违等权限至乡镇，推行“六有”（有规划覆盖、有审批程序、有标准图集、有绿化美化、有检查验收、有奖惩措施）、“三禁止”（禁止未批建房、禁止占用基本农田建房、禁止建新房不拆旧房）、“四到场”（批前选址到场、批后放样定位到场、开工砌基到场、竣工验收到场）、“一承诺”（异地新建住宅的，实行建新拆旧承诺制），鼓励集中连片建房，推进“空心村”整治，改变农村面貌。二是以“十化”工程高标准改善农村环境。统筹安排以奖代投资金，引导社会投资、村民自筹资金和义务投工投劳，结合农村规范建房与产业发展，大力实施“村庄洁净化、建房规范化、墙面图美化、沟渠路硬化、禽畜圈养化、乡村点亮化、村‘四旁’绿化（村旁、宅旁、水旁、路旁）、产业标准化、管理制度化、服务信息化”的“十化”工程，通过分步骤、分阶段有序推进大力打造美丽乡村。目前，全市共有3个乡镇获得“国家级生态乡镇”称号，19个乡镇获得省级生态乡镇称号，资兴市和东江街道星红村成功申报为全省美丽乡镇建设先进市和小康美丽新村，黄草、汤溪、兴宁等一批特色乡镇正吸引着越来越多人的目光。

（3）生态环境保护取得新的成效。通过全面推进国家良好湖泊生态环境保护、亚行贷款东江湖保护与综合利用、环东江湖农村环境连片整治、东坪等五大矿区重金属污染治理等重大项目建设，实施严格的限伐、限采、限渔、限牧措施，大力发展循环经济，启动了库区移民“双转移”工程，推进森林抚育，完善了地质灾害监测与预警预报系统。近年来，资兴工业污染、生活污染、农业面源污染、旅游及船舶污染等主要污染物排放总量明显减少，东江湖水质得到有效改善。2013 年，全市单位规模工业增加值能耗比上年下降 10.34%，地表水监测断面功能区达标率达 100%，森林覆盖率达到 71.11%。

4. 民生保障水平明显提升，全面小康社会基本建成

近年来，资兴市不断加大社会事业与民生领域投入，致力于完善教育、医疗、社会保障等公共服务体系，加快推进全面建成小康社会，取得了显著成效。

（1）公共服务加快向农村覆盖。教育方面，2014 年，资兴财政安排教育重点项目支出 7636 万元。其中，免学杂费公用经费补助 2172 万元、寄宿生补助 445 万元、非义务教育免学费补助 1046 万元、职业教育免学费补助 365 万元，以此加快创建义务教育合格学校，推进师资配置向农村倾斜，并实施了普通高中教育免费政策，成为湖南省第二个实施高中免费的县市。医疗卫生方面，2014 年，安排医疗卫生重点专项经费 9092 万元（其中综合财力安排 3008 万元），用于城乡居民公共医疗卫生服务。其中，450 万元用于农村公共卫生和基层医疗卫生基本药物零差价补助，138 万元用于农村医疗救助。同时，推进医疗卫生改革，组建了市医疗集团，建立完善了“医生联村”“分片集中”“乡村一体化”等公共卫生服务模式，国家基本药物制度范围覆盖到村卫生室，被确定为郴州唯一的乡村医生签约服务试点县市。社会保障方面，推进城乡基本养老保险、基本医疗保险全覆盖，不断提高城乡低保等保障标准，推行城乡无差异化养老，同步推进农村危房改造、棚户区改造、保障性住房建设，大力开展对口资助贫困家庭学生等社会救助活动，社会保障体系不断健全。

（2）全面小康实现程度名列同类县市首位。2013 年资兴市全面小康实现程度在全省二类县市中名列第一，2014 年资兴市全面小康监测的 33 项具体指标中，实现程度已达到 100% 的指标有 24 项，比 2013 年再增加 4 项，其他指标离目标值均已接近，预计 2016 年可达到全面小康标准。在全面建成小康社会过程中，农村剩余劳动力转移有序推进，城乡创业就业体系不断完善，通过大力实施“一户一产业工人”培养工程，并着力构建“技能培训—技能鉴定—推荐就业—扶持创业”等政策保障体系。2014 年，全市城镇新增就业 6306 人，城镇零就业家庭动态就业援助率达 100%，新增农村劳动力转移就业 4286 人，城镇化率达到 60.3%，分别超出湖南省、郴州市平均水平 12.3 个、13.3 个百分点。贫困人口脱贫步伐加快。创新扶贫机制，启动了基础设施建设、改水、产业开发、科技培训等 15 个项目，使 1860 余户农民家庭受益，增加收入 268 万元。

二　资兴市城乡一体化现状评价

城乡一体化是一个渐进的过程，需要经历不同的发展阶段。运用科学的评价体系对资兴市城乡一体化发展进行评价，有助于客观系统地辨识当前城乡一体化的发展阶段与水平，全面掌握全县城乡统筹发展的基本情况和阶段性特征，进一步理清发展思路，有利于决策者制定更科学的政策，加快资兴市城乡一体化进程。

1. 城乡一体化指标体系和评价模型

（1）城乡一体化评价指标体系的构建

城乡一体化评价指标体系是由一组既相互联系又相互独立，并能采用量化手段进行量化的指标因子构成的有机整体，是一个根据城乡关系融合的终极目标建立起来的反映城乡关系发展程度和水平的指标集合。评价指标体系的设计应能够全面、准确、科学地反映城乡一体化的发展状态，并进行综合评价和判断，体现城乡相互融合、发展的水平。根据指标体系构建的全面性、科学性、可比性、区域性、导向性和可操作性六个原则，本报告设计的城乡一体化评价体系由三级指标构成，一级指标为城乡一体化指数，二级指标包括城乡空间一体化、城乡经济一体化、城乡社会一体化、城乡生态环境一体化等，三级指标则包括城镇化水平、交通网密度等21个（见表1）。

表1 城乡一体化评价指标体系结构

一级指标	二级指标	三级指标 指标名称	符号	属性	算法	含义
城乡一体化指数	城乡空间一体化	城镇化水平	X_1	正向	—	空间结构变化
		交通网密度	X_2	正向	公路里程/区域面积	交通运输发展程度
		客运周转量	X_3	正向	—	城乡及区域往来
		限额以上批发个数	X_4	正向	—	农产品流通速度
	城乡经济一体化	人均GDP	X_5	正向	—	经济运行以及居民收入等情况
		非农产值与农业产值比	X_6	正向	第二、三产业GDP/第一产业GDP	城乡经济产值差距
		二元对比系数	X_7	正向	（第一产业GDP/第一产业从业人员）/（非第一产业GDP/非第一产业从业人员）	城乡生产效率差异
		二元反差系数	X_8	逆向	|非农业GDP比重－二、三产业比重|	城乡二元经济结构
		财政支农比	X_9	正向	财政用于农业支出/财政总支出	财政对农业的支持
		全社会非农业人员比重与农业从业人员比重比	X_{10}	正向	第二、三产业从业人数/第一产业从业人数	城乡就业结构
		农村从业人员非农比	X_{11}	正向	农村从业人员中从事非农业人数/农村从业人员	农业剩余劳动力转移情况
		城乡人均收入比	X_{12}	正向	城镇居民可支配收入/农村居民可支配收入	城乡居民收入水平协调性
		城乡人均工资收入比	X_{13}	逆向	城镇居民人均工资收入/农村居民工资收入	从结构角度反映城乡之间产业发展状况、就业结构状况
		城乡居民家庭人均消费比	X_{14}	逆向	城镇居民人均消费/农村居民人均消费	城乡家庭消费差距
		农业机械化水平	X_{15}	正向	农业机械总动力/区域耕地面积	农业产业化和现代化程度

续表

一级指标	二级指标	三级指标		属性	算法	含义
		指标名称	符合			
城乡一体化指数	城乡社会一体化	城乡教育支出比	X_{16}	逆向	城镇居民教育支出/农村居民教育支出	城乡教育资源分配差距
		城乡医疗保健支出比	X_{17}	逆向	城镇医疗保健支出/农村医疗保健支出	城乡医疗资源分配差距
		移动电话普及率	X_{18}	正向	—	区域信息流通程度
	城乡生态环境一体化	万元 GDP 能耗	X_{19}	逆向	—	经济活动对能源的利用程度和效率
		环境保护投资额占 GDP 比重	X_{20}	正向	环境污染治理投资额/总产值	反映政府的环境保护投资力度
		城乡安全饮用水普及率比	X_{21}	正向	—	反映城乡居民生存环境的状况及差距

注：指标属性为正向说明指标值越大，一体化程度越高；指标值属性为逆向说明指标值越大，一体化程度越低。城市的安全饮用水普及率视为100%，符合实际情况。

资料来源：《资兴统计年鉴》（2005～2014年）。

（2）城乡一体化评价的方法与模型

现有研究对城乡一体化的评价主要采用相对指数和专家打分等方法，前者使指标之间存在高度的相关性，后者则存在过强的主观意识。本报告采用两步主成分分析法，侧重于对信息贡献影响力的综合评价。各指标权重是根据自身的特征确定，强调客观事实，一方面，降维但不降低信息量，成分指标能充分反映总体特征；另一方面，避免多重共线性和权重确定的人为性，评价客观合理。两步主成分分析法主要分为两个步骤：第一，将城乡空间一体化、城乡经济一体化、城乡社会一体化、城乡生态环境一体化四个二级指标下的三级指标的均值化数据作为协方差矩阵输入并确定各分项指标的权重以合成维度指数，得到各个分项的指数；第二，把城乡空间一体化、城乡经济一体化、城乡社会一体化、城乡生态环境一体化四个二级指标的得分作为协方差矩阵输入，得到城乡一体化的总指数，方程组如下。

$$\begin{cases} F_1 = A_{11} \times X_{11} + A_{22} \times X_{21} + \cdots A_{n1} \times X_p \\ F_2 = A_{12} \times X_{12} + A_{22} \times X_{22} + \cdots A_{n1} \times X_p \\ \vdots \\ F_p = A_{1m} \times X_{11} + A_{2m} \times X_{22} + \cdots A_{pm} \times X_p \end{cases}$$

其中，方差 $VAR(F)$ 越大，包含信息量就越多。因此，在所有的线性组合中 F_1 应该是方差最大的。如果第一主成分不足以代表原来 P 个信息，再考虑选取第二个线性组合。具体的计算步骤如下。

①指标无量纲化处理，本报告采用无均值化处理，即，$Y_{ij} = X_{ij}/\overline{x_{ij}}$，$\overline{x_{ij}} = 1/p\sqrt{\sum_{i=1}^{p} X_{ij}}$；

②计算系数矩阵；

③计算特征值及累计率；

④计算各指标权重；

⑤计算各指标得分。

（3）城乡一体化评价计量结果

表 2　各级指标统计特征

单位：%

维度	成分	方差贡献率	累计方差贡献率
城乡空间一体化	1	66.355	66.355
城乡经济一体化	1	50.845	50.845
	2	26.259	77.105
	3	14.323	91.428
城乡社会一体化	1	41.857	41.857
城乡生态环境一体化	1	94.751	94.751
城乡一体化	1	68.128	68.128

由表 2 可知，资兴市城乡一体化二级指标中，城乡空间一体化、城乡社会一体化和城乡生态环境一体化的总趋势用一个主成分即可；而城乡经济一体化则需要三个主成分才能充分体现下级指标所拥有的大部分信息量。表 3 表示资兴市城乡一体化总指标系数向量与权重。

表3　城乡一体化总指标系数向量与权重

年份	城乡空间一体化	城乡经济一体化	城乡社会一体化	城乡生态环境一体化	城乡一体化
2004	-0.462352	1.017912	1.221262	0.626687	0.18926462
2005	-0.083233	1.045105	1.079464	0.645482	0.31303071
2006	0.627676	1.042303	1.554647	0.664836	0.89884710
2007	0.626354	1.156343	2.105145	1.121183	1.34981787
2008	0.946765	1.245014	1.719425	1.329693	1.41007847
2009	1.025249	0.850273	1.618358	1.374559	1.61663492
2010	0.859749	0.617202	1.665219	2.402408	2.24125998
2011	0.850649	0.445188	2.522995	1.837468	2.39235105
2012	0.916572	0.346503	1.991431	2.157699	2.41004622
2013	0.903884	0.332255	1.565185	1.980832	2.11753791

2. 资兴市城乡一体化总体评价

（1）城乡一体化的总体趋势

由图1可知，2004~2013年资兴市城乡一体化发展趋势呈现以下特征：总体趋势向上，在2012年达到最高值，较之2012年的得分，2013年的得分有所下滑。相对得分由2004年的0.18926462增加到2013年的2.11753791，增加了约10倍；2004~2012年，资兴市城市一体化的得分出现了持续性增长，虽然在2013年城市一体化得分略有下滑，但是总体态势依然维持增长并处于高位。

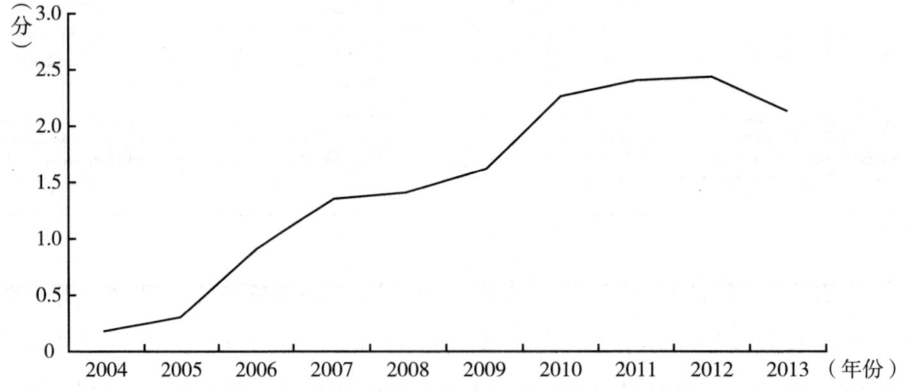

图1　2004~2013年资兴市城乡一体化发展趋势

（2）城乡空间一体化的趋势

从资兴市城乡空间一体化发展趋势曲线可知（见图2），2004~2013年城乡空间一体化总体发展态势良好，稳中有进；2004~2009年发展较为迅速，城乡空间一体化的得分也由2004年的-0.462352增加到2009年的1.025249；而2010~2013年增速明显放缓，整体的趋势趋于平稳。

各因素中，交通网密度和非农就业人口占比对城乡空间一体化指标的影响程度为正，而客运周转量指标对城乡空间一体化的影响程度为负。

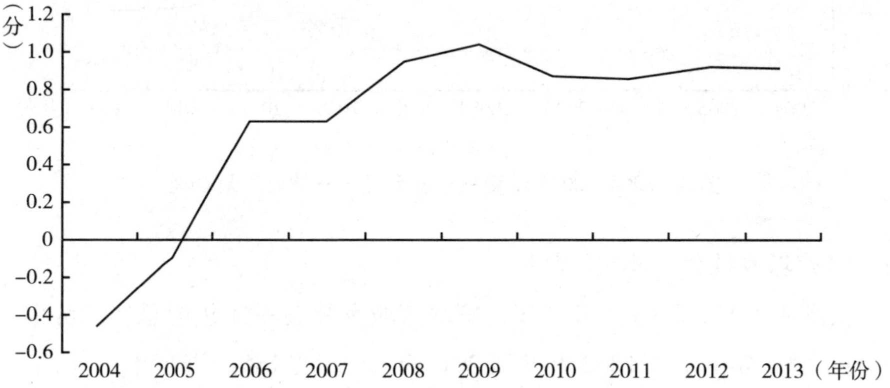

图2　2004~2013年资兴市城乡空间一体化发展趋势

（3）城乡经济一体化的趋势

由图3可知，资兴市城乡经济一体化发展较为波折，2004~2008年城乡经济一体化的得分逐年增加，2008~2013年城乡经济一体化的得分却不增反降。截至2013年，资兴市城乡经济一体化的得分已经下拉到考察年限的最低水平。资兴市城乡经济一体化的得分由2004年的1.017912攀升到2008年的1.245014这一小高峰，此后一路下滑，到2013年已经跌至0.332255这一历史低水平。究其原因，在于资兴以旅游产业为主导的经济结构，受2008年全球经济危机的冲击比较大。从影响城乡经济一体化各指标的权重来看，大部分指标的权重为正，其中，农业机械化水平对城乡经济一体化水平影响最大，人均GDP的影响其次，接下来依次为非农产值与农业产值比、财政支农比等。但是二元对比系数、城乡人均收入比两项指标呈现下降趋势，在一定程度上阻碍了城乡经济一体化的发展。

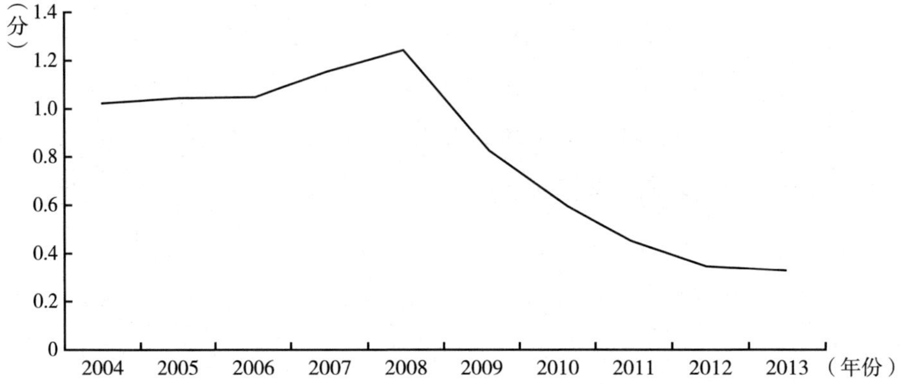

图 3　2004～2013 年资兴市城乡经济一体化发展趋势

（4）城乡社会一体化的趋势

由图 4 可知，2004～2013 年，资兴市城乡社会一体化的总体趋势向上。得分由 2004 年的 1.221262 上升至 2013 年的 1.565185。资兴市城乡社会一体化的得分趋势呈现波浪式的进步势头，其得分分别在 2007 年和 2011 年达到一个较大值。总体上，城乡居民在医疗、教育、信息融合上的资源分配是

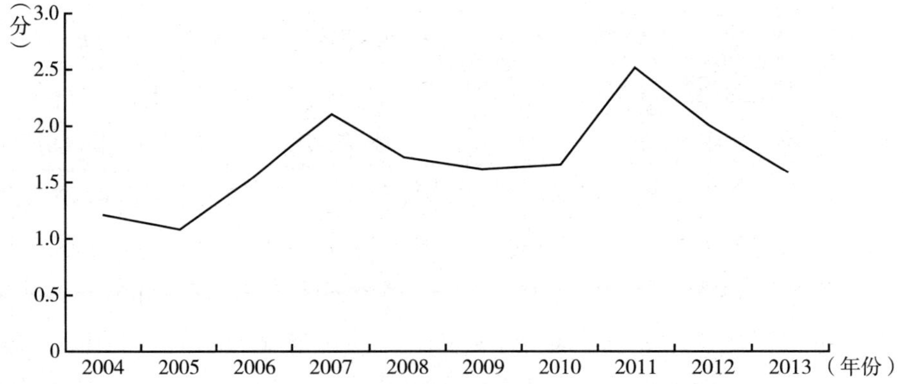

图 4　2004～2013 年资兴市城乡社会一体化发展趋势

趋于公平的。从影响城乡社会一体化各指标的权重来看，移动电话普及率的权重最高，城乡医疗保健支出比的权重次之，而城乡教育支出比的权重为负数。这表明，资兴市的信息化和医疗资源分配都对推进城乡一体化起到极大的作用，而教育资源分配的情况并不理想。

（5）城乡生态环境一体化的趋势

由图5中可知，从总体趋势来看，资兴市城乡生态环境一体化也取得了一定的成效，其得分由2004年的0.626687增加到2013年的1.980832。其发展趋势大体上循序渐进，但在2009～2010年有一个快速的强势增长过程，这一阶段可能是在其他行业投资环境不景气的情况下，生态资源因为独特的市场需求而受到青睐，导致生态资源的整合更为迫切。从影响城乡生态环境一体化各指标的权重来看，城乡安全饮用水普及率比的权重最高，万元GDP能耗其次，二者皆为正数，而环境保护投资额占GDP比重指标的权重却为负数，对城乡生态环境一体化产生了一定的阻碍作用。

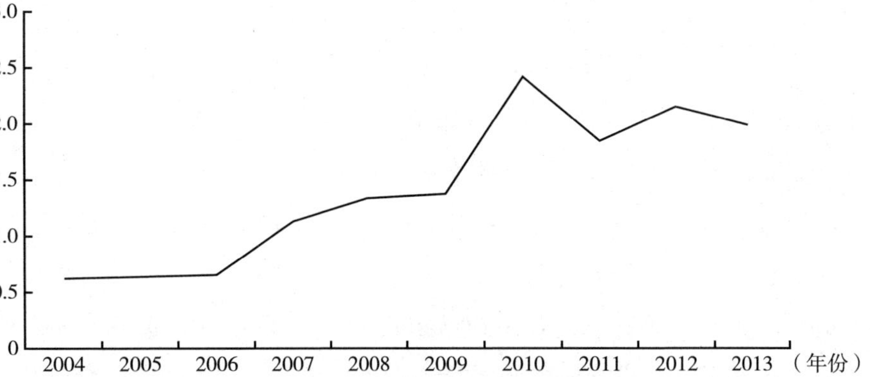

图5　2004～2013年资兴市城乡生态环境一体化发展趋势

从以上评价指标及其分析可以看出，资兴市在城乡一体化过程中，坚持各方面协调发展、齐头并进的策略。从其发展过程来看，注重空间、经济、社会、生态环境等方面的综合发展，不偏废其一，从而达到城乡一体化的战略目的及实践意图。

三　资兴市城乡一体化面临的主要问题

尽管资兴市经济社会发展的势头良好，在全省县域城乡一体化中的示范作用日益突出，但离城乡一体化的目标仍有较大的差距，在当前的新环境下还存在一些亟待解决的问题。

1. 环湖区经济发展面临环境约束，湖区农户的主要收入源于劳务输出

东江湖流域有色金属、铁矿、煤炭及林木资源十分丰富，但是由于源头区域特殊的生态环境功能与地理区位，为保护好东江湖的饮用水源以及兴建水电站，资兴人民做出了巨大贡献。一是第一产业发展受阻。一半以上的后靠移民居住在坡度25度以上的山坡，可开发资源少，土地贫瘠。为了保护东江湖生态环境，东江湖流域大都被列为限制发展地区，东江湖一级保护区被列为禁止发展地区，第一产业发展受限，已经形成支柱产业的湖区网箱养殖必须退水上岸，带领白廊乡村民发家致富的养猪产业也务必迁徙转移。二是补偿标准低。生态公益林补偿标准过低，如资兴市东江湖周边有生态公益林40.48万亩，国家对公益林的补贴为每年10元/亩，远远低于平均约每年100元/亩的林业经营收入，公益林年平均收益仅占商品林的7%，每年差距达4388.24万元。三是可利用资源受限。湖区内经济价值约为463亿元的矿产资源被禁止开发，形成“有树不能砍、有土不能垦、有矿不能开”的局面。资源优势无法转化为经济优势，经济发展受到极大限制，人民群众生活水平较低。由于土壤贫瘠，农作物产量不高，再加上运输成本远远大于利润，村民种植的粮食瓜果仅能满足自家需求。位于环湖区域的前程村和黄家村，几乎全部的青壮年劳动力都外出务工，家庭的收入来源主要依靠劳务输出。

2. 工业园区产业关联性不足，市场化机制不完善

经过几年的发展，资兴的工业园初具规模。现园区总规划面积50平方公里，已开发面积10平方公里，设有“一区四园”，分别是罗围食品工业园、江北工业园、东江加工贸易工业园和资五产业园。工业园涉及的产业有新能源新材料、有色金属综合回收利用循环产业链及其配套产业、电子信息、先进制造业、食品产业。其中，资五产业园中以铟、锗、氧化钪等高纯金属为主的新材料产业功能区极具特色，提高了资源利用率。而以锂电池、超级动力电池、铅蓄电池为主的先进储能产业功能区之间各个产业的配套不足。江北工业园以有色金属、新材料、电子信息、先进制造业为主，入驻企业有60余家。产业间的交叉较少、配套少、技术外溢少，导致企业的集群效应较弱。罗围食品工业园中涵盖了熟食鱼、啤酒、药品、米线等多种食品生产，这些食品企业的共用资源少、技术共享少、集群效应弱。总体来看，各个工业园内部的产业间及工业园之间的产业相关性弱，集群效应有待进一步提升。

工业园区存在产业关联性不足的问题主要原因在于对企业的引进尚缺乏有效的市场机制。工业园引进企业的标准更注重于企业是不是上市企业而较忽视与其他企业的联系，更注重企业拉动了多少GDP而较忽视可带给园区的技术外溢，更注重企业“大不大”“强不强”而较忽视能否降低其他企业的成本。同时，工业园出台了一系列向大企业倾斜的政策。如固定资产投资在2000万元以上的企业，土地出让金由投资者支付后，其总额的10%～50%由市财政在企业缴纳税收中按本级政府所得部分的50%～70%逐年列支奖励给投资者；而固定资产投资在500万～2000万元的企业，土地出让金由投资者支付后，其总额的10%～40%由市财政在企业缴纳税收中按本级政府所得部分的50%～70%逐年列支奖励给投资者。新增投资额在2000万元以上的企业，自投产之日起五年内企业缴纳的税收中本级政府所得新增部分，由市财政每年安排30%支持企业发展；而投资额在500万～2000万元的企业，三年内企业缴纳的税收中本级政府所得新增部分，由市财政每年安排30%支持企业发展。这些政策在一定程度上扭曲了市场资源的配置，结果是资金较充裕的企业更容易获得资金，资金需求较大的企业更难获得资金，这在一定程度上阻碍了规模较小、创新能力强的企业发展。

同时，园区的共性技术与公共服务体系短缺，园区功能有待完善。2013年，资兴工业园积极推进了11个重点项目建设，共完成基础设施建设投资近6亿元，主要投向道路建设、天然气工程、污水处理厂、安置房等重点工程，促进了园区的硬环境快速提升。然而，很少有资金流向共性技术与公共服务体系。园区产业交叉较少、技术共性较少，不便于建立低成本的共性技术服务体系，而由园区企业与高校、研究所共同建立的技术研究中心大多只为本企业服务，能辐射的企业少，并不能降低整个工业园区的运行成本，无法使工业园的集群效应得到发挥。并且，企业与高校建立的技术服务中心大多位于长沙等大型城市，增加了企业的运行成本；园区内部的企业享受外部性技术的成本也非常高。解决这一问题还有赖于政府的引导和园区公共服务体系的进一步健全。

3. 农业竞争能力较弱，效益提升难度大

基于资兴市独特资源禀赋和保护生态的要求，农业转型势在必行，在相关政策的主导下，资兴的农业发展也进行了多方面的转型尝试，但从当前整体情况来看，农业产业化经营水平还较低，缺乏自有品牌产品，农业抵御市场风险、自然风险和疫病风险的能力差，农民增收面临一定的困难。

一是土地资源约束较严重。地广人稀的资兴市耕地面积仅占土地面积的8.29%，人均耕地为0.91亩，远低于全国1.35亩的人均标准，人均后备耕地为0.12亩，仅为全国人均量的一半，耕地面积相对紧张。全市环东江湖属岩溶地貌区的面积为58万亩，石漠化土地面积达17.8亩，土地的石漠化严重。同时，水土流失现象比较严重，尤其在工矿区与湖区周边水土流失情况较为严重，现有的水土流失面积占全市土地总面积的40.03%，年平均土壤侵蚀量达400万吨。虽然资兴市部分乡镇有一定规模的农业生产，但是农业生产的规模化、机械化、集约化水平远远不够，无法实现农业资源的最优配置和农业生产转型。

二是现代农业的盈利能力较弱。当前，资兴市下辖的乡镇都在大力推行现代农业生产，包括水稻的规模化种植、经济林作物的大量种植、特色蔬菜水果的栽培以及园艺花卉基地的崛起。但是，资兴市现代农业的盈利能力不容乐观。一方面，农民自有要素价格的提高使得从事农业生产的机会成本相对提高，那些需要引进劳动力投入生产的农业生产活动，提高了农业生产的

劳动力要素的成本；另一方面，农民非自有要素投入比例逐步加大，农民非自有要素价格提高，政府财政补贴力度不足以弥补农业生产中非自有要素成本的增加，土地流转农业用地的价格相对较高，土地流转合同的签约起始年的基准价格普遍在450元/亩左右，在合同的期限年度内，普遍存在价格周期性逐渐上调的要求，一般五年为一个周期，价格上调的金额均为50元，这也提高了农业生产的投入成本。成本提高与风险较大，也使资兴具有当地特色的农产品没有影响力大的自主品牌，没有打开消费市场，使得当地农产品的附加值和增值空间较小，惠民程度不高。

三是农民面临的金融约束仍然严重，农村资产的抵押功能实现难度大。在全面推进兰市乡等试点县农村产权抵押融资的进程中，面临着农村产权价格体系和农村产权登记体系不完善的制约和影响。没有完善的农村产权价格和登记体系，不能对闲置的农村土地资源进行科学合理的管理和流转，同时也在一定层面上限制了农村产权市场化价格机制的实现。除此之外，风险分担机制的不成熟以及农村金融市场和征信管理体系的不匹配都或多或少地牵制着农村产权抵押融资的发展。农户无法还款时，金融机构在依法对农户抵押物处理的过程中将会受到种种约束，这缘于农村产权抵押融资的抵押物市场流通性不强。抵押物市场流动性越强，农村产权抵押融资的征信越容易，金融机构的贷款意愿也会相应提高。但是，由于农村抵押物的区位因素和政策因素，农村产权抵押融资的征信变得举步维艰，金融机构的钱宁愿屯着也不愿意投向农村。资兴推进的农村产权制度改革还没有从根本上解决这些问题，农村产权的抵押功能要真正实现还有一定的难度。

4. 农民收入水平总体不高，增收的长效机制尚未形成

资兴农民的收入主要由四方面构成，家庭经营性收入大概占总收入的46.2%、工资性收入占42.5%、转移性收入占8.1%、财产性收入占3.3%。尽管资兴经济总量不断增长，但农民收入总体水平仍然不高，2013年农民人均纯收入为12970元，而长沙县2012年就达到17070元。资兴市农民增收的长效机制也尚未形成。制约农民持续增收的因素有以下几点：从内部来看，一是农业结构不合理并且产业化程度低，产品的质量不高，名特优产品比例低，缺乏竞争力。农产品品种在较大区域内大体一致，不同程度地存在大而全、小而全的问题；另外，农业经营分散，经营规模小，生产效率低，小规模的生产模式导致劳动生产率和土地产出率低下，影响了农民的增收。二是农产品的加工水平较低，农民得不到农产品产业化加工、流通、销售等各环节带来的利润。三是农业生产的经营风险较大，不断受到自然风险和市场风险的左右夹击。从外部来看，一方面，尽管近年来农产品的收购价格不断上升，但是农民的收入并没有因此同步增长，这是因为化肥、农药、农膜等农业生产资料价格随着农产品价格的上涨而不断上涨，利润被成本抵消。另一方面，农村劳务输出面临较大困难，农村居民大多文化素质不高，缺乏专业技能，接受新事物的速度较慢，就业竞争力差，而随着经济转型的加快，科技文化素质低的农民就业竞争力将越来越弱，其工资性收入也将受到影响。

5. “三大改革”的相应政策配置不完善，农户参与积极性有待提升

推进城乡户籍制度改革、农村产权制度改革、生态资源权利置换改革“三大改革”作为资兴统筹城乡一体化发展的题中应有之义，就是为了打破城乡户籍二元结构，实现人员、土地的有序流转，从而最大化保障群众的根本利益，为经济的发展找到新的增长点。“三大改革”是三位一体的，必须同时推进、互为辅助。但是，当前资兴市的“三大改革”在实际贯彻执行的道路上面临一些障碍。一是社会服务不均等。社会福利水平没有达到城乡之间的持平，城乡在医疗保险、养老保险和最低生活补助等社会福利方面依然存在较大差距，尽管城乡户籍制度改革旨在解决这些问题，但真正推进户籍制度改革又同时需要推进城乡公共服务一体化。二是现有的统筹城乡发展的相关政策已不能与城乡一体化的步调和要求保持协调一致。政策的不配套主要表现在：农村宅基地不能上市交易影响权利置换改革；现有的金融体制尚不足以为农村推进产权抵押提供全面的贷款服务项目，改革缺乏资金保障；现行的户籍管理制度和方法，没能适应新形势下人口管理服务的需要，县市级户籍管理机构没有调整人口信息的权限；缺乏一套科学的系统软件，农民水、林、土、宅等资产不能综合到一个信息平台，资产的信息化程度

低。三是群众认识不一致。统筹城乡一体化发展的大潮流要从根本上革新农民群众根深蒂固的土地农权思想，需要农民群众突破如移民进城后会失去土地，一旦政策有所变动就没有基本的生活和就业保障，无法在城市立足，更无法让子女享受城市教育等思想禁锢。四是存在资金障碍。这不仅指农村金融的欠发展没能为城乡一体化筹集需要的资金，也指政府财政投入力度不够。移民进城的农民导致接收城镇的扩容，因而也有增加基础设施建设的需要，政府必须加大财政投入力度，进城农民的基本社会福利保障以及相配套的教科文卫设施的兴建也是财政投入的主要部分，这些对政府财政支出造成巨大的压力。

6. 城乡建设资金来源单一，融资渠道有限

为稳步推进统筹城乡发展工作，加快资兴市城乡一体化进程，市委、市政府制订了《资兴市 2014－2016 年统筹城乡发展工作总体方案》，将工作重点放在拟好产业发展规划、规划农村村民建房、完善基础设施建设、积极发展旅游业、深入开展农村环境整治、大力发展教育事业、加快城乡现代信息化建设、积极推进三项改革等方面，并因此规划了诸多重大项目，这都需要巨大的资金保障。而资兴市的融资渠道有限，绝大部分来自财政拨款，虽然财政支持力度逐年加大，但总量仍然不足，加上农村金融产品品种有限以及社会资金投资规模过小，这些都严重制约了资兴市城乡一体化发展进程。如何建立多元化建设投入机制，多渠道、多途径、多方式筹集城乡一体化建设资金是资兴市亟待解决的重要问题。

四　加快推进资兴城乡一体化的对策

基于资兴独特的资源禀赋，立足当前资兴城乡一体化发展取得的新进展，要突破束缚资兴城乡一体化的瓶颈，资兴当前的经济政策必须要革旧立新，力求用新的经济政策有效应对城乡一体化发展过程中的羁绊，用新的经济政策构思出新的促进城乡一体化发展的途径和方式，并且培育新的经济增长点。

1. 深化生态资源权利置换改革，促进生态资源资本化

依赖东江湖得天独厚的生态环境，资兴的发展不仅要用好这一与众不同的自然资源，同时也要时刻注意保护好东江湖的生态环境，使得东江湖这一资源优势持续为资兴的经济发展注入活力。目前，在资兴的环湖乡镇中，存在人口分布零散、基础设施覆盖和完善程度不高、现有资源的开发利用远远不够等问题。因此，面对当前诸多制约城乡一体化发展的问题，加强村民集聚程度，并且增加政府财政的福利效用水平成为当务之急。最根本的办法就是对农村村民进行权利置换，即用农村村民现有的产权换取他们移居城市的其他权利。权利置换主要包括农村村民以生态资源置换生态补偿，以农村宅基地置换城镇产权住房，以土地承包经营权置换城镇社会保障，以农民集体资产所有权置换股份合作社股权。权利置换的有序推进，有利于农村资源的市场化，在提高生态资源合理科学管理的同时，也促进生态资源的资本化，为用活生态资源、促进经济增长提供了现实可行的方案。目前，资兴在这一方面的试点已经启动，需要进一步完善机制，加大推进力度。应该积极争取生态补偿资金，包括中央、省级财政的生态补偿转移支付；建立生态补偿市场化试点，对受益的单位和个人征收生态补偿费。依据农民的受损程度，加大直接货币补偿的力度，并按比例逐年提高。权利置换制度改革，要把握好生态资源可持续利用的大局，既要充分发挥生态资源对经济的能动作用，又要在经济发展的同时兼顾生态资源的保护。做到整体规划、科学合理的管理和使用，从而使资兴的经济发展依托于可持续的绿色发展。

2. 探索工业园区产业共性技术共享机制，搭建公共服务平台

公共服务平台是园区公共服务实现共享的重要手段和途径，对促进产业发展和改善园区环境具有极重要的作用。产业园区的公共服务平台主要包括研发设计、试验验证、检测设计、公共技术转化、两化融合、质量控制、信息基础设施建设、投资融资、教育培训等。资兴工业园区基础设施建设落后，共性技术与公共服务体系较短缺。园区建设的资金基本流向道路建设、安置房建设等项目，很少流向共性技术平台建设。因此，建设公共服务平台

应是工业园区的工作重点，可从三方面入手。首先，引进相关性较强的企业，提高企业的集群效应，降低公共服务平台建设的成本。重点打造循环经济研究中心、有色金属精深加工研究中心等具有特色和核心竞争力的研究中心。其次，设立产业工人培训基地，提高产业工人的技术素养，提高产业工人的生产效率。最后，搭建公共交易平台，通过引进交易中介，实现资源、信息共享，为企业连续、稳定生产提供保障，提高企业抵御市场风险的能力。

3. 加强上岗培训力度，推进劳动力与其他生产要素的重新组合

在城镇化过程中，生产要素被重新组合，一般的发展模式可以概括为“两集中一转变”即工业向园区集中、土地向规模经营集中、农民向市民转变。资兴市建立了“一区四园”的发展格局，加快了新型工业化步伐，创造了转移农民的条件。园区被征地农民普遍从农民转变为市民，从农村劳动力转变为城市劳动力。但由于城乡统一的劳动力市场还没建立，劳动力资源配置的城乡壁垒也没被完全打破，农村劳动力在城市就业困难是普遍现象。为解决这一难题，顺利实现农村剩余劳动力的转移，应加强城乡一体的人才市场建设，加大农民上岗培训力度，加快建成科学合理的城乡用人制度，实现劳动力与其他生产要素的重新组合。

从资兴市劳动力市场现状来看，人才供给与劳动力市场需求之间的矛盾较为突出。一方面，工业园区和现代农业示范园招不到合适的技术人才，另一方面，农民找不到合适的工作。其主要原因是缺乏具备相应技能的人才。这就要求进一步深入推进“一户一产业工人”培训工程的实施，调整培训内容，加大培训力度，培养出不同层次的技能型人才，其主要可以从以下两方面入手。

第一，创业技能培训。对具有创业愿望和相应条件的农民进行开办小企业必备基础知识和基本能力的培训。鼓励失地农民就地创业，在创造更多就业岗位、带动更多人就业的基础上，有效地调动民间资本、发展地区经济，最终也在稳定社会治安方面发挥重要作用。现有的失地农民就地创业的项目主要是大棚蔬菜、家电维修、运输等。随着农村经济社会的发展，这些项目远不能满足农民的创业需求。资兴市现在大力发展旅游业和休闲养老产业，创业培训内容可根据这两方面进行调整。除培训具体的创业技能外，还要从物质上给予创业者一定的援助，精神上给予鼓励，树立创业的自信。

第二，农业技术培训。失地农民在退耕还林后，大部分仍未脱离农业，受雇于其他农业生产组织或个人，依然从事农业生产。但是，随着农业产业化、现代化的发展和形势需要，失地农民仅凭以往的生产经验逐渐不能适应现在的农业生产。如双溪洞现代农业示范园的建立，带来不少就业机会，可由于农村缺乏专业的科技人才，普通农民无法胜任岗位，影响了农业科技成果的顺利转化以及农业示范园的运营。因此，一方面要加强果蔬栽培、瓜苗嫁接、新品种种植、农机使用等专门技术的培训，另一方面还要加强对农民先进生产理念教育以及农业科技知识的培训，增强农民的科技意识和技术能力。

4. 加快农村剩余劳动力转移，推进以人为核心的新型城镇化

农村剩余劳动力的转移是增加农民收入的有效路径，是推进以人为核心的新型城镇化的重心，同时可以维护农村社会稳定，有利于全面建设小康社会的实现。

一是贯彻户籍制度改革。2014 年 7 月 24 日，国务院印发《关于进一步推进户籍制度改革的意见》（以下简称《意见》），标志着这一事关亿万城乡居民生活的基础性改革进入全面实施阶段。《意见》提出全面放开建制镇和小城市落户限制，合理确定大城市落户条件，严控特大城市人口规模，建立城乡统一的户口信息管理制度、居住证制度，健全人口信息管理制度。为实现农村劳动力转移，缩小城乡、区域、贫富“三大差距”，推进以人为核心的新型城镇化，资兴应利用国家在政策上的扶持，采取先试点再全面铺开的模式，加快推进户籍制度改革，消除城乡人口流动的贸易壁垒，实现城乡共同进步的目标。

二是健全农村社会保障制度。相当长的一段时间内，中国实行的是城乡分离的社会保障制度，相较于城市，农村的社会保障制度起步较晚，需要完善的地方很多。作为农村人口，土地是他们最好的“社会保障”。如今，资兴为保护生态环境、改善生存条件、促进城乡统筹发展而进行生态移民，农

村剩余劳动力离开土地走入城市就会陷入社会保障的真空地带，在城市里一旦失业，就有可能生活无着落，这在很大程度上阻碍了劳动力的横向流动。农村社会保障制度是解决农民后顾之忧的最有效方式，应该加强农村社会保障制度建设，并根据低收入群体的实际生活水平，制定保障房政策的优惠措施，分散农村剩余劳动力转移的风险，这是农村剩余劳动力实现就业的一个基本要求。

三是完善“三大改革”配置政策，赋予农民更多财产权利。增加农村居民财产性收入、保障和赋予农民更多的财产权利，对推进新型城镇化与新农村建设协调发展具有重要意义。赋予农民更多财产权利，应当保障农民集体经济组织成员权利，积极发展农民股份合作，赋予农民对集体资产股份占有、收益、有偿退出及抵押、担保、继承权；保障农户宅基地用益物权，改革完善农村宅基地制度，选择若干试点，慎重稳妥地推进农民住房财产权抵押、担保、转让，探索农民增加财产性收入的渠道；建立农村产权流转交易市场，推动农村产权流转交易公开、公正、规范运行。这些在资兴市已经进行试点推行，后续的关键是完善相关的配置政策体系，辅以相应的政策支持和监督，平衡和调节各利益方的权益，通过完善市场交易体系激发各市场要素的活力，加快各要素在城乡之间的流通，并以此来促进城乡一体化发展，让城乡居民切实地享受到经济发展带来的生活水平的提高。

5. 建设特色乡镇，推动环东江湖旅游业发展

资兴市有极为丰富的矿产资源，但是由于东江湖特殊的生态环境功能，为了保护东江湖水生态系统，不能广泛开采资源，产业发展受到政策性限制，资源优势无法转为经济优势。尤其是近年来，环湖区域变成“有树不能砍、有湖不能渔、有地不能垦、有矿不能采”的禁止发展地区，产业转型不仅没有突破“重围”，甚至面临无资源可用的态势，农民增收困难，返贫风险凸显。但生态环境保护既是产业的限制，也是十分有特色的资源禀赋。当前的困难是如何使隐性的生态环境资源显性化，彻底地转化为经济利益。推动东江湖的旅游业发展是极为有效的手段，可以从三方面推进。一是发展生态旅游。以东江湖、雾漫小东江、东江湾泛半岛公园为主线统筹推进整个环东江湖旅游产业发展。以旅游为主，促进沿线白廊、黄草的商业、餐饮、文化等产业的发展，使“有湖不能渔、有地不能垦”的劣势转化为生态旅游的资源优势。二是开发旅游养生地产。开发旅游地产，营造资兴养老、养生的良好环境，突出养老、养生特色，加快相关服务产业的配套发展。生态地产主要分为两个地区。在兴宁等已有开发的地区，整合商业、文化等资源，打造生态与历史文化相结合的旅游小镇。在尚未开发的地区，如黄草镇一部分村落，距离东江湖较近、地理位置独特，由于当地的旅游资源尚未开发，而传统的农业资源禀赋不足，形成了经济发展较落后的局面。可以合理利用当地生态移民的建设用地空间，发展生态会所、生态酒店等旅游地产，发展养生生态旅游休闲区等产业组织形式。三是形成旅游产业集群。通过资产管理公司、股权投资基金、信托投资等现代商业组织的运作，创建“寿佛故里、生态资兴”的特色旅游产业集群，激发城乡统筹发展的内生活力。

6. 发展特色农业产业，推进农业产业化经营

资兴于2013年8月印发了《资兴市推进农村土地承包经营权流转促进农业产业规模经营特色发展实施办法》，设立推进农村土地流转发展的特色农业产业专项资金。下一步就是要以此为基础，大力培育企业、合作社、家庭农场等经营主体，适应当前社会的消费需求和全球农业市场细分的需要发展特色农业，着力推进农产品加工业与休闲农业发展，促进农村一、二、三产业融合发展，将农业的发展领域拓展到更高的层次，这样不仅能够带动农业的发展，增加农村劳动力的就业，也为农村城镇化建设提供坚实的物质基础。

一方面，要大力培育农业特色产业。在培育特色产业过程中，政府应当注重以下几方面的引导：一是推进土地流转，确保土地流向有资源整合才能的企业家，为农业的规模化、产业化扫清障碍；二是扩大企业家行为的示范效应，促进种植技术扩散，提高产业生产效率；三是在培育特色产业时要注重“特”字，即注重特色产业的品牌效应与推广；四是充分利用禀赋延伸产业链，大力发展配套产业。加强工业园区与乡镇产业之间的联系，合理布局产业。大力发展食品加工业、以农产品为原料的工业，提高农产品的附加值与利润率，形成有特色、资源禀赋得到充分利用的产业集群。

另一方面，要着力对新型农业经营主体的培育，构建新型农业经营体系。实现农业现代化，应当积极构建新型农业经营体系，其特点主要是专业化、集约化和社会化。要大力培养新型农民，造就新型农村人才队伍。鼓励回乡人员自主创业，培养一批高素质、高文化、高科技的新型农民，使其充分利用市场，带动更多的农民全身心投入农业建设，实现其经济价值，并进一步提高农业现代化发展速度。同时，积极培育家庭农场和专业大户，提高农业专业化水平；有效发展农业专业合作社，促进合作社突破以销售服务为主的范围，逐渐向技术培训、农业保险、提供市场信息等方面辐射，增强组织能力；大力扶持农业龙头企业发展，特别是要建立农业专业合作社与农业产业化企业巨头之间的联系，确保现代农业的可持续发展。

同时，要完善农业社会化服务体系。应当充分认识乡镇公共服务机构建设的必要性和紧迫性，着力提升农业技术推广、动植物疫病防控、农产品质量监管等公共服务能力。支持高等学校、职业院校、科研院所通过建设新农村研究机构、农业综合服务示范基地等方式，面向农村开展农业技术推广。加强乡镇或小流域水利、基层林业公共服务机构和抗旱服务组织、防汛机动抢险队伍建设。放宽服务组织准入的领域，通过财政、税收等手段吸收多元社会资金投入，逐渐形成长期稳定的多元化服务体系。

7. 完善城乡金融体系，为经济社会发展提供强有力的资金保障

改进现有的城乡金融体系，推进城乡经济发展，是资兴必须要面对的难题。针对资兴金融体系发展滞后的问题，可以从以下方面来完善。

一是充分发挥政府主导作用。在城乡一体化建设过程中，政府应搭建信息平台，整合与调整资兴市各个地区的产业及区位优势信息，制定正确的投融资计划以及产业扶持政策，从而实现资金的优化配置。随着城镇化、工业化的快速发展，资兴市农村劳动力的转移为集中经营和发展特色种植业提供了机遇，市工业园区有 180 余家工业企业，其中规模以上的有 86 家。这些经济主体资金需求量大，同时工商业个体和中小企业的发展有助于培养龙头企业，应优先为这部分经济主体提供金融支持。因此，必须加强市场主体的多元化资金保障机制建设，一方面加大政府财政投入，另一方面发挥市场在资源配置中的决定性作用，通过科学规划、统筹发展，盘活城乡资源，构建地区融资平台，保障城乡建设的资金需求。

二是建设农村金融组织。资兴市现有的农村金融组织难以满足企业融资需求，除现有的银行业金融机构在农村地区设立分支机构外，政府应鼓励发展村镇银行、社区信用合作组织和专营贷款业务的贷款公司，推进试点工作，带动农村金融的变革。同时，要明确农村金融组织的组成部门、各部门职责和任务分工，使资源配置得到有效迅速的安排，充分发挥各个部门的作用，激活农村市场，保持农村金融市场的活力。

三是加强金融体系外围辅助体系的发展。第一，制定相关法案，明确资金的流向和作用，保证资金的效率与效益；第二，完善农村金融风险补偿体制，如果出现资金断链或者投资失败等问题，应把农民的损失减到最小，银行等金融机构应承担相应的责任；第三，加大政策性农业保险的覆盖范围，提高农业风险防范意识，积极引进农村商业保险、合作互助保险等其他模式，共同发展人身保险和财产保险；第四，政府要在担保体系方面加大扶持力度，建立担保部门、提高担保风险补偿、丰富担保方式，以保证有限的资金发挥出最大的效益。

B.4

2014～2015年湘潭县城乡一体化发展报告

摘　要：本报告全面分析了湖南城乡一体化示范县湘潭县推进城乡一体化的现状，总结其在城乡经济总量、产业结构、公共服务、基础设施等方面取得的新成效，剖析了当前存在的经济实力不强、城镇化落后工业化、乡村治理机制不健全、人才队伍支撑能力不足等现实问题，并结合对湘潭县城乡一体化形势的判断，提出了推进国企改革和土地经营充实县级财力、推进产权改革壮大农村集体经济、探索“1个小城镇＋n个中心镇＋m个小村镇＋丘陵山地散居”的城镇化道路、吸引社会资本参与村镇建设、加强农村基层组织建设、建立健全农业推广服务体系、加快基本公共服务向农村覆盖等推进湘潭县城乡一体化发展的对策建议。

关键词：湘潭县　城乡一体化　就地村镇化

湘潭县是湖南城乡一体化示范县，同时也是农业大县，耕地面积为6.9万多公顷，基本农田保护面积为5.5万公顷，粮食、生猪产量一直居全省首位，连续三年被农业部评为“全国粮食生产先进县标兵”和“全国生猪生产大县”。湘潭县也是农业人口大县，2013年末农村户籍人口达89.09万人，占总人口的89%。作为一个农业和农民大县，湘潭县在推进城乡一体化过程中形成了自己的优势与特色，但也遇到中国城乡发展中存在的一些普遍性问题。如何立足本县优势，解决城乡一体化中的突出问题，做好城乡一体化这篇“文章”，对湘潭县的可持续发展非常重要。

一 湘潭县城乡一体化的新成效

湘潭县位于湖南省中部湘潭市内，县城位居湘江生态经济带、长株潭城市群核心区内。生态和文化资源丰富，境内河流有湘江及其支流涓水、涟水、云湖河等，共长190公里，全县年平均水资源为9.2亿立方米，人均占有量为817立方米，林地面积占地区总面积的43.5%，境内有彭德怀纪念馆、齐白石故居、隐山湖湘文化区、晓霞山风景区等一大批自然景观和人文景观。近年来，湘潭县委、县政府坚持“主攻工业、提升农业、大力发展第三产业”和“工业兴县、园区兴工、项目兴园”的发展思路，使全县经济得到快速发展，城乡一体化进程加快。

1. 经济总体发展势头良好，城乡收入差距进一步缩小

面对复杂的经济发展形势，湘潭县以“现代壮县、幸福莲乡”为目标，大力推进“强工壮县、惠农富民”战略，经济保持快速增长。2013年，全县GDP达到258.4亿元，较上年增长12.2%；一、二、三产业增加值分别增长1.3%、16.7%、12.8%；人均GDP为30445元，较上年增长12.5%。实现财政总收入20亿元，增长17.6%，其中完成一般预算收入14.6亿元，增长18.5%；完成固定资产投资136亿元，增长35%。全年农民人均可支配收入11979元，增长13.9%；城镇居民人均可支配收入23519元，增长10.4%；农民收入增长幅度继续高于城镇居民收入增长幅度，城乡居民收入差距由2012年的2.05:1进一步缩小为1.96:1，并明显低于全省2.79:1的平均水平。

2. 城乡产业结构逐步优化，转型升级步伐加快

一是经济结构调整不断取得成效，2013年三次产业结构由2012年的20.8:50.6:28.6调整为18.9:52.1:29，第一产业占比继续下降，第二、三产业比重较2012年提高1.9个百分点。二是新型工业化步伐加快。在“强

工壮县”战略引领下，工业发展成效显著。2013 年，全县完成规模工业总产值355 亿元，比上年增长 18%；实现规模工业增加值 106 亿元，增长 15.5%；新增规模企业 9 家，规模企业总数达到 195 家，产值过亿元的企业达 81 家；园区规模工业增加值占规模工业增加值的比重达到 62.4%，产业集聚效应显现，先进装备制造、现代物流和农产品精深加工三大产业集群初步形成。工业升级快速推进，2013 年完成高新技术产值 100 亿元，新增国家级高新技术企业 4 家，有 21 家企业进入湖南省“小巨人计划”、“创业计划”和“百千万成长计划”。三是农业现代化稳步推进。近年来，湘潭县积极推进农业规模化、集约化发展，涌现一大批新型农业经营主体，尤其是农民专业合作社发展迅速。至 2013 年 6 月，全县登记备案的各类农民专业合作社 285 家，其中省级示范社 8 家、市级示范社 38 家、县级示范社 51 家；全县合作社注册资金 1.3 亿元，入社农户 2.5 万户，辐射带动农户 4.8 万户；全县的农民专业合作社覆盖了湘潭县主要的农业产业，并已经注册农产品商标 35 个，取得质量体系认证 5 个、无公害农产品认证 23 个、绿色食品认证 5 个、国家地理保护标志 1 个。在农民专业合作社的带动下，2013 年全县土地流转面积达 48.3 万亩，农业产业化产值达 156 亿元，比上年增长 20.8%，农业机械化装备水平连续 8 年稳居全省前列。四是旅游业快速崛起。近年来，湘潭县以新型城镇化为契机，大力发展以旅游业为代表的现代服务业，带动整个第三产业的发展。湘潭县成为湖南省旅游强县，2013 年创建国家 3A 级旅游景区 2 个，创建省五星级乡村旅游区（点）4 个，建设县级旅游服务中心、省级旅游购物示范点及省级工业旅游示范点各 1 个，创建旅游特色街区 1 个，生态旅游、农业休闲旅游、红色旅游竞相发展。全年共接待游客 702.56 万人次，较上年增长 3.6%，实现旅游综合收入 47.09 亿元，较上年增长 3.5%。

3. 民生不断改善，公共服务城乡一体化加快推进

近年来，湘潭县把保障与改善民生作为推进城乡一体化的重要抓手，实施“惠农富民”战略，不断加大投入，统筹推进城乡教育、医疗卫生、就业、社会保障等重点民生工作，加快了城乡公共服务一体化进程。教育方

面，进一步改善农村薄弱学校办学条件，加强农村合格学校建设，实施名优学校与薄弱学校“一帮一”工程，加大对城区学校与农村学校之间的师资交流，促进城乡教育均衡发展，并构建了政府主导、社会参与的贫寒学子资助体系，实现了义务教育、普通高中教育、中等职业教育、高等教育阶段学生救助全覆盖。2013 年，小学适龄儿童入学率、毕业生升学率均为 100%，高考一、二本上线率为 40.89%，高考各项评价指标连续十五年稳居湘潭市第一。医疗卫生方面，农村基层医疗卫生条件不断改善，服务能力不断提高。2013 年末，全县医院、卫生院拥有床位总数 2860 张，床位数较上年增加了 41%。新型农村合作医疗稳步发展，2013 年参合农民达 810542 人，参合率为 97.8%。就业与社会保障方面，就业保障能力不断增强。2013 年，全县新增城镇就业人员 8512 人，城镇登记失业率控制在 4.27%，新增农村劳动力转移就业 50016 人。社会保障城乡统筹力度加大，根据全面建成小康社会统计监测，2013 年湘潭县基本医疗保险覆盖率、基本养老服务补贴覆盖率的实现程度均已达到 100%，失业、工伤、生育等社会保险覆盖面不断扩大，城乡救助体系不断健全，应保尽保的社会保障体系基本建立。

4. 基础设施加快向农村延伸，城乡环境条件进一步改善

湘潭县坚持以项目为抓手推进城乡一体化建设，2013 年全力实施“双百工程”和“百日项目大会战”，全县 100 个重点工程建设项目开工率达 97%，完成投资 103.7 亿元，占年度投资计划的 102.8%。全年完成固定资产投资 135 亿元，固定资产投资、重点工程项目建设两个考核指标连续三年蝉联全市第一。在项目推动下，一批包括交通、水利、民生在内的项目相继建成并投入使用。2013 年末，县到乡镇公路达 807.4 公里，乡镇到村、组公路达 8465.6 公里，超额完成农村公路建设目标任务，行政村客运班线通达率达到 97.1%，农村安全饮水比率达到 90.4%；水利工程投入资金 1.88 亿元，增长 1.6%，开工各类水利工程 11293 处，完成土石方 1108 万立方米，治理水土流失面积 3.1 平方公里，新增农田有效灌溉面积 266.67 公顷，新增节水灌溉面积 33.33 公顷，这为农业、农村的持续健康发展提供了有力

的支撑。同时，生态环境不断改善，2013 年全县化学需氧量、二氧化硫主要污染物削减率分别为 3.22% 和 9.7%，工业企业主要污染物排放达标率达 96.0%，森林覆盖率达到 47.98%，万元规模工业增加值能耗下降 17.58%。

二　湘潭县城乡一体化的现实问题

近年来，湘潭县经济社会发展取得了显著成效，但城镇化乏力与乡村治理涣散两大核心问题同时并存，城乡一体化仍面临一系列现实问题。

1. 经济整体实力不强

尽管湘潭县经济在逆势中实现了高速增长，但全县整体经济实力不足，尤其是财力不足，同时还存在县域金融“失血”的问题。2013 年，全县地区生产总值为 258.4 亿元，人均 GDP 为 30445 元，相当于湖南省人均 GDP（36763 元）的 83%、湘潭市人均 GDP（51538 元）的 59%。全年完成财政总收入 20.0 亿元，增长 17.7%，但人均财政收入（按常住人口计算，下同）仅 2347 元，只相当于湖南省人均财政收入（4943 元）的 47%、湘潭市人均财政收入（5168 元）的 45%。全县金融机构本外币各项存款余额达 227.7 亿元，本外币各项贷款余额为 134.1 亿元，存贷比仅为 58.9%。

2. 城镇化落后于工业化发展

湘潭县具有典型的“工发展、城落后”的问题，即工业化率高于城镇化率。2013 年末，湘潭县第二、三产业产值占 GDP 的比重达到 81.1%。然而，湘潭县的户籍人口城镇化率（城镇户籍人口占总人口比例）只有 10.7%，常住人口城镇化率（城镇常住人口占总人口比例）也只有 34%，都显著低于工业化率。湘潭县的情况与中国大部分地区情况相似，但城镇化滞后于工业化的问题更加严重。2013 年，中国第二、三产业产值比重达到 90%，而常住人口城镇化率仅为 53.73%。

3. 乡村治理机制不健全

调查发现，与全国大部分地区情况类似，湘潭县乡村治理涣散问题较为突出。一是乡村组织职能弱化、财政有限、运转艰难，集体经济“空壳化”

严重，农村基层组织功能缺失，很多基层党组织已经涣散。二是农村专业合作经济组织和龙头企业规模小，质量参差不齐，只有少部分合作社联合了足够多的农户形成一定规模，大部分合作社为农业、农民服务的水平和能力较差，甚至存在“空壳社”有名无实的现象，这导致组织引导和服务农业生产的功能缺失，小农户独自面对大市场的矛盾依然存在。三是农业服务体系不完善，全县农业科技推广人才总量不足，“青黄不接”。从20世纪90年代末取消大学生包分配制度以来，乡镇农业服务体系就没有进过年轻人，由于行政体制机制制约，乡镇农业站工作经费难以保障，基本没有吸引人才和激励人才的能力。四是农业基础设施仍然落后，农田水利设施大多是20世纪六七十年代兴建的，工程年久失修，灌溉渠系统淤塞、渗漏严重。全县仍有3.2万公顷中低产田没有改造，占耕地面积的47.8%，全县水土流失面积为4万公顷。全县140座水库中仍有40多座病险水库；143公里堤垸真正达标的只有15公里，其余堤防标准只有5~10年一遇。县域公路网中，等级公路仅占17.2%。全县仍有250多个乡村出于资金原因没有实施电网改造，占乡村总数的40%。五是农村公共服务与需求差距较大，农村的教育、医疗、卫生、文化等服务供给仍然不足。

4. 人才队伍支撑能力不足

湘潭县人才发展的情况落后于全国水平，反映出一些县域人才发展的共性问题。首先，人才总量不足。全县人才资源总量仅占社会总人口的2.1%（全国人才资源总量为1.2亿人，占总人口的8.8%），其中农村实用人才又只占全县人才总量的3.2%（全国农村实用人才总量为1048万人，占人才总量的8.7%）。其次，基层人才和高层次人才偏少。一方面，农村基础教育教师、农村职业教育和培训教师、农业技术人员、乡镇规划人员不足；另一方面，工商、医疗等领域高层次人才也不足。再次，人才专业结构不合理。全县大量具有高学历、高职称的人才集中在党政机关和县直部门，学非所用、专业不对口，而大量需要专业技术人才的事业单位却人才奇缺，如乡镇的农口系统站所、农村学校和卫生院等单位人才比例很小。其中，农业系统专业技术人才中35岁以下的出现严重断层，如不补充，5~10年后将后继无人。最后，引进人才的体制机制不顺畅。基层政府必须有编制空缺才能引进人才，调剂编制引进人才的举措受到政策限制，不利于吸引和集聚高层次人才。

三　城乡一体化的形势判断

推进城乡一体化，要以党的十八大的城乡一体化精神为指针，将其作为解决“三农”问题的根本途径来对待，以形成城乡互相促进、共同繁荣的良性关系为目标。党的十八届三中全会关于“健全城乡发展一体化体制机制”有4条、1200多字的阐述，其中明确指出“城乡二元结构是制约城乡发展一体化的主要障碍。必须健全体制机制，形成以工促农、以城带乡、工农互惠、城乡一体的新型工农城乡关系，让广大农民平等参与现代化进程、共同分享现代化成果”，并提出“城镇化和新农村建设协调推进”的总体思路。

城乡一体化不是造城运动，而是人的一体化；人的一体化，不是城乡一个模样、一种生活方式，而是着眼于城乡居民一视同仁的同等国民待遇；不是消灭农民、消灭农村、消灭农业生产方式，不是把农民连根拔起，而是着眼于中国未来百年内都会面对城乡二元结构并存的基本事实，探索大中小城市、乡镇和村镇等基本城市生态的合理、可持续布局，以及在适合集中居住的乡村实现就地村镇化，圆一个“和谐乡村、美丽乡村、把根留住”的美丽中国梦。

具体到推进湘潭县城乡一体化的实践思路，其可以分为两大步骤，第一是夯实基础，一方面要充实政府自身财力，充实城乡一体化的物质基础，另一方面要从实践中总结思路、在实验中不断调整思路，获得城乡一体化的认识基础；第二是改革创新，在重点领域先行推开改革，破除体制机制障碍，既要引导各种经济要素和公共服务回流乡村，又要培育乡村自身的治理能力。

1. 巨量农村人口和小农经济将长期存在

当前，土地流转、农民上楼集中居住、农民工进城定居的城镇化思路，在我国得到越来越多人的认同。尽管其代表了部分地区和部分人口的发展趋势，但这种思路不可能掩盖农村人口仍将大量存在、小农经济仍将广泛存在的国情，可能导致越来越激进的造城运动。

中国庞大的农业人口基数，决定了城乡二元结构的长期存在。根据专家测算，2030~2050年中国人口约有15亿人（莫龙，2011）。如果城镇化率每年增加1个百分点，那么到2030年中国城镇化率将达到80%左右。以此为中等估计，上下浮动将有保守估计、中等估计和乐观估计三个城镇化模拟方案。

（1）保守估计：城镇化率为70%。此时，仍有4.5亿农村人口，相当于整个美国人口数+日本人口数+加拿大人口数。

（2）中等估计：城镇化率为80%。此时，仍有3亿农村人口，相当于整个美国人口总数。

（3）乐观估计：城镇化率为90%。此时，仍有1.5亿农村人口，相当于整个日本人口数+加拿大人口数。

50年后，即使中国只有1.5亿农民，如果保持了18亿亩耕地，人均耕地也只能达到12亩（约0.8公顷）。这仍然是与日本、韩国类似的典型东亚小农经济的规模，远远达不到美国2008年农业人口人均2000亩耕地的平均规模，仅相当于美国人均耕地面积的0.6%。

即使到2100年，中国约13亿人口（中等估计方案），不考虑能源、地理、水光热、交通等限制条件，纵使中国达到95%（现有统计口径下）的城镇化水平，也仍然有6500万人口以农为业、生活在农村，如果那时中国保持了18亿亩的耕地，农村人口人均耕地也只有27.7亩，也就是1.85公顷，只是相当于2008年美国农业人口人均耕地的1.4%。

更何况，中国“七山二水一分田”的地理地形以及水光热等极不均衡的农业资源条件，都导致大规模、标准化农业在大部分国土上的不可能性。另外，广大丘陵地区农业、稻作农业、蔬果及牧渔业，多数只适合小规模耕作，占国土面积41%的草原牧业更加无法实现类似农区的城镇化，遑论欧美式的城市化。

2. 中国“归乡潮”对城乡一体化的企盼

按常住人口算，中国目前已经出现人口离开城市回到乡村工作和生活的潮流，未来可能增长很快。目前，至少有四股“归乡潮”人群。一是大学生回乡，以大学生回乡创业和大学生村官为主，到2020年将达到60万人，实现一村一名大学生村官的目标。① 二是在城市有正式工作和住房的退休人员“落叶归根”。三是城市高收入者，在周末和节假日到城郊农村，甚至常年租地，空闲时便到农村种地休闲。四是老年甚至中年农民工，结束长时期的异地打工生活，在农村进行兼业。

其中，中老年农民工群体数量最多，可能是未来增长非常快的回乡人群，很可能扭转农村人口净流出的局面，转变为农村人口净流入。国家统计局科研所张永丽、景文超（2012）表示，调查显示，农村青壮年劳动力能够外出的基本已全部外出。同时，异地农民工面临“中年失业”，不得不返回本地。统计局2009年数据表明，农村劳动力中40岁以上者，有90%都在本地工作和生活（见图1）。半辈子就业、半辈子失业让很多异地农民工无法积累足够的财富，以完成全家甚至个人的市民化，所以最终必须回到本地就业和生活。

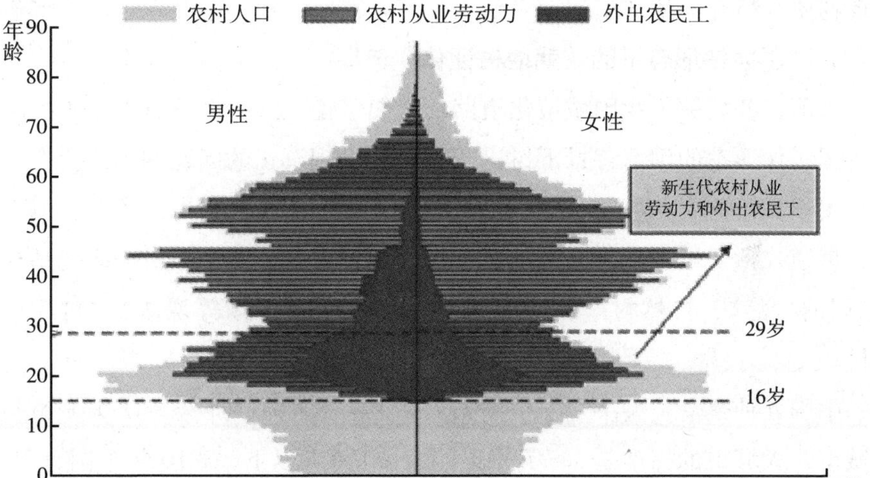

图1　2009年农村从业劳动力和外出农民工的年龄结构

资料来源：国家统计局《2009年农民工监测调查报告》。

---

① 中国村社发展促进会编《2012中国大学生村官发展报告》，中国农业出版社，2012。

严峻的是，按照当前农民工年龄结构，未来中年农民工人数将会迅速增多，超过1亿农民工将基本确定在本乡镇工作生活。从图1可以看出，假设40~50岁为农民工结束异地就业的“终结异地”时间，那么这部分人群在今后十年会持续增多，到2020年出现一个大幅度跃增，2030年后，“终结异地”的人数开始出现下降。

异地农民工中年返乡后，农村逐渐积累了庞大的中老年“沉淀层”。根据第六次人口普查数据，乡村地区常住人口中，50岁以上人口为1.83亿人，占农村总人口的27.6%，40岁以上人口为2.96亿人，占44.6%。也就是说，有2亿~3亿中老年农村常住人口，在未来20年内基本不具备城镇化的意愿和能力。

上述四类人群从城市向农村流动，有着共同的企盼，即村镇宜居、稳定和美丽。如果强行将他们“化”到城市，强行减少农村，纵然能获得暂时的高城镇化率。但是，就业机会、生活保障、精神追求的残缺，都会让城市出现物质和精神上的“贫民窟”。

3. 中国居住形态下的“就地村镇化”选择

当前，各界关于我国城镇化道路的思路争论颇多，但只有把每种思路放到我国居住形态的国情背景下讨论，才可能发现真正的问题和出路所在。

关于城镇化有相应的一些争论，争论体现为中国九种聚落类型：村、村镇、集镇、镇、城市、小区、社区、街道、城市群。其中，村一级包括村落（散居的村落）、自然村（南方地区有村、寨、社、坳等说法）、村庄、行政村。

中国九种聚落类型决定了中国人大体上有五种居住形态。①大城市与特大城市，大城市的标准是50万人以上到100万人以下，2010年中国有95个大城市。特大城市是超过100万人的，全国有63个，北京就是一个典型的特大城市。②中等城市是20万~50万人，全国有240个。③小城市及小城镇，中国小城市（县级市）有258个，小城镇按照乡镇级的规划中国有40466个。④小村镇。即1500多个乡的乡政府所在地，加上众多乡、镇居民委员会周围连接的村民委员会，众多没有行政级别但自然形成的集镇，以及各种特色大村、人口大村。按常住人口粗略估算，这部分人口占全国人口的20%，按户籍人口算占全国人口的40%。⑤散居。即农区、牧区、山区的自然聚落，其所占土地面积估计超过全国国土面积的99%（而2011年全国城市建成区为43603平方公里，仅占国土面积的0.45%）。

围绕着五种居住形态，产生了五种观点。第一，大城市化的观点，主要是经济学家们持有的。第二，小城镇的观点，主要是社会学家持有的，比如费孝通1984年就提出小城镇大战略，并且成为国家战略。现在的中国不叫城市化，叫城镇化，与小城镇的战略有关。第三，异地城镇化，是目前普遍的现实，有2.56亿农民工是异地城镇化的状态，甚至有统计说中国有3.9亿人是流动人口，这是半城镇化的状态。第四，就地城镇化，即农村劳动力不再外流，在本乡本土安家落户、就地改造、村改居。但是前四种方案都产生一个问题，谁被“化”掉了？农村被“化”掉了，城镇化了，走向城市，乡村被“化”掉了。在这个过程中，乡村是缺位的，没有看到2.6亿农民工打工十几年挣的钱都投在家乡的房子。为了把他们的生存与发展纳入国家城镇化发展思路，应该选择“就地村镇化”的道路，这种形态叫“多元城市生态”，即第五种观点。基于我国五种居住形态的基本国情，未来城镇化思路中，应强调“多元城市生态”的理念和“就地村镇化”的战略，这既是一种难以“化”掉的潮流，也是国家可以把握和利用的机会，可以此来营造一个有“根”的社会。

国外也不乏就地村镇化战略的成功案例。例如，“二战”后的60年间，德国城镇化水平由69%提高到89%，年平均城镇化速度为0.3%。截至2010年底，德国共有大中小城市2065座，其中，82个10万人口以上的行政区生活着2530万人，占德国总人口的30%；其余70%的人口则多数分布在2000～10000人的1.35万个小型城镇里。德国小城镇的通信、电力、供水等基础设施条件与大都市相比差异很小，医院、学校、购物场所等一应俱全，而且自然环境优美，甚至具有大城市无法比拟的优越性。

4. 就地村镇化在推动城乡一体化中的重要意义

多元城市生态战略，对于湘潭县这样的县域来说，最重要的是强调就地村镇化。它是分散城镇体系风险的必然选择，也是传统文化延续和生态文明兴起的重要途径。大城市化、异地城镇化、就地城镇化等战略很少具备这些底线优势，就地村镇化可以对其形成必要、有益的补充。

第一，就地村镇化带动“三农”发展。中国农村中的农民，长久以来都保持着高度的兼业化，家庭既从事农业生产，也参与工商业活动。农业生产方面，将长期以小农家庭经营为主体。小农家庭农业生产的一大特点，是需要劳动者距离田地较近，特别是在农忙时节，要随时根据气候、天气、作物生长阶段等的变化，进行有针对性的应对管理。就地村镇化只要求农民适度集中居住，满足了大多数家庭照顾农业生产的现实需要。工商业活动方面，就地村镇化后的新村镇，相当于一个基本具备经济自生能力的社区，村镇既满足本村镇人的生产生活需要，也可以依托本地特色和优势，向外部提供本地化、专业化的特色产品和服务，如特色制品、旅游度假服务等。这样，小农家庭实现本地化生产和本地化消费，保证了新村镇的繁荣，同时“半工半农”的生产方式也让小农家庭更能抵御风险，具有很强的稳定性。

第二，就地村镇化能分散城镇体系的系统性风险。就地村镇化提供和维护了分散风险的选择，就地村镇化的缺失或强行异地城镇化，则会妨碍大量脆弱的农民群体已经做出的风险分散选择。大城市已经被证明是一个风险集中、易发的地方，疾病、失业、社会不安、资源环境不可持续、自然灾害等风险会突发性地让国家和城市人口付出惨重代价。高收入者和有完整社会保障的城市居民，也许能抵御这些城市风险。但是，大量在城市常住的农民工，在城市风险爆发或者发展机会变得渺茫的时候，家乡的土地和房屋是最现实的底线保障，是最有效的社会稳定器。根据统计局对 80 后新生代农民工的调查，只有 8% 的人决定不回农村；58% 的人都有两手准备，争取留在城市，不行就退回农村；还有 33% 的新生代农民工已经决定将来回到农村。92% 的新生代农民工都将家乡农村作为未来生涯规划的保底甚至最优选项，这是他们针对个人发展风险、城市系统风险和市民化种种困难做出的理性选择。调查显示，67.2% 的新生代农民工认为“收入太低”是制约其在城市定居的重要困难和障碍，63.2% 的新生代农民工认为“住房问题”是制约其在城市定居的重要困难和障碍。新生代农民工中在务工地自购房的比例为0.7%。所以，家乡村镇的土地和翻新的住房，是农民理性的底线选择。如果在短时间内强行抹去土地和住房，相当于让广大农民失去一个分散风险的重要选项，失去保全底线生存的退路，可能会引起一系列社会问题。

第三，就地村镇化传承传统文化、促进生态文明。乡村延续了几千年的传统文化，是中国人共享的精神家园，乡村作为一个“三生”（生产、生活、生态）融合的空间，也将促进生态文明的兴起。首先，在几千年历史中，虽然中华民族经历无数战争动乱，但中华文化却从未间断地传承下来。其中，广大乡村不仅是百姓学习、保留传统文化的场所，也养育、激励、启发了一代又一代英才发扬中华文化。一个经济有活力、功能较为齐备的村镇，比起一个凋敝、破败的村庄，更能承担起传承优秀中华文化、为所有人提供美丽家园的任务。其次，和城市不同，乡村是一个将生态、生产、生活自然地融合在一起的“三生”空间，生产和生活方式本身就含有孕育生态文明的种子。小农生产的季节性、劳动时间集中、需要人随时进行精细化管理等特点，和农民家庭的居住习惯、生活习惯、从事兼业的选择都互相关联。同时，生产和生活都与周边的自然环境发生互动，农业生产直接关系土地利用和环境问题，居住和生活方式直接关系土地利用、建筑景观。因此，就地村镇化的乡村，不仅要解决好“三农”问题，也要抓住机会，创造一个高水平的“三生”空间，为生态文明的兴起提供条件。

第四，多元城市生态契合国家改革方向。多元城市生态符合国家的最新改革方向和政策精神。《国家新型城镇化规划（2014－2020年）》提出新型城镇化道路：“以人的城镇化为核心，有序推进农业转移人口市民化；以城市群为主体形态，推动大中小城市和小城镇协调发展；以综合承载能力为支撑，提升城市可持续发展水平；以体制机制创新为保障，通过改革释放城镇化发展潜力，走以人为本、四化同步、优化布局、生态文明、文化传承的中国特色新型城镇化道路。”这就意味着城镇化不再像过去的造城运动，而着重于农民的市民化，公共设施、公共服务的均等化，着重于产业和城镇的融合，这正是多元城市生态强调的。

必须承认，就地村镇化也面临产业支持不足、规划失误、距离较远、规模经济不够、专业化分工水平低等潜在困难。但是，这些困难有的在大城市同样存在，如产业支持不足、规划失误；有的可以依托更便捷的交通和贸易缓解，如距离远、专业分工水平低；还有的困难在人口结构转变、大众价值观转变的情况下，甚至可能成为优势。例如，城市高收入群体和新一代年轻人对于乡村风貌、大片空地、绿色环境、个性化产品和服务的偏好更多，这些产品和服务对规模经济的要求不高，反而可以发挥新村镇“三生”融合的优势和农业的多功能性。新型城镇化战略需要就地村镇化战略作为补充。这要求在认清城镇化规律的基础上，发挥就地村镇化的优势，尽量避免就地村镇化的不足，与大、中、小城镇形成互补，通过科学合理的规划健全完善城镇体系。

5. 必须推进城乡经济要素良性流动机制的改革创新

城乡一体化的可持续性，取决于经济要素在城乡之间良性流动。党的十八大报告强调，要把城乡一体化作为解决“三农”问题的根本途径来推进，而“三农”问题的根源之一，就是农村经济要素悉数净流出。通过城乡一体化解决“三农”问题的主要抓手，在于建立健全经济要素在城乡间公平、高效流动的体制机制。

（1）三大要素净流出与“三农”问题。第一，劳动力和人才资源净流出。现在，大部分农村里的青壮年劳动力，都走出农村到外地务工，农村只剩下“386199”部队。全国共有2.6亿农民工，其中不在本地的超过一半。另外，农村出身的大学生和技能人才，大多愿意在大城市闯荡奋斗，很少有人才愿意回到农村。“人往高处走”，劳动力和人才资源的净流出，综合反映了农村大多数经济要素净流出的现实。第二，资金要素净流出。1994年金融体系改革开始后，国有商业银行大幅撤并农村、乡镇甚至县域金融网点，农信社也大幅撤并村级服务站和部分乡镇网点，造成当前农村甚至县域金融“失血”的困境。例如，2003年改革后，农信社撤并了大量利润微薄的农村基层网点，2010年网点数量为5.7万个，仅是1997年的67.2%；另外，裁撤了所有村级储蓄所和信用代办站，2000年有20多万个，包括16.9万个信用代办站和4.9万个储蓄所。[①] 农业银行1995年全国网点数为6.7万个，2010年只有2.3万个，净减少4.4万个，占65.7%，如果考虑到城市网点有所增加，那么农业银行农村基层网点净减少的幅度则大于65.7%。除了网点撤并，“四大行”还上收了信贷权限，县、市支行失去绝大部分信贷权限，大部分贷款金额的审批都集中到省分行和总行。第三，土地要素净流出。当前，我国农村土地改变为国有建设用地的最主要途径是通过政府征地，然后由政府在二级市场出售，农民很少有直接参与土地入市、分享增值收益的机会。20世纪末乡镇企业发展期间，农村主要利用自己的土地、资金、劳力进行生产加工，还吸引城市的科技、信息等经济要素，因此“三农”问题并不十分严峻。2000年以后，随着改革开放的深入和一系列要素体制改革的推进，三大要素悉数净流出，“三农”问题才严重起来，才越来越需要通过城乡一体化来加以解决。

（2）建立经济要素城乡良性流动体制机制的经验。一是“南平经验”——人才下派与创新农村工作机制。截至2012年，全国已有31个省（市、区）的1039个县开展科技特派员（以下简称科特派）工作。科特派的发源地是福建省南平市，但“南平经验”绝不仅限于科特派。以“党组织领导的人才综合派驻”为主要经验，2000～2010年，南平市共下派科技特派员七批7300多人次、村支书四批2662人次、乡镇流通助理三批303名、乡镇金融助理410人次和龙头企业助理138名。“南平经验”在增产增收、基础设施建设、基层党组织建设与基层民主制度建设、群众路线方面都取得了优良成绩，1999～2012年，南平市农林牧副渔总产值年均增长5.3%（全省为3.8%）。“南平经验”中，下派村支书是最关键的制度。其与过去向农村派驻工作队完全不同，不是以完成突击性、阶段性工作为主，而是以第一责任人身份直接承担下派村的政权建设、经济发展、社会稳定的全面责任，“带好一个班子、找好一条路子、建好一个机制、打好一个基础”，下派三年，以一个较长的工作周期来推动农村发展。第一，组织建设，下派村

① 根据《中国金融统计年鉴（2001）》（中国金融出版社，2001）有关数据统计分析得出。

支书政策刚实施两年就发展党员858名，培养入党积极分子2488名，培养年轻后备干部1570多人，建立了村规民约和民主自治规章制度；第二，与科技特派员等下派干部联手，制定和实施发展方略；第三，使党的富民政策和各项工作部署能够及时进村入户，改变了以往政策和工作落实不到位的问题。“南平经验”的形成还得益于另一项实用主义传统：让市场在配置科技资源中起决定性作用，即科技特派员可以在为农村服务的过程中与农民结成利益共同体，获得经济激励，这激发了广大科技特派员的积极性。回过头看，“南平经验”对全国创新农村工作机制有很大的借鉴意义。在市场化背景下，其以党在农村基层发挥“领导权”为基础，协调整合了科技、流通、金融要素（以人才为依托）回流“三农”，带领农民闯市场，逐渐使农村民主制度真正健全起来。

二是“三位一体”的农民综合合作组织建设。包产到户后，我国农业经营体制名义上是“统分结合、双层经营”，但其中“分”的部分做得较好，“统”的部分却一直没有起色，农业中许多需要集体行动的事项都陷入困境。2013年召开的中央农村工作会议，将“新型农业经营体系”的内涵明确为“以农户家庭经营为基础、合作与联合为纽带、社会化服务为支撑的立体式复合型现代农业经营体系”。毋庸置疑，大部分农业经营以家庭为主是我国的基本国情，因此，如何加强农民的组织与合作，如何为农民提供立体复合的社会化服务，如何让小农家庭组织起来应对大市场，就成为当前农村工作机制和经营体制创新的重点。浙江省瑞安市在全国率先组建了专业合作、供销合作、信用合作“三位一体”的瑞安农村合作协会。其将原来处于分散状态的各种涉农资源——合作银行、供销联社和农民专业合作社联合在一起，形成生产合作、供销合作、信用合作“三位一体”的合作体系。“三位一体”的核心是农民的综合合作，即专业生产、购销，金融不再“各自为战”，而是统合到类似农民协会的组织平台上。当前，我国农民专业合作社“伪合作社化”现象严重，供销社大多瘫痪，合作金融监管困难。如果合理地推进农民综合合作，金融活动就能利用购销和生产环节的信息流、资金流、物流作为融资与信用担保，专业生产有了金融和流通的密切协助也能更加符合市场规律，流通和金融环节的利润就能够留在合作组织内部，以弥补农业生产的微薄利润。这种“三位一体”的主要模式，具有可操作性，提升对社员的服务能力，形成具有扩展服务能力的内在机制，取得了不俗的成绩，值得作为农业大县的湘潭县借鉴。

四　推进湘潭县城乡一体化的政策建议

未来一段时期是湘潭县县域经济社会迅速发展的窗口期，从上述发展形势来看，作为农业大县的湘潭县面临着各种经济要素回流乡村的良好机遇；从省内来看，长株潭“两型社会”建设与湖南省委、省政府制定的“3+5”城市区域发展战略保持紧密联系，即以长株潭城市群为核心发展极，辐射带动益阳、岳阳、常德、娄底、衡阳五个城市群的发展，湘潭县居于长株潭城市群核心区，将获得越来越多的政策支持与发展机遇。另外，湘潭县已经成功获批省可持续发展试验区、省新型工业化产业示范基地，工业园区建设和园区工业发展都有机会再上一个台阶，未来可能有更加有利的政策条件。基于此，未来一段时期湘潭县应该抓住机遇，进一步深化改革，积极理顺体制机制，以加快城乡一体化发展为根本途径，推进经济社会新的跨越式发展。

1. 推进国企改革和土地经营，充实县政府财力

城乡一体化需要政府财力支撑。湘潭县正处于工业发展提速、形成集聚效应的关键阶段，税收优惠和减免政策在所难免，因此充实财力的着眼点要更多地放到扩大国资收益上。扩大地方政府的资产收益、充实财力之后，政府不仅有条件开展城乡一体化工作，也有条件继续保持较低的企业税赋，继续提高产业发展水平，形成一个良性的城乡关系。

党的十八届三中全会部署了从管资产到管资本的国企改革方案，提出把混合所有制作为改革的重点方向。湘潭县有湘潭县运输有限公司、湘潭县建设投资有限公司、湘潭县天信国有资产投资经营有限公司等国有企业，已经初步具备经营土地、经营城镇、经营物流等领域的组织条件。一方面，为了提高政府资本和政府投资的收益率，有必要进行混合所有制改革，引进社会

资本；另一方面，政府可以更多地利用国家建设用地政策和区域发展政策，提前储备土地，为将来可持续地充实财力打下基础。

另外，在土地制度改革方面，湘潭县可以探索节约农村建设用地、保护耕地的新制度。湘潭县农村中农民散居现象普遍，所以散居农户房前屋后的硬化和道路面积，比聚居农户房前屋后的硬化和道路面积更多；另外，宅基地建新不拆旧、私自占用耕地建房等问题也存在。随着很多偏远山区农村的整户“空心化”，农村建设用地对耕地和城市建设用地形成无谓的挤压。所以，如何执行国家“一户一宅”、人均宅基地面积标准和耕地保护等相关法律，控制农村建设用地随城镇化一起增加的态势，关系最基本的国家法律执行和节约土地问题。进一步来说，湘潭县众多农村山区铺设基础设施的成本非常高昂，交通、教育、医疗等条件落后，未来注定有一批自然村会逐渐消亡。所以，随着农村集体建设用地入市等改革新政策的制定和推广，现在开始探索节约农村建设用地、复垦验收等工作机制和经验，湘潭县就更有可能占得先机、更充分地分享城镇化红利。

2. 推进产权改革，壮大农村集体经济

集体经济可以为农村基层组织治理提供物质基础和激励，但实现这个目标既需要集体经济组织本身的组织改革，也呼唤土地、农业社会化服务等领域的制度改革。党的十八届三中全会指出，要“坚持农村土地集体所有权，依法维护农民土地承包经营权，发展壮大集体经济”。

（1）推进农村要素产权制度改革。湘潭县集体经济组织与全国普遍情况一样，大部分奄奄一息，甚至名存实亡，这主要是由于农村土地、科技、流通、金融、信息等要素资源配置中，市场还没有发挥决定性作用，而政府也未能发挥作用。

一方面，申请农村集体经营性建设用地入市试点，建立农村建设用地市场，对接更大区域。中国市场化、工业化、城镇化浪潮中，工商业积聚于城镇，市场活动聚集于城镇，所以城镇的级差地租远远高于农村。长期以来，只有通过政府征地手续变为国有土地，土地才能作为城镇建设用地进行开发，这不仅极大地增加了维稳压力，也使大部分农民和集体难以在市场平台下享受合理的土地增值收益。党的十八届三中全会提出，“建立城乡统一的建设用地市场。在符合规划和用途管制前提下，允许农村集体经营性建设用地出让、租赁、入股，实行与国有土地同等入市、同权同价。”湘潭县位于长株潭城市群核心区，本身农地资源丰富，如果能通过类似成都、重庆地票交易的形式，与长株潭地区实现土地市场一体化，就能利用城市和农村级差地租的差距，分享长株潭城市群发展的红利。

另一方面，集体经济组织的经营要成功，还依赖政府引导各类经济要素回流的支持。这方面可以借鉴福建南平人才下乡的经验，建立人才下派制度，通过下派村支书、科技特派员、乡镇金融助理、乡镇企业助理、乡镇流通助理，为农村和农业导入稀缺资源。其中，下派村支书是最关键的制度。其与过去向农村派驻工作队完全不同，不是以完成突击性、阶段性工作为主，而是以第一责任人身份直接承担下派村的政权建设、经济发展、社会稳定的全面责任，“带好一个班子、找好一条路子、建好一个机制、打好一个基础”，以一个较长的工作周期来推动农村发展。

（2）推进集体经济产权改革，建立股份合作＋专业经理人制度。集体经济组织需要改革，以实现民主和专业化管理。党的十八届三中全会提出，“保障农民集体经济组织成员权利，积极发展农民股份合作，赋予农民对集体资产股份占有、收益、有偿退出及抵押、担保、继承权。”股份强调资本的权利，通常表现为“一股一票”，合作强调成员的权利，通常是“一人一票”，股份合作就是一种兼顾二者的制度。集体经济组织实行股份合作制，是要兼顾资本权利与成员权利，兼顾效率与公平。另外，虽然很多集体经济组织的主任、经理，与村主任或村支书就是同一个人，但不应该把现状当作必然，而应该实行政经分离的改革。乡村干部可以担任，但不必然担任集体经济组织“一把手”，如果业绩不好、表现不佳，可以被集体经济组织的股东和成员罢免，另选其他专业经理人进行管理。

3. 探索“1个小城镇＋n个中心镇＋m个小村镇＋丘陵山地散居”的城镇化道路

湘潭县地形多样，平原占39.54%，岗地占35.21%，丘陵占18.61%，低山占6.64%。湘潭县土地总面积2512.23平方公里，其中耕地有6.9万公顷，占27.5%；山地面积12.25万公顷，占48.8%；水面面积2万公顷，占7.96%；其他城镇、居民点、道路等面积3.96万公顷，占15.8%。大体是“五山一水二分半田，一分半道路和庄园”。耕地中水田面积占了94.2%，土壤主要是黄红壤和红壤，适合水稻、蔬菜、油菜、林果等多种农作物种植。

湘潭县很多农村的地势，都是山脉间由水流冲刷而形成一条条“冲”，像人手掌伸出的手指，农户大多在“冲”里居住。湘潭县农户居住形态不同于北方，不是一个村家家户户紧邻形成小聚落式、有明显边界的村庄，而是在地势较平的区域，选择一个突出的小山包，靠山建房，所以不同农户家庭的地理间隔较大，呈明显的散居形态。

湘潭县未来的城镇化发展思路，应该有多元城市生态理念，特别是重视中心村镇建设和散居地区公共服务普惠。

在国家政策、国情县情的引导和约束下，湘潭县城乡一体化的现实路径的最优选择是形成和健全多元城镇生态，即1个小城镇（县城和开发区），n个经济社会发展辐射能力强的中心镇，加其余集镇和发展较好的几个中心村，再加上广大丘陵山区的散居地区。

首先，经济开发区是湘潭县的经济增长极，通过产城融合，将形成一个有吸引力的小城镇。其次，湘潭县的河口—杨嘉桥、云湖桥、青山桥、茶恩寺、谭家山、花石、中路铺等乡镇，已经初步形成该县的产业基地，规模工业总产值、税收在19个乡镇中占比很高。其产业发展和公共服务能对周边村镇形成辐射。再次，剩下的集镇和某些发展较好的中心村，如梅林桥、高桥、古塘等新农村建设示范村，因为基础设施完善、现代农业发展较快等优势条件，容易形成小商品流通、零售集散地，成为连接散居农村的节点。最后，广大以散居为主的农村地区。农业生产本身的特点决定农户不能离田地太远，这种散居形式在短时间依然会普遍存在。

4. 加强村镇发展规划，吸引社会资本参与建设

中心镇、小村镇连接城镇和农村，是城乡一体化的关键节点，应该加大

政府在统筹规划方面的力度，同时更多地利用市场力量参与建设和开发。第一，解决乡镇规划人才奇缺问题，在编制、待遇、人才交流等方面要打破体制机制障碍，对重点乡镇配置编制和专业人才，通过人才交流、下派等形式覆盖全部乡镇。第二，在村镇发展规划中，引入企业家、社会团体、村集体和农户等各方参与，为企业家寻找盈利点，为社会团体实现组织价值，维护村集体和农户的合法权益。第三，以乡镇为主体，建立农业招商引资和乡镇建设招商引资机制，寻找本村本乡在外的企业家、能人，建立依托乡土的非正式圈子，一方面吸引投资和捐助，另一方面吸引能人回村回乡带领产业发展和乡村治理。

5. 加强农村基层组织建设，引导资源要素向农村流入

未来，加强农村基层组织建设和党的领导核心地位的重点，应该是以人才和干部长期下派为抓手，带动基层党建创新和农村生产经营机制创新。

第一，干部长期下派。一方面，给予相关激励和优惠措施，引导全县干部下乡入户，与农民同吃、同住、同劳动，调查研究农民的实际问题，并在全县层面进行汇总分类，制定相关的解决措施，以加强党和人民群众的长期联系。另一方面，加强农村基层党建创新，利用城乡一体化中政府和集体为农民办实事的契机，发展党员、加强党组织建设、树立党组织形象，同时注重农村经济合作组织、龙头企业等方面的党组织建设。

第二，引导金融、流通、企业咨询等市场人才派驻农村，与干部下派衔接互动。巩固党在农村的领导核心地位，首要的还是发展生产、带动农民增收。所以，光有干部下派是不够的。在社会主义市场经济下，农村还需要懂技术、懂金融、懂市场的各类人才，才能成功地与大市场有效连接，提高农业各环节的效率和效益。一方面，各类市场型人才要在下派干部的统筹协调下合力发挥作用，让下派干部充当连接高层人才与农民需求的有效桥梁；另一方面，也要用市场机制激励市场型人才，鼓励其通过各种形式与农民合作。

第三，进行农信社、供销社、专业合作社的综合合作化改造。利用供销社、农信社网点广布优势，搭建“三位一体”的综合合作组织，带动农民

和农民专业合作组织自愿加入（退出）。综合合作组织，起初可以以乡镇为范围设立，以保证风险可控和必要的规模经济。另外，县乡涉农部门工作机制和资金需要有力整合，并通过综合合作组织来实现资金各用途的目标。同时，要充分发挥党在农村工作机制创新中的核心领导作用，避免综合合作改革被某一部门把持。

由于农业的生产管理单位必然是小农家庭（一个原因是家庭无法“解雇”其成员，能承受比企业更高的地租和低利润；另一个原因是家庭不像企业有对雇工监督的困难）。分散的小农家庭要连接大市场，就必须有合作和组织化。更重要的是，这种组织化不能主要是各个环节孤军作战的横向一体化，而必须是购销、流通、金融等环节的纵向一体化或综合合作，因为几个环节可以互相促进、互为保障。农民经济合作组织内化农民的购销等产品流，一方面使其掌握了农民个人及其生产信息，降低信息不对称；另一方面能以农民的收入流作为担保提供融资，提供还款的可置信承诺。反过来，金融也促进购—产—销环节的发展。

当前，农村金融、农民生产、农业购销“各自为战”，存在很多弊病。除了农村金融问题，农民生产合作社也很多是垒大户、假合作；而供销社大多瘫痪，农产品收购队伍良莠不齐。最终，单家独户的农民能从农业获得的利润份额难以提高。日本、韩国和中国台湾的综合农协模式、浙江的“三位一体”实验以及最近在四省试点的供销社综合改革，都是农民组织化和农村资源整合的有益探索，应该值得湘潭县借鉴。

6. 建立健全农业推广服务体系，加快现代农业发展步伐

一方面，要加强公益性科技推广服务体系建设。第一，要解决乡镇农业推广服务技术人员待遇微薄、“青黄不接”的问题，设立经费补贴，有针对性地招收相关专业毕业生。第二，对县级科技、农业、畜牧水产、林业、农机、水利等相关单位的涉农资源进行整合，确保县级农业科技推广工作经费和相关条件。第三，乡镇组团，划片设站，充分发挥乡镇农业推广服务的辐射效应。第四，设立创业风险基金，鼓励农村科技特派员以技术、资金、信息、管理等多种要素入股，与农户、企业、合作组织等进行股份合作。

另一方面，要充分发挥农业科技社会化服务的作用。第一，要重点推进“企业+合作经济组织+农户”的运行模式，靠企业连接大市场和技术信息，以合作经济组织为主体进行技术扩散推广，为农户提供科技服务。第二，为农业企业、农村专业合作组织、行业协会等牵线搭桥，建立与科研院所和高校的业务联系，鼓励开展技术合作、技术咨询、培训等科技服务活动。第三，要整合全县社会化农业科技服务资源，政府采用项目委托、服务采购、定向补贴等政策，鼓励各类组织更多地把农业科技服务辐射到周边地区和农户。

7. 加快基本公共服务向农村覆盖

启动以镇村同治为重点的公共服务覆盖。第一，以乡镇政府所在地和周边行政村为主要对象，以改善公共设施和治理环境卫生为主要内容，以治理“脏、乱、差、散”为工作重点，开展统筹规划、重点支持、镇村互动、建管并重、滚动推进，逐步改善农村面貌的新农村建设任务。争取实现各乡镇和集镇的水、电、路等基础设施配套，污水统一集中处理、所有垃圾集中无害化处理。第二，加强农村养老服务。采用政府购买的方式，设立老年人呼叫中心等低成本的老年人服务平台，组织开办老年人集体文化娱乐活动。第三，改善农村教育设施和师资条件，针对性地开发留守儿童管理和教学方案，开展城镇教师下乡支教、开讲座等活动。第四，改善农村基本医疗服务，经常开展医疗卫生知识普及和乡村医师培训。

8. 探索建立新型多元城镇化率统计体系

立足于湘潭县“1个小城镇+n个中心镇+m个小村镇+丘陵山地散居”的县情和战略，有必要在城镇化统计上进行创新，使其更全面、开放地反映全县利用和打造多元城镇生态的成果。另外，这种创新经验也可能推广到全国。未来，新型城镇体系是一个大、中、小城镇和村镇并存的城镇体系，从国际经验和中国国情看，有必要完善城镇统计体系。与其在“城镇化率”数字上标准不一、含糊不清，不如按照科学标准建立多层次、符合实际的统计体系，以便真正起到辅助科学决策的作用。

中国人口数量庞大，土地等自然资源稀缺，正处于工业化中期，可建立“人口+功能”的多口径城镇统计体系。截至2013年底，中国以户籍统计的城镇化率为35.29%，以城镇行政区划内常住人口为统计标准的城镇化率为53.7%。而未来应该引入新的城镇化率统计口径，更加客观地反映人口的聚集规模和聚集地的功能。人口集聚的边界几乎从未与行政区划的边界契合，一个行政区划内人口聚集的分布差异也可以很大，因此，未来不仅需要城镇人口总数的统计，还需要基于地理信息系统等高科技统计手段，绘制人口分布地图，以便更精细客观地反映城镇人口集中情况。

B.5

2014~2015年嘉禾县城乡一体化发展报告

摘　要：本报告从总结湖南城乡一体化示范县嘉禾县在推进城乡一体化进程中经济发展、基础设施建设、民生保障、资源环境改善等方面取得的成就入手，结合SWOT分析法，分析了嘉禾县城乡一体化所处的环境，面临的机遇，以及存在的资金、土地、劳动力、技术、产业结构、资源环境等方面的问题，提出了延伸向上与向下两种规划、深化提质与提升两条思路、拓宽财政和金融两种投入、做好空间和产业两个平台、完善服务与管理两套体系、搞好土地与户籍两项改革等加快推进嘉禾县城乡一体化发展的对策建议。

关键词：嘉禾县　城乡一体化　新型城镇化

城乡一体化是把城市和农村作为一个有机整体，促进城市与农村资源的优化配置和转化利用，推动城市与农村统筹协调和共同发展的过程。当城乡一体化建设达到一定水平时，农村将与城市逐步融为一个整体，实现城乡在经济、社会、文化、生态等方面的协调、融合、一体发展，进而使城乡居民共享现代文明发展成果。近年来，嘉禾县作为湖南省“十二五”规划确定的城乡一体化示范县，紧紧抓住湘南大开发的战略机遇，坚持、坚定、坚决地践行科学发展观，在教育、社会保障、信息、供水、卫生医疗、交通、基础设施建设等方面推进城乡统筹，进行了一系列卓有成效的探索，取得了较为明显的成绩与进展。目前，已经成为全省城乡供水一体化示范县、公交一体化示范县，提出了建设“湖南城乡一体化示范县嘉禾先导区”的新概念。本报告在实地调查基础上，结合 SWOT 分析法，分析嘉禾县城乡一体化所处的环境、面临的机遇及挑战，并就加快嘉禾县城乡一体化提出相应的对策建议。

一　嘉禾城乡一体化的新进展

近年来，嘉禾县在“1234”总体发展思路的指导下，紧紧围绕建设湖南城乡一体化示范县的总目标，以“六同六变”的城乡一体化实践路径和“八个一”“十有”的镇村一体化发展方式，通过扩大招商引资、支持返乡创业、扶持传统产业、加快小城镇建设等举措，大力推进嘉禾城乡经济社会一体化的科学跨越发展，取得了喜人的成就与进展。

1. 城乡一体化的经济基础日益稳固

近年来，嘉禾城乡经济社会得到持续、健康、快速发展，城乡居民收入有了较大幅度提高，经济总量不断增长，产业升级不断加快，农业基础不断巩固，财政实力不断提升，城乡一体化的经济基础日益稳固，为城乡一体化的稳步推进打下了良好的经济基础。

（1）经济总量不断增长。近年来，嘉禾城乡经济快速增长，经济总量与财政收入都迈上新的台阶，经济驶入快速发展的轨道。2006 年以来，嘉禾城乡经济增长率平均保持在 12% 以上，比全市平均水平高出 1.9 个百分点。2013 年，全县实现 GDP 突破 100 亿元大关的目标，实现财政总收入突破 10 亿元大关的目标，实现人均 GDP 突破 3.5 万元的目标。一是综合实力明显增强。一大批重大产业、基础设施、环保生态、民生事业项目顺利实施，为经济社会发展注入强劲动力、集聚后发优势、创造良好环境，县域综合实力得到明显增强。二是产业结构加快优化。引进一批战略投资者，实施一批重大产业项目，做优第一产业、做强第二产业、做大第三产业。2013

年，在全县生产总值中，三次产业比为13.1∶51.5∶35.4，与2012年的14.0∶51.8∶34.2相比，第一产业比重继续下降，第二产业比重稍有下降，第三产业比重持续提升，第三产业比重提升较快。

（2）产业升级不断加快。实现科学发展的难点在转型，关键在转型，成败也在转型。嘉禾把产业升级作为转型的着力点、突破口和主攻方向，推动经济发展加速、提质、增效。注重错位发展、集群发展、特色发展，夯实城乡一体化的经济基础。一是板块组团，错位发展。根据地缘、交通、产业等要素，划分商贸物流、铸锻造冶炼、机械装备制造、休闲旅游、现代农业、能源火电六大功能板块，通过集中优势、板块组团，实现乡镇产业错位发展、功能互补。二是做强园区，集群发展。嘉禾县政府出台《关于加快园区发展的若干规定》，做大做强以坦塘工业园为核心，以塘村、龙潭、袁家、行廊、坦坪为支点的"一园五区"。2013年，新增开发面积3万平方公里，新建标准厂房26万平方米，累计入园企业300多家；110家规模以上工业企业完成增加值577000万元，增长12.4%。三是放大优势，特色发展。农业发展突出标准化、品牌化、规模化，发展壮大优质烤烟、生猪养殖、花卉园艺、高产油茶等特色主导产业，现代农业初具规模，连续几年被列为全国生猪调出大县、全国烟叶收购暨现代烟草农业建设现场会一流现场点。加大新型工业化建设力度，重点做优铸造、锻造、煤炭三大主导产业，全省第一台数控激光切割机、全市第一台数控机床成功下线，嘉禾被授予"江南铸都"称号，湘江牌被评为中国驰名商标称号。新型服务业繁荣发展，家电下乡备案网点覆盖全部乡镇。2013年，建成农家店230家，县内第一条现代商业步行街——中伟·神农步行街建成并投入使用，现代物流装备制造园启动建设，省级南岭森林公园成功创建，九老峰景区一期工程竣工并成功申报为国家3A级景区，成为市民健身、休闲胜地；乡镇星级农庄和乡村旅游示范点建设如火如荼，凌云豆腐节、肖家樱花节和南岭杨梅节成功举办，成为扩投资、促消费的热点。

（3）产业对接融合不断推进。现代农业是高效农业、集约农业、生态农业、综合农业，推进农业与工业、服务业互通共融，是解决"三农"问题的金钥匙。嘉禾加快农业产业化发展，2013 年共流转土地 36 万亩，发展种养大户 330 户，培育县级以上农业龙头企业 50 余家、农民专业合作社 120 多家，并高标准建成普满精准烟草农业示范基地，松艳生态农业园成功创建国家级标准化畜禽养殖示范场，“禾仓香”牌大米获中国中部国际农博会金奖。逐步形成粮食、烤烟、生猪、水果、茶油、优质玉米、订单蔬菜、三味辣椒八大农业生产基地，建立瘦肉型生猪生产、食品加工等加工业生产基地，培育了优质烤烟、珠泉牌“湘嘉鱼”、订单农业等特色农业生产基地，大力发展观光休闲农业，着力打造粤港澳农副产品供应基地和农业休闲旅游旺地。农业的规模化、产业化、多元化发展为工业和服务业进一步发展提供了坚实的物质基础，为加快推进城乡一体化奠定了坚实的产业基础。

2. 城乡一体化的基础设施逐步完善

基础设施建设是城乡一体化建设的重要内容，是实施城乡一体化战略的重要抓手，也是城乡之间资源要素合理配置的重要平台。嘉禾在城乡一体化基础设施建设方面起步早、行动快、措施实、效果好。城乡之间的时空距离不断缩短，城乡之间的二元分割状态不断被打破，城乡之间的资源要素流动不断增强，为满足城乡一体化就业、城乡一体化公交、城乡一体化公共服务提供了极大便利。

（1）牢牢抓住交通一体化建设这个根本。2013 年，全县公路密度已达到 172.9 公里/每百平方公里，居全市之首，居全省前茅，居全国前列。全县乡镇全部通水泥路，全县公路通达率达到 100%，全县行政村通畅率达到 95%，全县 92% 的农村社区通水泥路，全县 87% 的农村社区通公交车，全县 80% 的农村社区主道实现亮化、硬化、绿化。此外，京珠复线、厦蓉高速公路正式通车运行，通用机场建设正式纳入国家规划，桂永郴赣、靖永郴铁路正式规划，过境嘉禾并设站，嘉禾正式成为湘南地区重要交通节点、重要交通枢纽、重要交通网络。区位优势的提升，必将大大降低物流成本，改善投资环境，提升招商吸引力、影响力、竞争力，推动传统产业提档升级和现代服务业蓬勃发展。

（2）做大做活城乡水利设施建设这篇文章。城乡供水一体化是真正缩小城乡差距的惠民工程，是真正建设新农村的安居工程，是推动城乡一体化建设的保障工程。嘉禾县坚持民生普惠、大胆推行、先行先试，推进城乡供水一体化，努力确保城乡供水同网、同价、同质效。2010 年 8 月，在湖南省水利厅的大力支持下，嘉禾被列为“湖南省城乡供水一体化示范县”。2010 年 12 月，嘉禾城乡供水一体化一期工程正式启动，翻开了嘉禾水务事业的崭新一页。2011 年，嘉禾实施了贯穿东西方向的盘江水厂及输供水管网建设，完成投资 7000 万元，供水规模为 2 万吨，供水人口为 12.25 万人。2012 年，实施了塘村水厂改扩建及珠泉、坦坪、车头三个乡镇输供水管网建设，完成投资约 6200 万元，供水规模为 0.85 万吨，供水人口为 8.22 万人。2013 年，嘉禾新建金山水厂、江里水厂、水量调节点—泮头水厂输供水管网建设及广发管网延伸工程，投资 10000 多万元，供水规模为 2.6 万吨，供水人口为 16.74 万人。2014～2020 年，嘉禾将对局部地势较高的村庄采取修建高位水池、局部提水等分散供水工程，投资约 1700 万元，供水规模为 0.2 万吨，供水人口为 3 万人。按照目前的实施进度，预计 2015 年基本实现全县 95% 的行政村通自来水，2020 年基本实现村村通自来水。

（3）切实把握城乡信息一体化建设这个重点。城乡一体化与信息化较好地结合起来，大力发展城镇、农村互联网和物联网，建设好智能交通、智能建筑、智能线路，能大大降低城镇、农村的通勤成本、交易成本、物流成本，提高城镇、农村的质量、品质、品位。城乡信息一体化、智慧城乡是城乡一体化建设的重点工程。2013 年 8 月 5 日，嘉禾县被列为“国家智慧城市”试点县。目前，全县城乡视讯网络基本实现全覆盖，212 个行政村已经实现家家通有线电视、通网络、通宽带，通信信号实现覆盖率 100%，100% 的农村社区实现网络视讯。完成建设通信节点共 101 个，其中县城 16 个，县城区覆盖率达 100%；覆盖 225 个行政村，覆盖率达 90%。目前，固定电话总容量为 4 万多门，实际用户为 4 万户，全县 90% 的行政村通了电话。每个通信节点都具备 ADSL 宽带能力，全县宽带容量 14000 多个端口，宽带入村率达 85%。

（4）不断强化城乡供电一体化建设这个保障。城乡电网一体化是城乡一体化建设的重要标志，是城乡一体化建设的基础工程。近年来，嘉禾推进电网建设提速升级，加快了城乡电网一体化进程，实施了新一轮农村电网改造升级，提升了区县和特色中心镇的供电能力、供电质量并扩大了供电区域，促进了城乡公共服务均等化、均衡化、快速化发展。截至 2013 年，嘉禾投资 5000 多万元成功建设月家岭 110 千伏变电站，投资 1600 多万元成功建设行廊 35 千伏变电站，解决了塘村镇、行廊镇煤炭、铸锻造加工用电瓶颈问题。另外，积极争取投资 1.2 亿元的马托 220 千伏变电站建设，优化、完善、升级了嘉禾高、中、低压各等级电网，保证了嘉禾电网的城乡供电一体化，结束了嘉禾县拉闸限电的历史，保障了城乡生产和居民家庭用电的需求。

3. 新型城镇化建设快速推进

城镇化是现代化的必由之路，是解决“三农”问题的重要途径，是推动区域协调发展的有力支撑，是全面建设小康社会的重要载体，是经济增长和社会发展的强大引擎。嘉禾在加快城乡一体化建设过程中，高度重视新型城镇化建设，特别是十分重视小城镇和中心村建设，取得了明显的成就。2013 年城镇化率为 42.78%，较上年提高 2.39 个百分点。今天的嘉禾，新区显新姿、老城换新颜、环境展新貌、人气创新高，面貌呈现崭新巨变。

（1）中心城区扩容提质。新城区开发坚持高起点规划、高标准建设、高效能管理，突出行政办公、金融商贸、文化休闲、高档住宅四大功能定位，努力打造山水田园新城。2014 年，已完成一至四期控制性详细规划，规划面积 12 平方公里，累计完成投资 6 亿余元，两纵三横的道路框架全面拉开。老城区注重提质改造，大力实施基础设施建设项目和省级园林县城复查项目，亮化背街小巷 45 条，新建和改造小游园 26 个，人居环境大为改善，顺利通过国家卫生县城、省级园林式县城复查验收。

（2）小城镇建设步伐加快。小城镇是连接城市和农村的重要节点，是促进城乡融合对接的关键纽带。推进小城镇建设有利于实现农村城镇化发展，有利于满足农业剩余劳动力转移的低成本需要，有利于打破城乡二元结构体系，实现城乡经济社会一体化发展。近年来，嘉禾以小城镇发展推进城乡一体化，以小城镇建设推进城镇化建设，以中心城镇的辐射推进全县农村城镇化建设，启动实施了乡镇“八个一”项目建设攻坚活动，力争每个乡镇建一个主题公园、一条样板街道、一个园林式单位、一个城乡一体化示范村、一个星级休闲农庄、一个规范性市场、一条标准化公路、一个标准化政务大厅，努力打造宜居、宜商、宜业小城镇，形成塘村、坦坪、钟水、袁家、行廊、龙潭、石桥等一批各具特色的小城镇。这些小城镇的聚集效应日益扩大，促进工业、边贸、物流、商业等快速发展。

4. 城乡民生保障力度不断加大

近年来，嘉禾坚持把保障和改善民生放在突出位置，大力实施“民生100工程”，2013年度共投入13.98亿元，89项为民办实事项目全部完成，其中31项超额完成，城乡社会保障、就业创业等条件显著改善，人民群众生活水平和幸福指数不断提高。

（1）居民收入差距日益缩小。2013年，全县城镇居民人均可支配收入22029元，比2012年增加2700元，增长14%；农民人均纯收入9124元，比2012年增加1158元，增长14.5%，农民收入增幅高出城镇居民收入增幅。城乡居民收入的快速增长与收入差距的不断缩小，缩小了农民与城镇居民的生活差距，促进居民消费的增加，提高了居民的生活质量和水平。

（2）城乡社会保障水平同步提高。建立和完善城乡一体化的社会保障体系，是全面建设小康社会的必然要求，是解决城乡二元结构矛盾的重要环节。嘉禾县近年来不断扩大医疗、养老、工伤、失业、生育等社会保险覆盖面，为城镇居民与农村居民享受同等的社会保障迈出了重要的一步。至2013年底，嘉禾县全县参加机关事业单位基本养老保险人数为26625人，参加失业保险人数为7176人，参加城镇职工基本医疗保险人数为18381人，参加生育保险人数为17245人，领取失业保险金人数为174人。新型农村合作医疗不断巩固，参合人数为309549人，参合率达96.86%。城乡低保、五保标准进一步提高，全县城市低保对象月人均补助247元，农村低保对象月人均补助115元，农村低保覆盖率达6.5%；孤寡老人和孤儿保障政策进一步落实，完成改扩建乡镇敬老院4所，设置床位380张，13个乡镇都兴建了规范化的敬老院，242 个行政村都成立村五保之家、村老龄活动中心，启动了新儒峰、仙江、石门等社区居家养老试点，应保尽保、广覆盖的城乡社会救助体系基本形成。

（3）城乡就业保障能力不断增强。就业是民生之本、安国之策、和谐之基，而做好就业工作，发展经济是前提、转变观念是保证、社会支持是条件、技术培训是保障。嘉禾十分重视促进城乡就业的问题，重视加强职业技能的培训和就业援助，重视城镇困难人员、退役军人和零就业家庭等重点人群的就业工作。嘉禾对城镇零就业家庭提供了切实有效的就业援助，对农村有就业愿望和劳动能力的零就业家庭进行了大力援助和跟踪服务，动态就业援助率达 100%。2013 年，全县城镇新增就业人员 3047 人，失业人员再就业人数为 1193 人，年末城镇登记失业率达 3.96%，新增农村劳动力转移就业 4278 人。同时，随着工业园区的不断扩大、企业规模的不断壮大、服务业的不断发展以及县委县政府对就业创业政策支持力度的不断加大，嘉禾县大量外出务工与经商的人开始回流本地就业创业。至 2013 年底，全县外出务工返乡创业人数达到 15000 人，占外出劳务人员总数的 15% 以上，引进和创办企业 6000 多家，累计创造就业岗位 4.17 万个。这不仅扩大了本地就业规模，也增强了本地的投资与消费能力，成为城乡一体化的重要推动力量。

5. 资源环境一体化成效显著

嘉禾在城乡一体化建设中持续推进绿色发展、低碳发展、循环发展，努力建设宜居、宜业、宜商、宜游的“美丽嘉禾”，使城乡生活环境更加舒适，家居环境明显改善，生活质量迅速提高。

（1）实施了“青山工程”。以钟水河沿岸、两条高速公路沿线、七条干线公路沿线绿化为重点，2013 年，完成荒山荒地造林 3.5 万亩、封山育林 2.5 万亩、低产低效林改造 2 万亩，新增城区绿地面积 10 万平方米，新建游园公园 2 个以上，新铺道路绿化 126 公里、水系绿化 15.6 公里、大中小型水库周边绿化 2500 亩。创建市级绿化示范村 17 个，规范新城区园林和九老峰景区管理，承办了全市生态文明建设现场会。

（2）实施了“碧水工程”。以钟水河、盘江水库等水域为重点，大力实施水资源保护、水环境整治、地热水开发、水景观打造等水生态文明工程，推进新城区水景观打造和钟水河沿岸水生态治理。开展水利大整修活动，加强对重点水源涵养区的保护。至2013年底，投入资金2.5亿元，完成3座小Ⅱ型病险水库除险加固，完成四水治理钟水河二期，完成县城防洪、中小河流域黄狮江治理二期，完成调塘电站以电代燃、盘江水库除险加固等工程。

（3）实施了“净土工程”。严格落实农村土地环境污染的整治，控制工矿、城市废弃物、农业生产垃圾对农田的污染，加强对叮当凹生活垃圾场封场治理工程的管理，铁腕推进对砂场、采石场、砖场、煤场、搅拌站、加油站、冶炼厂等“四场两站一厂”的综合整治，大力推进实施坦塘工业园污水治理、规模养殖场污染治理等项目，在治理土地污染、改善土地环境上不断取得新成效。

（4）实施了“蓝天工程”。深入开展餐饮业油烟控制、大气污染防治综合整治、工业园区污水整治的专项行动，着重加强对重点行业、重大企业、重点工程的减排监管，健全减排制度、规范减排管理，2013年取得了全县空气质量优良率保持在90%以上、城区空气质量达标率100%的好效果。2014年，安排脱硝工程减排项目1个、畜禽养殖业工程治理项目8个，拟削减氮氧化物排放量600吨、化学需氧量减排284.22吨、氨氮减排31.44吨。

（5）实施了“节能工程”。完善落后产能退出机制，加快淘汰落后产能，关闭一批高耗能企业，坚决杜绝高耗能和资源性企业进入园区，建立高耗能企业用能监测台账，强化对重点用能企业的跟踪、指导和监管，大力扶持发展循环经济，全面推行清洁生产，鼓励发展节能环保产业，推进公共机构节能示范，引导城乡居民使用节能型产品。2013年取得万元GDP能耗下降3.6%的好成绩，节能考核工作受到市考核组好评，确定为“超额完成”等次。

总体而言，嘉禾在城乡一体化过程中，坚持协调发展、齐头并进、整体推动的战略。从其发展过程来看，嘉禾注重空间、经济、社会、生态环境等方面的综合发展，不偏废其一，基本达到城乡一体化发展的战略目的及实践意图。

二 嘉禾县城乡一体化发展环境的SWOT分析

SWOT分析（Strength Weakness Opportunity Threat），又称态势分析法或优劣势分析法，是基于内外部竞争环境和竞争条件下的态势分析，确定自身的竞争优势（Strength）、竞争劣势（或制约）（Weakness）、机会（Opportunity）和威胁（Threat），将与研究对象密切相关的各种主要内部优势、劣势和外部的机会和威胁等通过调查列举出来，并依照矩阵形式排列，然后用系统分析的思想，把各种因素相互匹配起来加以分析，从中得出一系列相应的结论，而结论通常带有一定的决策性。运用这种方法，可以对研究对象所处的情景进行全面、系统、准确的研究，从而根据研究结果制定相应的发展战略、计划以及对策等。用SWOT方法，对嘉禾城乡一体化的现状、所处阶段及存在的问题等进行定量、定性分析，有助于对加快嘉禾城乡一体化发展提出战略性、可操作性和有针对性的对策建议。

1. 嘉禾县推进城乡一体化的优势

与湘南地区其他兄弟县市区相比，嘉禾城乡一体化主要有三个方面的比较优势：得天独厚的地理区位优势、四通八达的交通网络优势、来势喜人的基础产业优势。在此优势的基础上，嘉禾加快城镇化与工业化发展的步伐，已经整体进入工业化、城镇化、信息化中期加速发展的新阶段，已具备推进城乡一体化的必备条件，并且有些方面走在了湘南地区前列。

（1）区域位置上的地理优势。首先，基本县情有优势。湘南地区人口密度达315人/平方公里，但嘉禾县人口密度达542人/平方公里，是全省地域面积最小、人口密度最大、公路密集度最高的县份之一。其有利于资源高效整合，有利于城乡一体的经济社会活动顺利运转，有利于城乡统筹发展。其次，地理区位占优势。郴州地处大湘南，北有机械制造业发达的长株潭经济圈，东有逐渐合围的台闽经济圈，南有贸易发达的珠三角经济圈，这对处于三大经济圈中央的郴州来说区位优势日趋明显，嘉禾则更是近水楼台、占尽先机、率先发展。最后，自然资源显优势。嘉禾虽然耕地资源较少，但矿产资源充足，物产丰富，潜力巨大。境内矿产以煤、铀为主，主要矿产资源有煤和石灰石，蕴藏量分别达1.45亿吨、45亿吨。另外，郴州是享誉世界的“有色金属之乡”，有色金属储量占湖南总量的1/2，特别是与嘉禾相邻的桂阳、临武两县有色金属资源丰富，冶炼产业发达，是全国第四大锡锭生产基地，这都为嘉禾发展铸造业提供了丰富的资源、充足的能源和先进的技术。

（2）交通网络的设施优势。经过近几年的建设，嘉禾已成为郴州市乃至全省交通最便利的县之一，通村公路密度和农村公路硬化率分别居全市第一、全省前列。桂嘉高等级公路使嘉禾列入郴州一小时经济圈范畴，特别是厦蓉高速、京珠高速复线两条高速公路呈十字形穿境而过，2012年建成通车后，嘉禾交通贯通东西、连接南北，成为全国交通大动脉中的重要枢纽。此外，争取桂永、郴赣、靖永郴三条铁路过境嘉禾并设站和嘉禾通用机场的建设后，其交通优势更不言而喻。

（3）铸锻产业的特色优势。铸造是嘉禾发展的大名片，制造是嘉禾发展的主引擎，创造是嘉禾发展的金钥匙。嘉禾传统铸锻造业的发展态势十分喜人，发展空间十分广阔，发展势头十分强劲。嘉禾传统铸锻造业企业规模化、技术先进化、产品品牌化、制造本土化发展势头强劲，形成企业集群、链条循环、铸造制造并重的发展格局，实现了协作配套向整机装备、传统铸造向现代制造、现代制造向重大创造力的转变和飞跃。目前，全县铸件产量达到100万吨，铸造及机械制造年纳税超过1亿元，涌现一批先进装备制造企业，嘉禾真正成为江南铸件产量最多、品种最齐、实力最强、话语权最大的“铸造之都”“创新之城”。由于传统铸锻造业加快提档升级，现有铸锻造企业500多家，年产铸件50万吨以上、五金工具1亿件以上，是湖南省铸造产业基地和中国铸造产业集群试点县、沿海产业转移加快承接的试点县，也是全国返乡创业试点县。

2. 嘉禾县推进城乡一体化的机遇

（1）中央宏观调控的政策带动。根据复杂多变的形势，中央不断加强和改善城乡一体化建设的宏观调控，不断提高调控的前瞻性、灵活性、有效性，不断促进经济平稳健康运行。从城乡一体化的实现路径来看，中央已经基本明确“放弃”过去一直遭受社会批评的“大城市群理论”，即通过发展城市群以城市来消纳农村人口的路径。中央坚定确立实施通过中小城镇来吸纳农村人口的城镇化新路径。它标志着未来农村人口的主要消纳路径是“就地解决”，而不是搞所谓的扩大城市规模来接纳农村人口并实现其“华丽转身”，这是中国在国家发展战略层面对路径的新明确，同时也是嘉禾实现城乡一体化建设和全面小康的历史机遇。嘉禾作为中部省份城乡一体化的示范县，可以认真研究国家对湘南地区城乡一体化建设的扶持政策，积极争取国家对湘南地区城乡一体化建设的政策支持和项目，充分借鉴其他先进地区城乡一体化的经验做法，大胆先行先试，推动土地、融资、税收、服务等政策创新对城乡一体化建设的影响，打造在全国都有一定影响力的城乡一体化示范县。在中央宏观调控调整的政策带动下，嘉禾还可以充分利用多种形式，深化与京津唐、珠三角、长三角、长株潭、北部湾城乡一体化建设示范地区的经济联系和企业协作，引导县内优势行业和企业参与区域分工，加强区域合作，实现区域共赢。

（2）省委、省政府湘南大开发战略的驱动。湖南省委、省政府推出了湘南大开发的宏伟战略，提出把湘南打造成国家级承接产业转移示范区的奋斗目标，这给嘉禾城乡一体化建设也带来了巨大的机遇。嘉禾作为湖南省城乡一体化示范县，可以在城乡一体化建设过程中，抢占先机，赢得主动，争取更多的政策支持、资金支持和项目支持。可以利用湘南大开发战略把嘉禾打造成为“江南铸都”“锻造基地”“流通旺地”，既重视引进装备制造、规模型铸锻造、大型物流等行业龙头企业，又积极引进上下游关联产业及配套企业，推动主导产业集群化、高端化、链条式发展，力促引进产业与传统产业优势叠加、联动互补，形成大企业“顶天立地”、配套企业“铺天盖地”的多元发展格局，促进嘉禾经济社会建设快速发展。这样可以为嘉禾城乡一体化建设抓投资、争项目、引资金提供重要的契机。这些政策措施对于嘉禾加强基础设施建设、推进经济转型发展、加速城乡一体化都是重大利好。

（3）嘉禾县自身深化改革的强力推动。一方面，嘉禾县委、县政府高度重视并全力推动城乡一体化。专门成立嘉禾县城乡一体化建设工作领导小组，由县委书记任顾问，县委副书记、县长任组长，其他县委常委和县人大主任、县政协主席任副组长负责领导城乡一体化示范县建设全盘工作。领导小组下设"一办七组"，即办公室、城乡规划组、基础设施建设组、产业发展组、公共服务组、就业保障组、生态环境建设组、制度改革组，基本形成"主导在县、主抓在镇、主动在村、主体在民"的动力机制。最可贵的是，各级领导干部始终保持昂扬的斗志，脚踏实地不放松、不懈怠、不折腾，埋头苦干当先锋、打头阵、冲在前，大胆创新、敢于求新、善于求变，打开了全新的工作局面，这是嘉禾战胜一切困难、实现发展目标必须始终坚持的根本法宝。在党委、政府的高度重视与引导下，广大群众掀起了投资投劳建设美好家园的高潮。近三年来，全县新农村建设公共财政投入年均递增3000万元以上，总投入3.6亿元以上。这些都有利于嘉禾大力推进城乡一体化并获得持续动力，甚至可以提供一些在全省乃至全国宣传推介的经验和模式。

另一方面，嘉禾县深化改革不断释放城乡一体化的推动力。近年来，嘉禾全面深化改革释放最大红利，为经济社会发展注入强劲活力和内生动力。继续实施积极财政政策，重点支持的农业、教育、社保、卫生、环保、基础设施等领域，正是嘉禾发展的攻坚重点和薄弱环节，有利于嘉禾拓宽发展空间；坚持把转方式、调结构摆在突出位置，有利于嘉禾加快转型步伐；加快推进城镇化，重视统筹城乡发展，有利于嘉禾争取更多的政策扶持。由于在发展战略上进行不懈探索与追求，坚定不移地建设湖南城乡一体化示范县，嘉禾的经济社会发展得到了全面的推进，思想观念发生了深刻的变化，综合实力得到了极大的提升，全县面貌发生了历史性的改变。嘉禾城乡面貌日新月异，到处迸发着创业的热情，到处充满着发展活力，到处洋溢着勃勃生机，这些都有力地推动着嘉禾城乡一体化建设。

3. 嘉禾县城乡一体化面临的制约与挑战

目前，嘉禾城乡一体化已进入深化提升阶段，既面临全新的机遇，又面临全新的挑战。相对全国推进城乡一体化比较好的地方，嘉禾在推进城乡一体化方面也存在一些亟待克服的难点与瓶颈。主要问题是：资金短缺制约规模发展，土地紧张制约城区扩张，劳动力素质制约产业升级，技术更新换代难制约竞争实力，资源环境制约可持续发展等。

（1）资金短缺制约规模发展。实现城乡一体化，需要大量资金投入，嘉禾当前的试水和前期建设尽管“不差钱”，但随之而来的城乡一体化全面展开和深入提质则需要大量的资金支撑。近年来，嘉禾城乡一体化建设累计投入财政性资金 28.75 亿元，资金已经面临投入瓶颈。首先，县小财弱，缺口巨大。2011 ~2013 年，其财政总收入分别为 6.47 亿、7.76 亿、10.16 亿元，能用于规模建设、公共保障的财力十分有限。目前，城乡一体化建设工程总缺口达 17 亿元以上，其中城乡供水全覆盖工程资金缺口达 1.55 亿元、城乡公路村村通工程资金缺口达 9.52 亿元、城乡公交广覆盖工程资金缺口达 3268 万元、基础设施大提质工程资金缺口达 4.6 亿元、生态环境大改善工程资金缺口达 1.38 亿元。嘉禾当前没有大型企业，更没有上市企业，要从资本市场直接获取资金将非常困难，而中小民营企业自有资金有限，又由于企业自身的财力、规模、信用等问题，无法从商业银行取得大额资金支持，再加上是小县城，商业银行体系还不发达，银行数量较少。政府的三个融资平台在城乡一体化的资金需求中，存在很大的压力。其次，转移支付，幅度太小。城乡一体化示范县建设没有特别的激励机制，上级对嘉禾转移支付资金和专项转移支付资金增幅不大。据统计，2011 ~2013 年，上级一般性转移支付补助收入分别为 4.12 亿、5.03 亿、5.74 亿元，专项转移支付收入分别为 3.41 亿、2.9 亿、4.2 亿元。且转移支付均是体制范围内的增长，没有考虑嘉禾城乡一体化示范县的实际情况而适当增加，在财权与事权上没有实现应有的对等。

（2）用地紧张制约城区扩张。嘉禾城乡一体化示范县建设推进以来，一大批工程和项目相继开工建设，用地需求阶段性上升，每年约为 120 公顷（1800 亩），而且以后三年都会面临一个用地高峰期。但 2013 年湖南省下达给嘉禾新增建设用地年度计划指标为 40 公顷（600 亩），为郴州市最少，很难满足城乡一体化建设的需要，严重制约了城区的扩张和发展。再加上嘉禾多山地，还有农业用地的红线，这种土地资源状况无法满足工业规模扩大和服务业发展所需要的土地需求，无法满足招商引资的规模和速度，无法满足城乡一体化建设的需要，使得其难以吸引大企业的投资。一批重点项目也因为用地制约不能如期推进、建设和扩张，如郴州（嘉禾）机械装备制造物流园、“四校一中心”及新城区建设等。因此，适度腾出更多的土地来满足大企业发展、满足城区扩张发展、满足城乡一体化建设需要变得尤为重要。

（3）劳动力素质制约产业升级。铸造业是一种劳动密集型产业，是一种对技术要求较高的产业，是一种需要大量高素质人才的产业，随着该产业的升级，对技术型劳动力及高素质经营管理人才的需求日益扩大。而嘉禾人口只有37万，劳动力才24万多，其中许多劳动力流入沿海地区，县城只有5万多常住人口，县城和中心镇劳动力明显不足，尤其是技术性年轻劳动力更是捉襟见肘。再加上嘉禾周边落后地区也在大力吸引产业转移，要从周边地区吸引劳动力流入压力不小。从长远来看，没有足够多的劳动力回流，或从外地吸引劳动力流入，尤其是素质较高人才的引进，将对嘉禾招商引资速度和规模、产业转型升级、第三产业的发展形成严重制约，进而影响嘉禾经济发展的速度、质量和效益。

（4）技术更新换代难制约竞争实力。铸造与锻造技术是几百年累积的结果，成为嘉禾工业化的重要资源、重要基础、重要力量。而随着其向高端装备制造业的发展，其原有技术水平将成为嘉禾产业发展的桎梏。目前，嘉禾技术的主要来源为传统技术、聘请技术顾问、合作企业的技术外溢、科研院所的技术合作等。未来铸造业的发展必须依托高科技，只有发展新型铸造业才能在激烈的市场竞争中抢占一席之地，而目前嘉禾铸造业科技含量还较低，本地又没有大的龙头企业起带动作用，大多数企业没有科学合理的规划，企业自身产品宣传度不够，品牌产品缺乏，竞争意识较为薄弱，多数企业还依托沿海大公司生存，只起到为大公司加工的作用，自有品牌少，科技含量低，生产工艺、技术较为落后，技术更新换代面临巨大的压力，严重制约了嘉禾产业的市场竞争力。

（5）资源环境制约可持续发展。由于铸造与锻造产业需要消耗大量能源，如果铸造业的加速大力发展，能源保障将是重大的问题；如果消耗过快，将严重制约经济发展的可持续性；如果消耗过多，将会造成能源的枯竭。同时，嘉禾的能源产业受资源限制，开采的可持续性存在问题，而且能源产业和铸造锻造产业的环境污染大，给环境保护带来巨大压力，给环境治理带来巨大困难和挑战，给企业发展增加成本，处理不好会得不偿失，资源环境严重制约了嘉禾可持续发展。

4. 嘉禾县城乡一体化的 SWOT 模型分析结论

优势：得天独厚的地理区位优势；四通八达的交通网络优势；来势喜人的基础产业优势。

劣势：资金短缺；土地紧张；劳动力素质低下；技术短缺；资源环境制约。

机遇：中央宏观调控的政策带动；湘南大开发的战略驱动；嘉禾县自身深化改革的强力推动。

威胁：面临郴州市其他地区的资源要素竞争；面临国内其他地区铸造产业快速升级的市场竞争。

总体而言，嘉禾目前的城乡经济融合度较低，城乡一体化需要突破瓶颈；城乡人口融合处于初始状态，农村劳动力转移仍须加快；城乡生活融合刚起步，发展任重道远；城乡空间融合已起步，城镇建成区有待扩充。

SWOT 分析的主要目的在于以“抓住机遇，强化优势，弱化威胁，克服劣势”为主要思想，通过对嘉禾城乡一体化优势和劣势、机遇和威胁四个方面的分析研究，得出嘉禾城乡一体化的 SWOT 矩阵，如表 1 所示。

表 1　嘉禾城乡一体化的 SWOT 矩阵

	优势(Strengths)	劣势(Weaknesses)
机遇(Opportunities)	SO 战略(增长型战略) 发挥优势 利用机会	WO 战略(扭转型战略) 利用机会 克服弱势
威胁(Threats)	ST 战略(进攻型战略) 利用优势 回避威胁	WT 战略(防御型战略) 减少弱势 回避威胁

将嘉禾城乡一体化的 SWOT 矩阵进行分解，对 SO 战略—优势与机会、WO 战略—劣势与机会、ST 战略—优势与威胁、WT 战略—劣势与威胁等条件进行分析，并根据不同的分析得出相应的可选择策略方向。

（1）嘉禾城乡一体化发展的 SO 战略。嘉禾城乡一体化的 SO 战略选择是：发挥优势，利用机会。发挥嘉禾得天独厚的地理区位优势，突出产业特色，利用政策支持，继续巩固发展工业，继续做大做强第三产业，促使综合实力再上新台阶。

（2）嘉禾城乡一体化发展的 WO 战略。嘉禾城乡一体化的 WO 战略选择是：利用机会，克服弱势。一是积极争取省市在项目、资金、政策等方面的支持，千方百计加大对农村基础设施建设和其他新型产业的投入力度，加快城乡一体化进程；二是抓住湘南大开发的战略实施机遇，为嘉禾城乡一体化发展提供基础依托，大力推进产业结构升级。

（3）嘉禾城乡一体化发展的 ST 战略。嘉禾城乡一体化的 ST 战略选择是：利用优势，回避威胁。一是从基础设施和城市建设方面寻求突破口，逐步向农村延伸，以基础设施和城市建设的一体化，带动其他方面的一体化；二是进一步改善发展环境，在产业发展上走与其他地区异质化的道路。

（4）嘉禾城乡一体化发展的 WT 战略。嘉禾城乡一体化的 WT 战略选择是：减少弱势，回避威胁。一是积极争取上级支持，彻底解决困扰嘉禾发展在土地方面的制约；二是多向其他先进区县学习，吸取他们在推进城乡一体化方面的经验和教训，建立风险应对机制，变弱势为优势；三是充分估计面临的困难和挑战，循序渐进，抓好各项工作的落实。

三　加快推进嘉禾县城乡一体化的对策

目前，嘉禾城乡一体化已进入深化提升阶段，既面临全新的机遇，又面临全新的挑战。结合上述的 SWOT 模型分析，嘉禾县要进一步推进城乡一体化发展，还需从六个方面着力。

1. 延伸向上与向下两种规划

一是本级规划需向上延伸。首先，争取上级的实际支持。目前，城乡一体化示范县仍然是一种概念，既不能像特色产业县、边区县、贫困县一样获得上级部门的特别重视，也没有具体专门的政策支持。而嘉禾处于湘南一隅，受区位影响，无论是经济地位、发展影响，还是项目支撑、竞争力提升都受到相对限制。应争取由省级部门牵头对嘉禾县城乡一体化示范县建设进行深入调研，从地理位置、环境资源、产业基础以及交通状况等因素出发进行顶层设计，把视野放宽，把尺度放大，指导制订布局合理、符合实际、长期有效的建设方案。更重要的是，嘉禾应加大宣传力度，争取上级的政策支持，大力宣传推进城乡一体化的特点、亮点，让上级有关部门能够了解嘉禾、关注嘉禾、支持嘉禾，争取更多的项目和资金进入市级、省级甚至国家层面规划项目的笼子，并可试行让省级、市级有关部门将城乡一体化示范县建设纳入有关政策体系和考评体系，让省级、市级有关部门进行驻点联系，形成上下联动的工作格局。

二是本级规划需向下全面覆盖。为保证已制定规划得到切实全面的实施，嘉禾应健全创新一体化的组织评价，加大业务指导工作，稳步推进与落实城乡一体化各项规划。如全面推行县级领导“四联四包”工作机制，建立推进城乡一体化工作组组长负责制；制定以城乡一体化建设为主体内容的目标管理和绩效考核办法，对各乡镇和各部门推进城乡一体化工作进行量化考核，强化激励约束，确保责任到位、工作落实；城乡一体化工作领导小组办公室还要会同县委督查室、县政府督查室和县作风办，加强跟踪调研、监督检查和阶段性效果评估，发挥督查考核在推进城乡一体化中激励争先、推动发展、促进落实的积极作用。

2. 深化提质与提升两条思路

一是深化量力而行、重点突破的提质思路。城乡一体化是把城市和农村作为一个有机整体，促进城市与农村资源的优化配置和转化利用，推动城市与农村统筹协调和共同发展的过程，涵盖经济社会的方方面面，包括生产方式、生活环境、公共服务、社会保障等方面的城乡统筹。但限于目前的财力现状，全面推进和面面俱到无疑难以为继，在推动公共财政向农村倾斜、生产要素向农村流动、基础设施向农村延伸、公共服务向农村倾斜、社会保障向农村覆盖、城市文明向农村辐射的过程中，嘉禾需要把握重点，突破难点，寻找支撑点，在某一方面取得重大进展，积极探索具有湖南特色、立足嘉禾实际的城乡一体化新路径，为湖南乃至全国推进城乡一体化建设探索新经验。

二是深化全面统领、跨越发展的提升思路。城乡一体化不仅是统筹城乡发展，而且应该成为统领全县经济社会各项目标、各项任务，进而实现全县跨越发展的根本抓手。目前，嘉禾全力推进的“湖南城乡一体化示范县嘉禾先导区”就是这一方向的有力尝试。按照这一规划，整个先导区将建设成为全县“两型”社会综合配套改革的示范区、高新产业的集聚区、城乡统筹的样板区、生态宜居的新城区、支撑发展的增长极，真正成为名副其实的“江南铸都”“湘南最富活力的创业基地”“通粤达桂联动长株潭的流动旺地”“岭南最宜人居的民生福地”等。

3. 拓宽财政和金融两种投入

一是加大政府财政投入。一直以来，城乡一体化示范县建设没有特别的激励机制，省级、市级对嘉禾转移支付资金和专项转移支付资金的增幅并不大，并且转移支付均是体制范围内的增长，没有考虑嘉禾城乡一体化示范县的实际情况而适当增加，在财权与事权上没有实现应有的对等。因此，嘉禾要高度重视上级财政对城乡一体化示范县建设的投入比例、投入数量、投入规模，积极争取省级财政建立城乡一体化的专项扶持资金，加大对城乡一体化示范县一般性转移支付的力度，增加城乡一体化示范县转移支付资金，加大对城乡一体化示范县的项目扶持，在供水、公路、绿化、清洁、亮化、生态环保、扶贫攻坚等项目方面给予重点支持，以缓解城乡一体化建设的资金压力。

二是搭建投融资平台。要充分发挥政府引导资金的导向作用，建立政府引导、市场运作的多元化投融资体制，舍得让利，吸引更多信贷资金、社会资金、民间资本投入城乡建设。加快农村信用体系建设，积极探索承包经营权、林权、矿权、质押贷款、应收账款等多种抵押担保形式，各金融机构在县域内吸收的存款应争取多用于县域内发放贷款；搭建银企对接平台，为城乡一体化示范县建立“政、银、企”沟通对接机制；完善融资服务体系，加大与银行等金融机构的沟通联系，借助金融机构的金融产品创新和业务拓展，寻求对城乡一体化示范县的信贷支持。

4. 做好空间和产业两个平台

一是做好城乡基础建设一体化的空间平台。其一，加快新城区开发建设和老城区提质改造。大力推进新城区、老城区和铸造工业园区融为一体，建成山水田园美城、江南铸都之城、国家园林县城、生态宜居福城，打造郴永边际区域性中心城市。其二，打造桂嘉路、嘉蓝路两条一体化示范带。强化两线资源配置、产业布局、公共服务、生态环保、清洁卫生、景观设置、文化展示等功能建设，完善人行道、慢行系统、港湾式公交车停靠点等交通设施，对接融入郴资桂“两型社会”示范带。其三，做大做强中心城镇。精心打造一批城乡一体化示范乡镇，建设一批在省市有影响的工业重镇、边贸强镇、生态美镇、旅游旺镇。其四，加强城乡一体化示范村建设。打造一批经济强村、生态靓村、和美新村，村庄就地实现城镇化，村民就地实现市民化。其五，推进城乡公交、供水、供电、视讯网络一体化工程。

二是做好城乡产业发展一体化的产业平台。其一，优化城乡产业布局。突出板块主体功能和区域产业特色，通过板块组团，实现错位发展。其二，积极发展现代农业。按照“基础农业基地化、特色农业品牌化、规模养殖小区化、产品加工园区化”的思路，优化农业产业结构和空间布局，推进农业集约化、标准化、品牌化。其三，加快推进新型工业化。积极引进机械装备制造及上下游相关产业，大力发展以精密铸造、数控机床、汽车零部件等为代表的先进制造业，拓展嘉禾铸造工业园产业范围，使之成为铸锻造产业集聚共享平台。大力发展新能源、新材料、加工贸易、电子信息等绿色新兴产业，构筑多元多极发展格局。其四，大力发展现代服务业。挖掘生态资源潜力，拓展农业休闲功能，积极推进旅游产业的扩容提升；重点发展生产性服务业，加快建设连接两条高速公路和县内各大专业市场的快捷运输体系，建成铸锻件、建材、农副产品、汽车配件四大专业物流市场，把嘉禾建成郴永边际最大的现代物流中心。

5. 完善服务与管理两套体系

一是完善城乡公共服务一体化体系。其一，推进城乡教育均衡发展。加强教育基础设施建设，推进学前教育改革发展试点，加强县、乡、村三级公办幼儿园建设；推进义务教育综合改革试点，实施高标准农村义务教育，推行资源共享、城乡联动。其二，健全城乡医疗卫生服务体系。完成县卫生服务中心、县人民医院扩建和县中医院搬迁工程，推进县疾控中心、县妇幼保健院改扩建，推进第二轮乡镇卫生院改扩建工程，加快村卫生室标准化建设，促进城乡医卫人才双向流动，保障城乡居民能就近享受均等化公共医疗服务。进一步完善新农合制度，推行乡村医疗全付费报销模式，探索先看病后缴费的惠民制度，完善农村医疗救助制度，扩大国家基本药物制度实施范围。其三，加快文化设施建设和提质，统筹抓好县城“六馆一中心”（文化馆、图书馆、科普馆、萧克纪念馆、规划馆、档案馆和演艺中心）、乡镇“一站一点一场”（综合文化站、文化信息资源共享服务点、主题广场）、社区“一屋一室”（农家书屋、文化活动室）建设。

二是完善城乡社会管理一体化体系。其一，推进农村社区创建全覆盖。农村按照“十个有”的要求，即有机构、有机制、有规划、有标准、有设施、有场地、有制度、有队伍、有产业、有考评，开展农村社区全覆盖创建活动。其二，统筹抓好信访维稳工作。建立完善信访维稳数据管理系统，健全县、乡、村三级群众网络，严格落实县级领导包案和信访接待日制度，完善矛盾纠纷隐患定期排查和化解机制。其三，优化政务服务。提升县政务服务中心设施功能，加强乡镇政务服务中心建设，逐步实现“九统一”，即统一硬件建设、统一进驻单位、统一进驻事项、统一办事程序、统一办事时限、统一服务规范、统一网上办理、统一电子监察、统一标志标识。其四，统筹推进城乡食品药品一体化监管。扎实落实市政府关于加快推进食品药品监管城乡一体化建设工作方案，按照“六有”标准（即有专人、有经费、有场所、有装备、有台账、有亮点）加强乡镇食品药品监督管理站建设，构建县稽查队、乡镇协管员、村信息员三级监管队伍网络，切实履行好食品药品安全属地管理职责，为广大群众就近提供有关食品药品安全服务。

6. 搞好土地与户籍两项改革

一是搞好农村土地制度改革。嘉禾县城乡一体化示范县建设推进以来，一大批工程和项目相继开工建设，用地需求阶段性上升，未来三年都会面临一个用地高峰期。2014 年，省下达给嘉禾县新增建设用地年度计划指标为 40 公顷（600 亩），为郴州市最少，很难满足嘉禾县城乡一体化建设的需要。因此，要重新审视嘉禾县城乡一体化建设带来的系列用地调整，争取省政府对嘉禾县年内需要建设而不符合原定土地利用总体规划的项目，予以特别批准；争取将嘉禾县的土地利用总体规划修改工作纳入全省编制计划；加大旧村改造的扶持力度，从土地开发等资金中提取一定比例予以支持和鼓励。同时，积极推进农村土地改革，申请农村集体经营性建设用地入市试点，规范农村建房，探索节约农村建设用地、复垦验收等机制，最大限度地利用好农村土地资源。

二是搞好户籍制度改革。二元户籍制度是城乡一体化的最大障碍，只有推进以户籍制度改革为突破的城乡一体化改革，才能既破除城乡二元的公共权益制度，又破除城乡二元的公共服务制度。2014 年，中国户籍制度改革最新规定出炉，其最大的亮点即建立城乡统一的户口登记制度。嘉禾县要按照中央新一轮改革要求，加快推进户籍制度改革，建立居住证制度，消除城乡居民的身份差别，加快规范与户籍相关的土地承包、计划生育、社会保障、劳动就业、资产收益等关联性政策，消除依附在二元户籍制度上的城乡差别和政策限制。以此为基础，完善农村劳动力转移就业保障制度，有针对性地加强对农村劳动力的教育投资和技能培训，增强农村劳动力的就业竞争力，构建城乡统一的劳动力市场，保障农民就地转移就业创业，为嘉禾新型城镇化与产业转型升级提供人力支撑。

B.6

2014～2015年汉寿县城乡一体化发展报告

摘　要：本报告从湖南城乡一体化示范县汉寿县城乡经济发展、交通基础设施建设、信息化建设、生态环境治理、建设用地市场一体化改革、民生保障等城乡一体化实践的分析入手，总结了汉寿县城乡一体化取得的成效，探讨了城乡一体化面临的城乡基础设施建设水平差距较大、小城镇发展相对缓慢、金融支撑能力不足、农业产业化程度偏低、城乡商品市场流通体系滞后、城乡公共服务差距明显等问题，并结合对汉寿县城乡一体化面临的机遇和挑战的研究，提出加快推进汉寿县城乡交通同网、信息同享、生态环境同建、金融一体化、劳动力市场一体化、建设用地市场一体化、商品市场一体化、社会保障一体化的思路与对策建议。

关键词：汉寿县　城乡一体化　市场一体化

一　汉寿县城乡一体化的成效和问题

随着改革的不断深入，消除城乡分割的二元体制，解决经济与社会失衡问题，实现城乡经济社会发展一体化，成为我国当前及今后相当长一段时间内的重要任务。2013 年以来，汉寿县紧紧围绕“工业强县、城镇兴县、旅游活县、幸福汉寿”主战略，积极推进城乡一体化建设，取得了较好的成效，但是仍然存在一些亟须解决的问题。

1. 现状与成效

（1）城乡经济发展取得新的成效。2013 年以来，汉寿县面对复杂的国内外经济形势，主动适应经济新常态，大力推进经济转型发展，保持了城乡经济发展的稳中有增、稳中向好。

经济实力明显增强。2013 年，汉寿县实现生产总值 180.76 亿元，较上年增长 11.0%，超出同期常德市的平均增长幅度 0.7 个百分点，人均 GDP 为 24034 元，较上年增加 3053 元；实现财政总收入 71509 万元，较上年增长 15.36%，超出同期常德市的增长幅度 1.86 个百分点，其中公共财政收入 45231 万元，较上年增长 17.14%，超出同期常德市的增长幅度 2.34 个百分点；完成固定资产投资 121.84 亿元，比上年增长 41.0%，其中农村投资达到 16.39 亿元，增长 94.7%，超出同期城镇项目投资的增幅 56.2 个百分点；城乡居民收入同步增加，城镇居民人均可支配收入 20441 元，增长 11.0%，农村居民人均可支配收入 10262 元，增长 13.2%，农村居民收入增幅继续高出城镇居民，城乡收入差距进一步缩小为 1.99∶1，低于同期常德市 2.16∶1 的水平。

产业转型升级取得实效。一是新型工业化快速推进，工业经济呈现逆势中快速增长趋势。2013 年，新增规模工业企业 22 家，全县 108 家规模工业实现增加值 40.84 亿元，较上年增长 16.0%，企业全部盈利，实现利润 14.55 亿元，较上年增长 147.87%；高新区产值首次突破百亿元，达到 110 亿元，迈入百亿园区行列。二是农业规模化、产业化、品牌化不断推进。2013 年，全县整治改造基本农田 7.5 万亩，建成标准化生产基地 30 万亩、设施蔬菜基地 3000 亩，绿博现代林业科技园成为省市林业新名片；新认证“三品一标”农产品 10 个，“玉臂藕”成功获批国家地理标志保护产品；新增农产品加工企业 4 家、市级以上龙头企业 5 家，被评为“全省农业产业化经营先进县”。三是现代服务业发展步伐加快，立足生态资源优势，拓展农业休闲功能，大力推进旅游产业发展，使旅游产业异军突起，成为城乡经济的重要增长点。2013 年，全县接待国内游客 247.6 万人次，较上年增长 12.7%，接待境外游客 14.5 万人次，较上年增长 15.5%，实现旅游总收入 14.03 亿元，较上年增长 20.8%；同时，加快商贸流通市场建设，激活消费市场，2013 年实现社会消费品零售总额 51.8 亿元，较上年增长 15.0%。

（2）城乡交通基础设施建设加快推进。“十二五”期间，汉寿县交通基础设施建设以前所未有的态势高速推进，至 2013 年末，已经形成以高速公路为骨架、以国道和省道为支干、以农村公路为脉络的交通运输体系。

交通区位优势凸现。全县公路里程达 2321 公里，其中省道 279 公里、县道 292 公里、乡道 744 公里、村道 1006 公里。2013 年 11 月，S205 汉太一级公路（汉寿大道）全线建成通车，成为汉寿县南北交通大动脉，对推动城镇化建设、促进县域经济的发展起到决定性作用，对城乡一体化目标的实现起到了巨大的推动作用。军汉公路连通军山铺、蒋家嘴、洋淘湖、岩汪湖、周文庙、龙阳镇 6 个乡镇，全长 48.47 公里，总投资 6.4 亿元，计划“十二五”末全线建成通车，该线建设能极大地缓解汉寿县东南交通出口“瓶颈”，对振兴蒋家嘴老工业基地和“旅游活县”战略都具有重要意义。现在的汉寿已步入“高速时代”，交通区位优势进一步凸显。

农村公路快速发展。2011 年以来，经过县、乡两级广大干部群众的共同努力，全县共完成农村公路改造 210 公里。截至 2013 年底，全县农村通村公路通畅里程 1360 公里，510 个行政村实现了“村村通”，占全县行政村的 98%。2014 年，汉寿县农村公路又计划建设 74 公里，目前已完成 62.6 公里，届时全县农村公路网将进一步完善。

交通争资引项成效显著。交通建设资金和项目，一直是制约汉寿县交通发展的“瓶颈”。经过多方努力，通乡公路建设补助标准由原来每公里 15 万元提高到 30 万元。近三年来，共争取竞争性项目投资 6000 多万元，上级政策性投资 2.97 亿元，为汉寿县交通基础设施建设提供了有力的资金保障与支撑。

（3）城乡信息化建设步伐加快。在以信息技术为核心的知识经济时代，加快信息化建设是加快转变经济发展方式、推动产业结构优化升级、建设资源节约型社会的重要任务，是实现城乡协调互动和城乡一体化互动的重要路径。近年来，汉寿县的信息化建设取得了一定的成绩。

政府网站建设逐渐完善。一直以来，汉寿县坚持把“中国汉寿”门户网站作为政府信息公开的第一平台，建设了紧扣时代主题、突出政府中心工作、栏目板块丰富的政府网站。同时，出台了一系列规章制度，逐步建立健全了政府网站管理制度体系和网络安全立体防御体系。到目前为止，汉寿县已建立一个由121人组成的信息员队伍，负责政府网站的内容更新。政府网站已经成为汉寿县政府信息公开的窗口和连接政府与群众的纽带。

城乡信息网络建设取得新进展。2011年7月，汉寿县已基本建成县、乡（镇）统一的信息网络，纵向连接省市，覆盖到县、乡（镇），横向连接党委、人大、政府、政协、法院、检察院等100多个部门。2012年，加大了各部门局域网改造力度，横向网基本覆盖所有部门，同时，按照使用和应用推广的情况，对整个城乡网络设备进行了优化，进一步加强了安全防护体系建设。目前，在电子政务外网网络上正常运行的系统有网上政务系统、网上监察系统、视频会议综合应用系统、价格举报管理信息系统等。

社会治理综合信息平台建设加快推进。汉寿县就社会治理网格化工作出台了《汉寿县完美社区建设工作实施方案》，成立了汉寿县完美社区建设指挥部，对城区按照“街巷定界、规模适度、无缝覆盖、动态调整”的原则进行合理划分，对农村按照“以小组为单位、以田路为边界、以亲情为纽带”的原则进行合理划分，建立了表册，绘制了网格，将全县分成了4981个社区网格，构建综合信息库，推进综合信息平台建设，已经取得初步成效。

（4）城乡生态环境协同治理成效明显。汉寿县委、县政府历来重视环保工作，近年来更以“环保优先，生态立县”为发展战略，以“削减总量、改善质量、防范风险”为着力点，深入推进环境治理与生态保护各项工作，着力促进全县经济社会与环境协调发展。2013年投入1600多万元开展“五城同创”，推进农村环境卫生综合整治，建立“专人清扫、定时清运、集中处理”的卫生保洁机制，农村环境整治建设垃圾转运站3个，配置大型清运车辆2辆，配备垃圾清运人员564人，使城乡环境卫生面貌持续改观。推进美丽乡村建设，2013年设立引导基金推进小城镇建设，带动各乡镇完成投入1.7亿元，是历史上投入最多的一年，涌现了罐头嘴、鸭子港、三和、崔家桥、岩汪湖、朱家铺等一批小城镇建设先进集体，全县已成功创建1个国家级生态村、10个省级生态乡镇、14个省级生态村。节能降耗、清洁生产等全面推进并取得显著成效，2013年环评审批项目89个，其中配合市局审批项目3个、审批建设项目35个、审批三次产业项目51个；与2012年相比，全县化学需氧量削减4.8%、氨氮削减5.2%，单位GDP能耗0.6466吨标准煤，下降4.68%，万元规模工业增加值能耗0.7522吨标准煤，下降5.5%。

（5）城乡建设用地市场一体化改革探索有新突破。实现城乡建设用地市场一体化，就是以制度建设推动农村土地市场规范运转，破除城乡二元对立和分割，使城市建设用地市场与农村集体建设用地市场合并运行，实现“两种产权、一个市场”，真正实现城乡建设用地的“同地、同权、同价”，从而实现城乡建设用地有效、合理、统筹利用，推动城乡统筹发展。近年来，汉寿县积极探索城乡建设用地一体化，取得了一些突破。

在全省率先推出农村土地经营权抵押贷款。近年来，随着农村经济社会的发展，土地流转规范推进，新型农业经营主体有序发展。尤其是2014年的中央一号文件明确提出“在坚持和完善最严格的耕地保护制度前提下，赋予农民对承包地占有、使用、收益、流转及承包经营权抵押、担保权能。在落实农村土地集体所有权的基础上，稳定农户承包权、放活土地经营权，允许承包土地的经营权向金融机构抵押融资”。以此为指导，汉寿县抓住有利时机，率先开展农村土地经营权抵押贷款试点。2014年，县农村经营管理局与中国人民银行汉寿支行联合制定下发了《汉寿县农村土地经营权抵押贷款管理办法（试行）》，为符合准入条件的法人和自然人提供融资平台，县农村信用联社、县农业银行、县邮政储蓄银行都表示全力支持此项工作，全年计划通过土地承包经营权抵押贷款的方式为新型农业经营主体融资5000万元。2014年3月，汉寿县河家堰水产养殖专业合作社为了扩大鱼鳖混养规模，以租赁的292亩养殖水面10年经营权为抵押物，从汉寿县西港信用社贷款50万元，该笔贷款成为湖南省首宗农村土地经营权抵押贷款。

在严守耕地红线的前提下，加大土地开发力度，并完善农村土地流转服务管理体系。近年来，汉寿县围绕增强用地保障，严守耕地红线，实施供地准入，清理盘活闲置低效用地，完成土地开发整理项目多个，并积极争取计划外用地。2013年，争取用地指标2007亩，超计划指标4.5倍，同时加强入库储备土地工作，确保耕地占补动态平衡。并且通过城建投资、水利投资整合土地资产，实现融资，确保了重点项目的有序推进。汉寿县还从完善农村土地流转服务体系着力，建立县乡土地流转管理系统，加快推进农村土地确权颁证，规范土地流转，2013年上半年土地流转面积就达20多万亩，其中耕地流转面积9.17万亩、林地流转面积12.91万亩。

（6）城乡民生保障水平不断提高。保障和改善民生是城乡一体化的重要任务，是实现和谐社会的基础。近年来，汉寿县着力保障和改善民生，推进基本公共服务一体化，促进城乡社会事业同步发展，取得了较好的成效。在教育事业方面，大力推进城乡教育均衡发展。2013年，全县投入2925万元改善教育教学条件，改造薄弱学校26所，新建乡镇公办园17所，实现了“一乡一所公办园”的目标，“三评合一”和学前教育进入全省先进行列，被评为教育强市工作先进县。在医疗卫生方面，着力改善农村医疗卫生条件。2013年，投入6230万元完善医疗卫生服务体系，新建改造乡镇卫生院8所，乡镇卫生院与村卫室软硬件设施条件不断改善。在文件事业方面，积极推进农村文化发展，投入7800万元发展文体事业，建成村级综合文化广场20个，送戏送电影下乡6300场，“梦想家园”、百团大赛、全民健身等文体活动广泛开展，电视网络建设和数字电视用户规模位列全市第一。就业方面，近年来汉寿县大力开展各类就业指导培训活动，为城乡富余劳动力提供求职机会，促进城乡劳动力平等就业，积极推进城乡劳动力市场一体化，2013年新增城镇就业5212人。社会保障方面，投入力度不断加大，城乡社会保障水平同步提升，2013年，全县养老保险、医疗保险实现城乡全覆盖，新农合参合率达到98%，统筹地区政策内住院补偿率提高到79.6%，农村居民养老保险参保人数达到40.8万人；社会救助体系进一步完善，2013年，安排城镇低保资金3963万元、农村低保资金3802万元，发放农村五保资金1378万元，发放各类抚恤资金3321万元，新建廉租房348套，新增公租房2000套，改造棚户区126户、农村危房1100户，解决了7.48万农村人口的饮水不安全问题。

2. 存在的主要问题

汉寿县虽然在推进城乡一体化方面取得了一定的成绩，但受思想观念、传统体制机制等多重因素的影响，仍然存在一系列问题亟须解决。

（1）城乡基础设施建设水平差距较大。汉寿县农村基础设施建设水平、功能配套等方面与城镇差距较大，与城乡一体化的要求还有较大的差距。目前，农村居民大部分是自备水源，实现集中供水的主要局限于县城和小城镇等少数区域。村镇建设缺乏统筹规划，布局零乱，部分地区的脏乱差现象还未根本改变。农田水利设施缺乏系统投入，共享性较差，难以满足现代农业生产的正常需要。乡村道路等级不高，路况欠佳，后期养护无法保证，导致其使用寿命较短。

（2）小城镇发展相对缓慢。汉寿县城镇化水平仍比较滞后，2013年城镇化率为33.23%，在全省87个县市中排第65位，表明汉寿县的城镇化还有较大的发展空间。特别是小城镇发展相对缓慢，配套基础设施还比较滞后，发展活力不强与特色不明显，多数乡镇仍然是以农业为主，工业中传统产业占比重，市场竞争力不强，且同质化竞争激烈，导致经济协作能力不强，产业链条难以延伸，并导致其对农村剩余劳动力吸纳能力有限，小城镇在扩大农村消费、吸纳农民就业、集聚农村产业、支撑县域经济、辐射带动周边等方面作用不够明显，制约了城乡一体化的进一步发展。

（3）金融支撑能力不足。汉寿县金融对农村地区和农业企业的支持力度依然不足，金融资金净流出的现象仍然突出。2013年末，金融机构各项存款余额126.23亿元，各项贷款余额56.77亿元，存贷比高达2.22∶1。在银行类金融机构中，农业银行、农村信用社和邮政储蓄银行在农村的网点更多，与农民的联系更加紧密。汉寿县2014年前7个月的新增存款中，

62.58%来自上述三家银行，然而这三家银行的新增贷款只占到全县新增贷款的44.34%。由于农业生产不但需要承担市场风险，而且还要承担自然风险，在我国利率没有完全市场化的条件下，被人为压低的商业银行贷款利率无法与农业生产的风险溢价相匹配，导致金融机构惜贷严重。而目前汉寿县土地承包经营权抵押贷款的办法还在探索期，多数农业生产者依然缺乏合适的抵押品，这些都进一步加大了农业生产者获得金融支持的难度，农业农村发展的资金不足仍然是普遍现象。

（4）农业产业化程度偏低。汉寿县作为农业大县，近年来在推进农业产业化方面做出了巨大的努力，并实现了快速发展，但目前整体来看还存在农业龙头企业规模偏小、农业产业链条不长、效益不高的问题。如粮食加工企业存在“小、散、弱”现象；作为蔬菜加工龙头企业，“荣祺食品”却以加工销售外地茭头为主，“惠明”“华诚”“汉美”等诸多蔬菜加工企业也仅仅是小打小闹的储藏保鲜，净菜加工、脱水蔬菜加工还没有起步；闻名全国的龟鳖产业至今没有加工企业和精深产品，产业链条没有延伸；黑杨加工企业也存在经营规模小、市场竞争力不强和市场占有率不高等问题，难以承受市场冲击，企业成长能力差。

（5）城乡商品市场流通体系亟待完善。虽然近年来，汉寿县重视商品流通市场建设，在一定程度上起到了商品信息的中介和监管作用，但由于农业社会化服务体系不健全，农产品的生产、经营主体分散，组织化程度不高，加上农村现代物流发展缓慢，农产品在流通环节耗时长、损耗大、费用高，以市场为导向的流通产业链还不够坚固、粗壮。商品信息在城镇和农村之间的流通不畅，商品信息资源集中在城市，向农村的信息传递却不足，农民搜寻信息成本大，而政府根据经济状况和市场供需对农业生产进行的引导与监管不足，农业生产与市场需求匹配程度较低。

（6）城乡公共服务差距仍然明显。优质的医疗、教育、卫生和文化娱乐资源都集中在县城，农村教育资源仍然不足，师资力量薄弱、信息技术设施水平差、教学点分布不合理等问题依然突出；乡村医疗卫生状况仍然堪忧，人才紧缺、设备条件落后仍是较为普遍的现象；农村推行新农合医疗保险和农村养老保险制度，但与城镇居民享受的社会保障水平差距依然很大，筹资方式不同、标准差距大、服务水平差异大，城乡间的社会保险、医疗保险、救助制度仍难以实现一体化。

二　汉寿县城乡一体化面临的机遇和挑战

现阶段是落实党的十八届三中全会精神、全面深化改革的关键时期，汉寿县面临的环境和条件都在发生深刻变化，机遇与挑战并存。

1. 宏观层面的机遇与挑战

（1）全面深化改革提供新动力。中国的改革开放走过30多年的历程，现在已经进入改革的转型期。改革的任务由建立市场经济体制时期的“分离化”转变为完善市场经济体制时期的“一体化”，实现由非均衡发展向均衡发展的转变，促进城乡一体化、区域一体化、经济社会一体化等。汉寿县作为湖南省城乡一体化示范县，其发展方向契合国家战略，符合全面深化改革的要求，必将得到更多的政策支持，在全面深化改革的制度红利刺激下，也必将进一步激发城乡发展活力。

（2）新型城镇化快速推进带来新机遇。在良好的宏观经济环境和国家城镇化战略的推动下，自1996年以来，中国城镇化步入了加速推进时期，快速城镇化带来了大量的投资和消费需求，促进了内需扩大和经济增长。目前，我国城镇化正处于由追求数量向追求质量转变、由粗放型向集约型转变、由城乡分割型向融合共享型转变的重要战略转型期。汉寿县城镇化率较低，发展空间巨大，新时期随着国家加快户籍制度改革，有序推进农民工市民化进程，提高城镇化质量和水平，发展综合交通运输网，加强资源环境保护等举措的逐步推进，汉寿县的城镇化潜力将得到全面释放，为城乡经济社会发展注入强大的动力。

（3）国家级新战略实施形成新契机。近年来，湖南省实施了“3＋5”城市群、承接产业转移等一系列区域经济发展战略，汉寿县经济因此获得了长足发展。而《洞庭湖生态经济区规划》获得国务院的批复、国务院《关于依托黄金水道推动长江经济带发展的指导意见》的出台等国家级新战略的制定和实施，又给汉寿县带来了新的发展契机。

（4）经济新常态带来新的挑战。当前，世界经济形势不容乐观，全球经济放缓，国内经济进入新常态，处于“增长速度换挡期、结构调整阵痛期、前期刺激政策消化期”的三期叠加阶段，经济增长速度下滑、传统产业产能过剩、传统行业投资增速下降、土地财政难以为继、地方负债沉重等问题显现。经济新常态对于汉寿县来说有两方面影响：一方面，受经济增速下降的影响，经济竞争将更加激烈，财政收入的高速增长难度越来越大，而保基本、保民生的投入需求也将越来越大，城乡一体化面临的资金压力必然越来越大。另一方面，随着劳动力、土地等要素价格不断攀升与资源环境约束日益强化，农业生产成本不断上升，而由于国内农产品价格已经触及国际农产品价格的“天花板”，农产品价格面临不升反降的压力，这导致农业的效益空间将不断被压缩，汉寿县作为农业大县，在这一形势下，现代农业发展与农民增收面临的压力将越来越大，这不仅影响农业农村的发展，还将影响到整个县域消费的信心。

2. 城乡金融一体化面临的机遇和挑战

城乡经济二元结构及与之关联的城乡金融二元结构是城乡产业结构和经济结构转换过程的必然现象，有其存在的合理性。缓解城乡金融二元结构就是要消除其中的不利影响，缩小城乡经济、金融发展的差距。当前，我国已经进入工业化中期，理论上进入了工业“反哺”农业的时期，国家已经结束具有城市偏向的战略，以城乡统筹发展战略取而代之，金融资源也将在城乡之间进行重新配置，宏观经济发展和宏观经济政策都将有利于推进城乡金融一体化。此外，各级政府都重视农村金融建设，并以政府财力为引导壮大农村金融，这将有助于农村经济的发展，并对城乡金融一体化产生积极影响。

目前，省内各金融机构正在整合政策资源，结合各地实际探索创新符合“三农”特点的信贷产品，特别是农发行、农行、邮储银行和农信社等涉农金融机构在支持农村种养大户、家庭农场、农民专业合作社、农业产业化龙头企业等新型农业经营主体的发展，提供农业适度规模经营的各项金融服务上不断加大力度，将金融资源引向农村和农业，将有效缓解城乡金融二元结构的状况。从汉寿县自身条件来讲，作为现代农业发展的示范县和农村改革创新工作的示范县，汉寿县辖区内的金融机构在农村金融创新方面更加灵活。并且，汉寿县金融环境建设明显加强，县委、县政府对全县金融环境工作高度重视，通过加强政银企信息沟通平台建设、合理引进民营金融机构、启动金融信用体系建设、加强对非法集资行为的打击等举措确保了金融环境的进一步优化，这些都有利于汉寿县城乡金融资源的优化配置，加快城乡金融一体化步伐。

由于长期以来形成的城乡金融二元体制尚未从根本上破除，在城镇化热潮中，城镇建设所需要的资金是十分巨大的，且相对于农村来说，城镇基础建设、工业投资等方面的资金使用效率与回报率更高，这将导致城乡金融一体化在短期内难以实现，解决金融向农村“抽血”的问题仍然需要一个过程，这对汉寿县城乡金融一体化提出了挑战。特别是当前农村金融始终围绕着农村领域进行低水平的修补式变革，而城市金融则步入了现代化、国际化轨道，在这样的情况下，作为县域城乡一体化的金融制度建设目标实现起来难度较大。

3. 城乡劳动力市场一体化面临的机遇和挑战

从宏观层面来讲，我国人口红利时代的结束和工厂“用工荒”会加快城乡劳动力市场一体化进程。我国是人口大国，因此我国在劳动密集型产业上具有资源禀赋优势。但是随着我国经济的发展和人民生活水平、教育水平的不断提高，我国的人口出生率不断下降，劳动力人口数量的增长也不断放缓，劳动力成本不断攀升。近年来，我国沿海地区加工工厂经常出现“用工荒”，同时沿海地区加工工厂的工人工资一路上涨。这一方面说明，我国的人口红利时代已经结束，我国的劳动力成本优势已经不显著；另一方面说明，工资上涨依然吸引不到充足的基础劳动力。年轻的外来务工人员不仅希望能够获得现时收入，也会理性思考自己未来的出路。由于户籍和劳动力退出等方面的障碍，年轻的外来务工人员当然要求更高的工资以补偿未来的不确定性。因此，重视劳动力市场一体化是统筹城乡发展中的重要环节，也是应对后人口红利时代和“用工荒”的重大举措。

并且，沿海劳动密集型产业向内陆转移将增加内陆县域的就业机会。近年来，沿海地区的生活成本快速上升，劳动密集型产业工人的工资不断上涨，劳动密集型产业在沿海地区已经不再具备明显的劳动力成本优势。湖南省紧邻沿海省份，具有承接沿海产业转移的优势。劳动密集型产业向湖南的转移会带动湖南本地就业，能够吸纳更多的农村富余劳动力，使更多的劳动力从农村走向城镇，有利于推动城乡劳动力市场一体化的建设。

此外，新型城镇化将助推县域城乡劳动力市场一体化。当前，农村劳动力在城乡间的非户籍流动是自由的，而户籍流动则受到严格的控制。这使大多数在城镇就业的农村劳动力难以取得城镇户口。当前，汉寿县正在加快龙阳老城、沧浪新城、工业新城“三城并立”的新型城镇化建设，城镇户籍的放开是大势所趋，这将有利于清除汉寿县城乡劳动力市场一体化进程中的户籍制度障碍。

然而，城乡劳动力一体化的一些制度障碍在一定时期内还将存在。不管是刘易斯的“二元经济”模型，还是哈里斯－托达罗的三元结构理论，他们遵循的都是新古典经济学假设：劳动力可以在城乡间自由流动，因此城乡劳动力市场的工资率和就业量由市场机制自发调节并决定。但是，我国的城乡劳动力市场一体化，不单纯是一个农村劳动力在城乡间流动的问题，更主要的是一个消除城乡劳动力市场制度差异和农村劳动力城乡流动制度障碍的制度变迁过程。但是农村劳动力在城乡间户籍流动的控制、城乡公共产品和服务在户籍上的不平等、土地经营权流转尚未完全放开和农民工社会保障不够完善等问题在一段时期内还将继续存在，这将影响城乡劳动力市场一体化的推进。

4. 城乡商品市场一体化面临的机遇和挑战

过去，由于商品物流水平低，农产品向城镇的流通渠道较少。近年来，交通基础设施迅速发展，城镇物流中心的建设提速，这些都为城乡商品市场一体化的发展提供了良好的硬件环境。而且随着我国人民生活水平的不断提高，高精细的农产品越来越受到消费者的青睐。汉寿县地处洞庭湖流域，自然资源适于进行农业生产，农产品具有广阔的市场空间。这些都为汉寿县推进城乡商品市场一体化创造了难得的历史机遇。

湖南省委、省政府为了构建大开放、大市场、大流通的发展新格局，启动了县乡流通综合体建设，进行湖南省县乡流通再造工程。该工程以县乡流通综合体为载体，引导流通企业和连锁品牌企业布局农村市场，促进县乡流通主体规模化、连锁化与品牌化经营，打造工业品下乡和农产品进城的产销平台，建立覆盖县乡的农村现代物流配送体系、电子商务服务体系，丰富县乡流通业态。这一工程的实施必将对城乡商品市场一体化产生重要的推动作用。汉寿县把握好湖南省县乡流通再造工程的政策机遇，必将大大加快城乡商品市场一体化的推进速度。

由于湖南是农业大省，不少县市都具备适于农业生产的自然条件。目前，汉寿县的优势主要在于城乡商品流通体系基本形成、城乡商品物流中心的建设已经展开，问题在于全县农业的规模化生产程度不高、龙头企业较少。城乡商品市场一体化不但需要重视商品流通体系和市场的构建，同时还应该重视商品生产经营企业的发展，如何鼓励和推动农业生产经营资源的整合、推进产供销一体化、加快特色品牌的打造是汉寿县正在面临的难题。

三　汉寿县加快推进城乡一体化的思路与对策

未来一段时期是汉寿县加快推进全面建成小康社会的关键时期，以推进城乡一体化为总抓手促进经济转型与社会进步显得尤为重要而紧迫，需要以党的十八大、十八届三中全会和十八届四中全会的精神为指导，以改革创新为引领，深入实施“工业强县、城镇兴县、旅游活县、幸福汉寿”的区域发展战略，统筹城乡规划，统筹城乡人口和产业布局，统筹城乡配套改革，加快推进城乡交通同网，城乡信息同享，城乡生态环境同建和城乡金融一体化、城乡劳动力市场一体化、城乡建设用地市场一体化、城乡商品市场一体化、城乡社会保障一体化建设，以此促进基础设施向农村延伸，公共服务向农村覆盖，城市文明向农村辐射，使汉寿县早日实现城乡一体化，全县人民共享现代化的文明生活。

1. 推进城乡交通同网

推进城乡交通同网建设，应建立以工促农、以城带乡的长效机制，加强农村交通建设，形成结构合理、功能完善、与城镇化建设相配套的城乡交通网络，从而促进城乡经济社会发展一体化的新格局形成。

（1）加强基础设施建设，实现城乡交通基础设施统筹发展。加强现有国道和省道提升，完善国道和省道配套服务设施，提高汉寿县对外交通条件。加强国道、省道与高速公路、城市道路之间的合理衔接，提高汉寿县公路网络整体通行能力和公路服务水平。加快农村公路建设，着力解决自然村的通达问题，提高农村公路的通达深度。在旅游景点开发、新农村建设等方面形成新的生产生活节点，加快交通配套设施建设。积极开展撤渡建桥，解决农村渡口沿岸群众的出行难和出行安全问题。

（2）加强城乡交通联系和衔接，推进城乡交通融合。建设层次化的场站体系，统筹考虑各种运输方式间的对接方式和实现途径，促使公路客运枢纽和城镇交通枢纽实现统一规划、统一建设、统一运营，变以往交通换乘的“补救性”衔接为“主动性”衔接，以满足不同的出行需求。推进公路与城市道路的功能结合。在城镇化水平较高的中心镇，应对其道路按城市道路标准实施提档升级，对人口较多、经济发展较快的城镇公路进行新建、改建或扩建时，给市政设施留下通道，以此实现城镇功能的整体提升，增强对农村的辐射带动能力。

（3）加快城乡客运一体化改造，实现城乡客运服务统筹发展。统筹城镇公交线路和农村客运线路，对农村客运班线和城镇公交线路进行优化配置，合理界定城市公交与道路运输长途客运及农村客运的服务功能和运营范围，加强城乡公共客运的服务衔接。加快公交向农村延伸，完善农村公交运营模式。加大对现有农村客运资源的整合力度，组建经营联合体，真正实现规模化和集约化经营，形成“多方参与、规模经营、有序竞争”的市场格局。完善扶持政策，制定对农村客运尤其是边远郊区农村客运经营企业的财政补贴政策，从税费减免、票价补贴、公益性补助、能源消耗和更新改造补偿等方面给予大力支持。

2. 推进城乡信息同享

加快汉寿县信息化建设的步伐，搭建城乡信息同享平台，充分发挥信息技术在经济社会发展中的先导和关键作用，推进城乡一体化发展。

（1）加快建立统一的信息网。遵循统筹规划、整合资源的原则，完善各类设施，全面建设运行灵活、高效可靠的现代化信息传输网络，建设覆盖广播电视的综合宽带多媒体网络，实现信息全面数字化。加快电子政务信息化建设，以推进政务信息化、智能化为目标，开发电子政务应用，完善政府门户网站建设，努力为电子政务提供全方位支撑服务，整合信息资源，推进工业、商业、科技、金融、农业、税务等行业间基础信息共享，为企业管理、诚信建设、市场环境优化创造条件，以此共同加快信息化建设。

（2）积极推进农村信息化。以加快农村信息化建设为突破口，构建城乡一体化发展综合信息服务平台，逐步缩小和消除城乡发展中的“信息鸿沟”，实现城乡信息同享。一是构建城乡统一的信息平台。推进城镇网络向农村延伸，构建城乡统一的信息平台，提高农村网络的覆盖率，让信息指导农村开展生产经营活动，按照市场需求有序地引导农副产品流通和农村劳动力资源流动。二是建设农村信息化组织运行服务体系。通过实施农村信息化示范工程，在推行农村卫星电视接收系统、农民工信息管理与服务、城乡就业信息共享、农村公共服务信息化、农村电子商务和中小企业信息化等领域取得突破，搭建集网络传输、视频服务等多种传输平台于一体的综合信息服务平台和共享数据中心，建立完善县、乡镇综合服务平台以及村级信息服务站，形成不同层次、上下联动的农村信息化组织运行服务体系。三是推进农业信息化。加快农业信息数据库建设，以数据库为分析农产品市场供求、农副产品流通、人才流动、农业科技等相关数据的基础，为广大农民提供网上信息沟通平台。

（3）完善信息化建设机制。把信息化建设纳入汉寿县国民经济和社会发展规划，将信息化建设、运行和管理资金列入预算，确保资金到位、专款专用，为统筹城乡信息化提供物质基础。特别要加大对农村信息化的支持力度，推动信息基础设施建设，加大农村信息化普及力度，可以参照实施家电、汽摩下乡的办法，补贴农民购买计算机费用，对入网、上网费用予以优惠。鼓励企业开发信息资源，注重市场化运作方式，推进信息技术与产业融合，积极鼓励企业大力开发信息资源，充分发挥信息资源开发利用在节约资源能源和提高效益方面的作用，发挥信息流对人流、物流和资金流的引导作用，鼓励各方力量参与网络、数据库建设与管理。

（4）提高信息化应用水平。加强各级领导干部的信息化培训，使他们全面了解电子政务和电子商务理念、网络和安全体系建设知识，自觉运用网络了解情况、指导工作、决策事项，真正成为电子政务、商务的使用者和推动者。加强对农民的信息化培训，加大宣传力度，定期组织专家到农村、社区进行知识普及，通过加强信息技术普及，用信息武装广大农民，造就一大批熟练掌握信息化的基本知识和技能，基本了解计算机和网络知识，而且能较好地运用电子政务、商务各项应用系统开展工作的新型农民，使信息平台能够成为农民的致富平台。同时，要培养和引进掌握网络建设和运行、应用开发和推广、网站管理和维护等相关专业知识和技能的信息化高端人才和综合人才，确保信息建设工作技术领先、方向准确、管理科学。

3. 推进城乡生态环境同建

强调生态宜居、绿色发展，把生态、宜居、宜业、宜游的要求体现到城乡建设与发展的各个环节，以建设更加美丽、更加和谐的新型城乡为目标，推进汉寿县城乡生态环境一体化建设。

（1）科学开发和利用资源能源。科学开发和利用各类资源，全面推进“两型”社会建设。加强土地资源管理，引导和促进资源合理开发利用，提高能源资源综合利用效率，推进工业、建筑业、市政、生活节能，促进工业、农业、建筑业、电子废弃物的资源化利用。科学制定新能源发展战略，深度开发水电，积极开发和利用生物质能、太阳能、风能、地热能等可再生能源和清洁能源。

（2）加大污染防治力度。加大污染防治力度，强化对重点污染源的监管，严格落实环保“三同时”制度，强化执法监管，严控新增污染，依法打击各类环境违法行为。改善空气质量，推进固体废物妥善处置方案的实施。开展重金属污染防治，重点加强农用土壤和城市建设用地、遗弃污染场地土壤污染防治。加强农村环境保护工作，重点围绕饮用水安全、农村生活污染、农业面源污染、水土流失等突出环境问题，积极开展农村环境综合整治。完善农村环卫基础设施，推进垃圾分类减量，落实卫生长效保洁机制，提升农村环境卫生整治成效。

（3）加强环境风险防范。加强工业合理布局，推进节能降耗与清洁生产，对县内已建高污染、高风险企业进行搬迁。开展突发环境事件危险源基本情况调查，建立重点行业、重点企业、重点污染物的档案库。加强对新生和潜在环境问题的防范和监管，强化风险源企业的环境管理力度。加大环境监管力度，构建高效的突发环境应急体系，建设突发环境应急指挥中心、突发环境事件应急响应综合服务平台、突发环境事件应急调度指挥系统、水和大气突发环境事件应急响应系统、应急资源管理系统、放射源监控系统等突发环境事件应急处置系统，提高处理环境问题的应急能力。

（4）改善城乡人居环境。以可持续的城镇化发展理念为指导，完善城镇规划体系，科学确定城市规模，对城镇建设的规模、用地布局、开发建设方式做出科学安排，明确各服务功能区的范围和发展方向，构建特色鲜明、功能完善、布局合理、资源节约、生态良好的城镇体系，形成合理的城镇发展空间形态。完善城乡环境同治机制，规范农村建房，以环境优美乡镇、生态文明村建设为载体，不断改善农村基本生产生活条件，构建优美洁净的农村环境。

4. 推进城乡金融一体化

在构建保护“三农”政策体系的基础上，汉寿县应该通过转变农村经济模式推动农村金融模式转变，同时创新农村金融制度、健全农村金融体系，推进城乡金融一体化。

（1）以农村经济模式的转变推动农村金融模式的转变。在全面盘活农村现有资源存量的基础上，推进农业从传统型、分散型和低效型农业向规模型、专业型和高效型农业转化，通过大力发展多种形式的专业化、合作化的新型农业经营组织，推动土地向规模经营集中。在稳定和完善家庭承包经营的同时，适应农村市场经济发展的要求，鼓励发展公司加农户、公司加基地加农户、公司加合作组织加农户等当前农业、农户与市场联结的有效组织形式，发展和完善贸工农一体化、产加销一条龙经营体制，推进农村一、二、三产业融合发展，以此促进农业增效、农民增收、农村发展，夯实推进城乡金融一体化的经济基础，让金融资本青睐“三农”。

（2）创新农村金融制度。汉寿县可以开展县域金融机构涉农贷款余额增量奖励试点，也可以试行新型农村金融机构定向费用补贴，积极搭建涉农投融资平台，并借助平台大胆探索创新符合农村需求的信用新模式，积极探索适合农村特点的担保抵押方式，进一步健全和完善县域信用担保体系建设，大力发展各类信用型、商业型和互助型担保机构，探索开展农村集体建设用地使用权、房屋产权、林权等抵押融资服务，引导金融加大向农村的倾斜力度，深化支农再贷款授信管理方式创新，优化支农再贷款审批发放流程，提高资金使用效率。

（3）健全农村金融体系。促进城乡资本流动是实现城乡金融一体化发展的主要任务。汉寿县应该加快建立多元化的投融资机制，多方筹集建设资金，努力解决统筹城乡发展的资金瓶颈问题。加大对农村金融政策的支持力度，拓宽融资渠道，综合运用财税杠杆和货币政策工具，定向实行激励措施，引导更多信贷资金和社会资金投向农村。打造由商业银行、政策性银行、政府投融资平台、民间信贷、农村信贷担保和农业保险等各个金融层面共同构建的农村金融体系。当前，汉寿县的金融支持主要来源于商业银行、政策性银行，在此基础上，县政府应该牵头融合各种金融资源，积极搭建涉农投融资平台，加强资金供需双方的对接，提高资金的配置效率。县金融办要积极履行政银企对接的职责，通过对接洽谈的方式，解决信息不对称的问题，同时加强对企业的培训，规范企业行为；各金融机构要创新金融产品，优化服务机制，为一些中小企业量身定做金融产品，推出不同信贷担保品种，助推地方经济发展。同时，加强监管，大力发展小额信贷，鼓励发展适合农村特点和需要的各种微型金融服务，规范和引导民间借贷健康发展。加快农村信用体系建设，建立政府扶持、多方参与、市场运作的农村信贷担保机制。发展农村保险事业，健全政策性农业保险制度，加快建立农业再保险和巨灾风险分散机制。

5. 推进城乡劳动力市场一体化

汉寿县应该针对当前农村劳动力在进城务工之前就业能力不足、就业渠道不畅，在就业过程中组织化程度不高导致合法劳动权利保护不够等问题，出台相关措施，进一步推动城乡劳动力市场一体化建设。

（1）实施人力资本提升工程。汉寿县应该高度重视教育在县域发展中的基础性作用，根据本县实际调整学校布点，在经济社会发展上优先考虑教育，在财政资金安排上优先保障教育，在社会资源配置上优先满足教育，立足标准化学校建设和教育均衡发展，使每一位城乡适龄儿童都能享受到同等的教育资源。同时，大力实施技能提升工程，全面强化劳动力的技能培训，立足经济转型发展的需要，以政府财力为依托，充分发挥用人单位和社会力量的作用，着力激发劳动力自觉参与培训、提升能力素质的积极性，把发展人、提升人作为增加群众收入、发展地方经济的突破口，通过劳动者素质的全面提升，促使劳动力自由流动和合理配置。

（2）建立城乡统一的就业管理服务制度。积极推进城乡统筹就业，加快建立统一开放、平等竞争、规范有序、城乡一体化的人力资源市场，实现劳动力资源城乡合理配置。建立和健全城乡统一的就业组织体系、就业服务体系、维护城乡劳动者权益的劳动用工管理体系；将农村劳动力的转移就业纳入就业计划和劳动保障管理范围中，在政策制度上消除对城乡劳动者的歧视。同时，鼓励并支持社会力量参与农村劳动力服务市场，提高农村劳动力城镇就业渠道的社会化程度，规范职业中介组织，为农村劳动力的城乡流动提供更多更可靠的就业渠道，推动农村劳动力更加通畅地流动。

6. 推进城乡建设用地市场一体化

城乡建设用地市场一体化的根本任务是逐渐消除城乡土地市场二元结

构。汉寿县应该抓住新型城镇化和产业转移的历史机遇，重视城乡建设用地市场的制度建设，并依据产业发展制定相应的城乡建设用地规划，科学推进城乡建设用地市场一体化。

（1）在稳定农村土地承包制的基础上，进一步深入推进土地流转。土地是农村经济发展最为核心的要素。促进城乡建设用地市场一体化，需要盘活农村土地资源。要稳定农村土地承包制，加快确权步伐，只有土地承包关系稳定，农民才能珍惜土地，才能在土地上持续投资，稳定土地承包关系也有利于农民在从事别的行业时可以流转土地。同时，由于土地是农民的基本保障，是农民稳定预期形成的重要来源，在发挥土地保障功能的同时，要推动农村土地市场化流转。要按照市场经济的基本要求建立符合土地使用权流转的制度，推进农村流转交易市场建设，鼓励农民采取入股、出让、转包、土地信托、置换、租赁、抵押、股份收购等方式盘活土地使用权，鼓励农民的承包地向家庭农场、专业大户和农业园区流转；逐步推进农村集体土地的使用权流转进入市场；要按照集约用地的原则，对农村建房统一规划、集中建设、加强整治，节余土地进入土地市场，推动土地这一关键生产要素的流动，加快城乡一体化建设。

（2）改革征地制度，提高农村征地的补偿标准。提高征地补偿费用，按市场价格征地可以使征地回归其本应支付的土地成本上，进而促使企业和用地单位集约使用土地，提高用地效率。要明确规范集体土地征收权限和征收行为，严格控制征地的范围，保护被征收人及其他利害关系人的合法权益，保障公益性建设用地需要，提高征地工作的透明度，并对被征收的土地给予公正补偿。做到土地征收和征用有法可依、有法必依。

（3）做好城乡建设用地的统一规划工作。汉寿县应该立足实际，根据各个区域的特点，编制合理的长期产业发展规划，并以此为依据，做好城乡建设用地的统一规划工作。城乡建设用地市场一体化要考量土地的供求平衡，城乡建设用地的流转不仅要确保工业化、城镇化对建设用地的巨大需求，也要最大限度地保护耕地。这就需要根据汉寿县长期产业发展规划进行统筹安排，尽可能使土地资源得到最有效的配置。

7. 推进城乡商品市场一体化

重视城乡市场的对接，在现有基础上进一步加快城乡商品流通体系建设，并鼓励优质企业整合农业资源，壮大商品市场经营主体的实力，促进城乡商品市场一体化建设。

（1）加强城乡市场对接，整合城乡各种商品市场的信息资源。建立覆盖城乡的商品信息网络系统，提高信息的利用率，以信息促流通。在汉寿县现有农村经济信息网络的基础上，整合城乡各种信息资源，构建集中统一的信息网络平台，通过健全信息制度，逐步实现信息整理、分析、发布的制度化和标准化。加强政府对商贸中介市场的培育和监管，规范中介市场的信息发布行为，提高信息的有效性，保证信息真实、顺畅地传播。

（2）加快城乡流通体系现代化建设步伐。重点是建设贯通城乡的农产品流通体系。加快建设一批设施先进、功能完善、交易规范的鲜活农产品二级批发市场，形成以物流中心为核心，以二级批发市场为辐射点，以集贸市场、连锁超市、便利店、单体零售经营门店为基础，布局合理、辐射力强的城乡农产品流通体系。大力培育和发展物流配送、便民超市等新型流通业态，推进零售业城乡连锁化，鼓励大中型商贸流通企业到农村发展综合性服务网点，建设和改造农资农家店，引导和鼓励农民发展各类农产品流通合作组织、协会，发展运销大户和农民经纪人队伍。

（3）鼓励优质企业运用市场力量整合农业生产经营资源。汉寿县应该建立高效、综合的农业管理体制，将管理农产品流通市场以及农村各要素市场的有关部门加以协调和统一。并且，通过产业政策积极培育一批主业突出、具有市场竞争力的龙头企业，鼓励具有竞争优势的龙头企业通过参股、控股、承包、兼并、收购、托管和特许经营等方式，实现规模扩张，做大做强，通过产业链的延伸和拓展，对汉寿县城乡商品市场流通规模的扩大起到带动作用。

（4）加快城乡物流体系建设。加快城乡货运场站设施建设，扩大农村货运场站的覆盖密度，加大力度扶持小城镇配送中心和分销中心、乡镇农村物流配送站、中心城市物流园区建设，逐步完善城乡物流场站功能。培育城乡物流经营主体。一是在农村内部培育新型农村物流主体，扶持农副产品批发市场中的大批发商、仓储经营户等改造提升为物流公司，鼓励商贸系统、邮政系统、供销系统成立农村物流公司。二是在城镇培育更多面向农村的物流公司，鼓励现有城镇商贸企业、物流企业、农业生产资料和日用工业品生产经营企业，深入农村开展现代物流和配送业务。三是政府部门通过政策引导，对现有的农村运输、仓储、农产品加工、商贸流通等企业进行资源整合，鼓励竞争、兼并和强强联合，培育形成农村物流龙头企业。

8. 推进城乡社会保障一体化

社会保障体系建设是实现社会财富二次分配，确保经济平稳运行、社会安定和谐的重要因素，建设城乡统一的社会保障体系是项复杂而艰巨的系统工程，需要在摸索中不断创新改革。

（1）整合城乡社会保障制度。探索城乡一体化的医疗保险制度，提高新型农村合作医疗的筹资水平和统筹层次，逐步提高政府补助水平；完善城乡医疗救助制度，为困难人群参保及其难以负担的医疗费用提供补助；建立新型农村合作医疗制度、城乡医疗救助制度与城镇职工基本医疗保险制度、城镇居民基本医疗保险制度之间的衔接机制，逐步实现城乡居民医疗保险制度框架的基本统一。创造条件探索城乡养老保险制度有效衔接的办法，采取多种途径，妥善解决被征地农民的生活就业、社会保障问题。积极探索建立农民工社会保障制度，扩大农民工工伤、医疗、养老保险覆盖面。

（2）推进户籍制度改革。城乡二元的户籍制度是造成城乡分割的制度根源。要按照中央新一轮改革要求，加快推进汉寿县户籍制度改革，建立居住证制度，消除城乡居民的身份差别，加快规范与户籍相关的社会保障等关联性政策，消除依附在二元户籍制度上的城乡差别和政策限制。在此基础上优化公共服务投入结构，加快推进社会保障城乡一体覆盖。

（3）拓展多元化的融资渠道。资金保障是实现城乡社会保障一体化的关键，因此，要拓展多元化的融资渠道。一是发挥政府资金投入的主体作用，提高政府财政预算支付中社会保障资金支付的比例，促进城乡一体化社会保障资金的稳定投入，同时鼓励企业、居民和其他组织参与社会保障资金筹集工作。二是构建社会保障风险基金。每年定期从政府收缴的相关受益中提取一定比例的资金，作为社会保障风险准备金，形成资金的储备路径，同时探索社会保障风险基金发展模式，实现基金的保值和增值。三是通过政府扶贫行动、转移支付等方式，实现贫困地区最低生活保障，加大农村地区经济社会保障力度，促进社会保障的城乡公平发展。

（4）增强社会保障参与意识。社会保障参与意识低是阻碍城乡社会保障一体化的重要主观因素，因此，必须提升全民的社会保障参与意识。一是将社会保障参与率纳入政府行政工作的绩效考核体系，强化政府对社会保障的执行和监督意识。二是鼓励企业提高员工社会保障的参与率，对于员工社会保障参与率高的企业要进行表彰，对损害员工合法权益的企业要进行严惩，确保企业职工社会保障合法权益的实现。三是加强社会保障参与意识的宣传，提升个人维护自我合法权益的意识，吸引居民关心社会保障、参与社会保障。四是对农民工、失地农民等城镇化过程中形成的特殊群体，政府应加大社会保障的援助和扶持力度，维护其权益，促进城乡社会保障公平、公正、可持续发展。

专题报告

Theme Reports

B.7

资兴市推进城乡一体化实践的经验与启示

摘　要：本报告分析了资兴市近年来着力“三大改革”激发城乡发展一体化动力、着力特色经济推进城乡产业融合、着力改善民生加快完善公共服务与社会管理体系、着力环境整治推进美丽乡村建设的基本做法与经验，总结了资兴市以推进城乡一体化为战略抓手，在推进经济三量齐升、产业结构优化、农村产权改革、全面小康社会建设、环东江湖生态环境改善等方面取得的突出成效，以此为基础，揭示了资兴市城乡一体化实践的启示：城乡一体化是深化改革和转型发展的总抓手；城乡一体化需要立足于区域产业融合发展；城乡一体化需要以深化农村改革为核心动力；城乡一体化需要突出以“两型”发展为导向。

关键词：资兴市　城乡一体化　三大改革

资兴市作为湖南重要的生态功能区、湘南地区最重要的次中心城市，具备推进城乡一体化的优势条件。2013 年，湖南省社会科学院调研组在对资兴市进行深入调研的基础上形成了《资兴市城乡一体化规划研究》，得到杜家毫省长的肯定性批示："拟可将资兴市作为全省推进新型城镇化、城乡一体化的试点，赞成调研中的一个着眼点和三项改革。"资兴市以此为契机，贯彻落实杜家毫省长指示精神，推进改革创新，探索城乡一体化的新路径，取得了新的成效。调研组对资兴市城乡一体化进展情况进行了跟踪调研，并总结其相关经验与启示如下。

一 资兴市推进城乡一体化的基本做法

资兴把推进城乡一体化作为破解城乡二元体制瓶颈的系统工程、全面建成小康社会的战略工程、促进社会和谐的民心工程来抓，以有序推进农村产权制度改革、城乡户籍制度改革、生态资源权利置换改革三大改革为动力，以实现城乡规划建设、产业发展、生态环境、公共服务、创业就业、社会管理六个一体化为主要任务，大力实施"十镇百村"工程，计划用 3 年时间着重把 10 个乡镇、100 个村打造成城乡一体化示范点和示范带，以此带动全市 20 个乡镇街道、260 个行政村统筹协调发展，初步形成城乡一体化的发展新格局。

1. 着力三大改革，激发城乡一体化动力

2013 年以来，资兴市积极探索农村产权制度改革、城乡户籍制度改革、生态资源权利置换改革三大改革，制订了总方案和 7 个试点方案，迈出城乡一体化改革的新步伐。一是明晰产权，稳定农村土地承包关系。以兰市乡为试点，积极推进农村"四权"确权登记颁证工作；以东坪乡为试点，推进农村集体产权股份合作制改革，将集体资产和山林股份量化到户，变集体资源为股民资本；以东江街道为试点，推进土地流转创新，因地制宜地组建了 7 个土地股份合作社，并探索"以信托公司为中介促进土地流转"的新经验。二是创新农村产权抵押贷款融资，促进资源变资本。分类制定了林权、

宅基地、土地承包经营权抵押贷款办法及操作细则，建立农村产权综合信息平台、农村产权评估中心、农村产权抵押担保中心、农村产权交易中心，农民按照“协商—评估—签订合同—办理登记—银行发放贷款—还款后注销”6个程序实现抵押贷款。三是推进城乡户籍制度和生态资源权利置换改革，加快农业转移人口市民化。在七里镇湘源村和唐洞街道田心社区推行生态移民和户籍改革综合试点，根据群众意愿，整合扶持政策，引导生态保护区和条件恶劣区的农民既可以将生态资源用益权、宅基地置换成城镇居住资源、社会保障与公共服务、就业岗位，成为真正的市民，也可以在转为城镇居民后，保留农村权益，共享城镇待遇。

2. 着力特色经济，推进城乡产业融合

面对大部分区域被限定为禁止开发区的情况，资兴市以优化产业结构、推动产业重组为核心，突出发展园区经济、旅游经济与特色农业经济三大板块，统筹城乡产业发展。一是以园区为平台推进工业转型升级。实施“园区兴工、特色兴园”战略，大力发展战略性新兴产业，确立82个重点项目，带动投资300亿元，打造食品加工、新能源、金属材料、机械制造、电子信息等具有核心竞争力的产业链，形成了罗围食品工业园、江北工业园、东江加工贸易园、资五科技产业园等“一区四园”的专业化发展格局，以产业集聚加快技术升级、产业链向上下游延伸和产业间的协调互动。二是突出发展全域旅游、复合型旅游。立足生态优势，以东江湖成为国家5A级旅游景区为契机，实施“旅游百亿投资计划”，“点、线、面”结合推动“区域旅游”向“全域旅游”转变；立足旅游活动、文化节庆、文艺创作、发展休闲农业和建设旅游名镇名村等，着力打造“休闲度假、文化旅游、生态旅游、养生旅游、乡村特色旅游”五大旅游品牌，推动“单一型旅游”向“复合型旅游”拓展，并以此带动现代物流、金融、信息等服务业的快速发展。三是打造以现代庄园为重点的多功能特色农业。依托东江湖优质山水资源和便利的区位交通优势，突出一村一品，采取以奖代补的办法发展地方特色产业，按照有主体、有基地、有品牌、有展示、有文化、有加工的“六有”标准，重点扶持打造现代农庄或庄园经济，形成“两片三线十庄园”的现代庄园经济布局，推动农业规模化、产业化、特色化。

3. 着力改善民生，加快完善公共服务与社会管理体系

资兴市在推进城乡一体化过程中始终将民生放在重要位置，完善教育、医疗、社会保障等公共服务体系，构建和谐社会，突出抓了以下重点工作：一是大力抓就业创业培训。大力推进“一户一产业工人”培养工程，以农户需求与市场需求为导向，为每个就业创业的家庭免费培养一名产业技术工人或致富能手，构筑城乡创业就业的政策扶持、创业培训、就业服务三大平台，统筹解决城乡劳动力就业问题。二是优先抓农村教育事业。不断加大农村基础教育投入力度，加快义务教育合格学校创建，推进师资配置向农村倾斜；实施普通高中教育免费政策，成为湖南省第二个实施高中免费的县市。三是突出抓基层医疗卫生服务。推进医疗卫生改革，组建了市医疗集团，建立完善“医生联村”“分片集中”“乡村一体化”等公共卫生服务模式，国家基本药物制度范围覆盖到村卫生室，被确定为郴州唯一的乡村医生签约服务试点县市。四是统筹抓社会保障一体化。推进城乡基本养老保险、基本医疗保险全覆盖，不断提高城乡低保等保障标准，推行城乡无差异化养老，同步推进农村危房改造、棚户区改造、保障性住房建设，大力开展对口资助贫困家庭学生等社会救助活动。五是持续抓“法治资兴”建设。以法治建设加强和创新社会治理，强化基层、行业、地方“三大治理”，在全省率先推行“一村（社区）一法律顾问”制度，全面推进“和美村庄”建设。

4. 着力环境整治，推进美丽乡村建设

资兴在推进城乡一体化过程中始终注重改善农村人居环境，以“一湖两线”沿线乡村和“十镇百村”为重点，努力打造美丽宜居生态新农村。一是严格规范农村建房。在完成全部乡镇（街道）总体规划和行政村村庄规划编制基础上，编印《资兴市农村村民建房图集》并发放到村、组、户，下放农村建房审批等权限至乡镇，推行“六有”（有规划覆盖、有审批程序、有标准图集、有绿化美化、有检查验收、有奖惩措施）、“三禁止”（禁止未批建房、禁止占用基本农田建房、禁止建新房不拆旧房）、“四到场”

（批前选址到场、批后放样定位到场、开工砌基到场、竣工验收到场）、“一承诺”（异地新建住宅的，实行建新拆旧承诺制），鼓励集中连片建房，推进“空心村”整治，改变农村面貌。二是大力实施改善农村环境的“十化”工程。统筹安排以奖代投资金，引导社会投资、村民自筹资金和义务投工投劳，结合农村规范建房与产业发展，大力实施“村庄洁净化、建房规范化、墙面图美化、沟渠路硬化、禽畜圈养化、乡村点亮化、村‘四旁’绿化（村旁、宅旁、水旁、路旁）、产业标准化、管理制度化、服务信息化”的“十化”工程，通过分步骤、分阶段有序推进大力打造美丽乡村。三是全面推进生态保护。全面推进国家良好湖泊生态环境保护、亚行贷款东江湖保护与综合利用、环东江湖农村环境连片整治、东坪等五大矿区重金属污染治理等重大项目建设，实施严格的限伐、限采、限渔、限牧措施，大力发展循环经济，启动库区移民“双转移”工程，推进森林抚育，完善地质灾害监测与预警预报系统。

二　资兴市推进城乡一体化的主要成效

资兴市推进城乡一体化取得了可喜的成效，2013年以来，获批国家新型城镇化综合试点县市、首批国家循环经济示范县市、全球网民推选的“最中国生态城市”；东江湖被纳入国家重点流域和水资源生态补偿试点，入选国家湖泊生态环境保护重点支持湖泊；东江湖成功创建国家首批生态旅游示范区，获得全国社会治安综合治理最高奖项——“长安杯”，实现了经济社会持续、健康、快速发展。

1. 经济三量齐升，综合实力稳居全省前列

综合经济实力进入全省五强。2013年，资兴市完成GDP 247.4亿元，按可比价格计算，比上年增长11.6%，增幅分别高出湖南省和全国1.5个、3.9个百分点；财政总收入达28.53亿元，同比增长22.3%，增幅分别高出湖南省和全国9.7个、10.2个百分点。2014年1～9月实现GDP 188.98亿元，同比增长达到11.0%，人均GDP排在全省、全国前列。2013年，资兴市人均GDP

为72107元，分别比湖南省、全国人均水平高出96.1%、72.5%；人均财政收入排在全省前列。2013年，资兴市人均财政收入为8315元，分别比郴州市、湖南省人均水平高出80.3%、68.9%。城乡居民收入差距不断缩小，2013年城乡居民收入比为1.74∶1，而同期湖南省为2.8∶1，全国为3.03∶1。

2. 产业结构不断优化，城乡产业发展亮点纷呈

工业转型加快，园区集群效应显现。2014年1～9月，园区规模工业增加值占全市规模工业的比重达到67.4%，同比提高5.8个百分点；战略性新兴产业实现增加值42.18亿元，同比增长14.9%，占规模工业增加值的比重为27.7%；园区高新技术产品产值占到规模工业总产值的一半，基本形成具有核心竞争力的产业链。生态资源禀赋优势得到发挥，旅游产业快速崛起。2013年，全市接待旅游人数505.9万人次，比上年增长29.9%，实现旅游总收入32.45亿元，增长34.5%；2014年1～9月，全市接待旅游人数528.33万人次，实现旅游总收入34.35亿元，已经超过2013年全年。现代农业快速发展，庄园经济支撑效应增强。农业产业结构和布局调整加快，新型农业经营主体涌现，农业产业链式发展格局初显。2013年，农业龙头企业实现销售收入29.72亿元，比上年增长17.3%；目前，全市已发展休闲农业庄园104家，实现经营收入1.1亿元，同比增长30%，农民专业合作社达到264家。

3. 农村产权改革试点进展顺利，承包经营权流转多元化推进

土地确权全面启动。已经完成1.43万亩农村土地承包经营权、5444宗农村宅基地、2000宗房屋产权的确权登记公示工作；解决了6.4万亩林地权属中存在的历史遗留问题。农村产权抵押贷款在实践中探索，坚持“产业扶持为方向”，鼓励新型农业经营主体以农村产权为抵押向金融部门申请贷款，已实现抵押贷款成功案例20宗，融资金额达到800多万元。土地承包经营权流转形式多样。“兴农公司”“香农大地信托公司”等土地信托公司相继挂牌成立，已分别流转土地1100亩、3000亩；龙泉、文昌等村组建的土地股份合作社，发展社员2600多人，吸引6家企业投资，流转土地4000余亩。至2013年底，资兴市仅耕地流转面积就达到3.62万亩，为现代农业发展与农民增收注入了新的活力。

4. 全面小康基本建成，民生保障水平明显提升

全面小康实现程度名列同类县市首位。2013 年资兴市全面小康实现程度在全省二类县市中名列第一，目前资兴市全面小康监测的 33 项具体指标中，实现程度已达到 100% 的指标有 24 项，比 2013 年再增加 4 项，其他指标离目标值均已接近，预计 2016 年可达到全面小康标准。新型城镇化水平明显提升，农村剩余劳动力转移有序推进，城乡创业就业体系不断完善，城镇人口聚集程度明显提升。2013 年，城镇化率达到 60.3%，分别超出湖南省、郴州市平均水平 12.3 个、13.3 个百分点。农村公共服务体系不断完善，农村教育、卫生医疗、文化事业不断进步，进城务工人员随迁子女、留守儿童、家庭经济困难学生的受教育权利得到保障，养老、失业、医疗、工伤、生育等保险覆盖面进一步扩大。2014 年 1 ~ 9 月，全市“民生 100 工程”110 个小项指标中，有 103 项已经达到序时进度或完成了全年目标任务。贫困人口脱贫步伐加快。创新扶贫机制，启动了基础设施建设、改水、产业开发、科技培训等 15 个项目，使 1860 余户农民家庭受益，增加收入 268 万元。

5. 环东江湖生态环境全面改善，农村人居环境建设全域覆盖

环湖污染得到有效治理。工业污染、生活污染、农业面源污染、旅游及船舶污染等主要污染物排放总量明显减少，东江湖水质得到有效改善。2013 年，全市单位规模工业增加值能耗比上年下降 10.34%，地表水监测断面功能区达标率为 100%，森林覆盖率达到 71.11%。基础设施加快向农村延伸，启动城乡公交一体化工程，开通市区至乡镇的多条城乡公交线路。目前，全市农村公路达到 1551.864 公里，实现了 100% 的乡镇和 99.3% 的行政村通公路，农村水、电、通信等基础条件明显改善。美丽乡镇、美丽乡村不断涌现。全市共有 3 个乡镇获得“国家级生态乡镇”称号，19 个乡镇获得“省级生态乡镇”称号，资兴市和东江街道星红村申报为全省美丽乡镇建设先进市和小康美丽新村，黄草、汤溪、兴宁等一批特色乡镇吸引越来越多人的目光。

三　资兴市推进城乡一体化的几点启示

资兴市以三大改革为动力、以六个一体化建设为主要任务、以“十镇百村”示范工程为重点推进城乡一体化的做法，具有典型的示范作用，为全省城乡一体化提供了诸多的启示。

1. 城乡一体化是深化改革和转型发展的总抓手

我国经济已经进入新常态，解决经济结构、分配结构、投资结构失衡等一系列内部失衡问题，避免“中等收入陷阱”，关键是改革破除城乡二元体制机制，统筹推进城乡一体化，建立城乡统一的市场体系，优化城乡资源要素配置，降低劳动力流动成本，促进产业结构转型升级，实现城乡良性互动、协调发展，以释放城乡巨大的市场需求潜力，为经济发展方式从规模速度型粗放增长转向质量效率型集约增长寻找突破口。资兴市在深化改革和转型发展中因地制宜地推进城乡一体化，实现了经济持续健康发展和社会和谐稳定，加快了全面小康进程，为湖南省探索了一条县域转型发展的有效路径。

2. 城乡一体化需要立足于区域产业融合发展

城乡产业之间分割对立、关联性不强，是城乡二元经济制度的典型特征，是制约经济社会可持续发展的关键因素。推进城乡一体化需要以区域产业融合为基础，统筹推进城乡经济转型。资兴市在产业发展上注重以园区经济促进产业链条相互联结，带动生产生活服务业的发展，并为旅游经济提供市场；以旅游经济为新的增长点，既发挥生态优势，又链接现代服务业与现代农业；以农业庄园经济、特色农业对接旅游经济，并形成与新兴工业产业的互相支撑，延长农业产业链，以此走出了一条城乡互补、产业联系紧密、资源深度整合、区域特色明显的城乡产业一体化发展道路。

3. 城乡一体化需要以深化农村改革为核心动力

受长期以来城乡二元体制的影响，县域农村劳动力、资本和土地等关键性要素市场十分匮乏，制约了人、财、物、信息等要素在工农之间、城乡之间的正常循环，导致城乡发展不协调、不平衡。资兴市以深化农村改革破局，积极探索农村产权制度改革、城乡户籍制度改革、生态资源权利置换改革三大改革，致力于发挥市场在资源配置中的决定性作用，激发了土地要素的财富效应，促进农民资产资本化，保障了农民的权益，拓展了农民增收的渠道和空间，加快了新型城镇化的进程，为推进经济转型、形成新的竞争优势找到了新的动力。

4. 城乡一体化需要突出以“两型”发展为导向

今天的城乡发展不能再依赖高资源和能源消耗的发展模式，而应该坚持以人为本，加快转型为以“两型”发展为导向的新的发展模式，实现城乡经济、社会、生态协调发展。资兴市统筹安排城乡产业、公共服务设施，规范农村建房，推进城乡空间资源的集约与节约利用；重视产业集聚，推进节能减排，发展循环经济，着力构建“两型”产业体系；推进城乡生态共建、环境同治，着力改善城乡生态质量和居民生活环境，构建了符合“两型”要求的城乡统筹发展的新型城乡关系，正在打造一个生态宜居的新资兴。

B.8

资兴市农民专业合作社调查报告

摘　要：本报告从农业生产要素结构变化与生产组织的演变根源入手，以众兰香蔬菜专业合作社为例，分析了资兴市农民专业合作社的资源禀赋与规模经济的契约形式、土地确权、土地流转，专用性投资的规模种植、专业化分工、市场拓展与融资等问题，认为资兴市众兰香蔬菜专业合作社是市场需求引致而形成的经济组织，是基于企业家行为的诱致性制度创新，并提出促进资兴市农民专业合作社健康发展需要推进新型城镇化与新型工业化、降低农地产权流转的交易成本、发展股份合作社、探索以股份合作形式流转土地的途径、完善金融服务体系等建议。

关键词：资兴市　农民专业合作社　众兰香蔬菜专业合作社

农业经济组织是确保农业发展的微观基础。随着中国经济越过刘易斯转折点，中国农村的小农户经济正在发生嬗变，家庭农场、专业合作社、农业股份公司等新型农业组织越来越多，逐步取代小农户成为农村经济发展的主要力量。农业生产组织方式的转变，是转变农业发展方式的基础，而农业发展方式转变的逻辑起点源于要素禀赋的变化。随着劳动力价格的提高，资本对劳动的替代需要新的生产组织形式，从而导致农业经济组织演变与创新。

资兴市的传统农业资源禀赋并不丰裕，随着农村劳动力不断转移到非农产业，土地、劳动力之间的结构发生较大的变化。资兴市共有农业户数

8.03 万户，农业人口 25.1 万人，耕地总面积 22.61 万亩，人均耕地面积 0.9 亩。至 2013 年底，资兴市实现农村集体土地流转面积 84466 亩，为耕地总面积的 37.36%；完成确权登记 211814 亩，占总耕地面积的 93.68%；流转方式主要以出租（65%）、转包（28%）和互换、股份合作为主；土地流转租金在 100～400 元/亩·年；流入主体主要为专业合作社、家庭农场以及农业公司等。土地流转改变了农业生产的组织形式，家庭农场、专业合作社以及农业公司等经济组织逐步取代小农户，成为农业生产的主要组织形式。

资兴市现有符合家庭农场标准的种养大户 504 户，其中从事种植业 292 户、养殖业 202 户、种养结合的 10 户，经营面积达到 27600 亩，从事种植业的家庭农场的耕地面积约为小农户种植面积的 23 倍。随着农户种植范围的扩大，农产品的商品率进一步上升，规模种植户与家庭农场对生产服务与销售服务的需求增加。因此，近年来围绕东江果、茶叶、粮油、蔬菜、肉牛、生猪、竹木等优势产业和农机、农技、物流等服务行业，逐步组建了 178 家合作社，这种新的经济组织，将不同要素所有者通过合约的形式结合为新的利益共同体。

一　农业生产要素结构变化与生产组织的演变根源

工业化与城镇化对农业的影响在于改变了农业生产的要素结构，从而改变了农业组织内生的演变成本。如何组织农业生产？或者农业经济组织形式是由哪些因素决定的？传统的小农户为什么会被家庭农场、农业合作社、农业公司等经济组织所取代？这是理解农业经济组织演变的根本问题。农业生产组织是生产要素所有者基于各自利益最大化理性选择的结果。在劳动力资源非常充裕的刘易斯转折点之前，农业生产过程中劳动力的边际成本为零，而资本与土地则是比较稀缺的资源要素。在很长的一段时间中，我国农村经济呈现为劳动力密集型经济，生产过程中尽可能地实施劳动力对资本与土地等要素的替代，从而出现了精耕细作的农业技术，出现了小农户等这样的经济组织，以此确保土地产出率与资本贡献率的提高。但是，一旦资本与土地相对于劳动力变得更为丰富时，特定的相对要素价格将会诱导出使用更多资本和节省劳动力的技术变迁。这种有偏向的技术变迁源于追求利润的农民企业家行为，他们用相对丰富也就是相对便宜的资源替代更稀缺、更昂贵的资源以组织生产，试图降低农业的生产成本，提高农业的经济效率。

自 20 世纪末始，资兴市兰市乡农村劳动力汇入了我国工业化与城镇化拉动的“民工潮”，农村的劳动力资源禀赋日渐稀缺。精耕细作的传统耕作方式慢慢被农户所抛弃，双季稻、油菜与水稻轮种等对耕地高效利用的生产组织形式慢慢消失了。在现有的水稻耕作中，普遍地出现了“双改单”的耕作方式。兰市乡共计耕地面积 19704 亩，2013 年的粮食种植面积为 8827 亩，其中水稻 6113 亩、豆类 259 亩、薯类 2455 亩，而水稻全部为一季中稻。在调研中发现，兰市水稻种植的历史比较悠久，10 年前的双季稻种植还比较普遍，其复种指数在 180% 以上。但是近 10 年来，农户基于成本收益比较之后发现，双季稻种植比单季稻种植更不划算。从成本收益的角度来看，粮食种植是小农户觉得最无利可图的一个行业。据调查分析，种植一亩单季稻的年收入约为 400 元，加上 200 元左右的农业补贴，其收入约为 600 元，对于耕地面积约为 4 亩的兰市农户而言，其收入约为 2400 元，还没有一个非农劳动力在工地与城市一个月的工资多。如果种植双季稻，那就更无利可图了，随着劳动力成本上升，双抢时的劳动力雇请或者换工都比较困难，交易成本很高，没有 100 元一天请不到人。但是一亩水稻田两季下来也就 2000 斤粮食，扣除人工、农药、种子、化肥等成本，一亩地约为 600 元的收入，加上 200 元左右的农业补贴，收入约为 800 元，一家拥有 4 亩水田的农户辛苦一年下来的收入也就 3200 元钱。很显然，兰市乡农户耕种水田、种植水稻的目的不是出售赚钱，而是自给自足。在调查中，许多农户承认，种一季水稻的目的除了自给自足之外，还有就是保留农户的土地承包权，获得国家的粮食补贴。

兰市乡农户家庭的主要收入来源是其成员外出打工所获取的工资收入。据《资兴市统计年鉴 2014》的相关数据统计可知，2013 年兰市乡人口总数为7122人，其中男性为3817人、女性为3305人；常住人口为5233人，其中男性为2659人、女性为2574人。从统计数据来看，2013年兰市乡共有1889人外出打工，占总人数的26.5%，这个数据没有包括短期外出与离土不离乡的劳动力。据兰市乡鸭公垅村一位农民介绍，该村2013年出外打工的人可能占总人口的50%以上，他们组里20～55岁的男性劳动力基本都外出打工，年青的女性劳动力在家的也不到20%。劳动力外出的直接结果是农业生产要素的禀赋结构发生了变化，一个最明显的变化是劳动力的边际生产成本上升，资本替代劳动力的技术创新开始涌现。2010～2014年的4年时间内，农业劳动力的非农市场价格增长了30%以上，农忙时请工的价格上升得更快，竟然达到50%以上，且传统的牛耕、手工插秧、镰刀收割等方式已经消失。农业生产中，农业机械化、化肥、良种等资本对劳动力的替代直接增加了农业种植的成本，导致农业成本—收益比值上升。如果将农民的劳动力按照市场价格计入劳动成本，从事农业经营活动则是亏损的。

随着农户的主要劳动力外出打工，许多农户的农业生产功能退化，农户逐步成为一个消费单位。因此，在既有的约束条件下，农户的理性选择表现为土地的粗放型经营，推到极致则是弃耕，使土地抛荒。一般来说，小农户在细碎化的耕地上种植，可以做到精耕细作，提高土地生产效率，这是与人多地少、耕地资源极度稀缺的资源禀赋相适应的经济生产方式；此外，细碎化的地块分割有利于社区内部财产分割的公平，从而降低集体土地承包权配置过程中的制度协调成本。兰市乡的土地细碎化与湘南、衡邵走廊等湖南其他地区相似，户均7～10块，每块面积在0.45亩左右。但是，随着农户生产功能的逐步退化，农户的农业生产需要聘请人手，否则，只有1～2个劳动力的家庭从事种植业是难以为继的。可见，细碎化的土地在新的条件下不但增加了农业的生产成本，而且增加了管理成本。原来的制度优势在条件转变之后，俨然成为了组织劣势。作为农业生产的基本单位，一直以来被看作使用、积累生产活动所需特定知识的有效手段，但是一旦农户的生产功能退化而只剩下消费功能的时候，农户则不能将千百年来累积起来的知识通过组织内化为生产要素，从而需要通过新的组织来组织生产要素。

二 契约形式选择：资源禀赋与规模经济

家庭联产承包责任制解决了长期以来阻碍我国农业发展的激励问题，却因为人多地少的基本国情，导致农户因为土地细碎化程度高而生产规模偏小，农户的市场化程度不高，农业产业链的各环节被不同的部门人为割裂，重新整合这些生产交易环节，成为农业组织创新的重要内容，也是农业摆脱弱质产业的关键。那么，现有的农业组织是否存在内生演变的基础？改变农业的弱质性，解决谁来种地的难题是依靠市场规律还是依靠政府行为？

早在2006年，兰市乡为了确保粮食生产、减少土地抛荒，乡村基层干部做了大量工作，试图通过行政力量，创新农业组织方式。例如，为了确保粮食生产，乡里设立了由主要党政领导任正副组长，各村支部书记、村委会主任为成员的粮食生产和粮食高产创建工作领导小组，实行了村组干部带头“代耕代种”的制度创新；灵活地运用财政政策，试图通过财政奖励来稳固这种制度安排，通过行政干预来激励“代耕代种”等创新组织。为了推广与稳定“代耕代种”以减少土地抛荒，兰市乡政府除了如实兑现各项惠农政策外，还实施了一系列新举措，如乡村干部联系村组粮食生产考核制度、乡村干部创先评优与粮食生产绩效挂钩的“一票否决”规定、种粮大户奖励制度，村组干部带头“代耕代种”的奖励制度，农户连续两年抛荒耕地依法收回等措施。此外，为了提高粮食产量，增加粮食收入，兰市乡政府加大了粮食新品种、新技术的推广应用力度，实施了“种三产四”等丰产工程，开展优质粮食高产创建活动；推广粮食生产规模化栽培、测土配方施肥、秸秆还田等技术；利用“新型农民培训”、科技下乡、印发技术资料、墙报等形式，加强粮食生产技术培训与宣传。兰市乡的这些新举措，在一定程度上调动了农户种粮的积极性，换来了村组干部带头“代耕代种”、耕地向大户和能手集中的局面。行政干预与财政补贴在一定程度上降低了土地抛荒面积，提高了粮食的种植面积，并为农业生产组织改革提供了一定的借鉴，为农业发展提供了一定的经验。在“代耕代种”的临时性制度安排中，出现了规模种植的生产组织，出现了耕田、抛秧、收割的专业化社会服务。

导致农业产业结构演变的首先是农民发现了新的市场机会，并将这种市场机会通过经济组织转变为企业家行为。兰市乡的农业主要包括了水稻、东江梨、杂交制种、狗脑贡茶、生猪养殖以及楠竹等产业，并形成了一定的规模。这些农业产业成为兰市乡主要产业是该乡农民历代知识累积的结果，是一种技术性知识传统。但是，随着交通条件的改善、市场需求的变化，兰市乡的资源禀赋是否具有更大的价值？例如，在农业污染与工业污染日益严重的情况下，兰市乡非污染水土所具有的价值则日益体现出来，兰市乡的青山绿水等优质环境资源的价值也将表现出来，这些资源有其生态价值，是否具有市场价值？要将兰市乡的生态资源价值变现，有许多的办法，其中之一就是将该处没有污染的环境资源整合到产品中，成为市场中可交易的商品，从而使之具有比较优势。在现有的农产品中，无论是东江梨、生猪养殖、狗脑贡茶，还是杂交制种，均不能够体现出其比较优势，因此，也就不可能从根本上解决兰市乡农民的增收问题，也就难以使农业成为该乡经济增长的内生源泉。

在承接珠三角产业转移的过程中，一些曾经在珠三角从事蔬菜种植的蔬菜公司将生产基地逐步转移到湖南等地，其中湘南是其重要的选择地点。郴州的空气污染程度、土壤污染程度均较低，气候总体而言比较适宜种植蔬菜，所以，近几年资兴市蔬菜的规模种植蔚然成风，其组织程度也逐步提高。例如，2013 年 3 月成立的湖南省资兴市永发蔬果农民专业合作社联合社，注册资金 1600 万元，社员 1200 户，生产培植 18000 亩种植基地，其中蔬菜基地 4500 亩。可见，资兴市已经形成了一个蔬菜种植的企业群体，蔬菜种植、管理与销售等相关知识，在业内基本上已经成为一种共性技术。如何才能形成蔬菜的核心竞争力呢？许多企业与从业人员刚从珠三角回到郴州创业的时候，基本上选择在郴州市郊区或者在县城郊区从事蔬菜种植，以降低蔬菜入市的交通成本。但是，随着郴州市路网逐步完善，城乡交通一体化逐步形成，在城市郊区种植的蔬菜品质远远比不上在山区种植的蔬菜。因此，许多具有企业家眼光的蔬菜经营者与种植者开始到山区选择蔬菜基地，从而为山区的耕地使用提供了新的选择。

2014 年 3 月 10 日，资兴市兰市乡农民黄永相流转了鸭公垅村新屋头组的 44 亩耕地，并于 4 月 3 日成立资兴市众兰香蔬菜专业合作社，公司的注册地点就在资兴市兰市乡鸭公垅村新屋头组，其经营主业为蔬菜。黄永相是本地人，对于兰市乡的气候、土壤、水文等了如指掌，非常熟悉当地农户有种植蔬菜的传统。因此，创业的时候，他选择了蔬菜。但是将一个自产自销的蔬菜做成一个市场产品，是一种企业家创新行为，这种创新行为不是黄永相一个人能够完成的。黄永相又聘请了有着丰富的大规模蔬菜种植经验的樊江南加入众兰香蔬菜专业合作社。在农村进行规模种植、土地流转的基础上，还必须协调与当地居民的关系，黄永相又在流转地寻找到李志奇这位合作伙伴，以更好地协调与当地居民的关系。

蔬菜种植规模存在一定的市场边界。一般而言，家庭农户种植蔬菜的目的是自我消费，到集市上销售的蔬菜为家庭剩余的产品，农户以此来调剂余缺，并不以满足市场需求为生产目的，也不以获取货币收益为其根本目的。在调查中发现，农户蔬菜种植的特点是量少、种类多、季节性强。而以满足市场需求为目的规模种植，需要一个比较大的市场来满足其生产能力。随着交通网络的完善，郴州市内的农产品交易成本大幅度下降，农产品交易的半径随着交易成本降低而扩大，这为农产品的规模化生产提供了市场。众兰香蔬菜专业合作社通过土地整理、专用性资产投资，整理成为一个约 50 亩菜地的现代化菜园子，每天可以采摘收获蔬菜 2500 斤，基本上可以装一个小卡车了，而这个小卡车到郴州的运输成本也就 400 元左右，每斤蔬菜摊上的成本为 0. 16 元，占蔬菜市价的 10% 左右。如果每天可采摘蔬菜只有 1000 斤，其运输成本则占蔬菜市价的 25%，将蔬菜销往郴州市区则明显偏高。由此可见，蔬菜的规模种植存在一个规模边界，这个规模边界与市场半径正相关。如果众兰香将蔬菜销往珠三角与长株潭，则需要更大规模的种植。

三 规模种植：土地确权、流转与专用性投资

1. 土地确权及其确权模式

在农村组织规模化的经济活动，生产要素的流动性是其必要条件，特别是土地资源要能够以较低的成本在不同的经济主体之间流动，而土地流转可能产生风险，存在不确定性。这些风险既可能存在于农村集体内部，也可能发生于村集体、村民与之打交道的外部；既可能发生于村集体成员之间，也可能存在于不同级别的政府、官员与老百姓之间；既可能由产权分配直接引发，也可能由价格间接诱致。由此可见，土地流转改革的大规模推进具有相当程度的复杂性。土地流转的目的是实现资源的优化配置，而在配置过程中存在不确定性，因此，在流转之处必须将土地交易双方的权利与责任边界界定清楚。而权利边界界定的过程则是确权的过程，这个过程还必须考虑农民对相关权利的认识情况。自 20 世纪 50 年代初给农民颁发了作为土改成果的土地证之后，在 60 年代有过小规模的所谓"四固定"，确定了农民与生产队所拥有的土地边界。此后，国家在长达半个多世纪的时间内没有提供普遍、连续的产权确认与颁证服务。在这半个多世纪中，中国农村社会的人口、劳力、家庭、土地和房屋的关系发生了巨大的变化，要在这个纷繁复杂的关系中理顺村民的土地、房屋的关系，建立一个能够被普遍接受、具有权威的法律表达的农村财产权利体系，是一件不容易的事情。而这个理顺村民土地、房屋关系的过程就是确权。

确权应该建立在农民对土地权属关系的认识之上，为了进一步了解农民对其所承包土地以及住宅地的权属认识情况，课题组对资兴市的黄草、白廊、蓼市以及兰市等乡镇进行了问卷与入户调查。调查中涉及地权认识的问题归纳如下。

（1）农民认为的土地归属所有。调查表明，有 1/3 左右的受访者认为承包地是国家的，有 1/3 左右的受访者认为承包地是自己的，特别是关于住宅地，80% 以上的受访者认为是私有地，只有 1/4 左右的受访者能够清楚地

表明土地承包地的所有者是村集体。由此可见，资兴市农民对土地权属的认识并不清晰，存在一定的模糊性。

（2）对“集体”的边界认识模糊。调查问卷中“集体指的是谁”的答案比较混乱，有的认为是“乡镇”，有的认为是“村委会（大队）”，有的认为是“村民小组”，还有的选择了不清楚。事实上，根据《土地管理法》规定，依据不同情况乡镇、村委会、村民小组都可以成为集体所有土地的经营管理主体。而在入户调查过程中，发现没有一个受访者能够说出具体情况，将《土地管理法》中的内容清晰地表达出来，特别是村民小组这一权能明显被忽视了。由此可见，就是那些能够说出承包地归集体所有的受访者也并不清楚“集体”究竟是哪一个。

（3）农民对承包地面积掌握的情况基本不准确。在调查中发现，只有小部分的农民能够说出自己家承包地的数量，有半数的受访者对自己家的耕地面积能够说出个大概。甚至有超过30%的受访者说不清承包面积，出现了将荒地面积、林权证登记的面积与承包地面积混算的情况。

（4）已经发生过土地流转的农民对合约的认识与选择。在调查与问卷中，已经发生过土地流转的农户（包括代耕）共计有276户，约占样本总量的58.97%。在发生过土地流转的农户中，有28.26%的农户选择了口头约定（在入户访谈中得知，在此以前口头约定的合约选择数量要高得多），有50%的农户选择了非正式的书面合同，其形式往往就是一张纸条，有些连中介人都没有，这表明了农民对土地权利保护的意识薄弱。事实上，由农户之间的合约不清楚导致农户之间因为土地问题发生冲突的事件日益增加。

在调查中发现，导致资兴市农户土地承包权属意识不强与面积不清的主要原因有以下两个：一是第一轮土地承包登记时，资兴市一些乡镇根据土地的质量、位置和产量折算来确定一个名义上的面积，而资兴市由于丘陵山地高低不平丈量困难，土地质量差距非常大，因此面积折算在第一轮土地承包中时有出现。因为要规避农业税，一般肥田以1亩算1亩，而瘦田则以1亩以上折算为1亩，从而导致农户对其承包地的真实面积缺乏足够的认识。二是由于承包地权属关系模糊性的存在，农户与村集体往往选择“明知故犯”

的机会主义行为来获取相关利益。2006 年前，农民在尽可能的情况下瞒报土地面积以少交各种税费和各种提留、统筹等，而在国家实行粮食补贴直补政策之后，农民普遍提出了自家耕种面积测量有误，希望通过更改来扩大承包面积以获取更多的财政补贴。因此，农户与地方政府的不断协商博弈使得其对承包地真实数据的掌握越来越模糊，从而导致在县市层面不同部门的农田数据都不能统一。因此，确权对于土地流转以及土地资本化等市场行为而言就显得非常重要。

确权的实质是对在土地流转过程中存在的模糊边界予以清晰界定。2014 年，资兴市制定了《农村土地承包经营权确权登记颁证试点工作方案》，确定兰市乡为试点单位。确权是土地流转的前提。那么，如何对农户的资产特别是土地的承包权确权呢？以兰市乡为试点单位的资兴市土地确权步骤主要包括以下几项工作。

一是调查登记。在调查勘测过程中，发现许多农户实际的耕作面积比承包面积要多，其原因主要包括以下几个方面：①在二轮承包时，因为想减少村里承担的农业税，而普遍出现隐瞒实际土地面积的情况；②有些土地在二轮承包时，甚至在土地改革时就没有通过精确的丈量与记录，所以台账并不清楚；③有些农户承包之后，采用“刨地头”“削边接袖”等办法扩大面积；④还有些农户开垦了四荒地，增加了耕地面积；⑤土地平整工程中通过田埂、水沟等的节约增加的耕地面积。兰市乡在市相关部门的指导下，依据最新的土地变更调查成果，利用适宜的调查底图，采用解析法实测界址点坐标和计算宗地面积，开展土地权属调查，实地查清每一宗农村集体土地所有权、集体建设用地使用权、宅基地使用权的权属界线，将农村集体土地所有权确权到集体经济组织，集体建设用地使用权确权到单位或个人，宅基地使用权确权到户，并进行登记发证。使用勘丈法等方法已发证的宅基地、集体建设用地，在变更登记时，应采用解析法重新测量并计算宗地面积。

二是调处争议。通过多种途经，依法及时调处农村土地权属争议，为确权创造条件。承包地与住宅地边界争议一直是农村中引发矛盾的导火索，此外，机动地与四荒地在这次确权过程中，也表现得比较明显。二轮承包以来，有些村组的机动地增加了，有些减少了，减少的原因主要是用于农田公益事业基础设施建设、新增人口补地等；增加的机动地主要来源于原生产大队直接经营的农场、林场等，以前没有计入机动地，以及家庭承包五保户去世后所出现的土地。按照规定，机动地应该在村内公开发包，承包期不超过5年，但是，由于存在相关负责人的暗箱操作，该土地的争议一直很大。兰市乡为此建立了土地权属争议调处信息库，及时掌握集体土地所有权、集体建设用地使用权和宅基地使用权权属争议动态。经调查调处无效的争议土地，在调查表内注明争议的缘由、范围和面积，再办理土地登记手续，调解无效或未经市人民政府行政处理的争议土地不得进行登记。同时，在处理具有争议性的土地边界与土地关系时，“地方性知识”或者民间的传统习俗是一个很重要的非正式制度资源。

三是规范成果。农村集体土地所有权应确权到集体经济组织，集体建设用地使用权确权到单位或个人，宅基地使用权应确权到户；已经登记发证的宗地缺失资料以及不规范的，应尽快补正完善；已经登记的宗地测量精度不够的，及时进行补测；对于发现登记错误的，及时予以更正。参照《城镇地籍数据库标准》（TD/T1015－2007）等技术标准，积极推进农村集体土地登记数字化，完善地籍信息系统，将农村地籍调查成果上图入库，纳入规范化管理。

农村的土地关系一旦理顺之后，需要将信息通过权证予以记录并予以认可。在原有基础上，抓好农村土地承包经营权确权、登记、颁证查漏补缺工作。按照承包地面积和地块及四至界线准确率、登记簿登记准确率、合同签订率、信息录入电脑准确率、证书到户率“五个”100%，做一次全面对照检查。确权从表面来看就是理顺村民土地、房屋、林产等财产关系，实质上是一种赋权行为，是一个重要的制度创新。

通过上述系列工作，兰市乡共完成1.43万亩农村土地承包经营权确权登记工作，该项工作还包括了5444宗农村宅基地、2000宗房屋产权的确定，涉及农户2200户，并完成对这些材料信息的建库归档工作。同时，对兰市乡6.4万亩林地权属中存在的历史遗留问题，启动了林权纠错登记和纠纷调处，共纠错67宗，调处纠纷12起，涉及林地700多亩。兰市乡的土地确权，为其土地流转以及土地资产资本化奠定了基础。兰市乡的土地确权模式采取了与嘉禾县普满乡不同的模式。因为普满乡流转的耕地用于大规模烟草种植，同时在秋季种植水稻，“烟稻轮种”合约需要更为灵活的土地资源配置。所以，普满乡比较适宜“确权确股不确地”的模式。而兰市乡的耕地比较适宜种植蔬菜、水果以及培植兰花等，其耕种边界不需要经常调整，故比较适宜采用鱼鳞图形式的“确权确地”模式。由此可见，制度创新受其资源配置效率的制约。

2. 承包地流转

农村承包地的确权只是为土地流转提供制度基础，那么资兴的土地是如何流转的呢？在土地流转过程中，存在许多模式，例如土地互换、土地出租、土地入股以及土地股份合作等。在调查中发现，资兴市以前没有确权、不规范的土地流转存在诸多问题，主要体现在以下几个方面：①土地流转不规范，存在纠纷隐患。从调查情况看，农村土地流转绝大部分采取私下协商或口头协议的方式，仅凭双方的信誉进行流转，没有通过正规的流转程序和合同对流转双方的责任和义务进行约定，容易引发矛盾纠纷，农民没有土地流转纠纷仲裁和交易服务的真正平台。②综合服务能力低下。虽然乡镇建立了农村土地流转服务中心，但乡镇农经站主管土地流转相关业务人少事多，欠缺督促和指导。且政府重视不够，队伍不健全，人员不稳定，素质参差不齐；农村土地流转服务中心职能弱，工作经费欠缺，农村承包土地管理工作经费没有纳入财政预算；由于没有经费的支持，农经站与土地流转服务中心的指导工作难以深入开展，甚至有些乡镇的土地流转服务中心仅挂牌而一直没有实质性的业务开展。③存在耕地改变农业用途现象。由于农业效益比较低，部分农民爱惜和保护耕地的观念淡薄，片面追求短期经济利益，用于办厂房、开挖鱼塘、办休闲农庄、农家乐等旅游休闲农业，而忽视了对流转土地基本农田的保护，造成耕地毁坏，偏离了土地流转的正确方向。④缺乏鼓励流转的扶持政策。一方面，各级政府对规模种养大户、专业合作社、农业龙头企业在基础设施建设、税收优惠、资金投入等方面的扶持措施相对较少，也一定程度上影响了土地流转进程；另一方面，资兴市虽然先后出台了一些鼓励土地流转的政策文件，但各级政府因经费紧张等，难以兑现政策，影响了农户加快土地流转的积极性。

2014 年，资兴市将兰市乡的鸭公垅村、东江街道文昌村、龙泉村作为土地流转的试点村，主要采用“土地股份合作社”的方式。股份合作社是在不改变农民土地承包经营权的前提下，按照股份制与合作制的基本原则，农民把土地承包经营权转化为股权，委托合作社统一经营，按照股份从土地经营收益中获得一定比例的土地合作经营组织。相对于目前国内许多地方试点的土地信托模式，股份合作制要简单明了，容易为村民所接受。信托制的主要问题是合约比股份制要复杂，该模式搭建了一个以委托人、受托人和受益人为基本内容的三权分离的框架，是一个由委托人、受托人以及受益人三个要素形成的价值集合体。该价值集合体可以纵、横拓展，不仅可以导入银行信贷功能、农业保险功能，甚至还可以发展为子女信托、职业训练信托、知识产权信托、养老信托以及行政信托等。其功能较土地股份合作制要多，但基于其合约的复杂性与郴州市的实践经验，资兴市将土地股份合作模式作为试点模式，其运作模式参照嘉禾县石角塘村模式，也可以因地制宜地创新运作模式。

2014 年 4 月前为确权建制阶段，该阶段的主要任务是确权确股，成立土地股份合作社。第一步，在农户土地承包权确定的基础上，村委会对登记在册的入社农户、地块和承包经营权进行审核、确认，确认无误后组织入社农户与合作社签订《土地承包经营权委托经营协议书》，并建立土地流转信息库，在入社农户同意认可的情况下，可以直接根据承包土地数量进行确股。第二步，制订方案。在调查研究、摸清情况、听取意见、民主协商的基础上，拟定实施土地股份合作制试点实施方案，并予以公布、讨论、广泛征求意见。农民对于其土地加入合作社的权、责、利必须清楚，只有这样才能够与合作社缔结股权投资合约。方案在获得 2/3 的到会会员通过之后，经乡镇研究同意，上报市统筹办批准实施。第三步，按照批准的实施方案，对农户的承包地进行股权量化，落实股权设置，选举产生合作社社员代表。土地股份合作社召开首次社员代表大会，审议通过《土地股份合作社章程》，由社员代表大会选举产生理事会与监事会组成人员。通过“三会”选举产生理事长与监事长，颁发土地股份合作社《股权证》，成立兰市乡鸭公垅土地股份合作社。刚成立的兰市乡鸭公垅土地股份合作社将理事会、监事会成员选举及有关资料报市统筹办、市农经局以及兰市乡政府备案并到工商部门申请法人登记。

土地股份合作社组织起来之后，就是一个法人实体，以法人的利益最大化（主要是利润最大化）为其主要的追求目标。因此，如何组织合作社的土地资源在现有的约束条件下实现利润最大化成为农村土地股份合作社的主要任务，即在现有的条件下，如何使土地增值呢？兰市乡鸭公垅土地股份合作社将土地流转给资兴市众兰香蔬菜专业合作社，为众兰香蔬菜专业合作社的规模化生产提供了土地要素，成为众兰香蔬菜专业合作社组织规模化、集约化与现代化生产的基础，同时也提高了土地的利用效率，激发土地流转过程中的财富增值效应。事实上，土地股份合作社将其土地资源流转给具有专业生产能力的生产合作社或者农业企业，是对既成事实的一个法定继承。

3. 土地流转意愿与流转组织模式

如果农户不愿意将其承包地流转，而承包方因为专用性投资又必须将土地连片使用，即如何处理插花地问题，成为土地流转的关键。在城镇化、工业化的引导下，农民外出就业已经成为一种趋势，农户的类型演变决定了农民对于土地的态度。目前，兰市乡的农户可以分为纯农户与兼业农户。所谓兼业农户，指既从事农业生产又从事非农业活动而获得收入的农户。兼业农户的产生，是经济社会发展与农业生产特点共同作用的结果。农业技术进步使农业劳动力游离出来，农业的季节性造成劳动力的季节性剩余，农民发展生产、改善生活需要越来越多的资金，而农业本身难以满足需要，加上农业收入不稳定等，都推动农民到非农业部门就业。同时，非农业部门的发展也要求农业为其提供劳动力。然而，非农业就业往往并不稳定或不充分，农民利用工余假日、家庭辅助劳力即可经营农业，而且家居乡村可享受优美的生活环境等，使得农民眷恋土地，把土地和农业作为可靠的依托。目前，兼业已经成为大多数农户获取额外甚至主要收入的重要来源。课题组的问卷调查与入户调查综合统计结果显示，资兴市89%以上的农户在农忙之余均有兼业行为，完全以农业为其家庭收入来源的农户仅占样本总量的8.32%。在兼业类型中，外出打工的农户最多，超过60%；其次是家庭兼业经营第三产业，比例为17.67%；兼营第二产业的为11.33%。

不同类型的农户对土地的流转意愿不同。从农户的主要收入来源来看，以农业收入为主的称为第一种兼业农户（以下简称一兼农户），以非农业收入为主的称为第二种兼业农户（以下简称二兼农户）。一般来说，如果家庭非农收入小于其总收入的10%，则称之为纯农户，10%～50%的农户称之为一兼农户，超过50%的农户称之为二兼农户。调查发现在没有确权的情况下，几乎没有农户愿意无条件地将自己的承包地与住宅地放弃。通过土地确权之后，如果能够保持农户的土地承包权占有，土地流转可以带来收益，兼业农户80%以上同意土地流转，而纯农户希望流入的约占70%，希望流出的约占20%，希望维持现状不变的约不到10%。这个数据说明了资兴市具有务农意愿的农户比例较低。一兼农户中希望流入土地、扩大农业生产的农户占其户数的12.71%，高于二兼农户3.66个百分点，说明一兼农户比二兼农户成为家庭农场的可能性要大一些；而二兼农户中希望土地保持不变的比例大于一兼农户与纯农户，其原因是二兼农户中农业对其家庭收入的影响不大，其土地在二兼农户中的保险功能大于生产功能。因此，在土地流转过程中，二兼农户是土地流转的主要障碍。兰市乡鸭公垅村宋家湾组共有50亩水稻田，紧挨着众兰香蔬菜专业合作社蔬菜种植基地，而众兰香一直希望将该地块流转进来，但是，由于其中四户农户不同意流转，而蔬菜基地又不能存在插花地，因此，该地块的土地流转成为众兰香扩大生产规模的主要障碍。通过调查得知，这四户人家是典型的二兼农户，其家庭收入的主要来源是农业外收入，土地流转所带来的收入在其家庭资产中仅占7%～10%。而其在外务工以及经商存在加大的风险与不确定性，从而导致这四家农户采取土地不流动的策略，以应对未来的不确定性。

以土地股份合作社为中介实现农户土地承包权的流转，是资兴市兰市乡土地流转模式的主要组织方式。一般意义上的土地股份合作社运行机制包括以下内容：①入股方式包括稻田入股、水面入股、山地入股、旱土入股，然后按亩数计算其所占股份，每亩稻田为1股，其他土地按流转定价折算入股；也可以用货币出资；还可以其他实物、知识产权等能够用货币估价并可以依法转让的非货币财产作价出资。②实行一人（户）一票制，成员享有均等的表决权、选举权和被选举权；设立合作社成员大会、理事会、监事会，成员大会是最高权力机构，理事会为合作社的执行机构，职位任期为3年，定期进行换届选举。③实行独立核算，严格按财政部制定的农民专业合作社财务会计制度进行核算，按月向主管部门报表，并依据成员名册，为每个成员设立个人财产账户，记载成员股金和折股量化为成员名下的个人财产份额。④提交土地承包经营权入股申请书，以土地承包经营权量化为货币作为成员出资，自愿填写申请书入社；合作社可以采取出租经营等方式，将入股土地出租给农业企业、种养大户或其他经济组织从事农业生产经营。⑤入股农户可以获得土地租金和分红，或到引入项目上工作获务工收入；当年盈余中的2%提取为公积金，用于扩大再生产、弥补亏损或者转为成员出资。但是，以兰市乡为代表的土地流转模式，并没有将土地直接折股参与合作社，而是将土地承包权入股土地合作社，由土地合作社对承包者发包，并签订用地合约。土地股份合作社成为农业生产的土地提供商，其主要功能就是选择有利可图的投资项目以及选择具有企业家才能的投资者。该模式与土地信托模式的区别在于社员在土地资源配置与管理过程中的作用。前者更注重职业投资者的眼光，而后者更强调地方知识与农户的传统权利在投资中的作用。

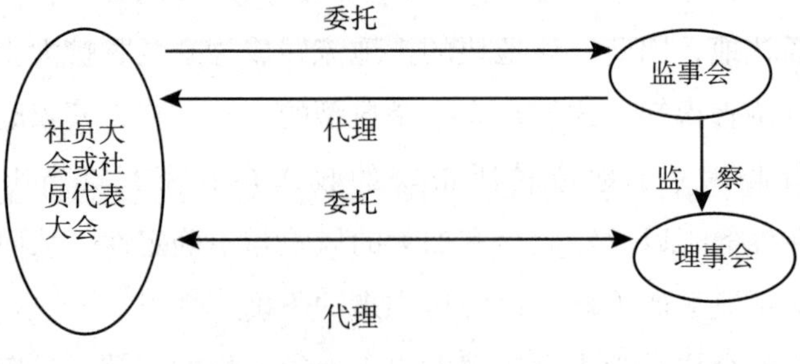

图1　兰市乡鸭公垅村土地股份合作社组织结构

从图1可以看出，与家庭承包责任制相比，土地股份合作社的成立使农民的土地使用转移到股份合作经济组织中，从而有利于土地、资本、技术以及劳动力的优化组合，并结合成为更具有市场价值的价值实体。土地股份合作社使农户家庭经营制下的小块土地通过规划、整理，成为可以直接出售给投资商的土地资产，并通过招标以市场竞价的方式，来发现土地的市场价值以及寻找合适的农业投资商。由于土地股份合作社的主要职能是投资而不再是生产，农户的土地资产权利在市场中的讨价还价能力比单个的农户更强，从而保护了农户的土地资产权利，并将进一步促进农户的土地流转。土地经营者只有的经营土地权利得以明确并能够得到保障，才会进行专用性投资，也只有这样才能够解决长期困扰农业发展的低效问题。

四　众兰香蔬菜专业合作社：专业化分工、市场拓展与融资

土地的规模流转为农业产业化和现代农业发展创造了条件，促进了农业产前、产中和产后服务的专业化与农业的市场化，在农业内部劳动力市场的基础上，形成了土地市场与土地价格，并扩大了产品市场。而农地确权，在没有改变土地集体所有的基础上，扩大并提高了产权的实施能力，通过土地流转市场将土地配置到或者转移给能够最有效地使用它的主体。

1. 资兴市众兰香蔬菜专业合作社组织及其目标选择

农业专业合作社是不同要素所有者为了共同的利益而结成的契约组织。资兴市众兰香蔬菜专业合作社成立于2014年4月3日，致力于无公害、绿色有机蔬菜的生产与开发，其《专业合作社章程》（以下简称《章程》）规定了合作社的业务范围，为成员提供蔬菜种植、加工及销售服务，开展蔬菜种植管理技术培训、技术交流与咨询服务。该合作社由黄永相等5人发起，注册资金60万元，法定代表人为黄永相，其出资额度为18万元，占股30%，系实际控股人，而樊江南的15万元系技术入股。在合作社成立之初，合作社从鸭公垅土地股份合作社成功流转连片土地100亩，已投资50多万

元建成连片44亩的一期生态蔬菜种植示范基地。该基地采用喷灌技术，引进10多个蔬菜品种，从育苗到销售的整个生产过程均使用有机肥料和生物农药，保证产出的蔬菜生态无污染。众兰香蔬菜专业合作社在其未来的规划中将继续增加投资、扩大规模，建成300～500亩标准化生态蔬菜基地，通过基地辐射带动作用，带动当地农户蔬菜种植，合作社将负责育秧、技术指导、蔬菜销售，实现合作社+基地+农户的经营模式。

众兰香蔬菜专业合作社利用兰市乡得天独厚的天然资源，培育蔬菜基地，专业化生产生态蔬菜，属于典型的市场行为。因此，其效果需要在市场中予以检验。根据古典经济学的解释，企业的规模由市场半径所决定。随着资兴、郴州乃至全国的交通网络趋于不断完善，其为降低市场交易成本提供了前提条件。由于众兰香蔬菜专业合作社目前的生产能力约为每天2500斤的蔬菜，其销售目标市场只能为郴州市。由于兰市乡的气候、水土以及环境比较优越，众兰香蔬菜在郴州的市场声誉非常不错，基本上是供不应求。市场需求增加，刺激了众兰香蔬菜专业合作社扩大生产规模。

根据众兰香蔬菜专业合作社的《章程》，扩大生产规模有两种方式：一种是扩大发起人的蔬菜基地。由于蔬菜经营需要土地，众兰香蔬菜专业合作社扩大生产规模需要流转宋家湾的50亩耕地，并通过专用性投资整理为蔬菜园地，但是由于蔬菜基地资产专用性的特殊要求，不能有插花地，因此需要整体流转，但是目前有四户人家的农地不愿意流转，导致生产规模难以扩大。另外一种模式就是吸收成员，成为典型的专业合作社。根据《章程》第十三条，凡是“具有民事行为能力的公民，从事蔬菜种植生产，能够利用并接受本社提供的服务，承认并遵守章程，履行本章程规定的入社手续的，可申请成为本社社员”。但是，蔬菜的规模化、标准化生产，不但需要技术指导，而且需要规模耕地为其前提条件，小规模的农户种植，喷灌系统投资回收就不是一般农户所能承受的。据众兰香蔬菜专业合作社的介绍，为了整理、建设现有的44亩蔬菜生产基地，仅喷灌系统的投资就达到20多万元，而且该喷灌系统只能用于蔬菜基地，不能用于水稻生产，具有较强的专用性。这种发展的目标选择模式就是资兴市兴宁镇的永发蔬果农民专业合作社联合社。

资兴市永发蔬果农民专业合作社联合社集科技、生产、加工、配送为一体，在整合资源、规范运作、联合经营、协调服务等方面进行了有益的尝试，并取得了初步成效。资兴市永发蔬果农民专业合作社联合社于2013年3月由蔬菜、水果、优质稻、绿茶、药材等8家合作社组建成立，注册资金1600万元，社员1200户，生产培植18000亩种植基地（蔬菜基地4500亩，其中标准示范基地1000亩；优质稻种植基地2000亩；其中示范基地500亩；水果种植基地8500亩，其中示范基地3500亩；中药材基地2000亩，其中示范基地500亩；绿茶种植基地1000亩，其中示范基地500亩）。2014年，该联合社还与深圳长青发公司签订长期购销合同，在汤溪山塘村建设1000亩高山萝卜示范基地，资兴市永发蔬果农民专业合作社联合社有效解决了原来单个合作社由于势单力薄拿不下、办不了、办不好的问题，提升了抵御市场风险能力。

在调查中发现，资兴市永发蔬果农民专业合作社联合社从健全完善章程制度入手，内设生产技术部、检测部、市场营销部、财务室、日常事务办公室等组织机构健全，岗位责任制度、财务管理制度、现金管理制度、财务开支审批制度等内部管理规范机制完善。严格按无公害要求指导菜农实施标准化生产、制定无公害生产技术规程、质量管理制度，产品质量安全。服务能力较强，着力实现“五个统一”，即统一商标、统一包装、统一生产技术管理、统一产品质量标准、统一销售。联合社组织引导农民专业合作社与超市对接，加快形成流通成本低、运行效率高的农产品营销网络，通过积极引导农产品“农超对接”，使广大成员得到最大的经济实惠。2013年，实现销售收入1800万元，共带动社员和周边农户经营收入2000万元，有力促进了农民增收。

资兴市永发蔬果农民专业合作社联合社的发展表明，联合社不是农民专业合作社的简单组合，而是在整合各成员社资源的基础上，以各成员社需求和市场需求为导向，开拓新的服务项目，同时利用规模化的有利条件，抱团经营，打造品牌，扩大影响，从而掌握市场的主动权，为合作社的发展助力，并最终达到成员增收的目的。

在兰市乡调查中发现，尽管种植蔬菜的市场收益与土地利用率大大提高，但是，当地愿意从事蔬菜生产的农户还是不多，通过壮大家庭农场来扩大合作社的路径具有很大的不确定性。通过土地流转扩大生产规模，并以家庭农场组织蔬菜生产，再通过产品合约的方式加入合作社，成为合作社的原材料提供商，而合作社则专业化从事蔬菜的分拣、分包、运输、市场销售以及品种开发、技术指导等，这是众兰香蔬菜专业合作社所设计的理想模式，但是出于蔬菜生产的专业化程度以及投资资产的专用性程度强等原因，以家庭农场作为合作社的基层生产单位的理想模式难以达到。

因此，众兰香蔬菜专业合作社的战略规划是自己扩大生产规模，并逐步将蔬菜包装、分拣以及市场开发等环节从生产中分离出来，组建为专门的市场部门。据法人代表黄永相提供的资料，如果要扩大生产规模，其蔬菜需要走出郴州，走向珠三角市场，特别是要进入香港市场。合作社的5位发起人均有在珠三角打工经商的经历，对该市场有丰富的经验与知识积累，其最大的愿望就是将众兰香蔬菜卖到香港市场。蔬菜生产规模扩大，流通半径则会扩大，其管理与经营策略就应该发生相应的改变。其中，分拣与保鲜是两个关键工序，需要形成两个专门的部门来处理。众兰香蔬菜专业合作社的设想是在生产基地规模扩大到100亩的情况下，就建立分拣中心与保鲜中心，从而实现蔬菜的长距离运输。但是，分拣与保鲜的专业化需要投入大量资金，在资金上合作社的发起人目前如果只是维持现状或者扩大生产规模，还不需要融资，但是要进行长距离运输的分拣、保鲜、冷藏等则需要融资。根据现有的发展路径来预测，资兴市众兰香蔬菜专业合作社有可能往股份制企业方向发展。

2. 众兰香蔬菜专业合作社目前的融资渠道与农地承包经营权抵押试点

众兰香蔬菜专业合作社目前的融资渠道主要包括以下几个选择：①合作社盈余融资。留存盈余是企业等经济组织缴纳所得税之后形成的有者权益，其所有权属于股东，是企业内部融资的重要方式。②村镇银行等金融机构融资。资兴市农业合作社、农户等经济组织目前能够获得资金支持的金融组织主要是浦发村镇银行、资兴市信用合作社以及农发行等。③小额贷款公司。小额贷款公司系以“三农”、小企业为主要服务对象。④股权融资，即吸收新的成员，但不能超过200人。由于目前股东只有5人，股权投资的空间还比较大，股权融资对象可以是法人、自然人，也可以是股权投资基金。就目前而言，众兰香的企业组织形式往股份合作公司或者股份公司发展，引进农业产业基金进行股权投资是比较合适的。毕竟通过股权投资，可以将公司比较稀缺的管理、金融、信息等现代经济要素引入经济组织，从而提高众兰香的市场竞争力。但是，就目前的融资环境而言，重点是进行“农村土地承包经营权抵押贷款”创新试点。

2014年8月，中国人民银行长沙中心支行与湖南省农口部门联合出台《湖南省农村土地承包经营权抵押贷款试点方案》（以下简称《试点方案》），在湘乡市、岳阳县、桃江县、汉寿县、澧县、双峰县、沅陵县、永兴县、资兴市和新田县共10个县（市）开展农村土地承包经营权抵押贷款试点。其目的就是力图通过1年的试点，创新推出一批以农村土地承包经营权为核心抵押物的涉农信贷产品，完善土地承包经营权抵押贷款管理机制，建立健全涵盖土地承包经营权确权颁证、抵押登记、评估流转、风险处置等环节的融资配套政策与服务体系。根据《试点方案》，资兴市现已经制定农村土地承包经营权抵押贷款操作细则，细化贷款对象、贷款流程、贷款额度、贷款期限、利率及风险处置机制等内容。资兴市农村合作金融机构和浦发村镇银行在市农村工作部的指导下，选择确权颁证基础扎实、评估抵押登记配套完善和农村金融生态环境较好的乡（镇）或村开展试点，已经缔结了基于土地承包经营权抵押贷款的金融合约。这为众兰香进一步融资、降低融资成本提供了样本与案例。

抵押（借贷）当事人按照土地承包经营权的市场评估价值或抵押当事人认可的价值签订抵押合同和贷款合同后，共同持有效材料到市农经管理部门办理抵押登记和他项权证手续，金融机构依程序办理贷款发放手续。从工作流程来看，资兴市农村土地经营权抵押贷款业务创新包括建立农村产权价值评估机制、完善农村产权流转体系、建立农村产权抵押融资风险补偿机制、健全农村金融服务体系、逐步扩大政策性农业保险服务范围、坚持创新农村金融服务与减轻农民负担相结合等。

通过农地确权流转等市场行为，农村土地的权利边界基本清晰，具备了排他性、可分割性以及可转让性等产权特性，从而为农村土地经营权抵押贷款业务创新提供了制度前提。与其他不动产抵押贷款相似，土地抵押贷款的风险主要包括抵押品拍卖变现问题，并由此引致的抵押品处置风险、担保机制不健全可能引发的信贷风险等，从而导致金融机构因为农业经济组织不能履约而发生风险。调查发现，在农村开展土地承包经营权抵押贷款业务创新，尽管具有很大潜力，但是无论金融组织还是农户均认为开展土地承包经营权抵押贷款存在较大的阻力。通过对调查问卷与访谈记录的整理，课题组认为农村开展土地承包经营权抵押贷款业务创新的主要障碍来自土地作为抵押品的权能、价值及其土地保障功能替代等。

为了降低在评估土地经营权价值的成本，资兴市统筹办与农村工作部制定了一个有关旱地、水田以及水产养殖场所的年租金指导价格。该价格在农村经营主体与银行缔结信贷合约的时候，具有参考价值，能够降低缔约成本。资兴市用于种植经济作物的旱地分为三类，其划分的类别以城区距离与土壤质量为依据。城区周边与省道边的地划分为一类，而土质优良且生产设施完善的地块则为一等地，其价格为 800 ~ 1000 元/亩。同理，一类二等指导价为 500 ~ 800 元/亩，一类三等则为 300 ~ 500 元/亩。最便宜的是处于边缘地区土质一般的三类三等，其指导价为 100 ~ 200 元/亩。这种分类指导价格有利于降低土地流转与土地资本化过程中的缔约成本，但是，却并不能反映土地的真实价值。级差地租理论是在交通不发达而且企业家能力不予考虑的条件下形成的，以此作为现代社会中土地承包权流转定价的理论基础并不合适。例如，在边缘山区的兰市乡，土地用于种植无污染的绿色蔬菜，则其价值要远远高于城区周边的一等一类地。

在以银行为主的传统金融体系中，农户之所以处于金融的边缘，难以得到金融服务，关键就是农户缺乏能够达到银行贷款要求的抵押品。农户不是没有资产，而是其资产的权能效力欠缺。在赋予农地承包经营权抵押功能之后，农地经营权的抵押功能如何？课题组就“农地市场价值”“农地产权稳定性”“购买寻求成本”“农地权利赎回的难度”4 个指标要求银行信贷员在贷款甄别中予以排序，绝大多数信贷员认为“农地产权稳定性”在抵押过程中最为重要，其次是“农地市场价值”，再次是“农地权利赎回的难度”，最后才是“购买寻求成本”即所谓的市场信息成本。由此可见，金融机构在做信贷决策时，产权明晰而稳定、市场价值较高的农村土地更有可能成为抵押品，其在市场出让、出售、流转的缔约成本与履约成本会更低。不具备流动性的资产，银行的变现成本高，是银行不愿意接受农地抵押的重要原因。事实上，从资兴市农地承包经营权抵押贷款业务的开展来看，其业务开展的主要动力是政策性目标与政治任务，浦发村镇银行与农信社主动向农户提供贷款的积极性比较低。

尽管如此，众兰香蔬菜专业合作社可以通过土地承包经营权从信贷机构获得贷款，目前兰市乡已经成功完成一笔 40 万元的农地承包经营权抵押贷款。如果实现了农地承包经营权抵押贷款，那么众兰香建立蔬菜分拣中心、包装保鲜中心的资金就有了着落，从而就有可能拉长产业链。资兴市众兰香蔬菜专业合作社所经营的土地价值，与农户在种植粮食所提供的年产值相比发生了根本改变。调查数据显示，一块菜地一年如果种植“菜心”这个非常受居民喜爱的蔬菜，一年可以收菜 12 ~ 13 茬，年产值在 3 万元以上。根据现有资料来看，众兰香蔬菜专业合作社从 2014 年 6 月开始采摘蔬菜，到 12 月份将有 40 万元左右的营业收入，即创造了 40 万左右的产值，即 44 亩土地一年将可能产生 80 万元左右的产值，其价值创造能力是原来种植水稻的 10 倍。因此，土地流转之后所形成的专用性资产，其市场价值应该是升值了，其抵押功能应该更强。但现有的银行体系则认为具有资产专用性的土地变现能力较差，而其抵押功能比原来要低，从而抑制了农业企业家在耕地上的专用性投资行为。

五　结论与建议

资兴市兰市乡的农村经济组织主要包括农业合作社、土地股份合作社、家庭农场以及小农户等。其中，鸭公垅村土地股份合作社是在政府直接支持与指导下形成的，作为实现土地确权之后的土地经营组织，带有一定的土地投资企业的色彩；而资兴市众兰香蔬菜专业合作社却是市场需求引致的经济组织，是基于企业家行为的诱致性制度创新。调查发现，许多农户对兰市乡的气候、土壤、水文等了如指掌，知道从事蔬菜、药材、兰花等农产品的生产比水稻生产更具有市场价值，但小规模种植所生产的产品不够支付联结市场的各种费用。因此，农业生产与市场联结存在一个规模阀值，如果没有达到这个阀值，则不可能产生为市场交易的经济活动。社会的生产性服务、农业产业化可以降低农业生产组织进行专业化、市场化生产的阀值，但是却不能将这个阀值取缔。随着我国经济越过刘易斯转折点，农业劳动力价格不断上扬已经改变了农业经济组织的要素禀赋结构，并由此诱致农业经济组织的创新。在剖析资兴市众兰香蔬菜专业合作社的基础上，可以得出相关结论，并提出以下建议。

1. 推进新型城镇化与新型工业化，提高农村劳动力的机会成本

农业劳动力大量稳定转入非农产业是发展规模农业经营必须具备的基本前提。农业经济组织内生演变的根本原因在于农业生产资源禀赋结构的变化。随着工业化与城镇化的发展，农民的职业选择空间扩大，其从事农业生产的机会成本增加，而提高农村劳动力从事农业生产的机会成本受制于两个因素：一是土地流转速度和集中度；二是农村劳动力转移的速度与程度。农村劳动力的机会成本提高将加速农业生产组织中资本对劳动力的替代过程，促进农业生产主体选择农业机械、农药、化肥、网络信息技术以及其他要素的使用，并因此促进农业生产方式的转变。为此，资兴市政府应该鼓励农业生产经营主体的横向一体化与纵向一体化，构建接“二”连“三”的新型农业经营体系。在不干预合作社、农业公司等自主开展业务的前提下，在财政、信贷、金融、税收等方面给予支持，制定完善优惠政策，为新型农业经营主体的发展创造良好的外部环境。

2. 降低农地产权流转的交易成本，推进农户承包地经营权流转

推进农户承包地经营权流转，提高农地集中度，促进农业规模化发展，是提高农业生产绩效的主要方法。为此，必须进一步赋予农民土地承包经营权自主交易的权利，降低农户土地交易的成本，建立有效的农地流转交易平台，改变零散的土地种植格局。①建立统一的农地权利登记机构和登记制度，在权利登记过程中应统一计量标准，对农用地面积统一计量标准，逐一普查、测量和登记。②在符合条件的村镇建立农地托管中心，作为流转农地的一级批发商，有转出意向的农户将农地承包经营权流转到托管中心，由托管中心与农地需求方谈判接洽，实施保证金制度下的竞买竞卖制度，探索农地流转价格的发现机制。③在农地承包经营权的流转过程中，必须本着“依法、自愿、有偿”的土地流转原则，让市场作为农地资源配置的决定性力量。④加大对土地托管中心和信息网络建设的资金扶持，财政应在支农资金中安排一定比例，用于其贷款利息的补贴，创新适合农地流转特别是大规模流转的金融产品。

3. 发展股份合作社，探索土地价值实现的新型机制

从资兴市兰市乡的土地确权与土地流转实践来看，土地股份合作社以追求高回报为目的，将其自身定位为土地投资管理者，而其主要的功能则是实现土地价值最大化。在不改变土地农业用途的约束条件下，如何才能使土地资源得到优化配置？一是发现农业企业家。土地股份合作社与乡镇的土地交易所或者土地交易中心合作，将土地流转信息对外发布，以吸引外部投资者。二是创新融资模式，降低农业企业家行为的融资成本。农地承包经营权可抵押贷款业务创新，实现了农村土地的资本化，为农民的规模化生产与集约化发展提供了融资条件。但是，对于农业大户、农业企业以及农业生产合作社而言，更需要设立专项资金或者农业产业基金，通过股权投资加强农业大户和专业合作组织的实力，并为农业生产组织提供市场信息服务与生产管理方面的服务。三是通过土地流转推动规模经营。农业企业家希望流入土地，是由于他们发现了土地要素的新功能，该功能相对于传统的要素组合而言，具有更大的市场价值。通过对农业企业家的土地流转能优化农业产业布局，导致优势产业向最适宜区域集中，形成具有区域特色的产业群和产业带，促进土地适度规模经营，并提高土地的市场价值。

4. 探索以股份合作形式流转土地的途径，推进农村土地适度规模经营

资兴市众兰香蔬菜专业合作社从目前的组织形式与运营模式来看，更像一家股份公司。资本、劳动力与土地的结合不是基于合作理念与合作精神，而是基于要素的价值交换。因此，要发展农村新型股份合作制，必须进一步探索要素入股合作社的具体途径与合约安排，寻找其内在的合作机制，推进农村土地适度规模经营，增加农民的财产收益和投资收益，构建“共建、共享、共富”的新型农业经济微观组织模式。①通过宣传农村新型股份合作社的办社原则、基本制度、运作方式和利益分配机制，让社会了解发展农村新型股份合作社的好处，形成发展农村新型股份合作社的舆论氛围，培训社员的业务能力，提高理监事长、经营管理人员和财会人员的能力素质，培育一批善经营、会管理、懂技术的人才，促进农村新型股份合作社规范运作。②完善产权制度必须保证社员对集体经济各项事务享有知情权、决策权、参与权和监督权，同时发展好集体经济，以土地作价入股，将房产证、林权证和土地使用证放置在村委会，并在协议书上签字，按照“三权”证上登记的相关面积作价入股，实现土地集约化经营，有效利用土地、山林、房屋入股的方式，盘活农村闲置资产。③明确股份合作社收益分配的程序和办法，确定资金使用和管理上的民主决策程序，确定收益分配的有效机制与原则，确保农户的共同富裕。

5. 完善金融服务体系，提升农民农村产权抵押融资的参与程度

转变农业发展方式、提高农业生产效率的关键，是引进新的农业技术、新的组织方式或者新的商业模式，这些均需要有效的金融服务体系与合理的风险分担体系来提供支持。①搞好“三权”抵押融资，完善银行对农民新型股份合作社的小额贷款公司政策，积极探索组建为农民专业合作社服务的小额贷款公司，为新型股份合作社提供融资平台。②协调市金融办等部门，重点对以新型股份合作社为贷款主体对象的给予支持。指导合作社及社员完善“三权”抵押的手续及牵头搭建银社合作平台。③农村信用社、村镇银行等金融机构应该注重对放贷对象的甄别和筛选，重点培育新型农业经营主体，鼓励农户转变生产经营方式，进行专业化分工与规模化发展，以强化土

地承包经营权的抵押、担保权能，提升农民农村产权抵押融资的参与程度。④规范农村信贷市场，建立公平、有效的农村信贷市场秩序，金融主管部门与农村综合工作部门应该对农村信贷市场适度干预，规范金融机构和信贷主体的行为，以预防市场失灵，完善农村居民个人征信系统的建设，确保信贷供给与分配的合理、公平与有效，使金融资源得以优化配置。⑤建立健全农村土地承包经营权交易中心，发挥交易中心的价格发现功能，使农地承包经营权的抵押功能建立在市场交易的基础上。

B.9

湘潭县生态农业调研报告

摘　要： 本报告立足典型调查，探讨了湘潭县推进城乡一体化过程中传统农业的生态化转型实践模式，总结了湘潭县推进城乡一体的生态农业发展的做法与成效，分析了湘潭县农业发展尚处于传统农业向现代农业过渡的阶段、农业分散经营面临着生态环境约束、宏观农业规划和微观农户生态实践融合机制尚未建立等问题，并提出融合传统农业精华发展现代生态农业、引导农户发挥传统种养优势进行生态种养、完善生态农业规划体系等推进湘潭县生态农业发展的政策建议。

关键词： 湘潭县　生态农业　城乡一体化

湘潭县位于湘江流域和长株潭生态保护区，是长株潭城市群这一国家“两型社会”建设综合配套试验区的核心地区。作为传统农业县，湘潭县同样面临农业技术进步与农村生态环境退化、农业面源污染与畜禽养殖污染严重、粮食安全与食品安全问题关联并生、传统小农耕作向规模经营转化困难等城乡一体化进程中的伴生问题。① 走“城乡一体的生态农业”道路，是湘潭县突出“两型县（市）示范，城乡一体发展”的必经之路。②

---

① 朱振亚、汪阳春：《城乡一体化进程中伴生问题管窥》，《农业经济》2014年第2期。

② 《湘潭县人民政府关于印发湘潭县省级可持续发展实验区建设规划的通知》指出：湘潭县要“突出‘两型县（市）示范，城乡一体发展’的实验主题，瞄准建设重点，突出三大工程，即‘两型’县（市）示范建设工程、城乡一体的生态建设工程、科教文（转下页注）

一 湘潭县农业发展概况

湘潭县位于湖南省中部偏东、湘江下游西岸、衡山北麓、长衡丘陵盆地北段，是湘潭市的郊区县。全县耕地102万亩，林地108.6万亩，下辖15个镇、4个乡、645个村、14个居委会，在全县近百万人口中，农业人口约占90%。湘潭县是“中国湘莲之乡”、全国生猪调出第一县、全国粮食生产标兵县、国家“双低油菜”优势主产区，湘莲种植面积达4万亩，年出栏生猪数百万头，粮食总产量达70.46万吨，全县油茶林面积达28万亩。目前，湘潭县已初步形成粮、猪、渔、禽、莲、茶、林、果、蚕、药十大商品生产基地，其中射埠镇的茶叶、河口镇的湘莲、石潭镇的香菇和水稻、杨家桥镇的蕹菜和香葱、茶恩寺镇的白薯等生产基地跻身全省前列。“湘莲”获得中国地理标志保护产品称号，“走四方”香菇被列为“国家农业标准化示范项目”。农业产业结构调整稳步推进，特色化、规模化、机械化、产业化水平不断提高。

21世纪以来，现代农业发展模式带来的水体、土壤、生物抗病性等环境污染，可再生资源的退化和枯竭以及食品安全问题等弊病开始暴露，其发展前景在世界范围内开始受到质疑。对此，各国全力探索有效替代模式和技术，其主要问题早已不是常规农产品的生产，重点是生态环境保护和资源高效利用技术，开发无公害农产品、有机食品和其他生态类食品。因此，需要保持和发扬中国传统农业的特点，走生态农业和现代农业相结合的道路，“改造现代农业”。从农业多功能性的视角出发，寻回农业的多种价值，思考农业的本质，给农业以正确的定位。湘潭县在城乡一体化过程中，同样面

（接上页注②）发展工程”。本文的生态农业遵循农业部《生态农业示范区建设技术规范》中的定义，指“因地制宜地利用现代科学技术，并与传统农业精华相结合，充分发挥区域资源优势，依据经济发展水平及‘整体、协调、循环、再生’的原则，运用系统工程方法，全面规划，合理组织农业生产，实现高产、优质、高效、可持续发展，达到生态与经济两个系统的良性循环和经济、生态和社会三大效益统一”。

临着农业技术进步与农村生态环境退化、农业面源污染与畜禽养殖污染严重、粮食安全与食品安全关联并生、传统小农耕作向规模经营转化等现实问题。发展生态农业、加强农业废弃物的循环利用、减少农村面源污染、吸收传统农业精华改善现代农业、保障食品安全，是湘潭县农业可持续发展的唯一道路。

二　湘潭县城乡一体的生态农业创新

1. 传统农业的生态化转型

25 万多农户家庭是湘潭县传统农业生态化转型的重要主体，考察他们解决农村生态环境退化、农业面源污染与畜禽养殖污染严重、粮食安全与食品安全等城乡一体化伴生问题的做法，是研究湘潭县生态农业发展状况的基础。

为此，课题组按照距离县城近、中、远的原则选取了三个乡镇，在每个乡镇按照距离市场近、中、远的原则选取一个自然村，再在每个村里按家庭经济条件贫困、一般和富裕三个层次选择农户展开调查，共计对 138 户农户的生产方式进行了调查，样本分布情况及被调查者基本情况见表 1。调查村落基本情况及农户基本特征情况统计详见文末附录。

表 1　调查样本分布

村落	所在乡镇	村人口数(人)	调查农户数(户)	比例(%)
梅林桥村	梅林桥镇	2446	56	40.58
仙凤村	射埠镇	1800	34	24.64
日华村	龙口乡	2050	23	16.67
京广村	梅林桥镇	—	25	18.12

资料来源：调查统计得出。

①传统农耕与生态化种养的融合

在普遍的食品安全威胁下，作为生产消费合一体的农户，为了保证自己的食品安全、改善土壤肥力、减少畜禽养殖污染、降低生产成本等，会通过施用农家肥、对自家食用的农产品施用更少的化肥和农药、进行庭院种植等，实现生态化种养。

表2是农户对本地食品安全程度严重、农家肥有利于农产品安全、庭院种植所需额外成本很小、庭院种植是为了保证安全、自家消费的产品很少使用农药等说法的认同程度的统计。

表2　依托传统农业的生态实践

单位：户，%

选项	本地食品安全问题严重		农家肥有利于农产品安全		庭院种植所需额外成本很小		庭院种植是为了保证安全		自家消费的产品很少使用农药等	
	小计	比例	小计	比例	小计	比例	小计	比例	小计	比例
1	22	0.2	8	5.8	11	8.0	11	8.0	12	8.7
2	14	0.1	4	2.9	10	7.3	8	5.8	4	2.9
3	28	0.2	15	10.9	24	17.4	14	10.1	14	10.1
4	26	0.2	27	19.6	20	14.5	18	13.0	27	19.6
5	45	0.3	82	59.4	67	48.6	80	58.0	75	54.4

注：表中1~5表示对观点给予1~5级评分，最不符合您的情况给1分，以此类推，最相符的给5分。

资料来源：调查统计得出。

表2表现出来的逻辑不言自明，普遍的食品安全威胁、施用有机肥以及庭院种植的传统及便利性、利用农业废弃物降低环境污染并且减少种养成本的理性思考，促成农户通过对庭院或者自留地种植的作物施用有机肥并且减少农药化肥的使用，对庭院养殖的家禽、牲畜等保留原始本地品种并且减少兽药的使用，以确保食品安全。

表3和表4是湘潭县农户生态化选择比例最高的蔬菜和禽（蛋）的分布情况，其他品种生态化种养的比例详见文末附录。

表3　蔬菜生产中品种、肥料、农药施用的生态化选择

单位：户，%

选项	传统品种				施用有机肥				不施用农药			
	了解程度		信任程度		了解程度		信任程度		了解程度		信任程度	
	小计	比例	小计	比例	小计	比例	小计	比例	小计	比例	小计	比例
1	9	6.5	2	1.5	10	7.3	4	2.9	12	8.7	4	2.9
2	1	0.7	0	0.0	2	1.5	0	0.0	3	2.2	6	4.4
3	17	12.3	10	7.3	11	8.0	8	5.8	16	11.6	14	10.1
4	6	4.4	7	5.1	9	6.5	6	4.4	5	3.6	3	2.2
5	29	21.0	37	26.8	45	32.6	57	41.3	38	27.5	47	34.1

注：了解程度：农户对品种选择、生产过程、加工环节等进行差别化处理，可以生产安全程度不同产品的了解情况，完全不了解为1、基本知道为3、完全了解为5。信任程度：农户对品种选择、生产过程、加工环节等进行差别化处理，可以生产安全程度不同产品的信任情况，完全不相信为1、基本相信为3、完全相信为5。

资料来源：调查统计得出。

表4　禽（蛋）养殖中品种、兽药施用的生态化选择

单位：户，%

选项	选择本地传统家禽				纯粮食蔬菜散养			
	了解程度		信任程度		了解程度		信任程度	
	小计	比例	小计	比例	小计	比例	小计	比例
1	9	6.5	2	1.5	9	6.5	11	8.0
2	1	0.7	1	0.7	2	1.5	2	1.5
3	7	5.1	10	7.3	5	3.6	5	3.6
4	6	4.4	9	6.5	10	7.3	5	3.6
5	16	11.6	14	10.1	17	12.3	19	13.8
均分	3.49	3.89	3.56	3.45	—	—	—	—

资料来源：调查统计得出。

②回归传统的生态种养案例

案例1：生态养蜂。罗师傅家住在梅林桥村部旁边的临街铺面房里，他从事生态养蜂的工作已经有20年的时间。在鲜花授粉的季节，他为了追逐花期，会带着60个蜂箱往来于全国各地，丰富的经历让他具有很好的分析能力。在他眼里，这个甜蜜的事业从两个方面体现出生态的特点。其一，蜜蜂帮助农作物授粉。一般而言，在蜜蜂帮助授粉的情况下，油菜花的产量可以提高约40%。其二，蜜蜂可以产蜜糖和蜂王浆。蜜蜂养殖基本上都是在没有施用化肥、农药的野地进行的。

案例2：生态黑山羊养殖。该农户从2010年12月开始养殖黑山羊，最初有5只母羊羔，之后就不断繁殖，黑山羊怀胎需要6个月，每次大约产6只羊羔，一般只有2只可以存活，每只母羊可以生产5年左右。经过将近4年的时间，现在已经发展到80只黑山羊的规模。同村的养殖户一共4家，只有一家的规模比他家大。据该户女主人介绍，在养殖过程中，黑山羊都以河边、田间的野草为主要食物，不需要也没必要喂饲料。如果田里的稻子全部收割完毕，羊也可以放到田里去吃剩下的秸秆。这样的饲养方式使得羊的成长周期保持在10个月以上，一般情况下，可以达到70斤，有的会到100斤，属于回归传统放牧方式的生态养殖。

案例3：家庭食用生态蔬菜种植。李大伯家在山脚下开辟了一个大约5分地的小菜园，离家也就30米，这个习惯很早以前就存在。菜地全部使用农家肥，没有虫的时候不会施用农药，且主要用于种植应季蔬菜，包括空心菜、南瓜、黄瓜、甜瓜等。有时候，为了自己孙辈的考虑，还会种上他们喜欢吃的西红柿、西瓜等。还有的时候，由于村里的其他老人没办法耕种，李大伯也会把自己菜园里的蔬菜分给这些老人。在他看来，为自家人和村里人提供安全的食物是非常重要的，但由于供应链太长，自己没办法确保给城市人吃的农产品都是安全的，久而久之，为他们提供安全食品的意愿也就降低了，主要以自己的成本控制和盈利为经营目标。李大伯这种回归传统或者说延续传统蔬菜种植的模式，属于典型的生态型自给。此类自给自足的自保形式在湘潭县很常见。

案例4：生态种田和养殖。被访者齐大叔是仙凤村村民，今年52岁，高中文化。家有5口人，3人外出打工，其中2人在长沙、1人在宁波。他与老伴留守在家种地。他种了100亩地，属于全村种植规模最大的农户，其中90亩种水稻，又分为70亩大路货水稻、20亩不施用化肥和农药的生态水稻，还有10亩生态蔬菜。此外，他家里也种有不施用化肥和农药的葡萄，也用纯粮食养猪和鸡，肉和蛋供自家食用。他将水稻田分为两种模式进行差别化种植已经是第三个年头了。原因是本村走出去的一个大老板跟他签订合同，要求其在大田水稻旁边留出20亩水稻田进行生态种植，不施加化肥和农药，并以市场价的3倍收回全部产出。据齐大叔介绍，这20亩不施用化肥和农药的生态田（以下简称生态田）的产量大概是施用化肥、农药田（以下简称大田）的1/3，上年这部分生态田亩产大概400斤，而大田亩产1200斤。这样算来，大田和生态田的经济收益是一样的，上年大老板以7.5元每斤的价格收购了所有生态田的产出。但是，从成本上来说，其实生态田能节省劳动和农资投入。因为，大田水稻生长过程中需要喷洒3~5次的农药，也需要化肥投入，这些都是成本，而生态田则没有这些成本，只是在稻子刚种下去的时候喷洒一次农药，之后再也没有投入。另外，这些生态水稻的种子也与大田水稻有差别，主要体现在品种方面，生态水稻选种更讲究，口感第一，产量其次，而大田水稻则以产量为主。

2. 城乡一体的生态农业实践

在城乡一体化发展过程中，湘潭县农业的可持续发展面临以下三方面的现实问题：农村生活垃圾数量庞大，随意堆放；农村生活污水肆意排放，畜禽养殖污染尤为严重；资源优势未能有效地转化为产业优势和经济效益，湘莲、生猪、粮食加工有待于进一步拓展。对此，湘潭县突出“两型县（市）示范，城乡一体发展”的实验主题，进行城乡一体的生态工程建设：一是依托湘潭县湘莲、水稻、生猪等特色及优势产业，加快发展生态、绿色农业，为长株潭城市群中心城区居民提供安全、放心的农产品；二是实行城乡环境同治，推广应用农业节水节能技术、推广病虫害绿色防控技术减少农村面源污染，实施生活垃圾无害化处理，严格执行污水处理和排放标准。湘潭县城乡一体的生态农业实践主要体现在以下几个方面。

（1）城乡一体的生态农业空间布局

通过“一核”、“三带”和“五基地”定位生态农业空间布局。

“一核”即以县城为中心，南到湘潭二环线区域，东到株洲边界，西到涓水河，重点发展以湘莲、生猪、粮油为主的农产品深加工产业。以“宏兴隆”湘莲加工、雨润集团100万头生猪屠宰及肉制品深加工等项目为突破口，以“专、新、特、精”为特色，开发系列绿色、有机、生态、保健产品，创建一批名优品牌；同步规划发展农产品交易专业市场，大力发展农产品第三方物流，促进“农超对接”，提高农产品的商品化率；积极引进农产品加工关键技术，提高农产品加工的综合效益。

“三带”包括三大特色鲜明的农业产业带：以茶恩寺为节点，107国道沿线地带，大力发展特色楠竹产业，全力打造以农田湿地景观、竹海林苑景观、休闲农家乐为主的生态休闲长廊和楠竹产业带；以花石为节点，沿涓水河流域两岸，重点发展特色湘莲产业，打造以农田湿地景观、莲花观赏景观、涓水生态水景为主的休闲长廊和湘莲产业带；以射埠互通为节点，潭衡西高速公路沿线，大力发展特色油茶、特色楠竹，打造以山水生态景观、红色旅游景观为主的休闲长廊和特色农业产业带。

“五基地”是在“一核”的带动下，发挥“三带”的纽带作用，重点布局五大特色农业产业基地：以石潭、杨嘉桥为重点的规模化、标准化、生产化生猪基地；以花石为重点的湘莲种植及深加工基地；以茶恩寺、白石为重点的楠竹生产和深加工基地；以杨嘉桥、射埠为重点的茶叶生产及加工基地；以河口、石潭、梅林桥为重点的蔬菜和禽蛋基地。

（2）建设现代农业基地，引导农业生态化发展

湘潭县的八大现代农业基地，包括1500亩特色湘莲展示基地、500亩无公害蔬菜种植基地、1000亩高档优质稻示范基地、500亩四季水果采摘基地、500亩花卉盆景观赏基地、500亩金银花繁育基地、500亩油菜种植基地和200亩生态养殖基地。引导现代高效农业、休闲观光、旅游度假等产业集中优化布局，形成集种植、养殖、农产品深加工、生态餐饮、休闲度假、商务会展、采摘垂钓、拓展野战、水上乐园、养老陪护及特色农庄为一体的农业休闲示范园，以满足长株潭农产品消费需求和乡村旅游需要。城乡一体化的生态农业项目如表5所示。

表5　城乡一体化的生态农业项目

名称	项目
现代农业产业园区	优质水稻种植、苗圃、养殖、大棚种子、油茶种植、野菜种植、优质西瓜园、有机蔬菜基地、金银花园
芙蓉国观光农业区	湘莲种植、休闲度假
月形山观光果园区	提子园、葡萄园、香梨园、香桃园、石榴园
园艺创意休憩区	蔬菜采摘乐园、开心农场、园艺 DIY、创意盆景园、森林保健、森林度假、有机蔬菜基地、生态绿地
农副产品加工服务区	农副产品加工、生物有机肥料、物流中心
高桥农业体验区	野战基地、渔猎山林、疗养中心、养老陪护、户外运动、休闲度假、生态宾馆
京广农业休闲区	生态农庄、生态林业、饮食文化、婚庆、狩猎场

资料来源：湘潭县政府。

（3）从源头做起，确保农产品质量安全

一是控制水土流失，推进生态化垃圾处理。湘潭县正在实施的举措包括开展小流域综合治理，控制水土流失；加大农村水土保持力度，防止土地退化，保护水源地防护林；加强农村水利设施建设，切实抓好防洪工程、水资源工程、小型农田水利、大中型灌溉区续建配套等项目建设；在生态敏感区和脆弱区实施生态移民，规划建设好村民集中点。加快乡镇集中式饮用水源生态保护、生活污水处理设施建设、生活垃圾处理场建设等工作，到2015年，重点乡镇和试点乡镇自来水普及率达到100%、全县污水处理率达到80%以上，所有乡镇配套一个生活垃圾无害化填埋场，大力推行生态化垃圾处理方法，逐步推广农户分类、村收集、乡运输、县处理的方式，提高垃圾无害化处理水平。

二是提升耕地有机质含量，控制农村面源污染。湘潭县正在实施的举措包括大力推广测土配方施肥，全力实施耕地有机质提升——秸秆腐蚀剂推广项目培肥地力，认真实施病虫统防统治项目，全力推广高效、低毒、低残留农药；积极引导和鼓励农民使用生物农药，推广病虫草害综合防治、生物防治和精准施药等技术；大力推广“三品”（绿色、无公害、有机）技术以及平衡施肥技术，从源头确保环境优化和农产品质量安全。大力推广“猪—

沼一粮”（果、菜、渔）等生态种养技术，减少动物粪便污染；推广农膜的回收利用技术，减轻农膜污染，限制固体废弃物向农村地区转移，控制农村面源污染，力争到2015年，农药、化肥等农用化学品使用量降低10%；防止农村个别小作坊式、低水平的企业造成的严重污染和对局部生态环境的破坏。

三　湘潭县生态农业发展面临的问题

1. 农业产业结构调整稳步推进，尚处传统农业发展模式

在城乡一体化发展思路的指导下，湘潭县目前已初步形成粮、猪、渔、禽、莲、茶、林、果、蚕、药十大商品生产基地，农业的特色化、规模化、机械化、产业化水平不断提高。从农业发展阶段来说，以精耕细作为特点的传统农业由于产量低下，被以高投入、高产出为主要特征的现代农业击垮，成为落后的代名词。与此同时，与传统农业相伴随的大量施用有机肥、实行轮作和复种、种植豆科作物和绿肥以及农牧结合等传统农业技术的精华也被摒弃。现代农业逐渐成为农业经营模式的范例，在湘潭县范围内普遍推行。但是，作为传统农业县，湘潭县的农业目前仍处于传统农业向现代农业过渡的阶段，是带有某些现代农业特征的传统农业发展模式。

2. 农业经营分散，面临生态环境的约束

同时，湘潭县农业基本由25万多农户家庭分散承包经营，面临同类农产品种植分布不够集中、经营规模普遍较小且布局分散、各乡镇特种蔬菜和水果种植重复性强、产业化程度低等现实问题。此外，“化肥当家，农药护航”以及农业生产的良种化和机械化模式，在提高粮食单产和劳动生产率的同时，也带来土壤质量下降、水体污染等诸多生态环境问题，与农药、兽药、化肥过度使用相伴随的是日益严重的食品安全威胁。发展生态农业，加强农业废弃物的循环利用、减少农村面源污染、吸收传统农业精华改善现代农业、保障食品安全，是湘潭县农业可持续发展的可行道路。

3. 宏观农业规划和微观农户生态实践的融合机制尚未建立

在普遍的食品安全威胁下，作为生产消费合一体的农户通过施用农家肥、对自家食用的农产品施用更少的化肥和农药、进行庭院种植等，实现生态化种养，以保证自己的食品安全、改善土壤肥力、减少畜禽养殖污染、降低生产成本等，其对于解决现代农业弊病以及城乡一体化过程中的伴生问题具有重要借鉴意义。但是，政府层面突出“两型县（市）示范，城乡一体发展”的实验主题，依托湘莲、水稻、生猪等特色及优势产业，加快发展生态、绿色农业，为长株潭城市群中心城区居民提供安全、放心的农产品，以及实行城乡环境同治，推广应用农业节水节能技术、推广病虫害绿色防控技术，减少农村面源污染，实施生活垃圾无害化处理，严格执行污水处理和排放标准等宏观项目，基本是以分区规划的形式施行的，没有将占农业人口绝对数量的农户纳入规划，也没能将农户微观行为和宏观规划进行结合。因此，湘潭县还需要推进宏观规划和微观实践的紧密结合，走可持续发展道路。

四　政策建议

1. 融合传统农业精华发展现代生态农业

以精耕细作为特点的传统农业由于产量低下，被以高投入、高产出为主要特征的现代农业击垮，成为落后的代名词。与此同时，依靠化肥、农药支撑与机械化耕作的现代农业也带来土壤质量下降、水体污染、食品安全威胁等诸多问题。将生态农业和现代农业结合来“改造现代农业”，发挥农业的多功能，是农业可持续发展的必然选择。具体来说，湘潭县在发展粮、猪、渔、禽、莲、茶、林、果、蚕、药这十大主导商品时，可以将传统农业精华融会到现代农业科技中，发展现代生态农业。

以粮食和生猪为例，湘潭县作为农业大县生产出来的都是大宗商品粮，没有自己的品牌，很难与其他粮食主产区的产品区别开来，更不用说与优势品牌竞争。而实际上，湘潭县依山傍水的自然环境以及部分农民仍然保留传统的耕作技术，很适合利用这些优势生产优质有机稻米，并且依托湘潭县的历史文化打造有机品牌。这样可以改善长期大量施用农药化肥带来的一系列问题，也可以利用市场对有机食品的需求增加农民收入，促进农村发展。就养猪来说，湘潭县虽然是生猪出口大县，但是出口的生猪基本都是养猪场统一喂养的饲料猪，很容易受市场价格波动的影响，并且很难卖到好价钱，不能算是当地的优势产业。而“瘦肉精”事件后，消费者对有机猪肉、农户采用传统方式喂养的年猪肉，甚至是本地腊肉等安全猪肉的需求不断增大，并且支付意愿很高。湘潭县可以利用已有生猪基地的优势，结合传统养殖精华，大力发展生态猪养殖，通过“农超对接”，甚至是“农消对接”减少农户养殖风险，实现收入增长。可见，湘潭县在发展现代农业时，应该走科技与生态相结合的道路，应该借助湘潭县独有的历史、文化、区位等资源，走品牌化道路，走生态化道路。通过特色化、规模化、机械化、产业化，特别是生态化，提升优势产品、产业的竞争力，真正实现生态优质产品“走四方”，增加农民收入，助力湘潭县从传统农业向现代生态农业的过渡，走可持续的城乡一体化道路。

2. 引导农户发挥传统种养优势进行生态种养

25 万多农户家庭是湘潭县农业生产的主体，解决农户经营规模普遍较小，布局分散，种植重复性强以及“化肥当家，农药护航”带来的土壤质量下降、水体污染，产品竞争力不强等现实问题，是湘潭县走可持续的城乡一体化道路的关键。调查发现，很多农户出于保留传统、减少种养成本或者是应对食品安全威胁等原因，仍然保留一些传统种养习惯，比如庭院种养安全蔬菜、家禽、牲畜等，这些都为湘潭县农户通过生态种养致富提供了条件。需要充分利用部分农户仍然保存的传统种养的优势，引导农户利用传统农业精华进行生态种养，实现可持续发展。

具体来说，作为生产消费合一体的农户，有条件在自家庭院或者自留地，通过施用农家肥、对自家食用的农产品施用更少的化肥和农药、进行庭院种植等，实现生态化种植。也可以通过传统养殖方式，在庭院利用粮食、瓜菜等散养家禽，在荒山放养牛羊等，从而减少兽药过量使用带来的潜在的食品安全风险等。以上述方式实现农户的自我保护，以保证自己的食品安全和降低生产成本。在湘潭地区的农户中，普遍存在利用传统农业精华进行生态种养的行为。政府应该认识到此类自发的生态种养行为虽是农户理性选择的结果，但有利于保护湘潭的青山秀水，要鼓励此类回归传统的生态种养行为。可以鼓励农民通过合作的方式，通过与外部的连接将此类产品卖出去，实现经济收益。政府也可以积极促进农户与消费者之间的衔接，给此类生态种养的农产品寻找出路。更关键的是，政府可以促进本地十大商品基地企业与农户联合，通过订单的方式减少农民种养的风险，企业通过好的产品获得市场定价权，实现企业与农户的双赢，联合促进优势商品的品牌化。

3. 完善生态农业规划体系

近年来，湘潭县依托湘莲、水稻、生猪等特色及优势产业，加快发展生态、绿色农业，以及实行城乡环境同治，推广应用农业节水节能技术、推广病虫害绿色防控技术，减少农村面源污染，实施生活垃圾无害化处理，严格执行污水处理和排放标准等宏观项目，在一定程度上缓解了城乡一体化伴生的食品安全及生态安全问题。但是，这些规划基本都是以项目点和分区规划的形式进行的，因此，需要宏观规划和微观实践紧密结合，将25万多分散农户纳入规划，将农户微观行为和宏观规划进行结合，走可持续发展道路。

从操作层面来说，在依托产业基地发展湘莲、水稻和生猪等特色及优势产业时，要将传统农业精华与现代要素投入结合，走有机和品牌主导的产业发展道路。分散的农户也是湘莲、水稻和生猪的生产者，将农户纳入湘潭县生态农业发展规划，引导农户合作或者促进农户与企业之间的合作，是湘潭县全面可持续发展的重要思路。就城乡环境治理来说，其重点在农村，农户是广大农村腹地环境治理的重要主体，需要发挥农户的积极性，引导农户进行生态种养，在农村大力推广应用农业节水节能技术、推广病虫害绿色防控技术，减少农业面源污染。另外，解决农村日益严重的生活垃圾以及水污染问题的关键在于增强农户的环境卫生意识，需要加强宣传教育，实行房前屋后卫生包干政策，引导农户垃圾无害化处理以及正确排放生活污水。共建美丽乡村，项目点是生态农业规划的重点和标杆，将25万多分散农户纳入生态农业规划范围，则是实现可持续发展的关键。

附录：

1. 调研村落基本情况

梅林桥镇梅林桥村：梅林桥镇位于湘潭县县城南部，梅林村距湘潭县县城仅8公里，107国道穿村而过，交通便利，自然条件优越。全村共有19个村民小组，总人口2446人。经济收入主要来自粮食生产、生猪养殖和劳务输出三大产业。全村推广优质稻1000亩、经济作物650亩、经济林3200亩、小水果250亩，年出栏生猪2400头。现有私营企业5家，各类专业户71户，村民年人均纯收入12000元，村级集体年收入15万元，村级固定资产260万元。该村是湘潭市第二批新农村建设示范村，处于"国家农业现代园"农业综合开发区、"两型"社会示范片区以及"美丽乡村"及城乡统筹发展示范片。

射埠镇仙凤村：仙凤村位于湘潭县南部，距县城28公里。该村是典型的传统农业村。全村水田1616亩、油茶山8412亩、塘坝面积320亩。辖区内有18个组，1800多人，青壮年劳动力基本全部外出务工，占全村人口的40%左右，留守人群基本是"386199"部队。周边村落也基本都是这种情况。射埠镇位于岳临高速一侧省道上，交通较为通便，农产品出售也较多。仙凤村是湘潭市油茶林面积最大的行政村，该村油茶年产量大概为15000斤，采用传统物理压榨技术的超过全镇产量的15%左右。该村每户均有山林种有油茶，大概有60%的油茶卖出，自家油茶占家庭食用油量的20%左右。

龙口乡日华村：日华村位于龙口乡南部，龙口乡是距县城最远的一个乡镇。该村辖域4.9平方公里，水田1390亩、水面130亩、旱土29亩、山地4646亩。全村由25个村民小组组成，计555户、2050人。全村推广优质稻850亩、经济作物210亩、经济林820亩、小水果30亩，年出栏生猪3200头。村民年人均收入8000元，村级固定资产50万元。日华村是典型的农业村，该村没有任何企业。青壮年基本全部外出务工，占全村人口的40%左右，留守人群主要从事农业种养。龙口乡远离县城，交通闭塞，因此，市场化程度低，仍然保持着较为天然的田园风光。乡里村民基本上种植一季稻，也在自留地上种植蔬菜，但蔬菜基本上卖不出去，吃不完的大多烂在地里。龙口乡的邻边是花石镇，该镇是全国的莲子集转中心，龙口乡里有作为的青壮年也会到花石镇做莲子生意。

2. 被调查农户家庭基本资源情况

农户家庭基本资源情况

变量	调查户数(户)	最小值	最大值	平均值
年龄(岁)	138	20	62	40.45
家庭规模(人)	138	1	6	2.98
受教育程度	138	2	6	4
家中是否有12岁以下小孩	138	0	1	0.37
家中是否有65岁以上老人	138	0	1	0.51
家庭年收入(元)	138	500	100000	9084

资料来源：调查统计得出。

3. 调研村落粮食和水果生产中的生态化选择

粮食生产中品种、肥料、农药的生态化选择

单位：户，%

选项	传统品种				施用有机肥				不施用农药			
	了解程度		信任程度		了解程度		信任程度		了解程度		信任程度	
	小计	比例	小计	比例	小计	比例	小计	比例	小计	比例	小计	比例
1	12	8.7	2	1.5	10	7.3	4	2.90	12	8.7	7	5.1
2	2	1.5	0	0	5	3.6	5	3.62	7	5.1	7	5.1
3	15	10.9	13	9.4	11	8.0	15	10.9	14	10.1	22	15.9
4	6	4.4	13	9.4	8	5.8	7	5.1	6	4.4	3	2.1
5	16	11.6	15	10.9	22	15.9	24	17.4	18	13.0	17	12.3

资料来源：调查统计得出。

水果生产中品种、肥料、农药施用的生态化选择

单位：户，%

选项	传统品种				施用有机肥				不施用农药			
	了解程度		信任程度		了解程度		信任程度		了解程度		信任程度	
	小计	比例	小计	比例	小计	比例	小计	比例	小计	比例	小计	比例
1	13	9.4	5	3.6	9	6.5	4	2.9	9	6.5	4	2.9
2	3	2.2	1	0.7	2	1.5	4	2.9	2	1.5	5	3.6
3	10	7.3	12	8.7	9	6.5	12	8.7	8	5.8	10	7.3
4	0	0.0	5	3.6	1	0.7	1	0.7	1	0.7	0	0.0
5	5	3.6	4	2.9	7	5.1	7	5.1	7	5.1	8	5.8
均分	2.39	3.07	2.82	3.11	2.81	3.11	—	—	—	—	—	—

资料来源：调查统计得出。

B.10

嘉禾县社会建设调研报告

摘　要：本报告分析了嘉禾县以农村社区建设为重心、以民调工作为核心、以教育事业为重点、以保障就业为抓手、以社会保障体系建设为基点推进社会建设创新的经验与成效，探讨了嘉禾县社会建设中思想认知有待提升、全面小康实现程度有待均衡、农村社区建设瓶颈有待突破、教育均衡发展水平有待提高、农村医疗卫生条件有待改善等主要问题，并就进一步加强嘉禾县社会建设提出了理顺社会建设的体制机制、统筹推进城乡社会保障体系建设、加大农村社区建设投入、立足教育均衡化优化城乡教师资源配置、改善农村就医条件、加快户籍制度改革、推进平安嘉禾建设等对策建议。

关键词：嘉禾县　社会建设　社会治理创新

社会建设是社会主体根据社会成员的发展需要，有目的、有计划和有组织进行的以保障和改善民生为重点的社会行动与行为。社会建设涉及范围广，是与经济建设、政治建设、文化建设和生态文明建设相对应的概念范畴。党的十八大报告强调："加强社会建设，是社会和谐稳定的重要保证。必须从维护最广大人民根本利益的高度，加快健全基本公共服务体系，加强和创新社会管理，推动社会主义和谐社会建设。"近年来，湖南省嘉禾县坚持以人为本、科学发展，积极推进以改善民生和创新社会治理为重点的社会建设，积累了丰富的经验，取得了较好的成效。

一　嘉禾县社会建设的现状及基本经验

嘉禾县建县于1639年，位于郴州市西南部、郴州永州边际区域中心，面积696平方公里，总人口40.5万人，其中农村人口24.3万人，辖13个镇、242个建制村、33个城乡社区，是全省地域面积最小、人口密度最大的县份之一。近年来，嘉禾县委、县政府高度重视社会建设，坚持把社会建设作为城乡发展一体化的重要抓手，统筹推进社会建设、经济建设、政治建设、文化建设和生态文明建设五位一体总布局，积极探索和形成一系列社会建设的嘉禾经验。

1. 以农村社区建设为重心，推进城乡统筹发展

近年来，嘉禾县委、县政府高度重视农村社区建设，始终把农村社区建设作为统筹城乡发展、促进城乡融合的重要举措来抓。2009年以来，嘉禾县积极贯彻落实相关文件精神，并借鉴成都、重庆、西安等地的城乡统筹经验与做法，按照“夯实基础、争创特色、稳步推进、全面覆盖”的基本思路，立足实际，创新举措，扎实推进农村社区建设，较好地实现了“五个全覆盖”，即领导协调机制、社区建设规划、社区综合服务设施、社区各项服务和社区各项管理的全覆盖。截至目前，嘉禾全县85%以上的建制村完成了社区建设实验工作，较好地实现了“民主自治、管理有序、服务完善、文明祥和”的创建目标，实现居住环境、综合治理、村风民风的明显改善，群众对党委政府的满意度大幅提升。2012年，嘉禾县成功申报为湖南省农村社区建设示范县。

调研发现，嘉禾县加强社区建设的主要做法是“四个四”：一是坚持“四轮驱动”，社区建设“同频共振”。嘉禾县始终坚持把农村社区建设作为推动“就地城镇化”的重大民生实事来抓，着力构建“党政主导、部门配合、社会支持、群众参与”的大建设格局。二是夯实“四大基础”，社区建设“一以贯之”。即坚持规划编制“一张图”，对农村社区建设进行顶层设计；综合设施“一条龙”，在农村社区实施“12345”基础设施建设工程；

为民服务“一站式”，保证每天有2个以上社区干部在公共服务中心值班服务，方便群众办事；社区管理“一条心”，建立完善社区干部值班备勤、工作考评、应急管理等规章制度，做到用制度管人、按制度办事。三是彰显“四大特色”，争创社区建设新亮点。坚持突出城乡统筹，全力打造城乡一体的城市型社区；坚持突出民主自治，全力打造以人为本的民主型社区；坚持突出一村一品，全力打造个性鲜明的文化型社区；坚持突出内生动力，全力打造促农增收的产业型社区。四是发挥“四大作用”，彰显社区建设新优势。通过加强农村社区建设、创新社区建设体制机制，嘉禾县创新了社会管理、密切了干群关系，大大促进了湖南城乡一体化示范县、美丽幸福和谐新嘉禾建设。

2. 以民调工作为核心，创新群众工作新思路

2009年以前，嘉禾县民调工作在全省排名较为靠后，在全省128个县市区中一直排在100位以后，2009年更是排到了第128位，即全省倒数第一位。近年来，嘉禾县委、县政府坚持创新群众工作方法，积极化解社会矛盾，服务基层群众，民调工作排名有了较大幅度提升。据统计，嘉禾县民调工作2010年在全省排第97位，2011年排到第31位，2012年为第45位，2013年则排到了第9位。

调研发现，嘉禾县抓民调、创新群众工作的主要做法是：一是领导重视。县委、县政府领导高度重视民调工作，县委常委会多次开会研究部署民调工作，县委、县政府每年就民调工作出台相关文件，明确年度工作目标与任务。二是严格督查。强化检查监督，制定社会管理综合治理工作奖惩办法，对完成民调工作任务的予以重奖，对工作不力的予以重罚。三是加强防范。坚持“打防结合，预防为主”的工作方针，对存在可防性刑事案件的单位及时下达整改通知书，督促其加强防范。四是严打犯罪。严厉打击黄赌毒等违法犯罪，社会丑恶现象明显减少，有效维护了全县社会治安大局的总体平稳，为人民群众安居乐业创造了良好的社会环境。五是加强队伍建设。把政法队伍及其他党政干部队伍建设作为核心工作来抓，认真贯彻中央“八项规定”、市委“五个一律免职”和“五个严禁”，切实开展作风大整顿，认真开展警务调查回访和过错责任跟踪督办，做到有令必行、有禁必止。六是坚持为民服务。紧紧围绕湖南城乡一体化示范县建设，推行公交、供水等城乡发展一体化，大力实施清洁绿化工程，完善群众文化娱乐设施，极大地方便了群众的生产生活。七是密切联系群众。坚持“一线工作法”，深入开展大走访活动，印制分发方便群众办事的各种电话“连心卡”，真正了解群众关心的热点难点问题，真心帮助解决问题。八是搞好正面宣传。做大做强嘉禾电视台的《平安嘉禾》专栏、《今日嘉禾》报的《政法之窗》专栏以及嘉禾手机报的《政法在线》专栏，电影下乡播放政法综治宣传片，对政法动态、重大决策、重大事件、重要典型进行全方位的及时宣传报道，群众对政法工作以及县委、县政府工作的知晓度、参与度、支持度、满意度明显提高。

3. 以教育事业为重点，提升全民科学文化素质

近年来，嘉禾县委、县政府按照城乡发展一体化建设的总体战略部署，遵循“干精品、争第一、创一流”的总体要求，围绕“优保障、打基础、强队伍、保安全、提质量”五大主题，务实创新，开拓进取，全县教育事业呈现又好又快发展的良好局面。办学基础不断夯实，教育管理不断加强，安保体系不断完善，教学质量不断提高，教师培训、学生资助、体育教育、信息化建设、社会满意度均有了新突破。其中，“国培计划”完成率排全市第一、体育教师基本功比武排全市第一、助学贷款工作排全市第一，“创现”和“三通工程”顺利通过省里验收。2014 年，嘉禾县先后被评为国家教育行政学院远程培训优秀项目县、省远程工作实施先进单位、省助学贷款工作优秀单位、省优秀高考考点等。

调研发现，嘉禾县发展教育事业的主要做法是：一是以完善保障机制为基础，优化教育发展环境。县委、县政府高度重视与支持，确保教育优先发展；严格落实教育扶持优惠政策，保障学生入学权利；全面加强困难师生帮扶工作，促进师生安心教学。二是以推进项目建设为抓手，夯实学校办学基础。坚持大力推进义务教育项目建设，促进城乡教育一体化；均衡推进其他学段项目建设，统筹各类教育同步发展；加速推进“三校一中心”建设，打造优质教育项目；全面推进教育信息化建设，扩大优质资源覆盖面；积极推进文化校园建设，促进学校内涵式发展。三是以强化师德师风为根本，提升队伍建设水平。持续加大招聘培养力度，不断优化师资队伍结构；重点推进师德师风建设，促进教师恪守职业道德；不断强化教师队伍管理，努力规范教师教学行为；大力弘扬教书育人理念，促进教师专业水平提升。四是以杜绝责任事故为目标，维护教育和谐稳定。积极争取专项经费，加强校园安保力量；加大安全执法力度，及时消除安全隐患；加强校车专项治理，突破安全管理难点；做实民调信访工作，维护教师正当权益；严格组考工作责任，打造诚信考试环境。五是以实施教学改革为突破，全力提高教育质量。坚持推行规范管理，不断完善规章制度建设；集中科研力量，强力推进课堂教学改革；突出主抓阵地，着力提升初、高中教育质量；依托县域优势，努力打造艺体教育品牌。

4. 以保障就业为抓手，夯实富民强县基础

嘉禾县坚持办好实事惠民生的工作理念，狠抓就业工作，积极推进更高质量的就业。2013 年，嘉禾新增城镇就业人员 3047 人，完成年度目标任务的 102%；职业技能培训 4901 人，完成年度目标任务的 103%；实现就业创业小额担保贷款 1310 万元，完成年度目标任务的 109.6%；新增农村劳动力转移就业 4278 人，完成年度目标任务的 120%；城镇“零就业”家庭动态就业援助达 100%，城镇登记失业率控制在 3.9% 以内。

调研发现，嘉禾县抓就业工作的总做法是：坚持以农民工就业为龙头，推进更高质量的就业。一方面，实施积极的就业政策，大力完善创业带动就业服务体系，争取和落实创业政策，积极创建坦塘工业园省级创业孵化基地；加强职业技能培训和就业援助，促进城镇困难人员、退役军人和“零就业”家庭等重点人群就业。另一方面，全力打造“半小时就业圈”，坚持着力做好创业带动就业、城乡对接服务就业、强化保障吸引就业三篇“文章”，通过培训、职业介绍、创业帮扶、小额担保贷款等一系列“组合拳”实现充分就业。通过这些措施，让四万多城乡居民在家门口就能找到事做，使其既增加了收入，又兼顾了家庭。

5. 以社会保障体系建设为基点，增强老百姓福祉

嘉禾县委、县政府坚持把保障和改善民生放在突出位置，着力实施“民生 100 工程”，完善社会保障体系，提高群众的幸福指数。嘉禾县从 1987 年开始启动失业保险，到 2012 年全面启动城乡居民社会养老保险，嘉禾社会保险实现了从无到有、从单一到全面、从手工操作到信息化运行、从薄弱到稳健。截至目前，嘉禾县已构建包括养老、医疗、工伤、生育、失业五大社会保险在内的完善、规范、科学的社会保险体系，编织了一张庞大的社保网，累积社保基金 2 亿多元，全县 39 万人口全部纳入体系管理。

调研发现，嘉禾县在社会保障体系建设方面主要做好了以下几方面工作：一是搞好养老保险试点。2012 年 5 月，嘉禾县启动城乡居民社会养老保险试点工作，初步建成覆盖城镇职工、灵活就业人员、城乡居民的养老体系，全县参加养老保险总人数达到 232404 人，实现了国家养老、单位养老、个人养老向社会化养老转型。二是完善医疗保险制度。2001 年，建立了职工医疗保险制度；2007 年，补充建立城镇灵活就业人员参加医疗保险的实施细则，新型农村合作医疗在全县启动并实施，结束了全县 30 余万农村居民无医保的局面；2008 年，启动实施城镇居民基本医疗保险，开启了全民享有医疗保险的新时代。目前，职工医保由启动之初的 4571 人扩大到 18381 人，城镇居民医保参保从最初的不足 800 人扩大到 45782 人，新型农村合作医疗参保率达到 97% 以上。三是健全工伤保险制度。嘉禾参加工伤保险的单位达到 536 家，参保人员达 32236 人，矿山、锻铸造等高危行业实现了全覆盖，2014 年实现建筑行业的全覆盖。四是完善生育保险制度。2012 年，两次提高部分生育保险支付标准以及调整计划生育手术费用支付政策与标准，一次性生育补助金由 550 元提高到 1200 元，增幅达 118%。五是做好失业保险工作。2010 年，投入资金 19 多万元，建成失业保险工作大厅，建立了失业保险信息管理系统，实现与全省失业保险信息系统对接。失业人员的失业保险金现提高到每人 696 元/月，与最初相比翻了 10 番，基金支出 500 多万元。参保单位也从最初的国有企业和企业化管理的事业单位，扩展到城镇企业、事业单位、社会团体、民办非企业单位。2012 年底，参加失业保险的单位有 115 家，总人数达 7299 人。

二　嘉禾县社会建设中存在的主要问题

近年来，在各级党委和政府的领导下，在40多万嘉禾人的努力下，嘉禾社会建设成绩显著、亮点纷呈。但是，与经济社会发展要求、人民群众期待和现代化发展形势相比，嘉禾社会建设还有一定的差距，也存在一些问题和不足。

1. 社会建设思想认知有待提升

调研发现，在嘉禾县社会建设工作推进过程中，对何谓社会建设、怎么进行社会建设、为什么要高度重视社会建设等基本问题，一些部门和领导还存在不少思想认识误区，还没有充分认识到社会建设的重要意义。尤其是在以GDP为龙头的考核竞赛体制下，个别领导和部门对社会建设的重视程度还不够，往往存在社会建设为经济建设服务、社会建设是经济建设的补充以及社会建设可顺带为之等不当认知。相比全面小康社会建设、城乡发展一体化与和谐社会建设而言，对社会建设的思想认知还有待进一步提升。

2. 全面小康实现程度有待均衡

嘉禾县委、县政府认真贯彻落实中央、省委和市委的重要决策部署，大力推进县域经济社会发展，嘉禾全面建设小康社会成效显著。2013年全省全面建成小康社会进程监测报告显示，嘉禾县全面小康实现程度达到73.9%，虽然相比2006年提高11.8个百分点，但与其他二类县市相比，差距较大、排在末位；与排在第一位的资兴（88.9%）相比，差距更是不容小觑。另外，从考评指标实现程度来看，不平衡特征凸显。从五大类考评指标实现程度来看，嘉禾虽然有16项指标已达90%以上，其中有8项指标已达100%，但不容忽视的是，仍然有8项指标不到60%，其中有几项指标更是低于20%。从指标属性来看，这些指标大多属于社会建设层面。全面建成小康社会作为一种综合评价，没有社会发展指标的实现程度，全面小康的实现也就是一句空话。以高中阶段毛入学率来看，2013年高中毛入学率仅为39.3%，与人民群众的期盼以及经济社会发展要求相比，还有较大差距，需要引起注意并加大工作力度，以确保全面建设小康社会落在实处。

3. 农村社区建设瓶颈有待突破

嘉禾农村社区建设已取得较好成绩，农村社区建设得到全覆盖，并成功晋升为省社区建设示范县。但是，社区建设中也存在一些有待进一步完善的问题：一是干部群众对农村社区建设的理解问题。不少干部认为，农村社区建设就是“村改社区”，村书记变为社区书记、村主任变为居委会主任、农业户口变为城镇户口。二是农村社区干部工作方法问题。以往的村干部是“住家制”，对到社区坐班、上班还不习惯，有的也坐不住，认为这是形式主义。三是农村社区干部待遇问题。村干部待遇长期过低是嘉禾农村社区建设的一大瓶颈，一些优秀的农村青年往往不愿干村干部工作，尤其是开展农村社区建设后，村干部工作量大幅度增加却未见收入增长，使得不少干部干劲消退。另外，在农村社区建设实际工作中，有关部门和领导对村与社区的关系、社区的职能定位以及社区组织体制等的认识还有待加强，与发达地区农村社区工作水平差距还有待缩小，社区自治功能也还有待加强。

4. 教育均衡发展水平有待提高

教育是最大的民生，也是关系社会建设成效的核心要素。嘉禾作为学期教育、义务教育发展一体县，与城乡教育一体化发展、教育资源科学配置相比，教育均衡发展还存在不少需要克服的问题：一是优质教育资源不足，尤其是普通高中教育资源匮乏，县内普通高中目前仅有 2 所，无法满足高中教育普及要求；二是城乡之间教育资源、办学设施、师资水平等不均衡，农村中小学教育教学质量有待提升；三是学段教育不均衡，尤其是学前教育、职业技术教育缺乏。办好让 40 万嘉禾人民满意的教育，提高劳动者素质，教育均衡发展亟须加大力度。

5. 农村医疗卫生条件有待改善

通过基本公共卫生均等化建设，嘉禾医疗卫生条件得到较大改善，但是看病难的问题在农村地区还不同程度地存在。具体表现为：一是农民接受医疗服务的水平还比较低，在当前新型农村合作医疗背景下，农民大多接受的还是一级医疗，没有享受到二级医疗服务。二是农村地区医疗卫生基础设施比较落后，乡镇卫生院并不能真正承担起相应的医疗服务，无法满足群众的医疗需求，城乡医疗设施与条件差异较大。切实改善人民的身体素质，需进一步改善医疗卫生条件尤其是农村医疗卫生条件。

三　进一步推进嘉禾县社会建设的对策建议

党的十八大报告指出："加强社会建设，必须以保障和改善民生为重点。提高人民物质文化生活水平，是改革开放和社会主义现代化建设的根本目的。要多谋民生之利，多解民生之忧，解决好人民最关心最直接最现实的利益问题，在学有所教、劳有所得、病有所医、老有所养、住有所居上持续取得新进展，努力让人民过上更好生活。"习近平总书记强调："人民对美好生活的向往，就是我们的奋斗目标。"社会建设是实现人民美好生活的重要途径。实现40万嘉禾人民的美好现代生活，在继续做好已有工作的同时，还需进一步在社会建设上下功夫。

1. 理顺社会建设的体制机制

社会建设作为五位一体布局中的主体，直接关系人民群众的切身利益。要从社会主义和谐社会建设与实现中华民族伟大复兴中国梦的高度看待和抓好社会建设，把社会建设列为"一把手"工程来抓。加强社会建设方面的理论知识学习，搞好社会建设理论储备；在干部晋升、评奖评优等方面，要给予社会建设相应权重。建议成立社会建设工作委员会，抽调民政、教育、医疗以及人力资源等部门骨干人员，联合组建社会建设工作委员会，由县主要负责人担任委员会主任，下设专门的办公室，各乡镇对应设置相关岗位，专人专项推进。成立县社会建设引导资金，搞好相关政策的落实与对接，让国家的优惠政策全面惠及普通百姓。

2. 加大力度统筹推进城乡社会保障体系建设

利用好嘉禾作为湖南省城乡一体化示范县这一政策优势，积极推进城乡发展一体化，加大力度统筹推进城乡社会保障体系建设。要进一步整合城乡居民基本养老保险和基本医疗保险制度，让城乡居民同等享有养老和医疗待遇。在总结已有经验的基础上，继续完善社会救助体系，加大保障性住房建设力度，让保障房真正保障有需要的低收入人群，满足困难家庭基本住房需求。加强对老人、妇女、儿童的保护力度，大力发展老龄事业，坚持和推进男女平等基本国策，保障妇女儿童基本权益。

3. 加大农村社区建设投入，推进新型农村社区和谐发展

积极向民政、农委等部门争取建设资金，县里相应提高农村社区建设资金配套比例。提高社区工作人员基本待遇，尤其是经济待遇，为优秀社区干部留任解决后顾之忧。在基层公务员选拔任用考试中，加大对村支部书记、村主任等的选拔比例，降低学历学位门槛，让真正有实际工作能力的社区干部充实到基层公务员队伍中去。发挥农村“第三种力量”的积极作用，尽可能为退休人员在乡村治理中发挥余热创造条件。

4. 立足教育均衡化，合理优化城乡教师资源配置机制

针对农村空心化、空巢化现象，科学规划学校布局，让教育资源得到合理配置。在继续办好嘉禾一中、嘉禾五中的基础上，搞好高中教育普及工作，着力提高高中毛入学率。着力推进城乡办学资源与设施一体化，继续大力推进城乡教师双向流动，鼓励城市教师支援农村，定期选拔农村优秀教师参与培训、进修。放宽教师职务评聘条件，稳定农村骨干教师队伍，对农村教师评聘中、高级职务可适当放宽条件、特事特办。优化学段结构，重点抓好学前教育、职业技术教育和普通高中教育，尽可能地提供更多的优质学前教育学位与高中学位。

5. 加大医疗卫生工作力度，改善农村就医条件

积极推进城乡卫生一体化建设，加大农村中心卫生院建设投入力度，着力建设一批设施先进、条件优良的乡镇中心卫生院。搞好政策对接工作，在医疗服务上农民与市民同权，为农民接受二级医疗服务清除制度障碍。加大乡村医生培育与开发力度，积极吸纳乡村赤脚医生充实医疗卫生工作队伍，搞好城乡医院、医生的对口支援与交流培训工作。

6. 加快户籍制度改革，大力推进城乡发展一体化

深入学习、宣传贯彻《国务院关于进一步推进户籍制度改革的意见》，促进有能力在县城及乡镇稳定就业和生活的常住人口有序实现市民化，稳步推进城镇基本公共服务常住人口全覆盖。要在科学调研的基础上，加快形成嘉禾县关于进一步推进户籍制度改革的实施办法。积极调整和完善户口迁移政策，放开落户限制；建立城乡统一的户口登记制度，健全人口信息管理制度，加强和完善人口统计调查；进一步改革和完善包括宅基地等在内的农村产权制度，加大基本公共服务财政保障力度，推进基本公共服务全覆盖。

7. 搞好平安嘉禾建设，推进社会和谐稳定

深入总结社会治安建设经验，紧紧围绕突出治安问题，继续加强和创新社会治理，在更高起点上推进平安嘉禾建设。要严格贯彻执行省委、省政府《关于加强和改进基层基础工作的意见》，密切联系群众，扎实开展信访积案化解攻坚与矛盾纠纷调解，建立科学有效的利益协调、诉求表达、矛盾调处、权益保障、治安防控和民主自治机制，为平安嘉禾建设夯实基层基础。要加强执法队伍建设，提高执法科学化水平，严格依法执法，为平安嘉禾、法治嘉禾建设营造良好环境。

B.11

汉寿县争取农村集体经营性建设用地入市改革试点研究

摘　要：本报告立足于对汉寿县推出农村土地经营权抵押贷款、建设农村土地流转服务管理体系等推动城乡建设用地一体化方面的先导性改革实验的分析，探讨了汉寿县争取农村集体经营性建设用地入市改革试点的可行性、重要意义与难点，认为农村集体经营性建设用地入市改革的目标模式是建立兼顾国家、集体、个人的土地增值收益分配机制，合理提高个人收益，完善土地租赁、转让、抵押二级市场，并就汉寿县争取改革试点提出了农村集体经营性建设用地入市交易的改革方案。

关键词：汉寿县　农村集体经营性建设用地　入市改革

《中共中央国务院关于加大改革创新力度加快农业现代化建设的若干意见》明确指出：要稳步推进农村土地制度改革试点。根据中央的精神，各地可以在确保土地公有制性质不改变、耕地红线不突破、农民利益不受损的前提下，按照中央统一部署，谨慎稳妥地推进农村土地制度改革；分类实施农村土地征收、集体经营性建设用地入市、宅基地制度改革试点。其中，集体经营性建设用地入市是指赋予符合规划和用途管制的农村集体经营性建设用地出让、租赁、入股权能，并建立健全市场交易规则和服务监管机制。汉寿是少数几个已进行农村集体经营性建设用地入市相关改革试点的县市，应当抓住千载难逢的改革机遇，积极争取进行集体经营性建设用地入市改革试点。

一　汉寿县在农村集体经营性用地入市方面的相关探索

实现农村集体经营性建设用地入市，是以制度建设推动农村土地市场规范运转，破除城乡土地流转二元体制，使农村集体建设用地进入市场交易的深层改革。农村集体经营性建设用地入市有利于实现城乡建设用地有效、合理、统筹利用，从而加快城乡一体化发展进程。近年来，汉寿县在推动城乡建设用地一体化方面进行了一些先导性改革实验，取得了一些成绩。

1. 汉寿县在全省率先推出农村土地经营权抵押贷款

随着农村经济社会的发展、土地流转的加快推进、新型农业经营主体的有序发展，2014 年的中央一号文件明确提出“在坚持和完善最严格的耕地保护制度前提下，赋予农民对承包地占有、使用、收益、流转及承包经营权抵押、担保权能。在落实农村土地集体所有权的基础上，稳定农户承包权、放活土地经营权，允许承包土地的经营权向金融机构抵押融资”。汉寿县抓住有利时机，率先开展农村土地经营权抵押贷款试点。2014 年，县农村经营管理局与中国人民银行汉寿支行联合制定下发了《汉寿县农村土地经营权抵押贷款管理办法（试行）》，规定符合以下三条，农民即可办理土地经营权抵押贷款：一是申请人在金融机构没有不良的信用记录；二是抵押物集中连片，粮食种植面积在 100 亩以上，种植经济作物或养殖水面在 50 亩以上；三是在农经部门取得合法的农村土地合法经营权证书，承包期在五年以上。符合准入条件的法人和自然人可从融资平台获取发展资金。由此，汉寿县率先在全省启动土地经营权抵押贷款工作。

县农村信用联社、县农业银行、县邮政储蓄银行都全力支持农村土地经营权抵押融资工作，全年计划通过土地承包经营权抵押贷款的方式为新型农业经营主体融资5000万元。2014年3月，汉寿县河家堰水产养殖专业合作社为了扩大鱼鳖混养规模，以租赁的292亩养殖水面10年经营权为抵押物，从汉寿县西港信用社贷款50万元，该笔贷款是湖南省首宗农村土地经营权抵押贷款，也可视为湖南合法合规的农村集体经营性土地市场交易的开山之作。

农村土地经营权抵押贷款意味着在贷款人无法归还贷款的情况下，贷款人的土地使用权将会转手给债权人，这就在事实上完成了一次农村土地的市场交易，即以土地产权交易为内容的土地易主流转。这是一次合法合规的农村集体经营性土地市场交易，与城市土地交易具有相同的产权关系和交易机制，是与城市土地市场“统一”的农村土地市场。

2. 汉寿县的农村土地流转服务管理体系建设

近年来，汉寿县在严守耕地红线的前提下，加大了土地开发力度，完善了农村土地流转服务管理体系。

汉寿县围绕增强用地保障，严守耕地红线，实施供地准入，清理盘活闲置低效用地，完成多个土地开发整理项目，并积极争取计划外用地，2013年争取用地指标2007亩，超计划指标4.5倍，同时加强入库储备土地工作，确保耕地占补动态平衡。并且通过城建投资、水利投资整合土地资产，实现融资，确保了重点项目的有序推进。汉寿县还从完善农村土地流转服务体系着力，建立县乡土地流转管理系统，计划2014年内完成农村土地确权颁证，规范流转土地15万亩。汉寿县农村土地流转服务管理体系的建立和健全，为汉寿县争取农村集体经营性建设用地入市改革试点提供了重要的基础支持。

农村集体经营性建设用地入市改革在我国还处在改革创新的初始期，是一项啃硬涉险的重大改革。汉寿县在这方面进行了最初的有价值的尝试，应当继续抓住机遇，努力争取进行农村集体经营性建设用地入市改革试点。

二　农村集体经营性建设用地入市改革的必要性

1. 问题

我国农村土地产权制度具有三个特征性事实：一是农地的名义所有者不

拥有土地的自由使用权和自由买卖权；二是土地财产在经济上已经量化给了家庭（承包者）；三是国家是农民土地使用权和买卖权的终极拥有者，村集体是国家把土地发包给农民家庭等经济行为的执行机构。因此，农民集体所有是有限的、经济上的和名义上的。

我国农村土地产权制度是由国家终极所有权和农户经济所有权两个层次构成的，这种产权结构符合马克思的两权分离理论规范，有利于降低制度运行成本和提升制度激励功能。问题在于农地在法律名义上是属于农民集体所有的。因此，国家尽管是农村土地的最终所有者，但却没有法律地位，国家履行最终所有者职能不得不通过“征用”等行政执法的方式来实现。由于对国家和农民土地所有权地位的双重误解，国家获得土地权益遭到非难，农民则为土地补偿金太少而鸣冤叫屈。

农地产权关系的实际内容与名义概念之间的冲突，扭曲并掩盖了农村土地合理的经济关系，进而扭曲了土地资源的成本与价格，妨碍了我国经济发展过程中土地资源的有效配置，从而延缓了我国农业和农村经济的发展，并对国家工业化和城镇化进程的质量和效率产生了持续的负面影响。

2. 动因

关于我国农地产权交易的一个共识是：我国农村土地所有权主体概念模糊、土地权利义务失衡、限制土地交易，农民利益得不到保证。

关于上述认识有着各种具体说明，例如：目前农村没有真正的农民集体组织和集体经济组织，村户双层经营实为农户单层经营，无论是以生产小队、生产大队为代表的传统集体经济组织，还是法定的以合作经济为代表的新型集体经济组织均不代表农村土地制度现状。又例如：政府垄断的土地经营制度侵犯农民的土地经营权，无论是公益用地还是商业、工业用地都由政府低价征用后高价出让，农民收益太低，农民没有要价权、谈判权，失地农民问题已成为严重的社会问题。再例如：城乡要素市场对农业产业化带动作用不强，对农产品的规模化生产经营造成不利影响。城乡土地二元结构及相应的农村土地流转困难，严重制约着农村、农业、农民的发展。农村土地流转的非市场化对我国工业化和城镇化进程都具有阻碍作用，在降低成本、提升效率和加快进程等方面都具有重大的负面影响。

我国城镇化过程包含两个基本的转变：农民的市民化和农村土地的城市化。我国城乡二元体制壁垒，包括二元户籍制度和二元土地产权制度两大壁垒，都严重损害了新型城镇化的进程和质量。反过来说，新型城镇化要求破除城乡二元体制壁垒。从制度的角度看，二元土地产权制度对新型城镇化的不利影响最为严重。我国城镇化进程中产生的土地资源短缺问题、土地价格畸高、生产要素流转障碍、农民土地权益不当或缺少保护，以至国家土地利益的流失等，都导致了我国新型城镇化建设的成本增加、质量下降、进程延缓，并产生了诸多新的社会不公。

农村土地流转与城市土地市场的隔离，扭曲了我国土地资源的成本与价格，妨碍了我国经济发展过程中土地资源的有效配置，不仅损害了我国工业化和城镇化的进程，而且也影响了农业和农村经济的发展，对整个国家经济发展的质量与效率具有严重的负面影响。

因此，推进农村土地入市改革是历史的必然，而推进农村集体经营性建设用地入市改革是农村土地入市改革关键性的第一大步。

3. 意义

党的十八届三中全会启动的全面深化改革，重点仍然是经济体制改革，而农村土地制度改革则是重中之重。农村土地制度改革对于规范我国经济发展秩序、创造经济发展新引擎都将产生重要作用，将奉献出巨大的改革红利。《中共中央关于全面深化改革若干重大问题的决定》提出的建立城乡统一的建设用地市场是农村土地制度改革迈出的实质性的一大步，具有深远的历史意义和重大的现实意义。

农村集体经营性建设用地入市意味着城市周边土地供应的大量增加，这将强力促使房地产业的供求平衡和价格平抑，促使房地产价格向价值的回归，从而有利于房地产业健康发展和有效扩大商品房消费乃至社会总需求水平。

农村集体经营性建设用地入市不仅有利于作为农村主要生产要素的土地按市场规律合理流转、配置，推动土地经营的城乡一体化，而且在农村土地城市化、城乡经济一体化的进程中，也有利于政府土地经营行为的合理化，有利于土地非农化和城镇化产生的增值收益的合理分配，有利于从制度层面上维护农民和国家双重土地权益，从而大大增强土地利益对经济发展的正能量。

农村集体经营性建设用地入市对于加快工业化和城镇化进程，对于农村、农业、农民的发展，降低成本、提升效率和加快进程等都具有重大的作用。土地要素的价值化、市场化将直接创造GDP。城乡统一的建设用地市场的形成可望强劲提升农村土地城市化的速度和规模，为国民经济可持续快速发展提供强大动力。这也是汉寿县需要农村集体经营性建设用地入市改革试点的重大意义。

三　农村集体经营性建设用地入市改革的难点

统一的土地市场要求共同的土地产权制度基础。我国农村土地，包括建设用地，在合规的意义上说，从来就没有真正地进入流通市场。因为我国农村土地名义产权制度否定了农村土地入市的可能性。

我国农村土地产权制度存在名义制度与实际制度的重大差异。名义上，我国农村土地是集体所有制，宪法规定：农村和城市郊区的土地，除由法律规定属于国家所有的以外，属于集体所有；宅基地和自留地、自留山，也属于集体所有。同时，我国农村土地实行农民家庭承包经营制，农民拥有承包土地的使用权、收益权和部分处分权。而土地入市流转是以完全的处分权为基础的，因此，我国农民无权把他们实际使用的土地拿到市场买卖。退一步说，假定农民拥有土地的完全的处分权，土地入市仍然会遇到重大的制度障碍，即土地的最终的、法律上的所有者是农民集体，土地转让收入的大部分应该归属于农民集体。但是在大多数情况下，作为经济主体的农民集体在我国已不复存在，结果是，或者土地转让收入完全归于农民个人，这就促使转让土地的产权性质由集体公有转变为个人私有，或者土地转让收入在农民集体（乡、村、组）范围内分配，最终量化到个人。

实际上，我国农村土地的最终支配权（处分权）和主要收益权属于国家（各级政府），农民拥有的是土地使用权及与土地使用权相关的收益权。

因此，我国农村土地产权制度事实上是由国家终极所有权和农民经济所有权两个层次构成的，集体组织在绝大多数情况下只是国家把土地发包给农民家庭等经济行为的执行机构。

农地在法律上、名义上属于农民集体所有，因此，国家尽管是农村土地的最终所有者，但却没有法律地位，国家履行最终所有者职能不得不通过"征收、征用"等行政执法的方式来实现。"征收、征用"事实上已成为我国农村土地进入一级市场的基本形式。另外，农民仅仅只是土地的使用者，他们无权在土地市场上转让他们实际占有的土地。因此，我国农村土地进入土地一级市场的过程是在所有权主体缺位的情况下实现的，加上对国家和农民土地所有权地位的双重误解，农村土地转让的收益分配陷入无规则、不规范的境况，政府获得土地权益遭到非难，农民则为土地补偿金太少而鸣冤叫屈。

我国事实上的农村土地产权制度是与我国现阶段国情相适应、符合我国经济社会发展需要的土地制度形式，应当在观念上对其确认、在内容上对其优化。以实际上的农村土地产权制度为基础，可以有效推进农村经营性建设用地入市，从而建立最优的城乡统一的建设用地市场。

四　农村集体经营性建设用地入市改革的目标模式

党的十八届三中全会通过的《中共中央关于全面深化改革若干重大问题的决定》明确规定了建立城乡统一的建设用地市场的基本框架：在符合规划和用途管制前提下，允许农村集体经营性建设用地出让、租赁、入股，实行与国有土地同等入市、同权同价。缩小征地范围，规范征地程序，完善对被征地农民的合理、规范、多元保障机制。扩大国有土地有偿使用范围，减少非公益性用地划拨。建立兼顾国家、集体、个人的土地增值收益分配机制，合理提高个人收益。完善土地租赁、转让、抵押二级市场。

农村集体经营性建设用地入市改革的关键在于农村集体经营性建设用地产权基础的确认。从操作层面上看，重点在于确立农村土地市场转让的转出方主体。困难不在于不能确定出让主体，而在于农村土地一级市场转让如何建立在国家终极所有权和农民经济所有权双重产权结构的基础上，即如何保证农村土地的公有权益。该问题一旦得到解决，建立城乡统一的建设用地市场的目标模式就会变得十分简单。

首先应当确认农村土地产权作为一种经济上的所有权，是由多重主体拥有，多重主体包括国家、农民集体和农户。在此基础上确保农村土地一级市场转让收入在多重主体之间合理分配，确保农村土地市场转让中不出现公有产权流失问题。在此框架下，可以提出与城市土地市场接轨的、合理可行的农村集体经营性建设用地市场设立方案，其主要有以下内容。

（1）农村集体经营性建设用地市场出让方包括乡（镇）农民集体、村农民集体、较大的村民小组三类组织及其下设的集体经济组织，他们在土地市场与购买者直接交易。

（2）农村集体经营性建设用地使用权出让可以采取协议、招标、拍卖等方式进行。土地交易价格由市场供求机制决定。

（3）农村集体经营性建设用地市场出让收入归属土地出让主体。

（4）政府对首次出让的农村集体经营性建设用地收入征收土地转让费或者土地产权交易税，费率或税率可考虑定在农地出让收入的60%～80%。此比例的理论依据是认可国家是农村土地的终极所有者，农民集体分享的只是经济所有权收入部分。事实依据则在于农民按此比例缴纳税费后的实际收入通常远高于以征地方式获得的补偿款水平。2013年12月，全国首宗农地（深圳）以1.16亿元入市，农民社区集体获得土地交易总额的30%并表示非常满意。

（5）农村集体经营性建设用地初次入市税费收入由地方财政与中央财政分享。按照我国土地管理法的规定，分配比例为30%上缴中央财政，70%留给有关地方人民政府。

以上农村集体经营性建设用地入市交易方案，在城乡土地一体化的进程中，有利于导入新的兼顾效率与公平的运行机制和发展取向，也是汉寿县积极争取改革试点应探索的基本方案。汉寿县争取农村集体经营性建设用地入市改革试点必将强劲提升农村土地城市化的速度和规模，从而有效提升城乡一体化的质量与效率。

B.12

后　记

城乡一体化是当前中国推进新型城镇化与农村现代化的主旋律，健全城乡一体化体制机制是党的十八届三中全会做出的全面深化改革部署的一项重要任务。

湖南作为农业大省，近年来在以县域为节点的城乡一体化道路上不断取得新成就，推进城乡要素平等交换和公共资源均衡配置的各项改革正如火如荼地展开。以当好农村发展的智囊团和思想库为己任的湖南省农村发展研究院，先后在汉寿县、湘潭县、嘉禾县、资兴市等县市建立“城乡一体化示范县研究基地”，围绕城乡一体化领域重点攻关，通过对基地县市深入研究，为基地县市的城乡一体化提供决策服务。其中，《资兴市城乡一体化规划研究》得到了杜家毫省长的高度肯定和批示：“拟可将资兴市作为全省推进新型城镇化、城乡一体化的试点，赞成调研中的一个着眼点和三项改革。”资兴市根据杜家毫省长的明确要求，按照《资兴市城乡一体化规划研究》的研究成果，推进改革创新，探索城乡一体化的新路径，取得了新的成效，不仅获批湖南省唯一的“国家新型城镇化综合试点县市”，而且获批“首批国家循环经济示范县市”、全球网民推选的“中国最生态城市”；东江湖被纳入国家重点流域和水资源生态补偿试点，入选国家湖泊生态环境保护重点支持湖泊，成功创建国家首批生态旅游示范区。

随着我国经济进入新常态，维持增长的传统要素与经济结构发生变化，推进城乡一体化必将成为经济新常态下的新亮点。为此，湖南省农村发展研究院每年出版发布“湖南城乡一体化发展报告”，不断总结新经验，解决新问题，培育新动力，加快完善城乡一体化体制机制，为湖南适应新常态、引领新常态贡献智慧。

2015 年出版的《湖南城乡一体化发展报告（2014～2015）》，以陈文胜研究员为主持人和总策划，其负责统筹、组织、策划和统稿、定稿工作，刘祚祥、邝奕轩、王文强、陆福兴作为本书的核心研究团队成员，中国人民大学农业与农村发展学院以周立教授为主持人的团队、湖南省社会科学院以肖毅敏所长为主持人的团队、以黄海所长为主持人的团队，通过合作的方式与湖南省农村发展研究院的研究团队对典型县市城乡一体化发展进行了共同研究。具体情况如下。

总报告由陈文胜、刘祚祥、邝奕轩完成，由陈文胜主持拟定提纲，刘祚祥、邝奕轩执笔完成，陈文胜修改定稿。

《2014 年大衡山区域城镇带一体化研究报告》是中共衡山县委、衡山县人民政府与湖南省农村发展研究院合作的研究成果，具体研究工作由陈文胜主持，刘祚祥主笔，黄权国、李勇、王文强等共同参与完成，陈文胜修订定稿。

《2014～2015 年资兴市城乡一体化发展报告》由刘祚祥主持，张芳、刘肃超、李勇、何叶舟共同执笔完成，王文强修订，陈文胜最终定稿。《资兴市农民专业合作社调查报告》由刘祚祥主持并执笔完成，王文强修订，陈文胜最终定稿。

《2014～2015 年湘潭县城乡一体化发展报告》由周立主持，董玄、潘素梅执笔完成，王文强修订，陈文胜最终定稿。《湘潭县生态农业调研报告》由周立主持，潘素梅执笔完成，王文强修订，陈文胜最终定稿。参与调研的有周立、潘素梅、董玄、李彦岩、方平、徐立成、冷忠晓等人员。

《2014～2015 年嘉禾县城乡一体化发展报告》由黄海主持，黄海、马纯红、陈扬共同执笔完成，王文强修订，陈文胜最终定稿。《嘉禾县社会建设调研报告》由黄海主持，黄海、何绍辉执笔完成，王文强修订，陈文胜最终定稿。参与调研的有陈文胜、黄海、马纯红、何绍辉、陈扬等人员。

《2014～2015 年汉寿县城乡一体化发展报告》由肖毅敏主持，肖琳子、李詹、周晚香、肖毅敏共同执笔完成，王文强修订，陈文胜最终定稿。《汉寿县争取集体经营性建设用地入市改革试点研究》由肖毅敏主持，肖毅敏、周晚香、李詹共同执笔完成，王文强修订，陈文胜最终定稿。

本书的出版得到多方的关怀与帮助，得到资兴市、湘潭县、嘉禾县、汉寿县、衡山县等县市领导和有关部门以及乡村干部群众对调研工作的支持与帮助，得到社会科学文献出版社领导和编辑对本书出版给予的指导与支持，在此，一并表示衷心的感谢！

本书的研究工作历时一年之久，由于各地经济社会发展情况变化很快，书中描述的有关情况与当前实际存在差异必在情理之中。书中引用大量数据、案例，如无特殊说明，除来自调研时各县市提供的资料之外，均引自各县市《统计年鉴》《国民经济与社会发展统计公报》和政府门户网站所发布的资讯，在此做特别说明并表达谢意。由于编者和研究者的水平有限，课题组调研得不够深入，因而书中难免有不妥之处甚至错误，敬请读者批评指正。

陈文胜

2015 年 5 月

法律声明

权威报告·热点资讯·特色资源

皮书数据库

ANNUAL REPORT(YEARBOOK) DATABASE

当代中国与世界发展高端智库平台

WWW.PISHU.COM.CN

皮书俱乐部会员服务指南

1. 谁能成为皮书俱乐部成员?

- 皮书作者自动成为俱乐部会员
- 购买了皮书产品（纸质书/电子书）的个人用户

2. 会员可以享受的增值服务

- 免费获赠皮书数据库100元充值卡
- 加入皮书俱乐部，免费获赠该纸质图书的电子书
- 免费定期获赠皮书电子期刊
- 优先参与各类皮书学术活动
- 优先享受皮书产品的最新优惠

3. 如何享受增值服务?

（1）免费获赠100元皮书数据库体验卡

第1步 刮开附赠充值的涂层（右下）；

第2步 登录皮书数据库网站（www.pishu.com.cn），注册账号；

第3步 登录并进入“会员中心”—“在线充值”—“充值卡充值”，充值成功后即可使用。

（2）加入皮书俱乐部，凭数据库体验卡获赠该书的电子书

第1步 登录社会科学文献出版社官网（www.ssap.com.cn），注册账号；

第2步 登录并进入“会员中心”—“皮书俱乐部”，提交加入皮书俱乐部申请；

第3步 审核通过后，再次进入皮书俱乐部，填写页面所需图书、体验卡信息即可自动兑换相应电子书。

4. 声明

解释权归社会科学文献出版社所有

皮书俱乐部会员可享受社会科学文献出版社其他相关免费增值服务，有任何疑问，均可与我们联系。

图书销售热线：010-59367070/7028
图书服务QQ：800045692
图书服务邮箱：duzhe@ssap.cn

数据库服务热线：400-008-6695
数据库服务QQ：2475522410
数据库服务邮箱：database@ssap.cn

欢迎登录社会科学文献出版社官网（www.ssap.com.cn）和中国皮书网（www.pishu.cn）了解更多信息

社会科学文献出版社 SOCIAL SCIENCES ACADEMIC PRESS (CHINA) 皮书系列

卡号：976883822209

密码：

S 子库介绍
Sub-Database Introduction

中国经济发展数据库

涵盖宏观经济、农业经济、工业经济、产业经济、财政金融、交通旅游、商业贸易、劳动经济、企业经济、房地产经济、城市经济、区域经济等领域，为用户实时了解经济运行态势、把握经济发展规律、洞察经济形势、做出经济决策提供参考和依据。

中国社会发展数据库

全面整合国内外有关中国社会发展的统计数据、深度分析报告、专家解读和热点资讯构建而成的专业学术数据库。涉及宗教、社会、人口、政治、外交、法律、文化、教育、体育、文学艺术、医药卫生、资源环境等多个领域。

中国行业发展数据库

以中国国民经济行业分类为依据，跟踪分析国民经济各行业市场运行状况和政策导向，提供行业发展最前沿的资讯，为用户投资、从业及各种经济决策提供理论基础和实践指导。内容涵盖农业，能源与矿产业，交通运输业，制造业，金融业，房地产业，租赁和商务服务业，科学研究，环境和公共设施管理，居民服务业，教育，卫生和社会保障，文化、体育和娱乐业等 100 余个行业。

中国区域发展数据库

以特定区域内的经济、社会、文化、法治、资源环境等领域的现状与发展情况进行分析和预测。涵盖中部、西部、东北、西北等地区，长三角、珠三角、黄三角、京津冀、环渤海、合肥经济圈、长株潭城市群、关中—天水经济区、海峡经济区等区域经济体和城市圈，北京、上海、浙江、河南、陕西等 34 个省份及中国台湾地区。

中国文化传媒数据库

包括文化事业、文化产业、宗教、群众文化、图书馆事业、博物馆事业、档案事业、语言文字、文学、历史地理、新闻传播、广播电视、出版事业、艺术、电影、娱乐等多个子库。

世界经济与国际政治数据库

以皮书系列中涉及世界经济与国际政治的研究成果为基础，全面整合国内外有关世界经济与国际政治的统计数据、深度分析报告、专家解读和热点资讯构建而成的专业学术数据库。包括世界经济、世界政治、世界文化、国际社会、国际关系、国际组织、区域发展、国别发展等多个子库。